Walter Mair

Das Osttiroler Vier-Jahreszeiten-Wanderbuch

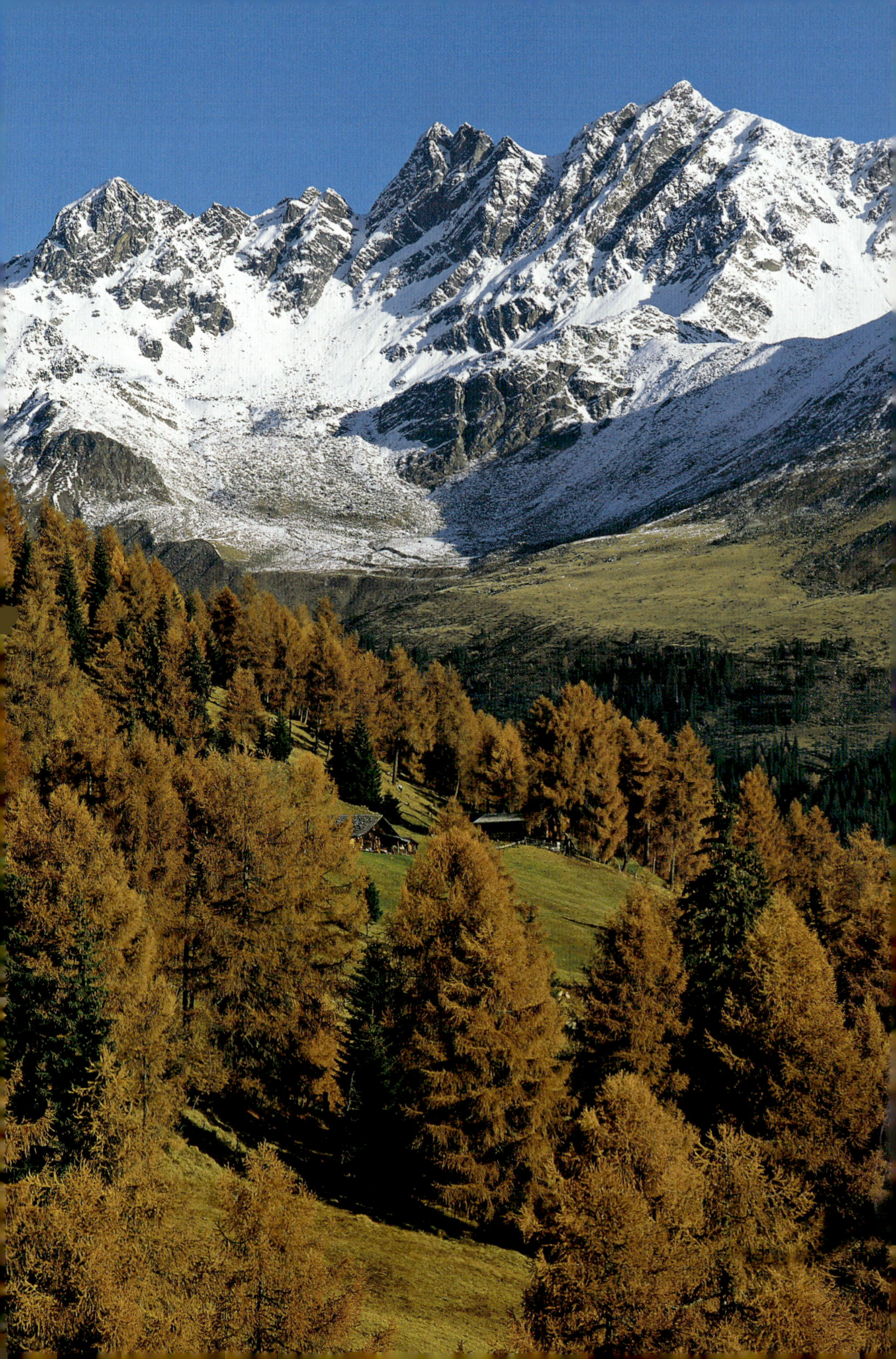

WALTER MAIR

DAS OSTTIROLER *vier Jahreszeiten* WANDERBUCH

Tyrolia-Verlag · Innsbruck-Wien

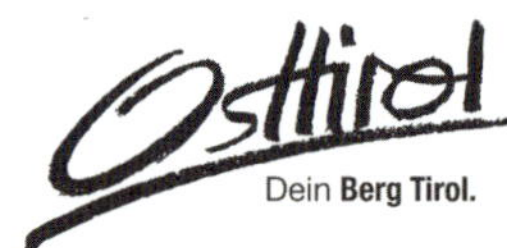

Die Deutsche Nationalbibliothek verzeichnet diese Publikation in der Deutschen Nationalbibliografie; detaillierte bibliografische Daten sind im Internet über http://dnb.d-nb.de abrufbar.

Umschlaggestaltung: Verlagsanstalt Tyrolia, Innsbruck
Titelbild: Großglockner und Glocknerwand überragen das Teischnitztal.
Bild Umschlagrückseite: Hohes Tor (2477 m) mit Blick zum Großglockner bis Romariswand (links)
Autorenfoto in der Umschlagklappe: Christoph Gradnig, Lienz
Abbildung Seite 2: Die Seichenkopfgruppe in der südöstlichen Schobergruppe
Alle Fotos: Walter Mair, mit Ausnahme S. 89: Foto Peter Guggenberger sowie S. 173, 241: © Nationalpark Hohe Tauern
Layout und digitale Gestaltung: Grafikstudio HM, Hall in Tirol
BEV Bundesamt für Eich- und Vermessungswesen
Karten: Kartenausschnitte im Maßstab 1:50.000 sowie Übersichtskarte in der Umschlagklappe © BEV2015, vervielfältigt mit Genehmigung des BEV – Bundesamtes für Eich- und Vermessungswesen in Wien, T2015/111576
Routeneintragungen: KGS Kartografie und Grafik Schlaich, nach Vorlagen des Autors
Lithografie: Artilitho, Trento (I)
Druck und Bindung: Gorenjski-Tisk (Slowenien)
ISBN 978-3-7022-3444-7
E-Mail: buchverlag@tyrolia.at
Internet: www.tyrolia-verlag.at

VORWORT

Mit je 16 ausgewählten Wanderungen und Touren pro Jahreszeit bin ich schon bei der Planung zu diesem Buch vor der Wahl gestanden: Was auswählen und was ausklammern, bei der Vielfalt Osttirols, diesem herrlichen Landschaftsreichtum mit all seinen Schönheiten und Eigentümlichkeiten?
Im Frühling sind es von Kultur und Geschichte beeinflusste, beschauliche, talnahe Rundwanderungen und Exkursionen, die in diesem Wanderführer vorgestellt werden. Mit dem zurückweichenden Schnee führen Weg und Steig hinauf in das zaghaft aufbrechende Lärchengrün und mitten hinein in das Fest hellwacher Krokusblüten im moosgrünen Feld oder hinauf auf sonnenbeschienenen Berglehnen, zu Almhütten, wo sich nun der Holztrog randvoll mit Wasser füllt, klar wie Bergkristall.
Mehr „Auslauf" gewährt der Sommer, wenn es in allen Höhenlagen blüht, wenn mutig und sanft zugleich die Fels-Schuttflora das strenge, kantige Antlitz der Berge etwas weicher macht. Die gastfreundlichen Schutzhütten sind geöffnet, sie bieten Rast im Vorfeld von Eis und Sommerschnee und mit Bedacht steigen wir noch etwas weiter hinauf, dorthin, wo die Berge enden und der Himmel beginnt.
Im wahren Farbenzauber präsentiert sich der Herbst, breit gerahmt von rotem Weinlaub und Lärchengold, mit in dahingleitenden Wellen darüberfließendem Licht.
Mit dem Winter anerkennt die Natur für sich die stillste Zeit des Jahres. Sie engt unsere Tourenfreudigkeit auf oft besuchte „Lieblingsplätze" ein und geht nur dort ins freie Gelände, wo die Sicherheit dafür spricht.
Diesen herrlichen Wandel im Rhythmus der Natur, diese sichtbare Veränderung bei gleichbleibender Schönheit unserer Berglandschaften versuchen 64 Wander- und Tourenvorschläge darzustellen. An die getroffene Auswahl lehnen sich kleine, ortsbezogene Beiträge und Geschichten an. Dabei ist so manche eigene Erinnerung an kleine, nachwirkende Erlebnisse in unseren Osttiroler Bergen wieder lebendig geworden, die mit den Jahren bewusster denn je eine Gefühl für Heimat wecken.

Lienz, im Winter 2014/15
Walter Mair

Dem Frühling begegnen

Berglandschaften mit Blumen und Schnee

Für die Nordhalbkugel währt das Frühjahr vom 20. März bis 21. Juni, wenn auch die astronomische Einteilung nicht immer mit der meteorologischen übereinstimmt. Der Frühlingspunkt ist jener Zeitbereich, an dem die Sonne den Schnittpunkt ihrer Bahn mit dem Himmelsäquator erreicht, was sich für uns als Tagundnachtgleiche bemerkbar macht. Begegnen wir dem Frühling bei einer Lienzer Talbodenwanderung, genauer mit einem Rundgang im Lavanter Forchach, 3 km östlich von Lavant. Dieses Dorf gilt als die historisch interessanteste Kultstätte in Osttirol. Am Lavanter Kirchbichl befand sich bereits in keltischer Zeit eine Tempelanlage, Grabungen haben Reste einer frühchristlichen Bischofskirche freigelegt. Als Naturdenkmal gilt das Lavanter Forcha: ein einzigartiger Trockenwald auf kalkhaltigem Untergrund, auf 650 bis 700 m Seehöhe gelegen. Neben den mit Erika gesäumten Wegen befinden sich dort bäumchenbildende Wacholder oder einzelgängerische Schnee- bzw. Christrosen.

Die Königin unter den heimischen Orchideen ist der Frauenschuh, der auf warmen, halbschattigen Standplätzen blüht. Bleiben sie von Plünderung verschont, dann sind Stöcke mit bis zu 50 Blüten möglich, und das, obwohl von der Keimung bis zur ersten Blüte dieser hochspezialisierten Art etwa 17 Jahre vergehen.

Ein weiterer Anziehungspunkt ist der aus den hohen Stockwerken der Lienzer Dolomiten kommende Lavanter Almbach, auch Frauenbach genannt. Er nimmt seinen Weg durch eine 1,1 Kilometer lange, von jahrtausendealten Fräs- und Schleifspuren gezeichnete Schluchtstrecke mit 26 Wasserfällen bei insgesamt 240 Höhenmetern. Die beiden in felsige Gumpen stürzenden Abschlusskaskaden

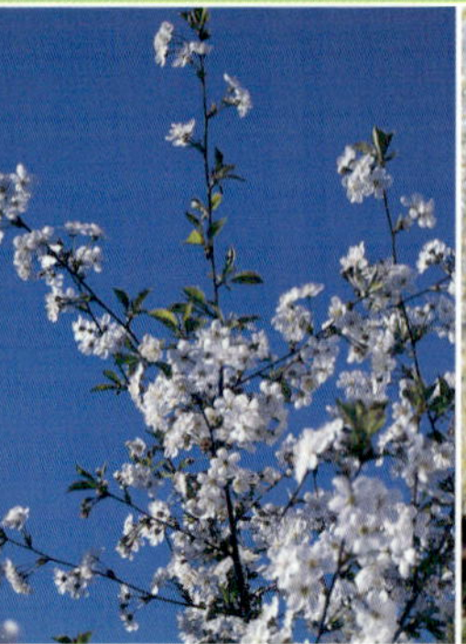

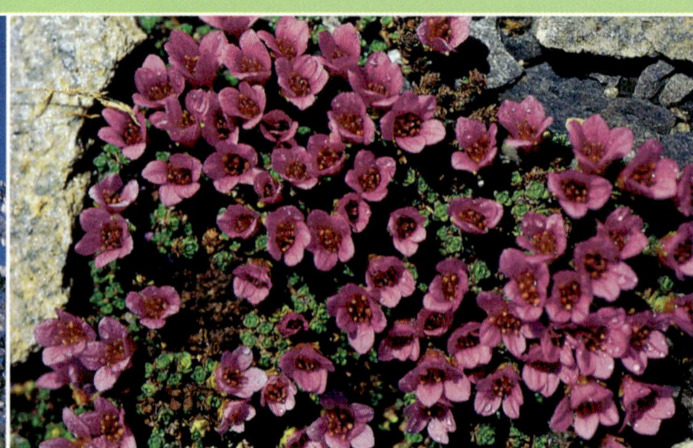

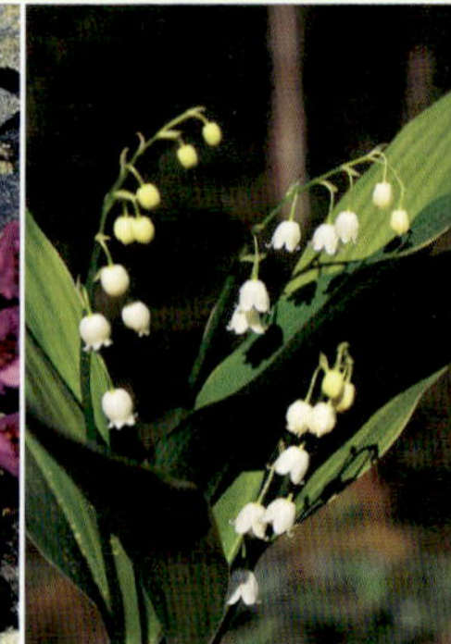

beeindrucken mit 11 und 26 m Fallhöhe und sind mit einer Steiganlage und zwei Aussichtskanzeln erschlossen.
In der zweiten Aprilhälfte fahren wir mit Schiern vom Großen Degenhorn (2946 m) ab. Locker und federleicht ist der Schnee in der Höhe, sulzig und schwer im Bereich der Oberstalleralm im inneren Villgratental. Wo wir die Schier abschnallen, begegnen wir dem Frühling mit einem Meer von Krokusblüten in Weiß und zartem Lila. Blüte an Blüte, von der Sonne sanft und weit geöffnet. Eine Bienenweide, ein Festschmaus für nektarsuchende Hummeln und Schmetterlinge.
Wenn im Wilfernertal die hoch stehenden Lärchen dem Andrang des Frühlings noch winterstarr entgegenhalten, bleibt dennoch das große Blühwunder nicht aus. Die Alpenanemonen recken sich aufrecht mit weißen, großen Blüten, Wind und Wetter schutzlos ergeben. Da ist die Frühlings-Kuhschelle etwas vorsichtiger, sie bleibt mit großgeöffneten Kronblättern in ein golden schimmerndes Pelzchen gehüllt, wenn die Sonne es gut mit ihr meint.
Das Fest des Frühlings zu krönen, bleibt den aufrötenden und schließlich voll erblühten Alpenrosen vorbehalten. Die schon vor der Eiszeit eingewanderten Sträucher benötigen zu ihrer Entwicklung ein ganzes Menschenalter! Einzelne Stämmchen haben hundert und mehr Jahresringe. Mit großer Beharrlichkeit und vieljähriger Lebenserfahrung nehmen Rostblättrige Alpenrosen auch Weide- und Mähwiesen in Besitz.
Spätestens im Mai kehren die Mauersegler, die Langstreckenzieher unter den sangesfreudigen Zugvögeln, aus ihren Winterquartieren in Südafrika zum Frühjahrs- und Sommeraufenthalt nach Osttirol zurück. Mit ihnen fliegen auch unsere Erwartungen an Erlebnis und Abenteuer dem Frühling entgegen.

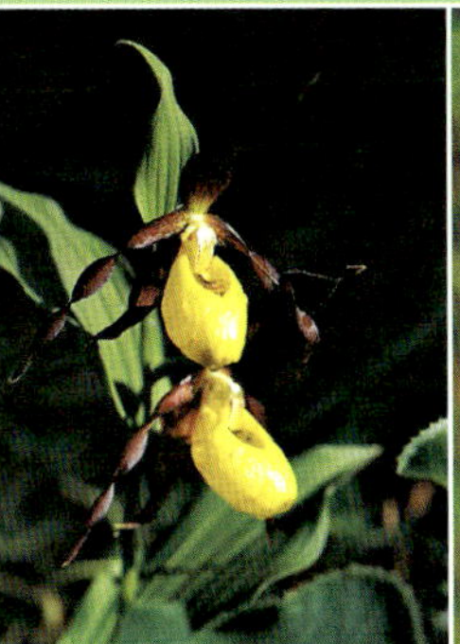
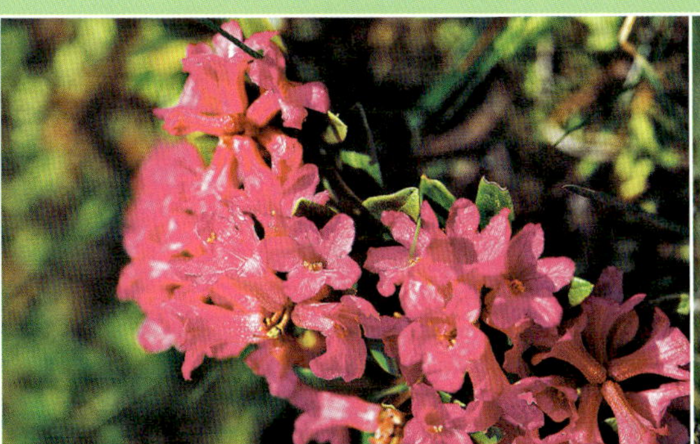
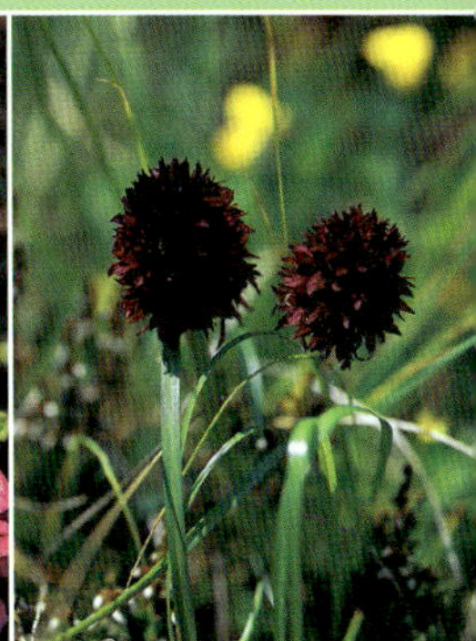

1

TSCHULE – DOLOMITENBLICKWEG

Nostalgische Wanderung auf Sonnenwegen

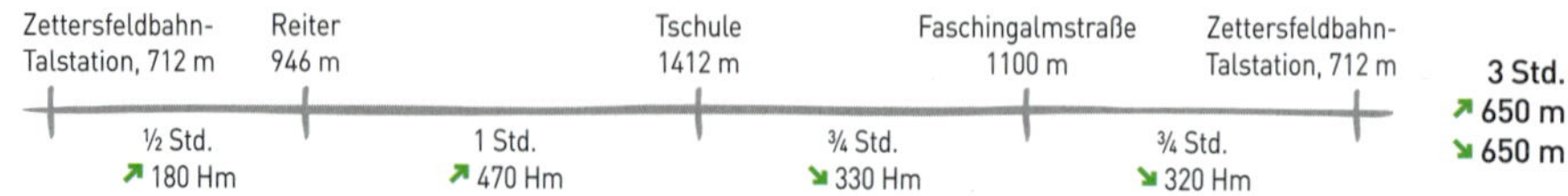

Anfahrt: Stadtbus von der Haltestelle Bhf. Lienz (gebührenpflichtiger Parkplatz) bis Grafendorf, Zettersfeldbahn-Talstation (Parkplatz)
Einkehrmöglichkeiten: Gasthof Haidenhof, Hotel Holunder, Jausenstation Ploierhof

Ein beliebter Sonnseitweg für fast alle Jahreszeiten: Der teils alte Almweg führt großteils im Wald der Gemeinden Gaimberg und Thurn zur Tschule, wo ein großartiger Blick auf die Stadt Lienz und die sie rahmenden Lienzer Dolomiten die Wanderung krönt.
Wir parken entweder bei der **Talstation der Zettersfeldbahn** oder 12 Gehminuten höher bei der Brücke am Grafenbach, dem bevorzugten Ausgangspunkt zur Tschule bzw. zum Dolomitenblickweg (Schautafel, Wegweiser).
Vorerst gibt es zwei Möglichkeiten:
a) am leicht ansteigenden Karrenweg einige Kehren bergan. Es schließt daran ein Waldsteig, in weiterer Folge etwas bequemer ein Wiesenpfad zum **Reitergehöft**. Dort wenden wir uns auf der von Thurn (Prappernitze) aufsteigenden Bergstraße nach rechts,

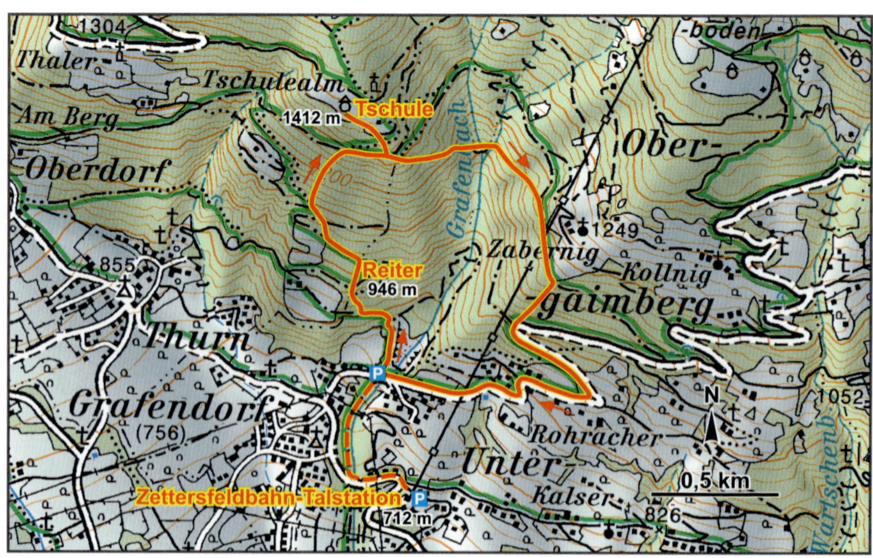

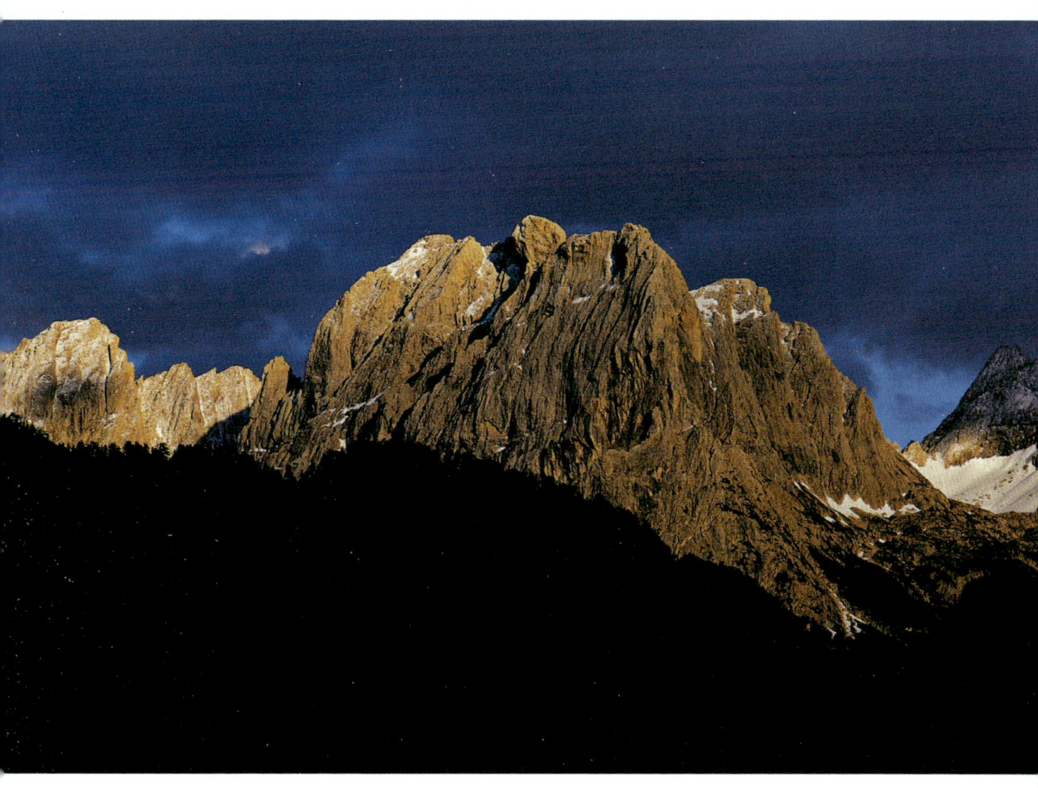

Dolomitenblickweg: eine Route, die ihrem Namen alle Ehre macht

die hier als Naturweg fortsetzt. Auf diesem, über eine Kehre aufwärts, ehe wir nach etwa 15 bis 20 Minuten (ab Reiter) am steil bergan lenkenden Dolomitenblickweg „einsteigen".

b) Wie bei a am Karrenweg und Waldsteig bergauf bis zur Abzweigung Dolomitenblickweg, der im Wald steil bergan führt.

In beiden Fällen kommen wir zwischen zwei querlaufenden Waldwegen zum **Antonia-Auernig-Gedenkstock**. Wo wir etwas oberhalb einen Almweg queren, windet sich der mit 4a bez. Steig im Fichtenschatten empor, umläuft einen Birkendrilling und lässt zur **Tschule** Weg oder Steig zur Wahl.

Ein Stadel und ein etwas abseits gelegenes, unbewohntes Bauernhaus stehen auf der Almwiese und am bergseitigen Rand ein Kreuz mit Bank. „Raste, aber roste nie", wird uns für den Abstieg empfohlen. Am unteren Wiesenende benutzen wir den Fahrweg bis zum nahen Schranken mit herrlichem Dolomitenblick.

Wir setzen die Wanderung auf einem romantischen Waldsteig fort, der bergab im sogenannten Grüntal das Grafenbachl überschreitet. Nach der „Ranitzl-Reide" gelangen wir zur über-

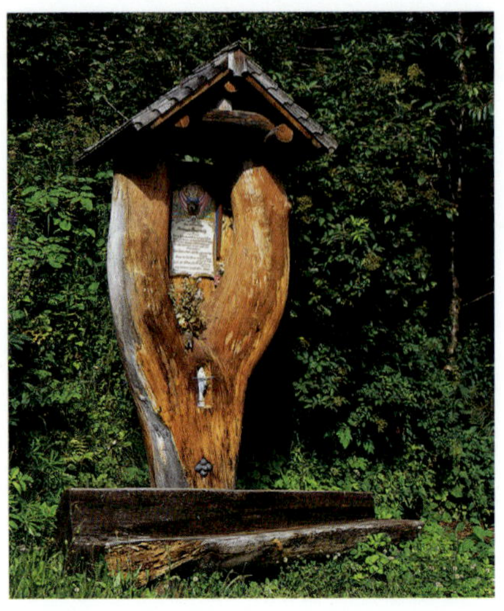

dachten Rastbank **„Mesner Riese"**. Am alten Zabernigweg abwärts, passieren wir den Zenzeler und Egger Roan, ehe wir zur **Faschingalmstraße** kommen und auf deren hartem Pflaster zum Ausgangspunkt zurückkehren.

Links: Antonia-Auernig-Gedenkstock am Steig zur Tschule
Rechte Seite: Fichtenzweig mit männlichen und weiblichen Blüten
Enzianblüten schmücken die Tschule-Bergwiese.

JEDER FLURNAME ERZÄHLT EINE KLEINE GESCHICHTE

Menschen waren seit Urzeiten schöpferisch im Benennen von Dingen und Örtlichkeiten. Dabei ließen sie die Eigentümlichkeit des Ortes selber sprechen. War im Vegetationsgelände ein unverrückbarer Felsblock, wurde daraus die Kofelwiese, der Besitzer derselben der Kofler. War die Hofstatt stark mit Lärchen besetzt, hießen Hof und Inhaber Lercher. Flora und Fauna trugen stets zur Namensgebung bei (z. B. Kohlröserl-Hütte, Hirschlacke, Geierbichl u. a.). Flurnamen sind äußerst langlebig und sehr verlässlich, wenn auch manchmal durch Schreib- oder Hörfehler arg verstümmelt. „Tschule" weist auf alpenromanische Wurzeln hin und bedeutet Windbichl. Der Ort war vor dem Ersten Weltkrieg ganzjährig bewohnt. Damals vermachte der Besitzer das „Hoamatl" der Pfarrkirche St. Andrä, um sich eine ordentliche Beerdigung zu sichern, mit allen religiösen Handlungen, die ihm die „Jenseitsreise" möglichst leicht machen sollte.

Der Ortsteil Grafendorf (Gemeinde Gaimberg) mit der Pfarrkirche zum hl. Bartholomäus bekam seinen Namen vom görzischen Ministerialgeschlecht der Grafen von Grafendorf verliehen. Das färbte ebenso auf das Grafenbachl ab. Der Grafenbach war stets ein gefährlicher, murfähiger Wildbach, an dessen Zähmung und Verbauung seit fast einem Jahrhundert in unterschiedlicher Intensität gearbeitet wurde. Einst standen mehrere Mühlen an seinem Ufer, die höchstgelegene war die Zabernigmühle im sogenannten Grüntal. Sie war bis 1950 in Betrieb und mahlte das Korn vom Zabernig-

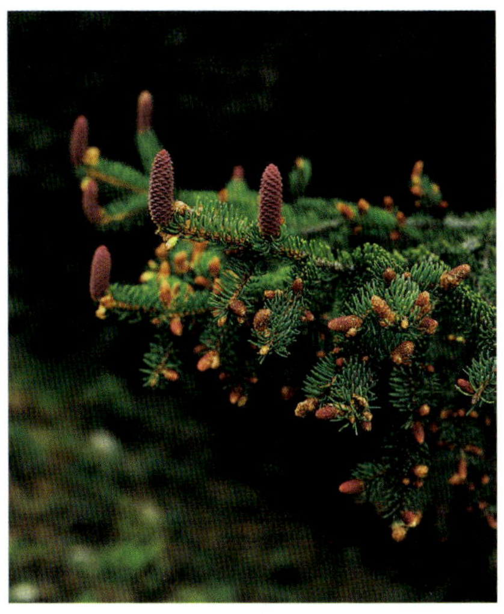

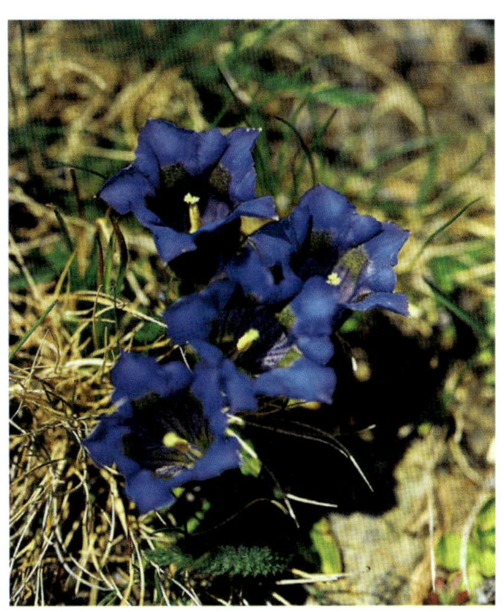

„Hochackerle", wo eigenes Saatgut sowie Weizen, Roggen und Hafer die Mehltruhen füllten.
Damals hieß es, dass der Weltuntergang bevorstehe, sollte der Grafenbach die Zabernigmühle wegschwemmen. Doch nicht das unberechenbare Hochwasser beendete den Mühlenbetrieb, es war der arbeitserleichternde Strom, der wassergespeiste Mühlräder zum Stillstand brachte.
Flur- und Eigennamen begleiten uns am Dolomitenblickweg von der Tschule hinab bis zur Faschingalmstraße. Da schauen wir zum beeindruckenden Panorama der Unholden, wie die gegenüberliegenden Gipfel einst genannt wurden, bis Josef Anton Rohracher vom Lienzer Alpenverein 1885 den Namen Lienzer Dolomiten einführte. Diese Gipfelschönheiten werden allerdings nur ihrer äußeren Form wegen als Dolomiten bezeichnet. In ihrem geologischen Aufbau gehören sie den Gailtaler Alpen an.
Ein romantischer Steig führt im schattigen Wald, dem sogenannten „Rohracher Tux", leicht bergab. Wo aus den Quellstuben hoch im Grüntal Rinnsale sich zum Grafenbach entwickeln, zügeln seine Gefährlichkeit betonstarre Talsperren, während das Grieswieselbachl seltener aufmuckt. Farnüberkleidete alte Klaubsteinmauern festigen den alten Zabernigweg im „Mitterling" oder im „Egger"- und „Zenzeler Roan". Längst hat sich dort der Wald behauptet, wo in alter Zeit das Vieh auf kleinräumige Weiden getrieben wurde. Der Name Zenzeler verbindet mit dem Heimhof im Dorf, der schon um 1809 bestanden hat, als der bei der Lienzer Klause gescheiterte, racheschwörende General Ruska u. a. auch den ursprünglichen Zenzeler Hof in Grafendorf niederbrennen ließ.

AUF DEM FRIEDENSWEG NACH ST. HELENA

Rundwanderung auf Flur- und Waldwegen

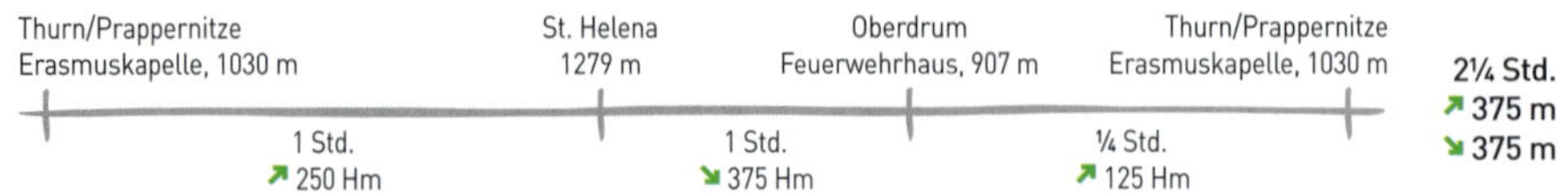

2¼ Std.
↗ 375 m
↘ 375 m

Anfahrt: Von Lienz nach Thurn, Ortsteil Prappernitze mit Erasmuskapelle, begrenzte Parkmöglichkeit
Einkehrmöglichkeiten: keine

Die Jugend vom Dekanat Lienz entwickelte die Idee, diesen Besinnungsweg mit zehn ansprechenden Stationen zu gestalten. Hilfreich mit Tat und weiteren Ideen waren Land- und Pfarrjugend, im Weiteren Schulklassen, Vereine und Künstler der Gemeinde Thurn und darüber hinaus.

Etwas oberhalb der **Erasmuskapelle**, am Beginn einer Lärchenwiese spenden Büsche Schatten für die Gedenkstätte für zwei sehr junge US-Luftkampfschützen, die beim Absprung aus einem B-24-Bomber 1944 ums Leben kamen. Bei einer weiteren Station betrachten wir einen Fichten-

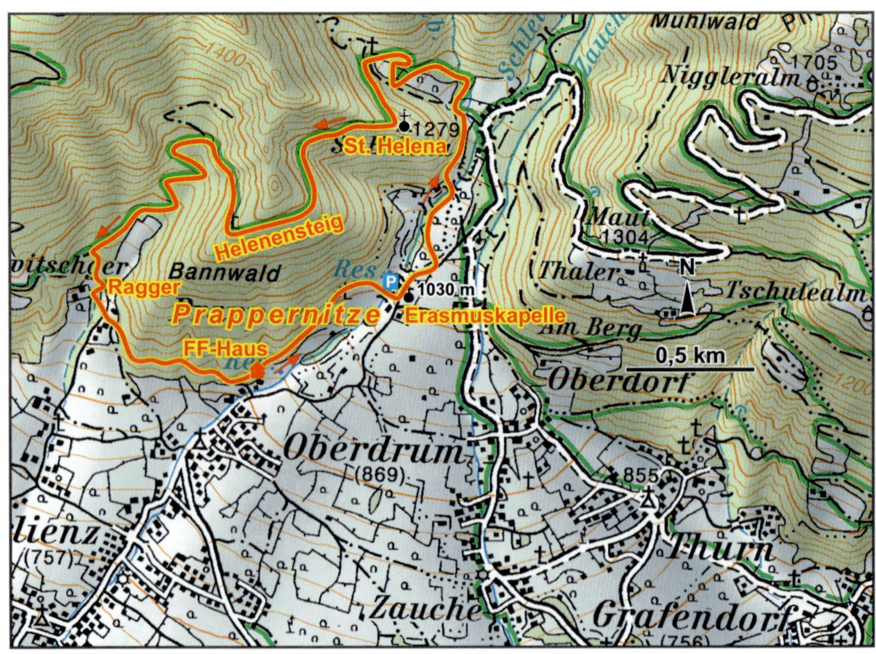

ST. HELENA UNTERHALB DER SCHLEINITZ

Das vom Wald umschlossene, 1308 erstmals urkundlich erwähnte, gotisch geprägte Kirchlein ist vom westlichen Lienzer Talboden sichtbar und wird von der Schleinitz hoch überragt. Die exponierte, teils von einer Schutzmauer gerahmte Lage erlaubt eine großartige Aussicht auf die formvollendete Kulisse der Lienzer Dolomiten.

Als beachtenswertes Naturdenkmal gesellt sich die vitale, mehr als 500-jährige Winterlinde – die höchstgelegene in Tirol – zum Gotteshaus, umrankt von Hypothesen und Sagen. Eine vermutete Kultstätte in prähistorischer Zeit konnte nicht nachgewiesen werden. Sagen deuten die Entstehung des Kirchleins als Sühneakt eines Görzer Grafen. Eine Sage erzählt, dass eine Kirche an einer ganz anderen Stelle erbaut werden sollte. Sonderbarerweise verschwand aber das Baumaterial und fand sich dort wieder, wo heute das Bergkirchlein steht.

St. Helena wurde in älterer Zeit bei Viehnöten, Fruchtbarkeits- und Wetteranliegen rege besucht und 1988 renoviert und neu gedeckt. Weitum bekannt ist die urtümlich wirkende, österliche Auferstehungsfeier, die hier alljährlich stattfindet, vorausschauend organisiert und gestaltet von einem Diakon, der, durch Exerzitien geschult, mit schlichten Worten den Glauben verbreitet und das Brot verteilt. Die faustgroßen Brotlaibchen backen die Bäuerinnen im Ortsteil Prappernitze, das Mehl spenden die Thurner Bauern aus einer der wenigen noch funktionsfähigen Mühlen am Schleinitzbachl.

Die österliche Feier endet mit dem Geläute der Glocken unter dem achtseitigen Spitzhelm. Sie gehören zu den ältesten in Osttirol. Die Wetterglocke trägt die Inschrift aus dem 13. Jahrhundert, die etwas kleinere ist um ein Jahrhundert jünger.

St. Helena – ein Ort der Sagen und Legenden

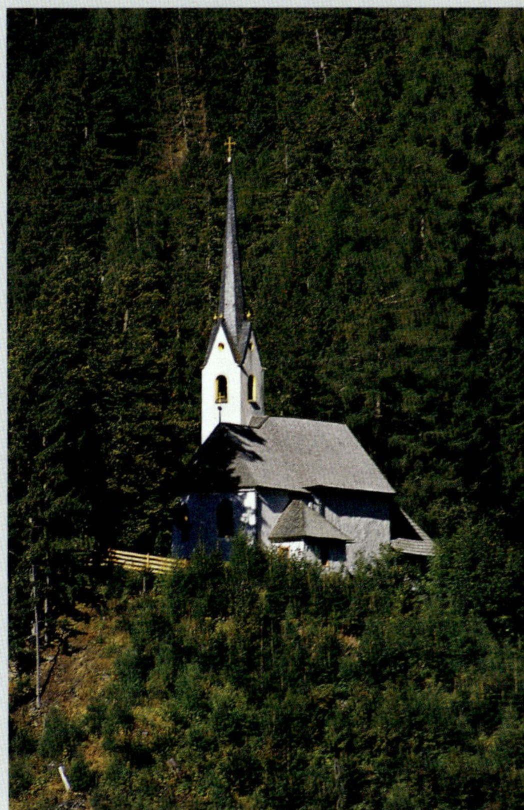

Lärchen-Zwilling: ein ungleiches Paar, Stamm an Stamm auf das Engste zusammengewachsen. Bald windet sich der Weg am Pfarranger hinauf, wo im Waldschatten ein Nebengerinne des Schleinitzbachls aus hölzernen Traufen plätschert. Beim **Waldkreuz** schwenkt der Weg zum Helenenkirchl, das auf einer dreiseitig steil abfallenden Hangkanzel steht.

Die Kirche **St. Helena** wurde 1308 erstmals urkundlich erwähnt. Die ältesten Bauteile sind das Langhaus und der Kern des Turmes. So wie das Portal gestaltet ist, dürfte der Bau der späten Görzer Bauhütte zuzuschreiben sein. Bauliche Veränderungen sind auch vom frühen 16. Jahrhundert geprägt. Im Tuffsteinsockel prangt ein Wappen des Andrä von Graben, einem Lienzer Stadtrichter. Mit der Höhe des Kirchturmes wetteifert Tirols höchststehende, mächtige Winterlinde.

Bergseitig der Kirche lädt der **Helenensteig** zu einer Rundwanderung ein. Er quert mit geringem Auf und Ab den Waldhang, ehe er bei einem Gedenkkreuz (Bank) teils auf Treppen zum Forstweg absinkt. Dort auf sechs Kehren hinab zum **Raggergehöft** (Säge) und auf asphaltierter Waldstraße zum **Feuerwehrhaus Oberdrum**. Zum Ausgangspunkt **Erasmuskapelle** steigen wir 15 Minuten an.

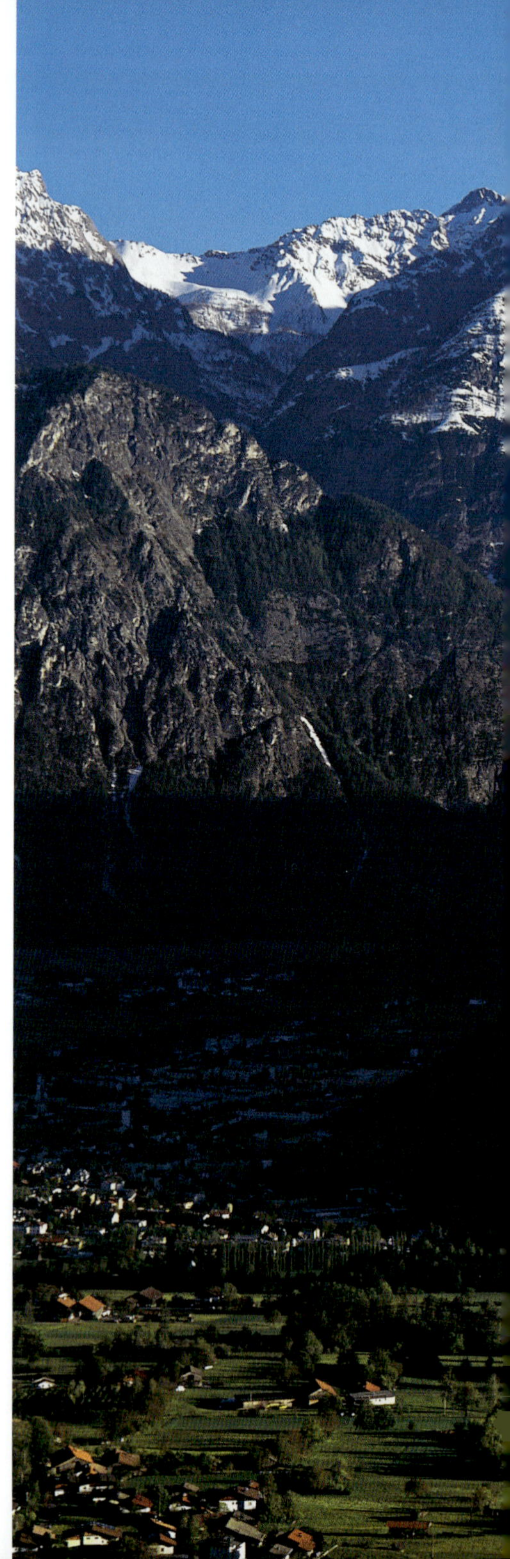

Vom ummauerten Kirchplatzl St. Helena blicken wir auf die Thurner und Oberdrumer Kulturlandschaft, die der Spitzkofel wuchtig überragt.

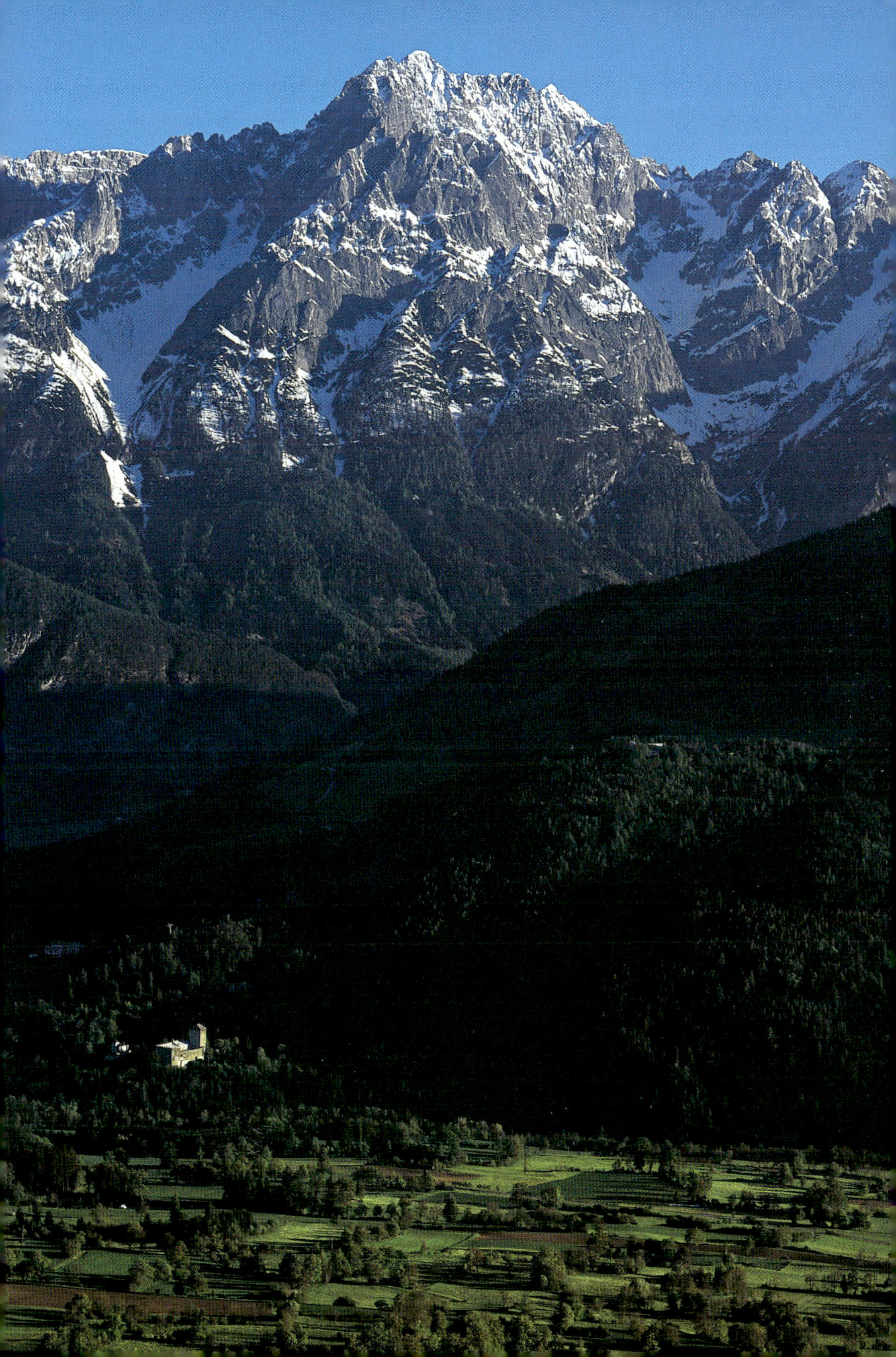

WALD-NATURLEHRPFAD

Naturgeschichte am Stadtrand

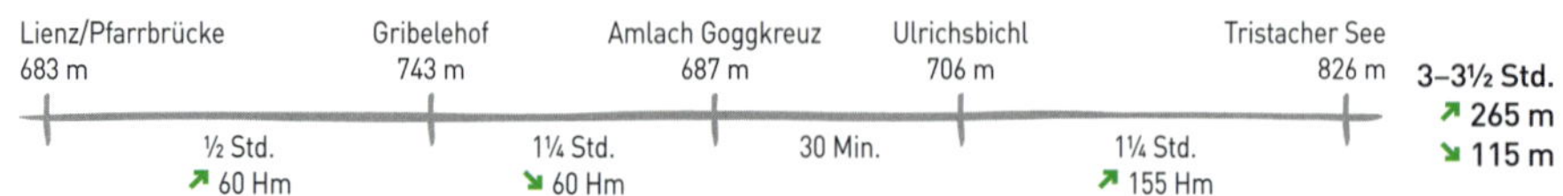

3–3½ Std.
↗ 265 m
↘ 115 m

Rückfahrt: Mit Taxi oder Bäderbus Tristacher See (Bundschuh Reisen, Tel. 04852/63360) zurück nach Lienz
Einkehrmöglichkeiten: Schlosscafé, Gasthof Gribelehof, Gasthof Leisacher Hof, Amlacher Dolomiten-Waldschenke, Gasthof Pfeifhofer, Hotel Laserz, Parkhotel Tristacher See, Seewiesenrestaurant

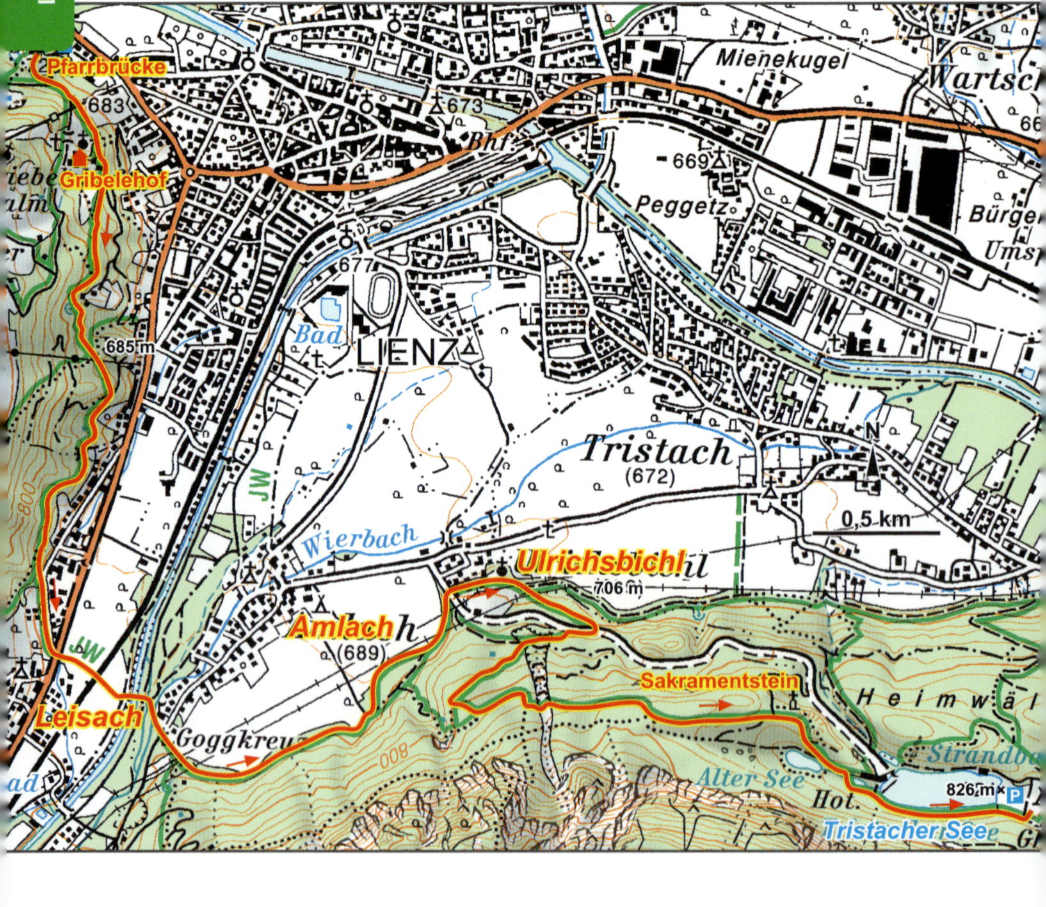

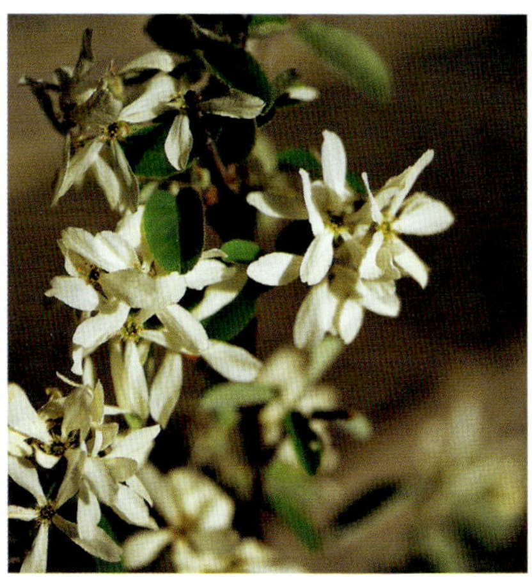

Felsenbirnen bereichern den Wald-Naturlehrpfad.

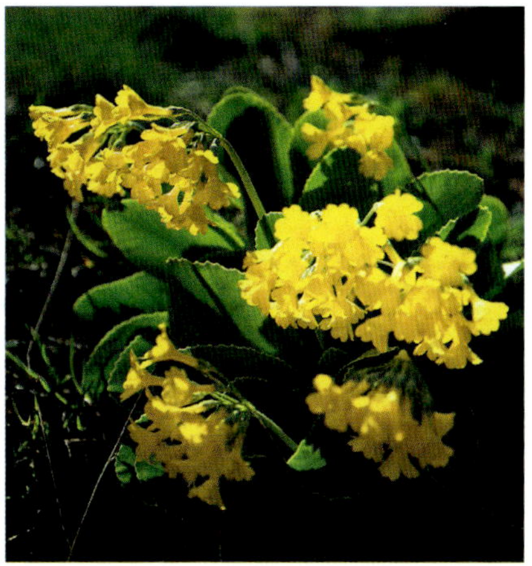

Felsenprimeln künden den Frühling im Rauchkofelwald.

Bei der **Pfarrbrücke** westlich vom Lienzer Stadtzentrum wandern wir, dem Iselfluss zur Seite, am Lehrpfad „Eichhörnchen" zur Schlossbrücke. Dort lenken Wegweiser auf den Burghügel zum Schloss der einstigen Görzer Grafen (½ Std.), das 1277 erstmals urkundlich erwähnt wurde. Die Stadt Lienz erwarb **Schloss Bruck** 1942 und adaptierte darin nach gründlicher Sanierung das Osttiroler Heimatmuseum.

Der Lehrpfad „Eule" führt hinauf zum Gasthof Gribelehof, wo unterhalb der Katharinakapelle der Weg zum Waldsteig übergeht und an fast allen heimischen Büschen und Bäumen vorbeiführt. Ein Höhepunkt ist das **Freiland-Klassenzimmer**, wo im Umkreis einer mächtigen Rosskastanie zehn Schautafeln zum naturkundlichen Unterricht einladen. Bald darauf erreichen wir über eine kleine Brücke hinweg den Leisacher Dorfrand, wo nach dem Gasslerhof der Weg über das Bahngleis und über die Draubrücke zur Dolomiten-Waldschenke und zum **Goggkreuz** bei **Amlach** führt.

Nun am Bergfuß und den Amlacher Feldfluren zur Seite am Wegabschnitt „Häschen" zur **Ulrichskapelle** an der Grenze der Gemeinde Tristach (Hotel Laserz). Im Schatten von Föhren und Fichten führt der Steig hinauf zur Amlacher Seestraße, wo beim ca. 70 m tiefer gelegenen Wegweiser der Lehrpfad „Bambi" im Waldschatten weiterlenkt. Einzelne Eiben und weißblühende Felsenbirnen zählen zu den Raritäten des Bergwaldes, geologisch interessant ist das aus Muschelkalk gebildete Gelände.

Ab der Scheitelstelle des Weges gelangen wir zum **Alten See**, ein Naturdenkmal mit besonderer Flora. Wir schreiten südseitig am Parkhotel Tristacher See vorbei und im Weiteren auch am **Tristacher See**, bis wir zum Seewiesenrestaurant mit Campingplätzen gelangen. Vom großen Parkplatz bringt uns der Bäderbus oder das Taxi zurück nach Lienz.

HISTORISCHE STREIFLICHTER AM RANDE DES WALD-NATURLEHRPFADS

Im westlich von Lienz ansteigenden Bergwald hält der mit vielen informativen Tafeln versehene Lehrpfad beim Freiland-Klassenzimmer inne. Kantengerundete Baumstämme dienen als Schulbänke und dem bequemen Studium der zehn mit Bildern und Texten versehenen Schautafeln.

Eine mächtige Rosskastanie beherrscht die umwaldete, kleine Hangterrasse und fördert schattenspendend das spielerische Kennenlernen von Flora und Fauna.

Der Abschnitt „Häschen" führt am Fuße des Rauchkofels entlang, auf Hangschutt aus Hauptdolomit der Lienzer Dolomiten. Historisch nicht ganz so fern wie die eiszeitlich und nacheiszeitlich vom Gletscher verbliebenen Sand- und Kieslager, doch fast genauso vergessen ist die hier einst erbaute Schisprungschanze, die rechtzeitig zur Österreichischen Schimeisterschaft 1956 vom Schiclub Lienz unter der Bauleitung von Alfred Thenius errichtet wurde und damals als die größte Schischanze Mitteleuropas galt. Am Eröffnungsspringen am 28. 1. 1956 beteiligten sich 32 Springer aus den vier Nationen Frankreich, Schweiz, Jugoslawien, Österreich. Der Österreicher Sepp Bradl gewann mit 82,5 m knapp vor dem Schweizer Däscher. Der mutige Lienzer Roman Kratzer war mit 65 m ein ebenso viel umjubelter Held dieser damals landesweit größten Sportveranstaltung. Neben diesem Großereignis blieb lange Zeit ein bis dato noch nie da gewesener Autoaufmarsch im Gespräch mit gezählten 335 Pkws und einem Dutzend Bussen unterschiedlicher Nationen, eng geparkt auf den schneegeräumten Amlacher Feldern.

Das Hochwasser 1965/66 zerstörte die Dolomitenschanze, an die heute nicht mehr als ein wolliger Schneeball, ein Zierstrauch aus der Gattung der Geißblattgewächse, erinnert.

Der Abschnitt „Bambi" führt im Bereich des Alten Sees am sogenannten Sakramentstein vorbei. Gemeint ist ein unauffälliger Wappengrenzstein der Herren von Graben aus Lienz mit der eingeritzten Jahrzahl 1531, dort soll ein Hostienwunder geschehen sein. Die Sage erzählt die Geschichte vom wagemutigen Jäger Pankraz, der sich in der 250 m hohen Rauchkofel-Seewand verstiegen hatte. Niemand konnte ihm helfen, so rief man den Priester von Tristach, um den Todgeweihten mit dem Allerheiligsten letzte Absolution zu erteilen. Umringt von Schaulustigen sprach der Priester ein Gebet, als das Wunder geschah. Die Hostie löste sich aus der Monstranz und schwebte wie ein im Winde schaukelndes Laubblatt zu Pankraz empor. Der todbringende Sturz in die Tiefe war nicht zu verhindern, eine sichere Fahrt in den Himmel aber somit gewiss.

Das Naturdenkmal „Alter See" beherbergt überaus seltene Blütenpflanzen.

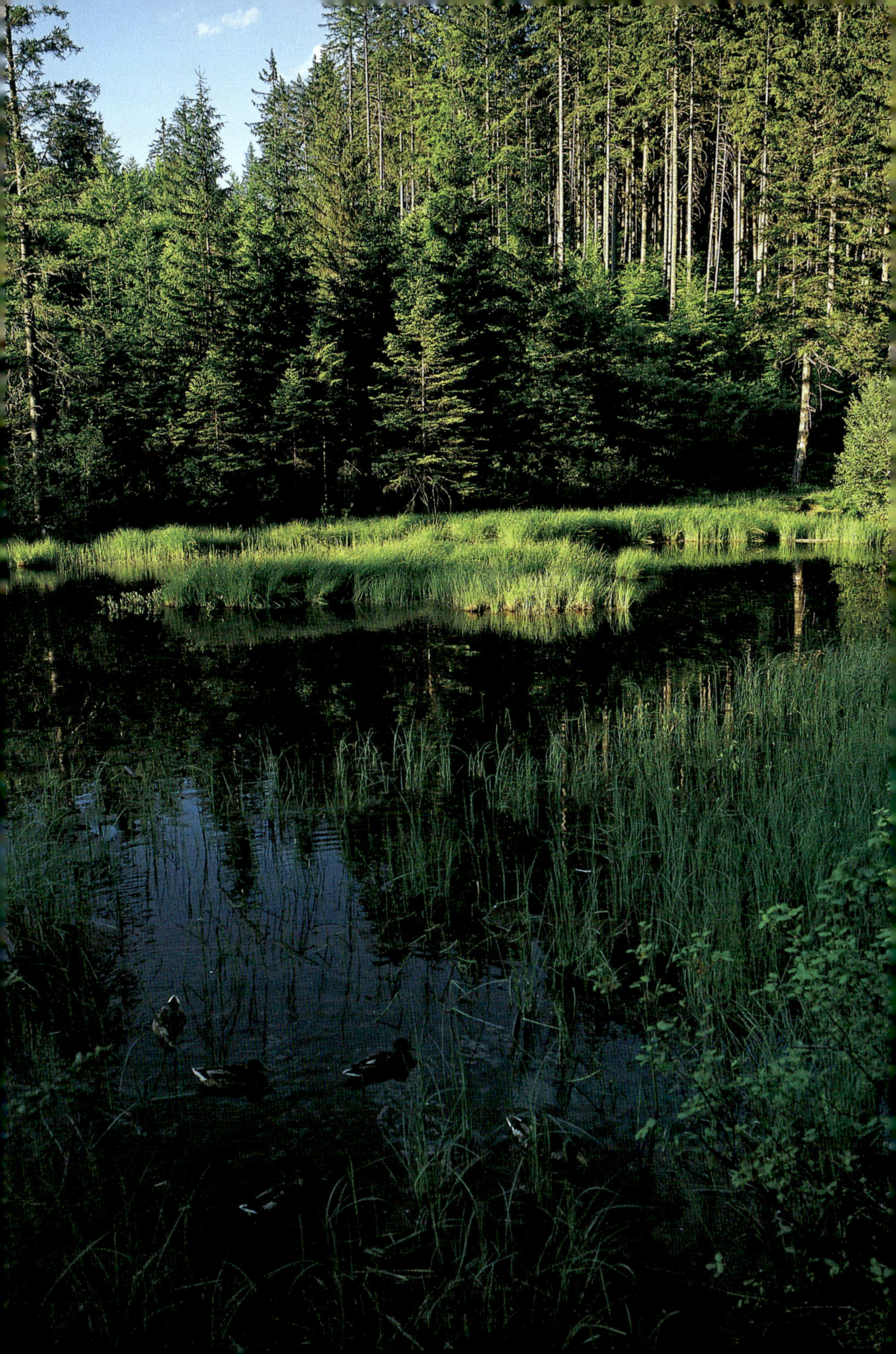

HÖHENWEG LINDSBERG – MICHELSBERG – PLONE – DAMER

Von „Wildbächen“ getrennte Hangsiedlungen

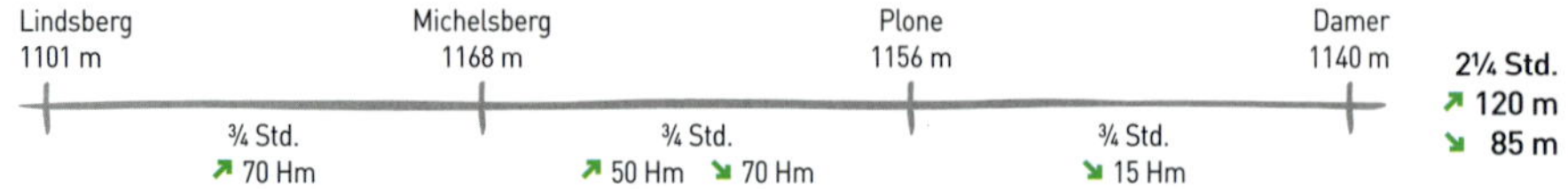

Anfahrt: Von Nikolsdorf nach Lindsberg (1101 m), dort begrenzte Parkmöglichkeit
Einkehrmöglichkeiten: keine

Beginnen wir die Wanderung bei der um 1800 erbauten **Kapelle Maria Heimsuchung** auf Lindsberg (Tafeln). Bei geringer Steigung gelangen wir zum Zappernitzbachgraben, wo im Anschluss zunächst ein romantischer Steig, dann ein breiter Weg nach **Michelsberg** führt. Es folgt der Zugang zum launischen Gantschenbach, dessen Name auf frühe slawische Besiedlung hinweist. Der nicht selten das Dorf Nikolsdorf bedrohende Bach wurde mit massiven Talsperren gezähmt. Davon unberührt ist ein abseits stehender, rekordverdächtiger „Lärch“, ein wahrer Riese von einem Baum.

Wir überschreiten nach engen Steigkehren (Treppen) das spärlich rinnende Bösebachl, ehe ein bequemer

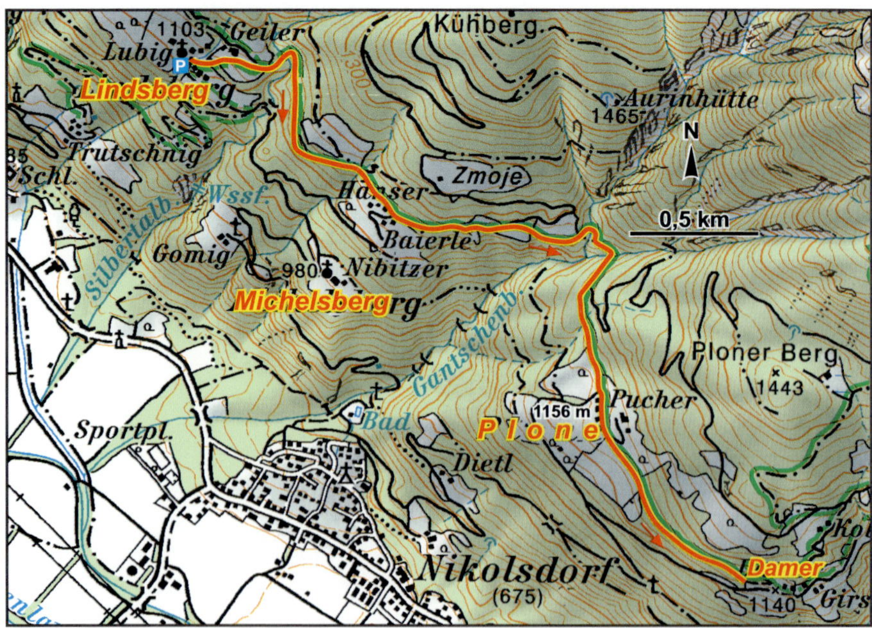

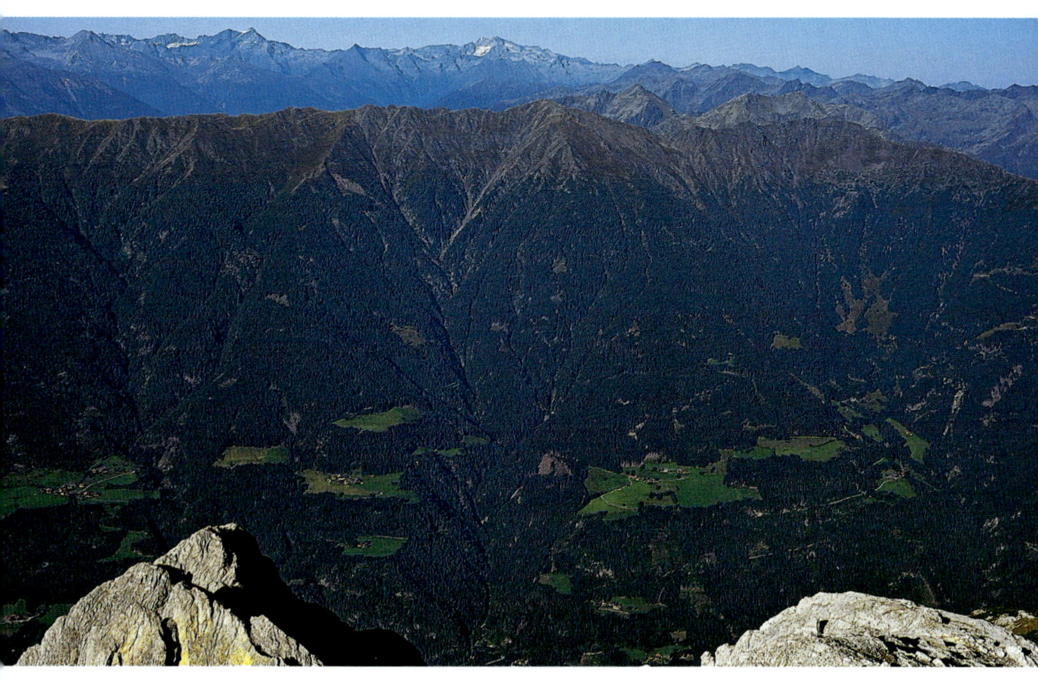

Blick vom Hochstadel auf die Nikolsdorfer Fraktionen Lindsberg, Michelsberg, Plone und Damer (von links)

DER BAUMRIESE AUF DER PLONE

Zwischen Michelsberg und Plone, genauer zwischen Gantschenbach und Bösebachl, zweigen Pfadspuren bergwärts ab. Spürbar steil erreichen wir nach 25 Minuten eine auffallend dicke Fichte. Hier steigen wir etwa 70 m halblinks aufwärts, wo wir vor einer von Alter und Größe gezeichneten Lärche stehen. Talseitig stützen den greisenhaften Riesen weit ausholende Wurzelstränge und tragen die gewaltige Last, den rundum buckligen Stamm, der in ca. 15 m Höhe in weitere mächtige Stämme verzweigt.

Gleichsam versteinert steht der Lärch da, mit bemooster Rinde das kranke Herz umhüllend. Hohl ist der riesige Stamm, in dem sich ein Kind leicht einige Meter emporstemmen könnte. Das wahre Alter dieses Einsamen im tiefschattigen Fichtenwald vermag man nur zu schätzen, übertrifft aber bei weitem alle Hofgründungen auf Michelsberg und Plone, alle Rodungen auf den überwiegend steilen Hängen und wohl auch den Umbau von Schloss Lengberg um 1480 durch görzische Ministerialen unter Virgil von Graben.

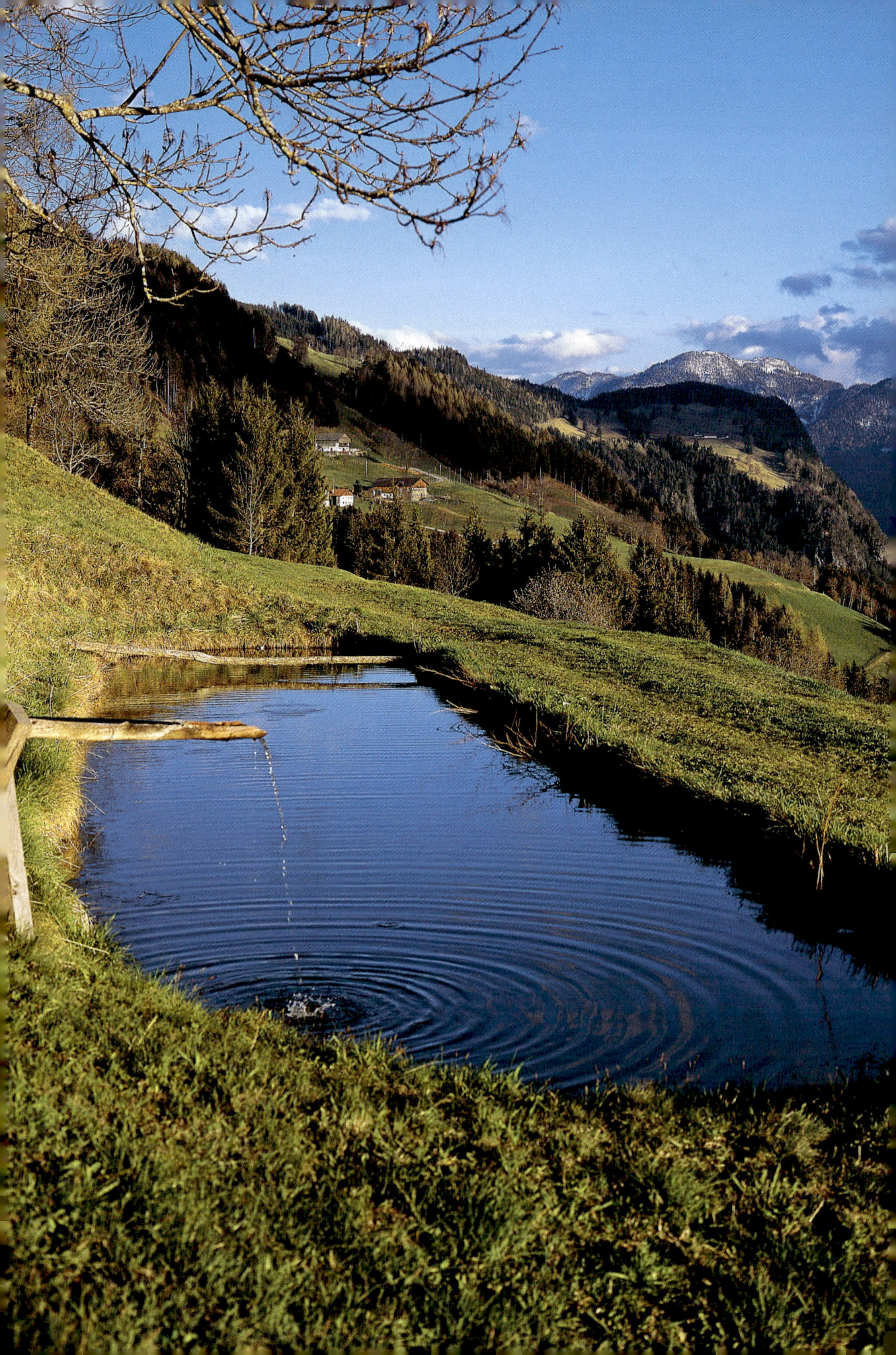

Waldweg auf den mäßig geneigten Hangwiesen auf **Plone** ausläuft. Mit gleichbleibend verführerischer Sicht auf das Lienzer Dolomitenpanorama bummeln wir entlang der Bergwiesen, wo eine E-Leitung den hier angesiedelten Fraktionen Energie zuführt. Noch einmal tauchen wir in den Waldschatten ein und erreichen die auf außergewöhnlich steilen Wiesenhängen gelegenen Berghöfe auf **Damer**. Entweder auf gleichem Weg oder mit Pkw bzw. Taxi zurück. Alle Weiler sind mit asphaltierten Straßen erschlossen, daher Anfahrt bzw. Abholdienst vorher planen.

AM WEG DER SCHÜLER UND BRIEFTRÄGER

Legendär war die Schule auf Lindsberg, ebenso der Unterricht, der seit 1826 zunächst in der Lubigstube eines Bauernhauses gehalten wurde. Um 1904 wurden bis zu vierzig Kinder, großteils vom Weiler Trattenberg, in einer kleinen, neu erbauten Schule unterrichtet. Jahre später zählte man nur noch acht Schüler, Not und Missernten hatten allein 1911 acht Bergbauernfamilien zur Absiedlung gezwungen.

1969 wurde diese „Lehrwerkstätte" ganz geschlossen und der Unterricht hinunter nach Nikolsdorf verlegt. Anton Huber vulgo „Baierle" war einer der letzten Schüler und sein Schulweg im Winter der gefährlichste. Er führte auf schmalem Pfad über den vereisten Zappernitzbachgraben, über meist von Schnee getarnten Eisgallen, die ihm beinahe das Leben gekostet hätten. Im Sturz vermochte er sich an einem Erlenast zu halten, nur die Schultasche ging verloren. Oder doch nicht!

Etwa 70 m tiefer kreiselte sie in einer eisumrandeten kleinen Gumpe, wo er sie, mit moosgrünem Eiswasser gefüllt, bergen konnte. Da saß er nun in seiner leeren Schulbank und fröstelte, vor ihm die aufgeweichten Hefte und das Religionsbüchlein des Katecheten, die wie Gebetsfahnen auf einer Wäscheleine zum Trocknen aufgefädelt waren. Der Pfarrer blieb davon ungerührt, denn er ging nur ungern den weiten Weg hinauf und unterrichtete lieber nach der Sonntagsmesse in der Sakristei der Nikolsdorfer Kirche. Die vom Berg galten als etwas rückständig und lernschwächer, fanden sich aber in allen Lebenslagen gut zurecht. So auch in der mathematischen Einführung von Raum- und Höhenmaßen. Auf die Frage, wie viel Höhenmeter Lindsberg über Nikolsdorf liegt, meinte ein strohblondes Bergbüblein nach einigem Nachdenken „eppa a Stunde".

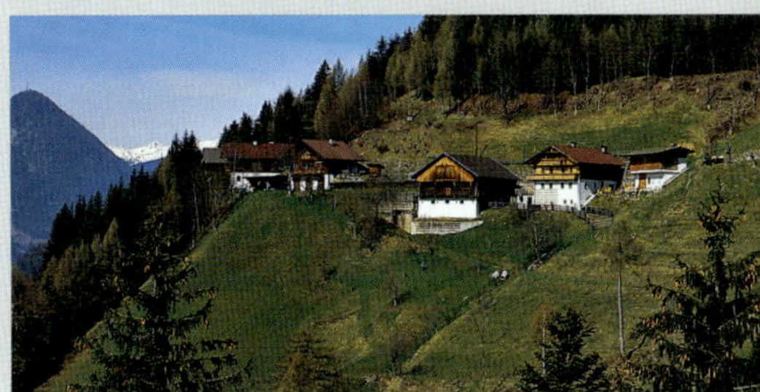

Links: Blick auf Michelsberg
Rechts: Damer in exponierter Hanglage

TOSENDE WASSER IN DER GALITZENKLAMM

Frühling im Kerschbaumertal

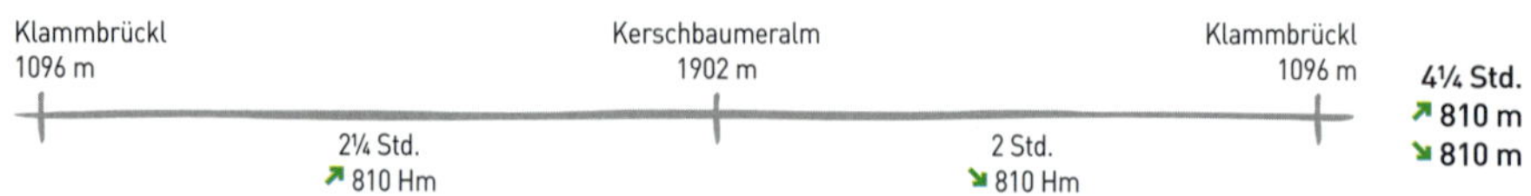

Anfahrt: Von Amlach (689 m) oder Leisach (710 m; 2 km südwestlich von Lienz) mit Pkw zur Galitzenklamm bzw. zum Klammbrückl im Kerschbaumertal (Parkplatz, Landschaftsschutzgebiet)
Einkehrmöglichkeit: Gasthof Galitzenklamm

Mehrere Klettersteige unterschiedlichster Schwierigkeitsgrade wurden in der Galitzenklamm angelegt. Für die Allgemeinheit empfiehlt sich der **Wasserschaupfad** (20 Min.), der Helmpflicht und ein kleines Entgelt bedingt. Zum **Kerschbaumeralm-Schutzhaus** führen Weg und Steig im Buchen- und Nadelwald landschaftlich schön durch das Kerschbaumertal. Das Almgelände wird von Weittalspitze (2539 m), Kreuzkofel (2694 m) und Spitzkofel (2717 m) umringt. Auf gleichem Weg zurück.

Frauenschuh – die schönste unter den heimischen Orchideen

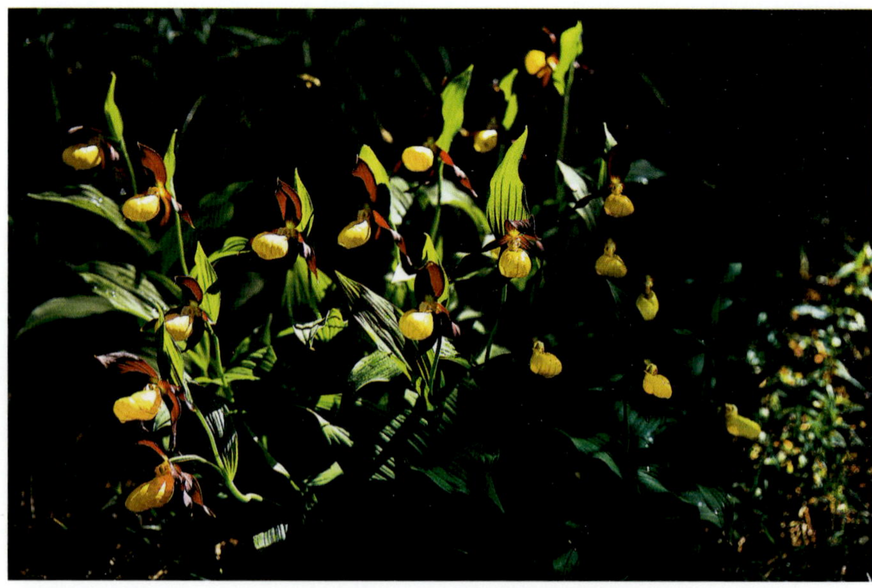

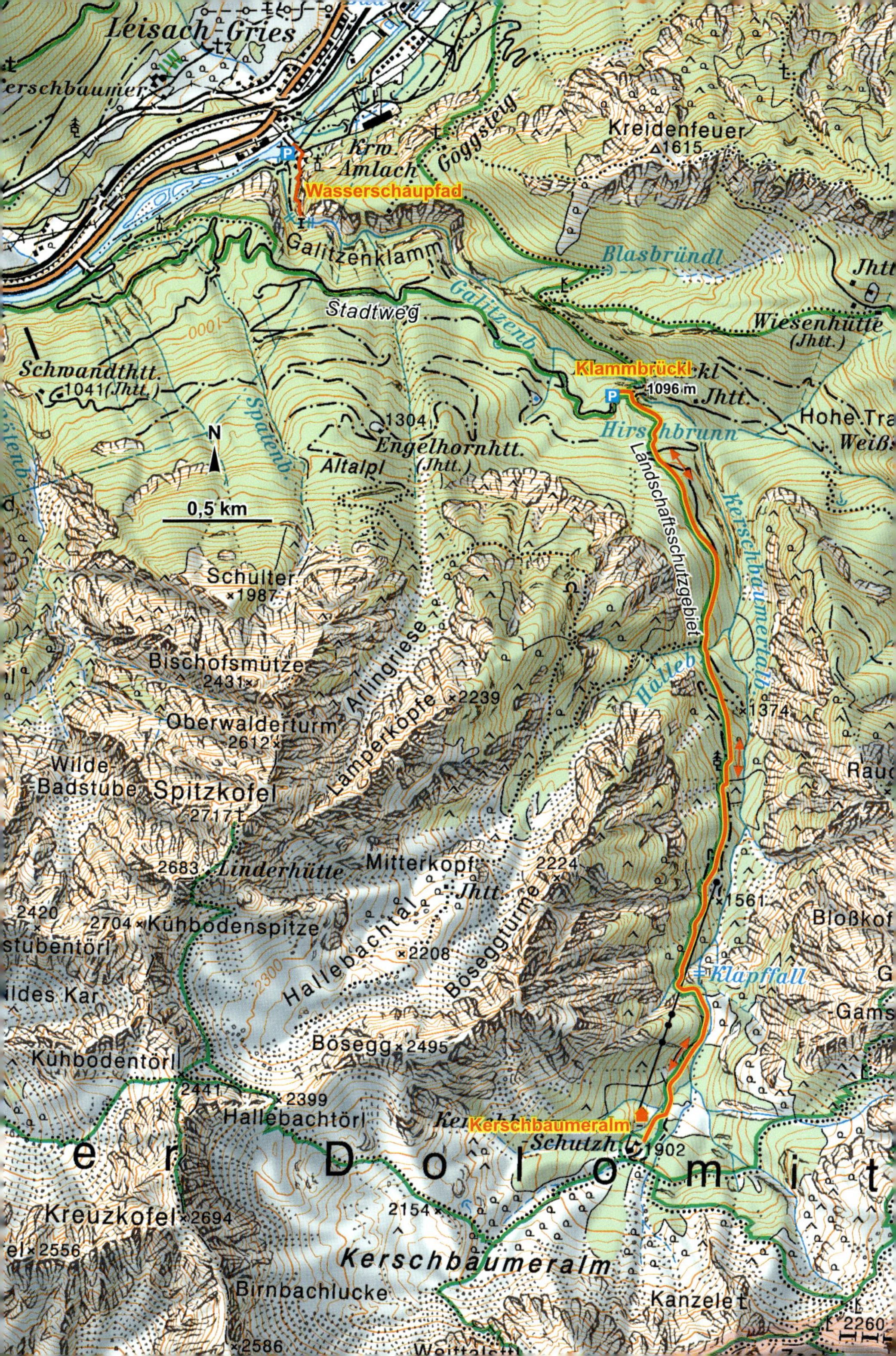

Leisach-Gries
Kreidenfeuer
1615
Goggsteig
Krw.
Amlach
Wasserschaupfad
Galitzenklamm
Blasbründl
Stadtweg
Galitzenb
Wiesenhütte
(Jhtt.)
Schwandthtt.
1041 (Jhtt.)
Klammbrückl
1096 m
Jhtt.
Hohe Tra
Weiß
Hirschbrunn
1304
Engelhornhtt.
(Jhtt.)
Altalpl
Spatenb
Landschaftsschutzgebiet
Kerschbaumeralb
N
0,5 km
Schulter
1987
Bischofsmütze
2431
Arlingriese
Lamperköpfe
2239
Halleb
1374
Oberwalderturm
2612
Wilde-
Badstube
Spitzkofel
2717
Rau
2683
Linderhütte
Mitterkopf
2224
Jhtt.
1561
Bloßkof
2420
2704
Kühbodenspitze
stubentörl
Hallebachtal
2208
Böseggtürme
Klapffall
ildes Kar
Gams
Kühbodentörl
Bösegg
2495
2441
2399
Hallebachtörl
Kerschbaumeralm
Schutzh
1902
Dolomit
2154
Kreuzkofel
2694
el
2556
Kerschbaumeralm
Birnbachlucke
Kanzele
2260
2586

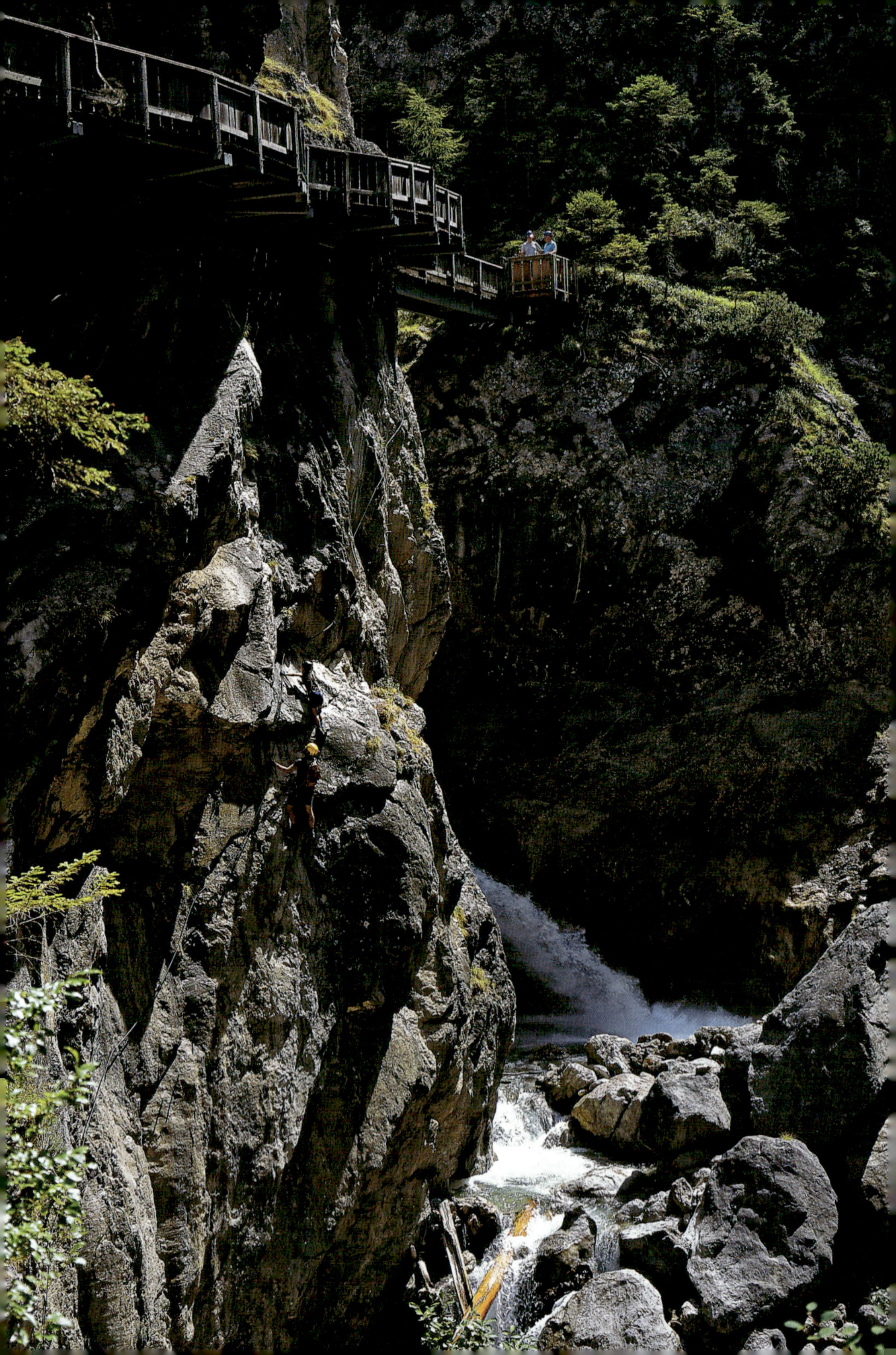

OSTTIROLS EINZIGES LANDSCHAFTSSCHUTZGEBIET

Die Geschichte der Kerschbaumeralm und mit ihr auch die des Tales war stets mit dem Kerschbaumerhof in Leisach auf das Engste verbunden. Urkundlich geht sie bis 1299 zurück. Um 1753 erwähnt ein „Khauffbrief" das „Kerschpämber Gueth" und die „Kerschpämber Almb". Nach dem Tod von Therese Wallensteiner, geb. Zadrazil, der letzten Kerschbaumerin, am 27. 12. 1979 wechselte das Almgebiet die Besitzer. Ausgenommen davon blieb das 1925 erbaute ÖTK-Schutzhaus Kerschbaumeralm, das einst nur wenige Tage vor seiner Eröffnung abgebrannt war und schließlich für rund 300 Millionen Kronen fertiggestellt wurde, bis es am 15. 8. 1926 tatsächlich eröffnet werden konnte. Eine Seilbahn (2012) und gelungene Hüttenerweiterung (2014) sichern weiterhin die vielgelobte Bewirtschaftung.

Ein besonderer Besuchermagnet ist die Galitzenklamm im Mündungsgebiet des Kerschbaumertales. Schon der Wiener Alpinist Josef Rabl (1844–1923) war von der großartigen Schlucht begeistert und machte 1886 den in Lienz weilenden Kaiser Franz Joseph I. auf dieses landschaftliche Kleinod aufmerksam. Wohlwollend unterstützte der Monarch den Bau eines Holzsteges und spornte Holzfäller, Zimmerleute und Wagemutige – unter ihnen auch Ignaz Linder – zu außergewöhnlicher Tat an. Auch etwas Geld wohlhabender Lienzer Kaufleute förderte das Werk, mit der Absicht, dem allmählich steigenden Fremdenverkehr etwas Besonderes zu bieten. Obwohl die lotrechten, vom Bach wild durchtosten Felsmauern jede Erschließungsabsicht verhöhnten, entstand ein an den Felswänden entlangführender Holzsteg von bis dorthin nicht gekannter Kühnheit. Eine „Brücke" überquerte, vom Wasserfall übersprüht, die Schlucht und endete bei einem kleinen Unterstand. Die vom Hochwasser und Steinschlag stets bedrohte Anlage wurde schließlich auch dadurch zerstört.

Anschließend blieb der Galitzenbach mehr als 100 Jahre lang unumschränkter Herrscher in der kaum noch beachteten Schlucht. Erst 2001 erfolgte die Neuerschließung. Heute bieten Wasserschaupfad, Wassererlebniswelt und verschiedene Klettersteige allen Besuchern ein besonderes Naturerlebnis sowie sportliche Herausforderung.

1986 wurde in einer großen Stunde ein Teilbereich des Kerschbaumertales, ausgehend vom Klapffall bis hinunter zum Klammbrückl, durch die Stadt Lienz und den Naturschutzbeauftragten Alois Heinricher zum Landschaftsschutzgebiet erklärt. Heinrichers Wunsch, das Tal in seiner ganzen Länge, vom Quellaustritt der Bäche bis zu deren Mündung, zum Naturdenkmal aufzuwerten, harrt noch der Verwirklichung.

Wasserschaupfad und Klettersteige in der Galitzenklamm

PUSTERTALER DÖRFERWEG

Flurwege abseits der Höhenstraße

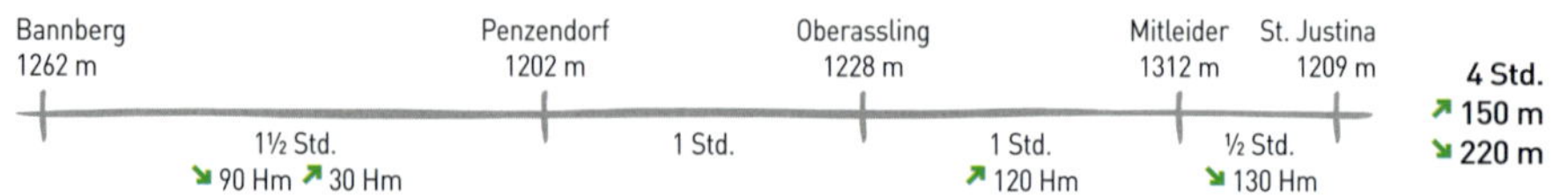

Anfahrt: Mit Pkw oder Postbus Linie 4423 von Lienz über Leisach nach Bannberg
Einkehrmöglichkeiten: Gasthöfe in Bannberg und Assling

Das sonnig gelegene Bergdorf Bannberg steht seit Jahrhunderten in bäuerlicher Nutzung und war bereits den Römern bekannt. Dies bezeugt ein Marmorstein aus dem 2. Jahrhundert n. Chr. mit lateinischer Inschrift, der sich heute über dem Eingang des Pfarrhauses befindet.

Von **Bannberg** senkt sich die Pustertaler Höhenstraße hinab in den Bereich Burgstall (25 Min.), wo eine Moräne aus der Zwischeneiszeit vor mehr als 12.000 Jahren unübersehbar ist. Eine Tafel weist anschließend bergseitig der Straße in die kleine Siedlung **Goll**.

Anschließend wandern wir oberhalb der Schrottendorfer Kapelle, dem hl. Herzen Jesu geweiht, vorbei. **Schrottendorf** hat seinen ursprünglichen

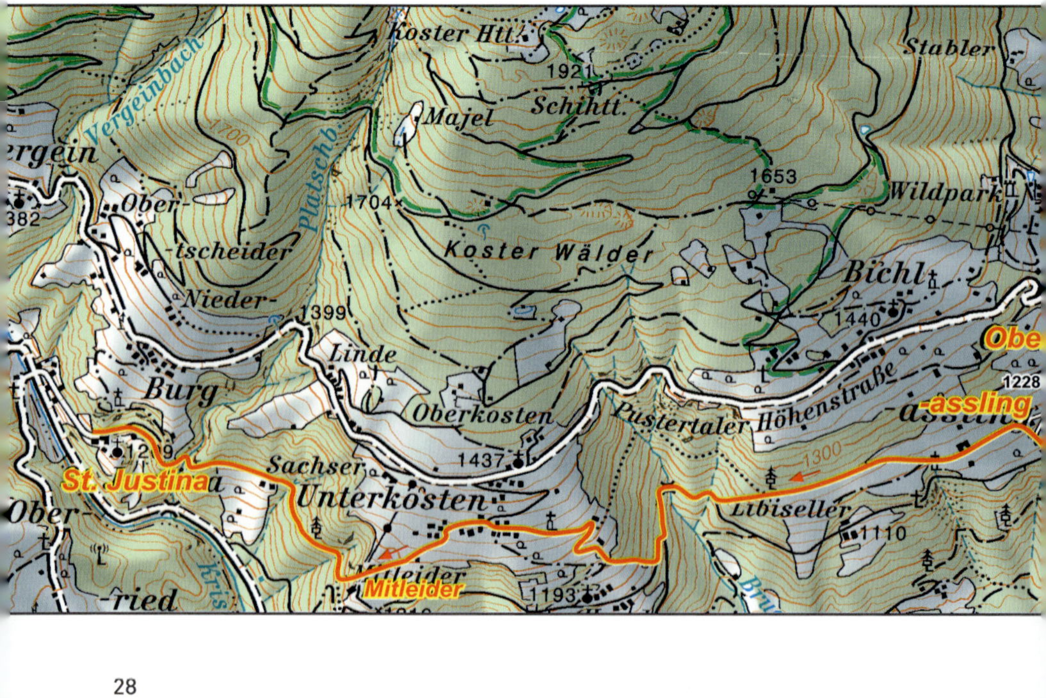

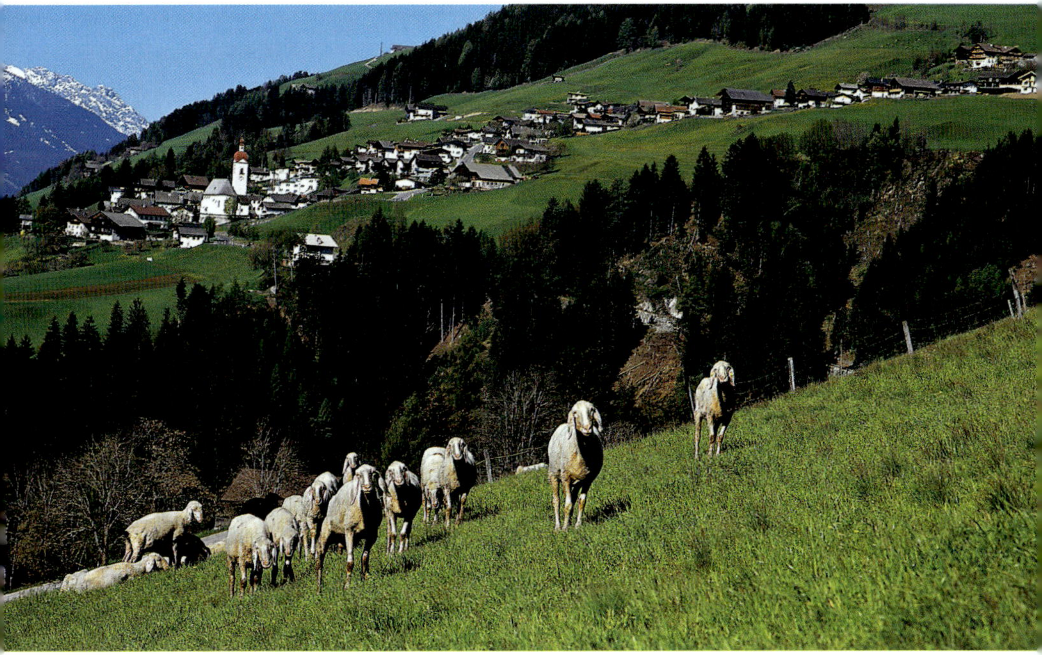

Assling auf der Pustertaler Höhenterrasse

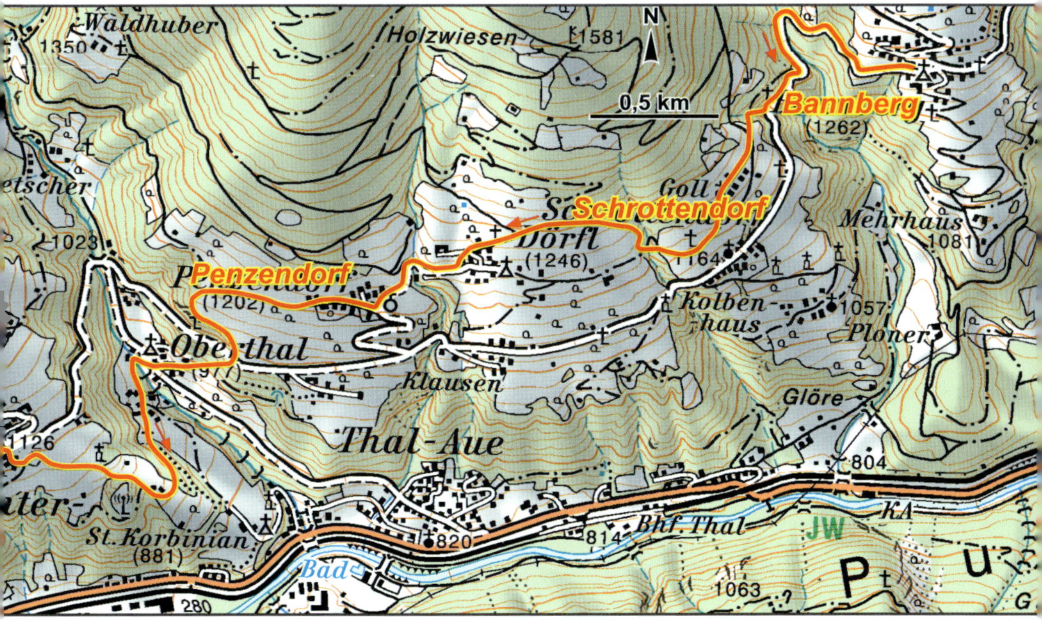

Charakter als rein bäuerliche Siedlung bis heute bewahrt. Wir gelangen nach Penzendorf, wo wir in der ehemaligen Filialschule beim „Schneider" einen Blick in ein abgegriffenes Klassenheft werfen können. Dort steht: „Eingeschult sind Kinder von Penzendorf, Dörfl und Schrottendorf. Blinde und Taubstumme sind nicht dabei, wohl aber sechs überaus Arme. Der Katechet Zacharias Birnbacher und der Lehrer Matthias Weis verwenden sich tätig."

Im **Wilfernertal** kommen wir an der „Weißen Mühle" vorbei, ehe wir über die Furtscher Brücke nach **Oberthal** und weiter zum Baumgartner Kreuz in **Oberassling** gelangen. Aus der Ortsmitte wandern wir leicht ansteigend zum Standort „Stauder" (1225 m) und weiter im Wechsel von Wiesen- und Waldwegen. Fallweise begrenzen Bretterzäune den Weg und schützen die Anger. Blumen durchmustern das helle Grün und leuchten von den sonngebräunten Balkonen der Bauernhäuser. Beschaulich wandernd gelangen wir in die Ortsteile **Herol** und **Mitleider**.

In Richtung St. Justina fällt der Weg sanft zum **Sachserhof** ab, ehe das um 1630 im barocken Stil erneuerte Gotteshaus St. Justina bergseitig umschritten und die **Höhenstraße** erreicht wird. Von dort mit Bus oder Taxi zurück zum Ausgangspunkt.

DAS BANNBERGER FLUGZEUG

Neben der Urproduktion, d. h. wirtschaftlicher Nutzung des Bodens, durch Acker-, Pflanzenbau und Tierzucht, waren die Bannberger ebenso geschickte Mühlenbauer, gefragte Tischler und Zimmerleute. Auch von Bannberger Flugzeugpionieren wird berichtet. Ein schmales Heft erzählt von dem am 20. 7. 1900 geborenen Bauernsohn Alois Mair (Lukasser). Weil unabkömmlich am heimatlichen Hof, blieb es dem vielfach begabten Alois leider verwehrt, eine höhere technische Schule zu besuchen. Das hochgelegene, sonnbeschienene Dorf lag abseits der Verkehrswege, wie etwa der 1871 eröffneten Pustertalbahn; ein Manko, das den schöpferisch tätigen und fortschrittlich denkenden Alois nach einer Lösung suchen ließ.

Ein Flugzeug könnte die Distanzen kürzen und weitab gelegene Großstädte wahrlich im Flug erreichen! Alois brütete über Skizzen und Plänen und verfügte über die für den Bau eines Flugzeuges notwendigen Kenntnisse. Einen Verbündeten fand er mit Josef Müller, dem damaligen Hackenschmied in der Galitzenklamm bei Leisach. Er war der Letzte dieser über Jahrhunderte währenden Zunft. Fanny Wibmer-Pedit beschrieb in „Der letzte Galitzenschmied" die einstige Bedeutung dieser ehemaligen landesherrschaftlichen Schmiede. Das Feuer in der Galitzenschmiede verlosch während des Zweiten Weltkriegs endgültig. Dennoch blieb das dem Verfall und der Verwahrlosung preisgegebene Gebäude noch eine Zeitlang von seiner jahrhundertelangen

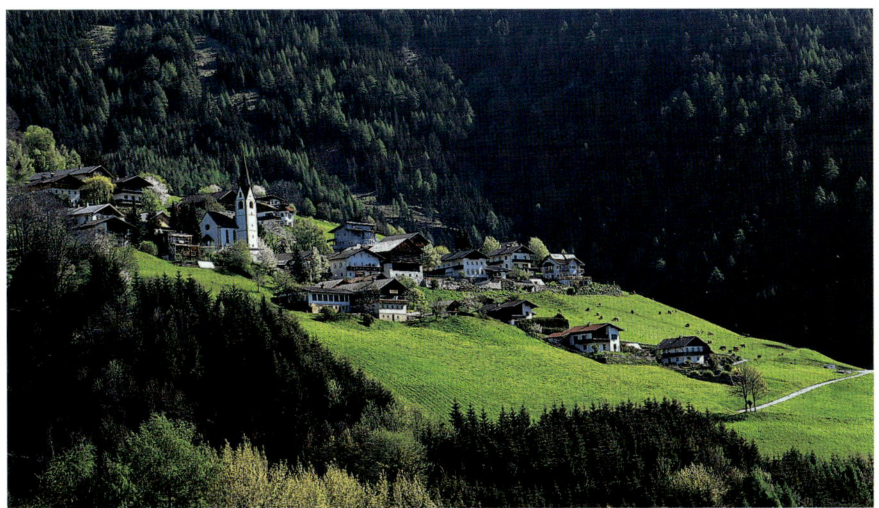

Bannberg mit der Pfarre zum hl. Martin

Geschichte durchströmt. Noch um 1950 barg das ausgebrannte Gemäuer ein Gebläse aus dem Mittelalter und Werkzeuge, die gotische Spiralen als Schmuckform aufwiesen.
Josef Müller, ein Meister der Blech- und Eisenbearbeitung, vertiefte sich mit Alois in alle Details des Flugzeugbaus, sie tüftelten am Motor und dessen komplizierter Konstruktion. Über Mittelsmänner beschafften sie sich ein kaum 2 mm dickes, überaus stabiles, sehr biegsames, verwerfungsfreies Flugsperrholz aus Buche, Teile der Tragflächen wurden aus Föhre gefertigt. Als die äußeren Konturen ohne Zweifel ein Flugzeug erkennen ließen, stellte sich Michael Oberforcher aus Burgfrieden als Copilot ein. Der Startplatz war auf dem Dach des Unterhecherhauses geplant, um mit zusätzlicher Höhe das Flugzeug im Sturzflug hinab zum tief gelegenen Talboden in einen Horizontalflug zu bringen.
Der Jungfernflug sollte nach München führen, wo die Besatzung ein Mittagessen einzunehmen gedachte. In die Zeit der letzten Vorbereitungen platzte unheilvoll die Einberufung an die Front des Zweiten Weltkriegs. Nur ein Brief kehrte vom Urheber und Projektanten des Bannberger Flugzeuges aus dem mörderischen Feld zurück. Darin beklagte er den furchtbaren Krieg und die geringe Hoffnung, jemals wieder heimzukommen. Wenige Wochen später fiel der Lois beim Eisernen Tor, einem 130 km langen Durchbruchstal der Donau zwischen den rumänischen Karpaten und dem serbischen Erzgebirge.
Daraufhin wurde das fast fertige Flugobjekt in einzelnen Teilen in einem Kornkasten verstaut, wo Staub und Rost das Werk eines Bannberger Genies zudeckten.

SPEICHERSEE TASSENBACH

Rundwanderung im Einklang mit Natur und Technik

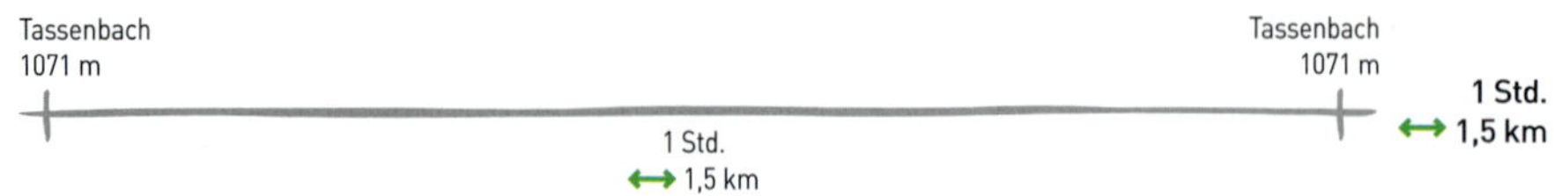

1 Std.
1,5 km

Anfahrt: Vom Bahnhof Lienz mit ÖBB oder Postbus Linie 4421 bzw. 4420
Einkehrmöglichkeit: Forellenhof (Camping)

Wo 3 km östlich vom Markt Sillian die Bundesstraße vom Pustertal in das Tiroler Gailtal abzweigt und ansteigt, befindet sich der Kraftwerk-Speichersee Tassenbach. Nördlich begrenzt ihn die Drau, südlich die Kleine Gail, ehe etwas östlich vom Speicher die Bäche sich vereinen. Dem idyllisch anmutenden See entzieht eine ca. 25 km lange, im Berg verlaufende Rohrleitung das Wasser zum Amlacher Kraftwerkshaus.

Bei einem **Rundgang** um den 7 Hektar großen Speichersee erfahren wir Natur aus zweiter Hand: Auf einem ehemals auwaldähnlichen Gebiet entstand 1985 eine Wasserfläche von der Größe des Tristacher Sees.

Für Menschen aller Altersstufen ist dieses neu geschaffene Biotop ein Erholungs- und Freizeitareal geworden. Erfreulicherweise nützen auch Schulklassen aus den umliegenden Dörfern den natürlich wirkenden See für Exkursionen. Als sogenannte Frühlingsforscher zählen sie zu den eifrigsten Teilnehmern jährlich durchgeführter Wettbewerbe.

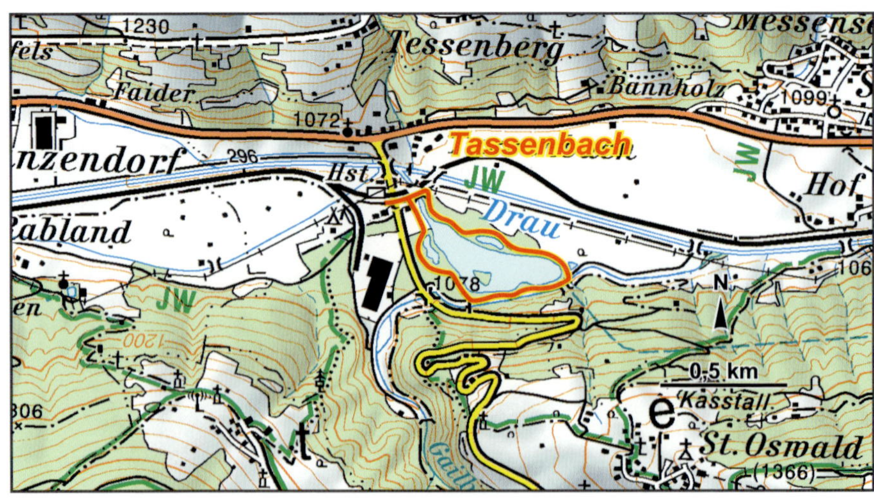

SCHULE UND FORSCHUNG AM SPEICHER

Bevor im Jahr 1985 der Speichersee angelegt wurde, breiteten sich auf einem schwachen Schwemmkegel der Kleinen Gail ein wenig beachteter Fichten- und Auwald sowie vorgelagerte Feuchtwiesen mit einem schilfumstandenen Teich aus. Der Naturschutzbeauftragte des Bezirkes Lienz Alois Heinricher warb bereits 1981 um die Unterschutzstellung dieses Feuchtgebietes, da es das Einzige seiner Art zwischen Lienz und Bruneck war und somit ein wichtiges Refugium für zahlreiche Tierarten und Zugvögel bildete. Im Zusammenwirken mit der TIWAG (Tiroler Wasserkraft AG) oblag schließlich Alois Heinricher als Berater und Gestalter eine wichtige Rolle bei der Planung und Fertigstellung des Speichersees.

So entstanden zwei Hauptbecken, zwei Seichtwasserbecken, eine naturbelassene Insel und Böschungszonen für Fauna und Flora. Erfreulich schnell fand sich die Tierwelt mit dem neuen Lebensraum zurecht, mit großteils wieder eingepflanzter ursprünglicher Ufervegetation. 138 gesichtete Vogelarten kehrten zurück, darunter auch Seltenheiten wie Prachttaucher, Thorshühnchen oder Karmingimpel. Der Eisvogel, ein durch Sagen und Märchen verherrlichtes Tier mit farbenfrohem Gefieder – ein fliegender Edelstein! –, trägt einen Namen, der unpassender nicht sein kann, lebt er doch in warmen Ländern, wo ihm Eis und Winter fremd sind. Der Weißstorch zählt zu den Gästen, er lebt hier mit anderen durchreisenden, hochbeinigen Sumpf- und Wasservögeln im guten Einvernehmen. Schwäne, Gattung großer Gänsevogel, mit langem Hals und starken Schwimmfüßen, wären als Gäste am Speicher ein Blickfang. Mit dem Höhepunkt der Vogelzüge von April bis Mai konnten am Speichersee innerhalb von drei Stunden über dreißig Arten registriert werden! Schautafeln entlang des Ufers sind u. a. den Enten und Greifvögeln gewidmet. Das bunteste Bild bieten die Ufer im Frühsommer mit einer bemerkenswerten Anzahl voll entfalteter Blütenpflanzen.

St. Oswald mit Öfenspitze und Hocheck überragen den Speichersee.

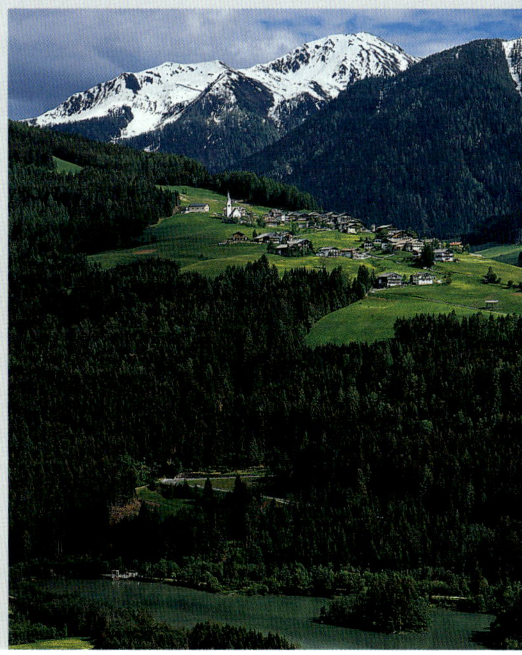

LECKFELDALM – SCHÜTZENMAHD – SILLIANER HÜTTE

Eine Rundtour am Karnischen Kamm

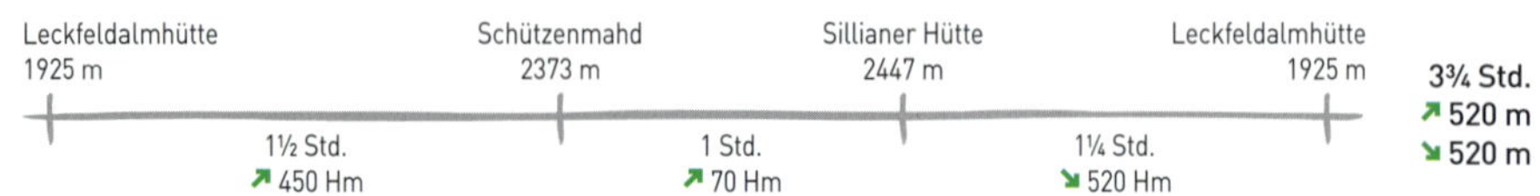

Anfahrt: Postbus Linie 4420 bis Sillian Ort, mit dem Hüttentaxi (Tel. 0664/34 12 813) oder zu Fuß in etwa 2½ Std. zur Leckfeldalmhütte; Auffahrt mit Pkw möglich: Bei der Kapelle „Zum Herrn im Elend" am Westrand von Sillian zweigt die Straße links, südlich ab und führt über die Draubrücke und das ÖBB-Gleis zum Ausgangspunkt „Kühstille". Die Naturstraße windet sich im Wald bis zum Parkplatz an der Leckfeldalm empor.
Einkehrmöglichkeiten: Leckfeldalmhütte, Sillianer Hütte

Der **Höhenwaldlehrpfad**, ein breiter Almweg, lädt zum Start in diese Rundtour ein, er steigt in vier weitläufigen Kehren in etwa einer ½ Stunde zum Sattel (2124 m; Unterstand und Paragleiterstartplatz) an. Der nun zur Schützenmahd weiterführende Steig verlangt Trittsicherheit und beginnt auf einem relativ steilen, mit Alpenrosen bewachsenen Hangrücken. Im

Der Markt Sillian zu Füßen der Karnischen Alpen

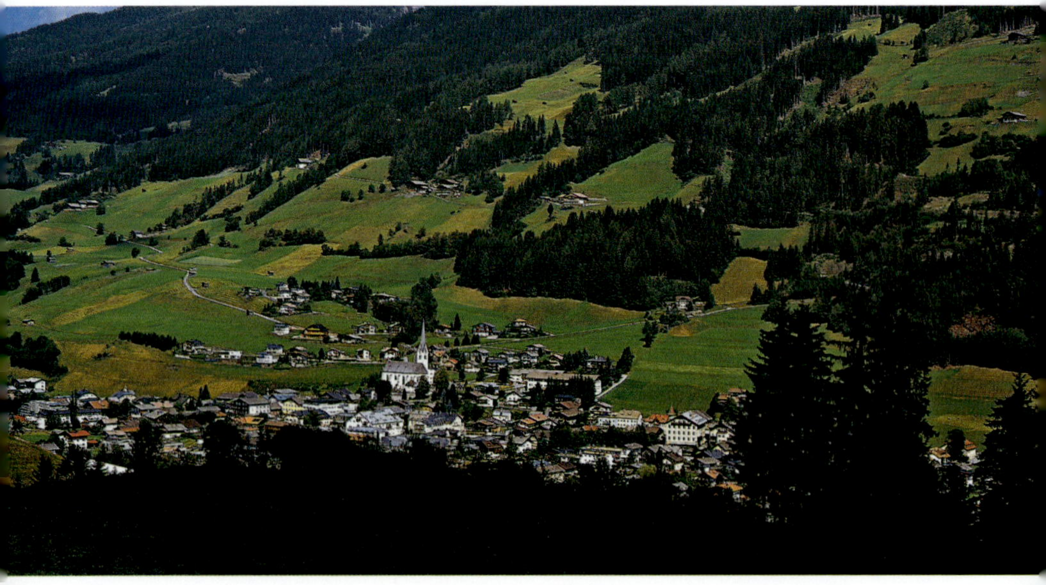

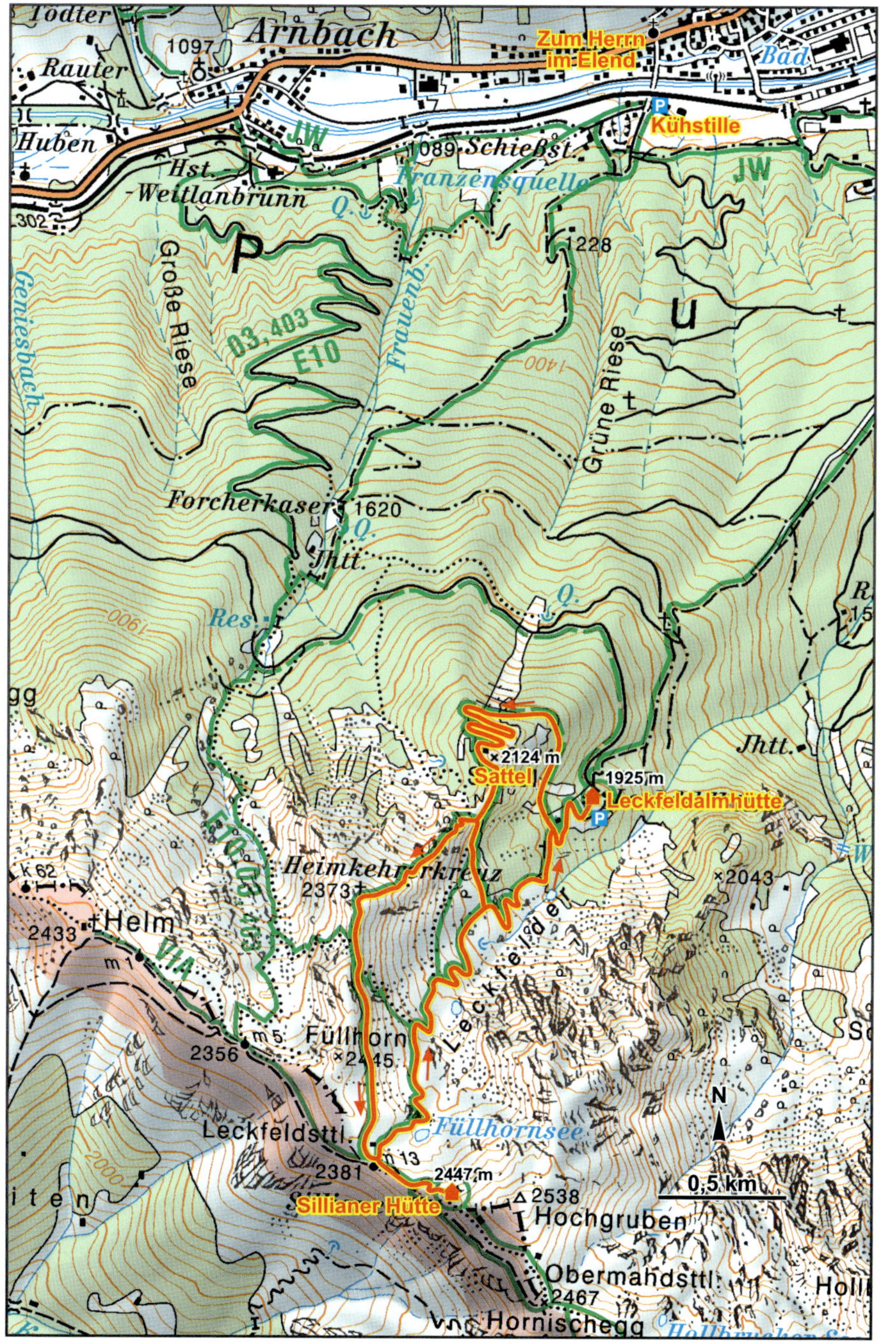

Arnbach
Zum Herrn im Elend
Kühstille
Sattel
×2124 m
1925 m
Leckfeldalmhütte
Heimkehrerkreuz
2373
Helm
2433
Füllhorn
Leckfelder
Füllhornsee
Leckfeldsttl.
2381
2447 m
Sillianer Hütte
2538
Hochgruben
Obermahdsttl.
2467
Hornischegg
Forcherkaser
1620
Große Riese
Grüne Riese
Frauenb.
Franzensquelle
Wettlanbrunn
Schießst.
Huben
Rauter
0,5 km

DIE SILLIANER HÜTTE AM KARNISCHEN KAMM

Die Wanderung führt hinauf zur Sillianer Hütte der ÖAV-Sektion Sillian am Karnischen Kamm. Von 1936 bis 1981 diente die Viktor-Hinterberger-Hütte am Leckfeldsattel als Einkehr, ehe sie 1988 abgetragen wurde. Sie wich der von 1982 bis 1986 neu erbauten Sillianer Hütte, die 66 Höhenmeter höher wie ein Adlerhorst nur wenige Meter neben der österreichisch-italienischen Grenze am Kamm thront. Die Hütte, Stützpunkt am „Weg des Friedens" bzw. der Via Alpina, atmet internationales Flair. Die Via Alpina wurde im Jahre 1999 auf Initiative des Vereins „Grande Traversée des Alpes" gegründet und führt den Wanderer durch acht Alpenstaaten von Triest in Italien über Slowenien, Österreich, Deutschland, Liechtenstein, die Schweiz und Frankreich bis nach Monaco. Dabei werden bevorzugt einsame Bergdörfer, Nationalparks und wildromantische Gletscherlandschaften berührt.

In Österreich führt die Route mit symbolträchtigen Abschnitten als „Weg des Friedens" über den Karnischen Kamm und bietet tiefe Einblicke in die wechselvolle Geschichte: Steiganlagen sowie Reste von Schützengräben und alten Stellungen erinnern an die Schrecken des Großen Krieges in diesem hier besonders erbittert umkämpften Frontabschnitt.

Die Begehung der Via Alpina ist mehr als nur eine sportliche Herausforderung. Sie ist Kultur, Geschichte und Natur, Genuss und Abenteuer. Und ein politisches Bekenntnis, das der zügellosen Erschließung in den Alpen Einhalt gebieten will. Als Projekt der Alpenkonvention, jenem Abkommen, das 1991 zwischen oben genannten Staaten zum Schutz sensibler Berggebiete beschlossen wurde, gipfelt auch dieser Weg in dem Ziel, die Alpen als das zu erhalten, was sie sind: Lebens-, Natur- und Kulturraum für Millionen Menschen und einer Vielzahl seltener Tier- und Pflanzenarten.

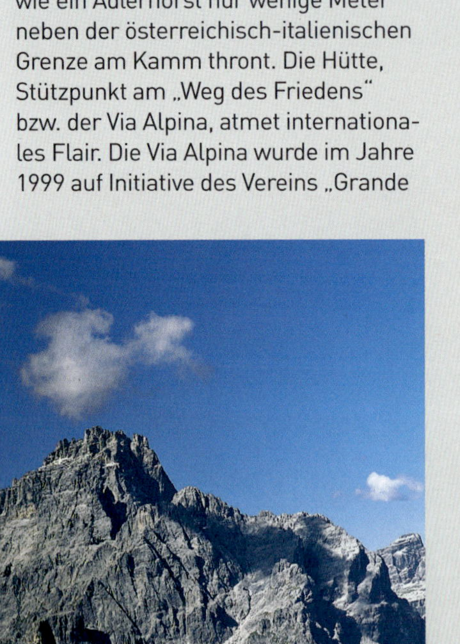

Sillianer Hütte im Angesicht der Dreischusterspitze unter Südtiroler Himmel

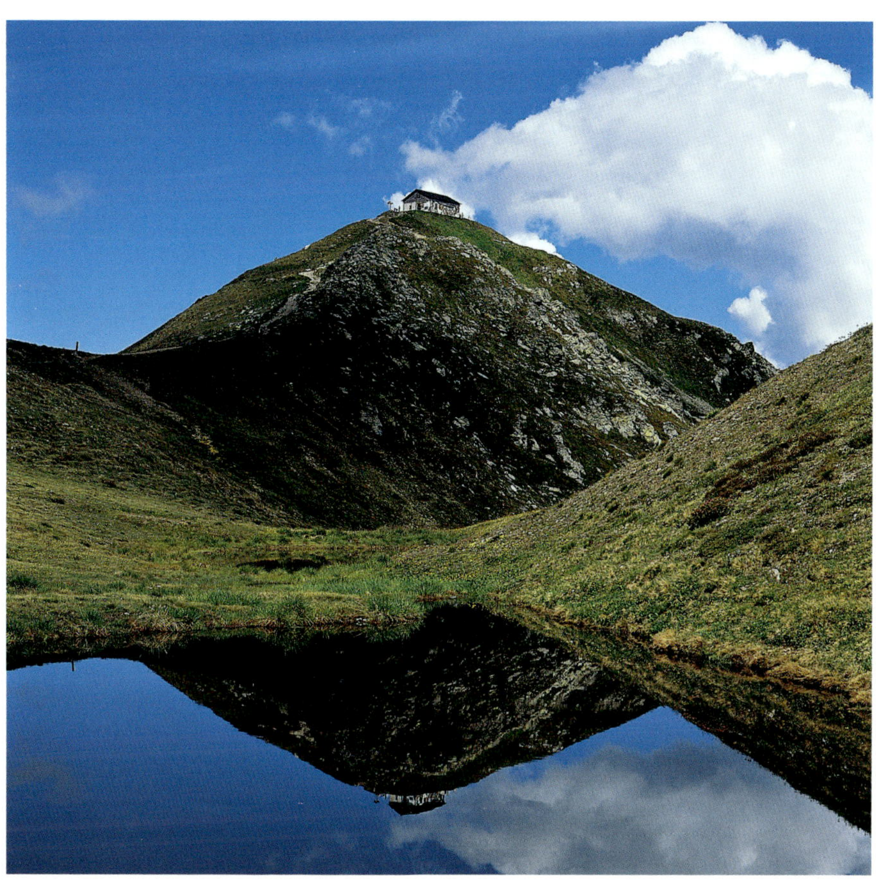

Das Helmhaus am Karnischen Kamm, seit 1919 auf italienischem Staatsgebiet

Anschluss prägen Zirben und haushohe Felsblöcke die Route (kurze seilgesicherte Stellen). Auf einer der Felsspitzen hockt eine Alu-Plastik. Noch trennen uns ¾ Stunden Gehzeit auf einem stark durchsteinten Kehrensteig vom 1948 errichteten Heimkehrerkreuz auf der **Schützenmahd** mit Bänken und gegen Norden gerichteter Aussicht. Erst wenn wir den Flankensteig ostseitig der Schützenmahd zum **Leckfeldsattel** begangen haben, weitet sich das Panorama zur Rundumsicht. Die Felsburgen der Sextener Dolomiten bilden dabei besondere Schaustücke. Der abschließende, in Schleifen zur **Sillianer Hütte** emporführende Weg währt noch eine ¼ Stunde.

Den Rückweg nehmen wir ab dem Leckfeldsattel zum **Füllhornsee**, dann entweder am Fahrweg (Hüttenversorgung) oder abkürzend am alten Steig zur Leckfeldalmhütte. Zurück ins Tal wird eine Fahrgelegenheit bequem sein und Zeit sparen.

THURNTALER-RUNDGANG

Die kleine Welt der stillen Hochalmen

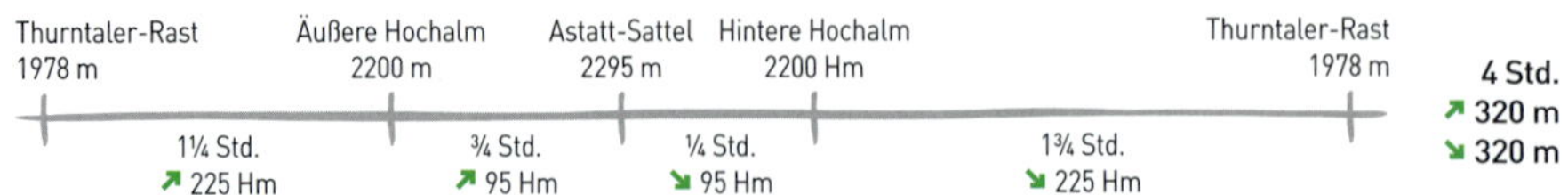

Anfahrt: Mit Pkw oder Postbus Linie 4421 Lienz – Sillian bzw. Schmidhofer Reisen Linie 8513 Sillian – Außer- und Innervillgraten bis nach Außervillgraten. Von Außervillgraten führt eine 6 km lange, asphaltierte Bergstraße zur Thurntaler-Rast, Parkplatz.
Einkehrmöglichkeiten: Almgasthaus Thurntaler-Rast, Gastbetriebe Leiter in Außervillgraten

Von der **Thurntaler-Rast** steigt ein Almweg zur Seilbahn-Bergstation **Gadein** leicht an und lenkt auf die Südseite des Thurntalers (Alpeggele, bez. 7). Der breite Wanderweg endet bei der **Äußeren Hochalm** mit neuer Hirtenhütte. Wir folgen dem landschaftlich ansprechenden Steig ent-

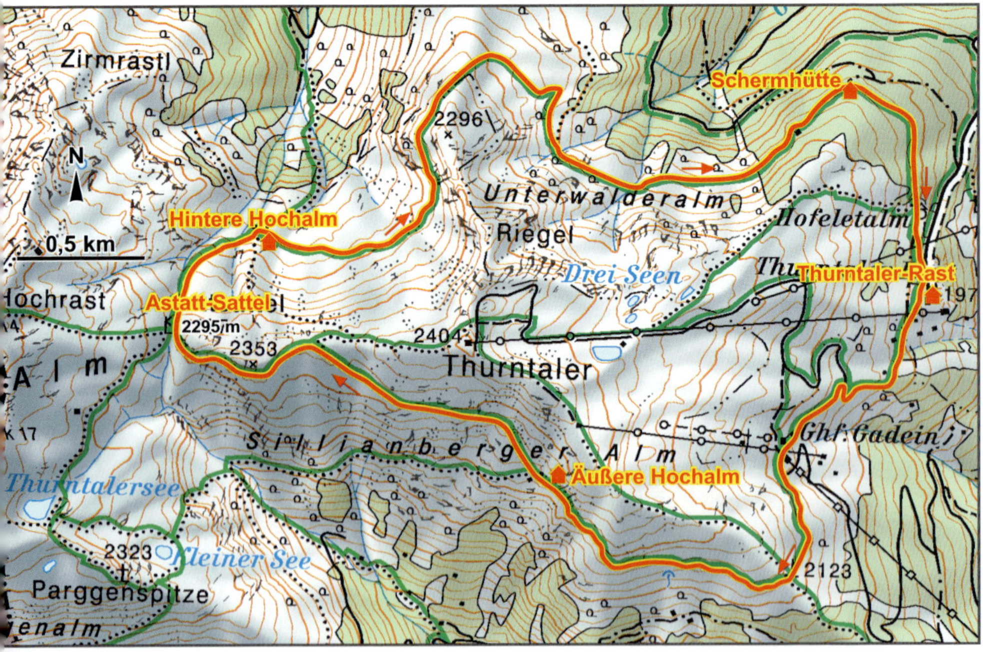

Der Klammsee (2285 m) versteckt sich im Schoß des Thurntalers.

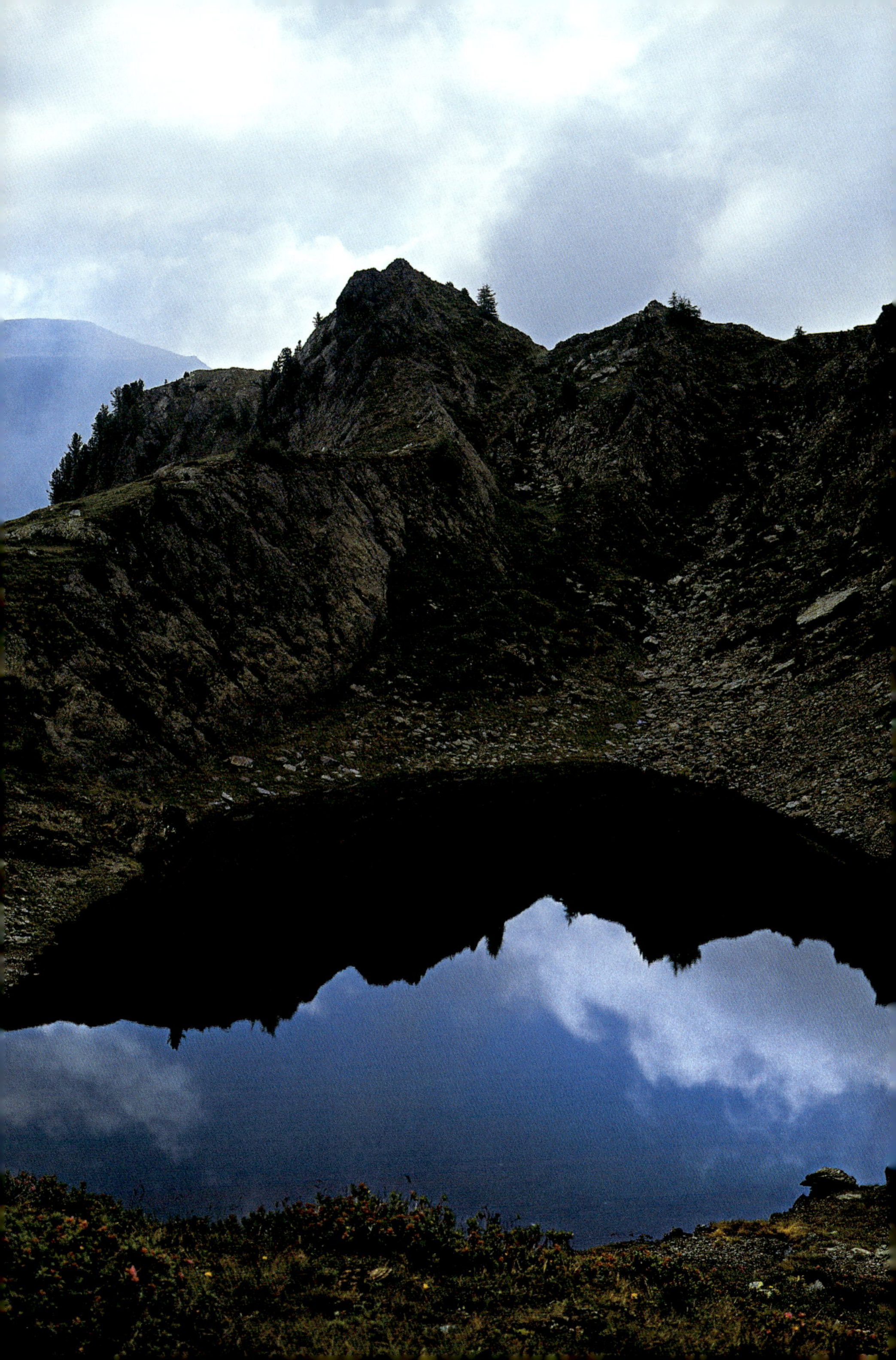

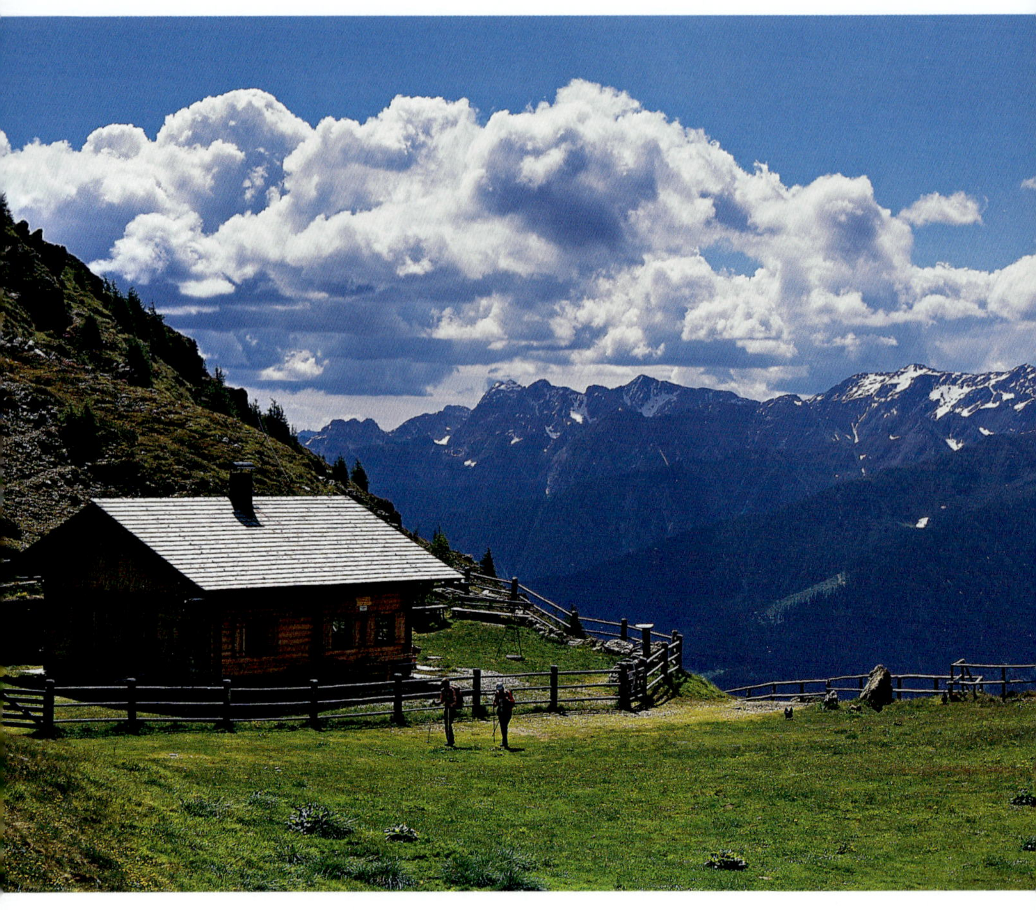

Äußere Thurntaler-Hochalm mit Blick zum Karnischen Kamm

lang der Bergwiesen, wo im Sommer Rinder und Pferde grasen. Auf teils etwas abgefegten Kuppen, dann wieder auf begrünten Almböden zum **Astatt-Sattel**, wo wir den Wendepunkt unserer empfehlenswerten Rundwanderung erreichen.

Der Steig kippt nun auf die nördliche Seite des Villgratentales, wo sich im Frühsommer aufrötende Alpenrosen weitflächig ausbreiten und Wildblumen sich im Dickicht verstecken.

Das Gelände fällt sanft zur **Hinteren Hochalmhütte** ab, ehe der Steig den Spitzenstein (2296 m) nördlich umläuft.

Begleitet von Thymiangeruch vom Boden und dem Harzduft der Zirben durchstreifen wir bei geringem Auf und Ab den bewaldeten Thurntaler-Nordhang bis hin zur **Schermhütte** und schließlich zur **Hofeletalm** unweit vom Parkplatz bei der **Thurntaler-Rast**.

HOCHALMEN ZWISCHEN SEXTENER FELSENWELT UND VILLGRATER BERGKÄMMEN

Ein sonniges, kleines Plateau schmiegt sich an den Thurntaler-Südhang und birgt das windstille Plätzchen für die Äußere Hochalm mit den dort friedlich weidenden Tieren und der hübschen neuen Hirtenhütte. Grüne Matten und Hügel reihen sich hier aneinander, klares, kostbares Wasser füllt den Trog: ein almerisches Eden, das pure Erholung verheißt. Das alles sieht der Hirte im Dienste der Bauern von Außervillgraten und Sillianberg etwas nüchterner. „Die Alm ist auf den ersten Blick wahrlich schön, eine Idylle, worauf sich auch Prospekte verlassen. Doch", so fährt er sinnend fort, „sie ist trocken, vielerorts ein wuchshemmender Boden, dann wieder steil und felsig. Dort ist nur für Schafe ein genügsames Auskommen."

Ein uraltes Weiderecht regelt seit 1463 die Auftriebsrechte für Rinder und Pferde, um die Fruchtbarkeit der Weiden nicht zu kippen. Ungezählte Protokolle beurteilen und kontingentieren seither die „Grasrechte" pro Bauer, um ein Gleichgewicht von Futterangebot und Viehanzahl zu wahren. Auch bei der Hinteren Hochalm, im Bereich der Tafine, gelten ähnliche Rechte. Über die Zukunft dieses kleinen Fleckens Natur gibt es verschiedene Vorstellungen: Soll es unberührt und Schönheit bewahrend bleiben oder dem Planiergeist und der Erschließungssucht der Seilbahnlobby weichen? Die vonseiten der Liftbetreiber geplante Erweiterung des Schigebiets am Thurntaler schließt auch die Tafinalm und Hochrast mit ein. Diese Pläne sind zwar aufgrund des negativen Bescheids der Umweltabteilung des Landes derzeit vom Tisch, das letzte Wort gesprochen ist allerdings noch nicht. Als Argument gegen den Bau von Pisten und Liften in diesem ökologisch wertvollen Gebiet spielt auch das Vorkommen der seltenen Vogelart „Steinrötel" eine wichtige Rolle.

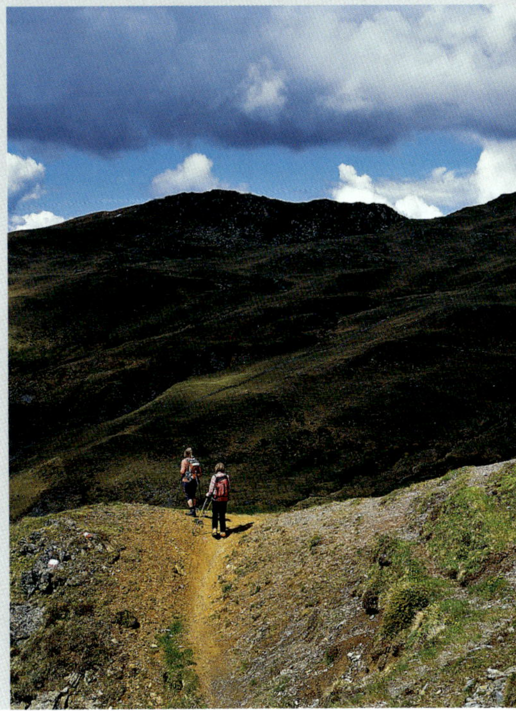

Der Flankensteig führt zum Astatt-Sattel.

UNTER- UND OBERSTALLERALM

Kultur und Natur in einem Atemzug genießen

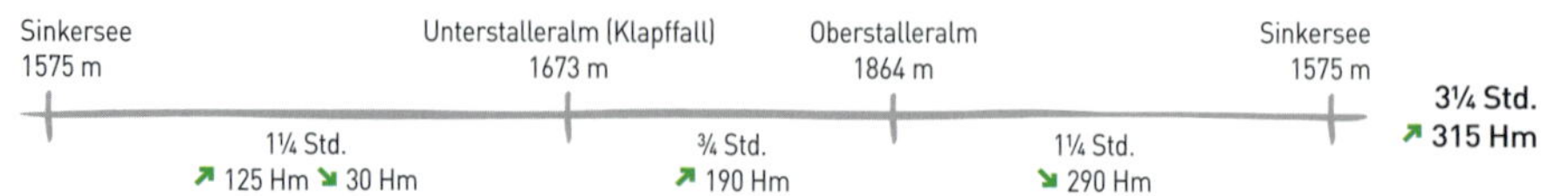

Anfahrt: Mit Pkw oder Bus Schmidhofer Reisen Linie 8513 von Sillian nach Innervillgraten. 2,5 km nordwestlich vom Dorfzentrum Innervillgraten zweigt die Straße halbrechts ins Arntal ab. Nach der Steigung in die „Klamme“ verflacht die asphaltierte Almstraße, ehe in der langgestreckten Hochtalsohle Tafeln auf das Naturdenkmal Sinkersee hinweisen. Hier lassen wir das Auto am Wegrand stehen.
Einkehrmöglichkeiten: Gasthöfe in Innervillgraten und Unterstalleralm
Hinweis: Bei der Auffahrt zum Ausgangspunkt kommt man am Kulturdenkmal Wegelate Säge vorbei, die weitum einzige erhalten gebliebene Venezianersäge. Sie wurde mit dem Europa-Nostra-Preis ausgezeichnet. Mit ihren drei Antriebsvorrichtungen bildet sie ein Schau- und Hörbild sprühender Kraft.

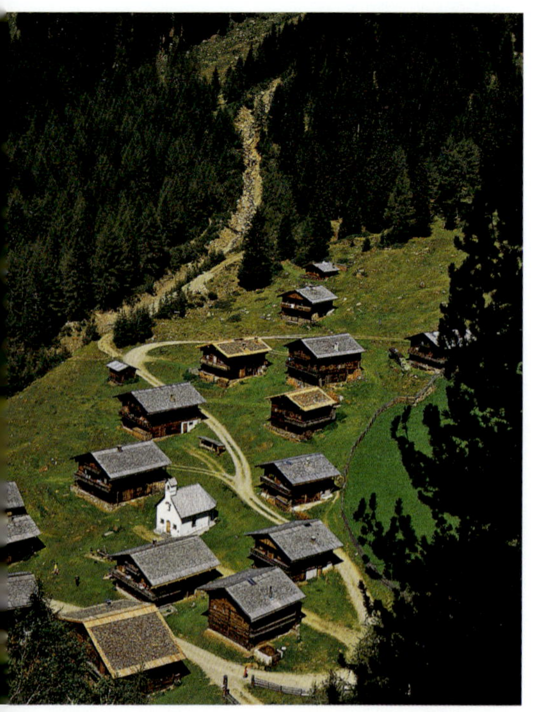

Das vom Villgrater Heimatpflegeverein behütete **Naturdenkmal Sinkersee** ist von Holzzäunen alter Bauart umfriedet und gilt als kleines Freilichtmuseum mit naturkundlichen Inhalten. Weiter ins Talinnere führt orographisch rechts vom Bach ein Naturweg, der nach 20-minütiger leichter Steigung aus einer Kehre als Steig fortsetzt. Wald und Lichtungen wechseln bis in den Bereich der **Unterstalleralm**. Dort versäumen wir nicht, dem **Klapffall** einen Besuch abzustatten, ehe wir im Almgasthaus einkehren. Die nahe Kapelle ist dem Patronat der hll. Chrysant und Daria unterstellt. Sie werden in Viehnöten bemüht. Die um 1640 im Zusammenhang mit der Kalksteiner Pest erbaute Kapelle steht am sogenannten „Freithöfl“, wo bei

Die Oberstalleralm im inneren Arntal

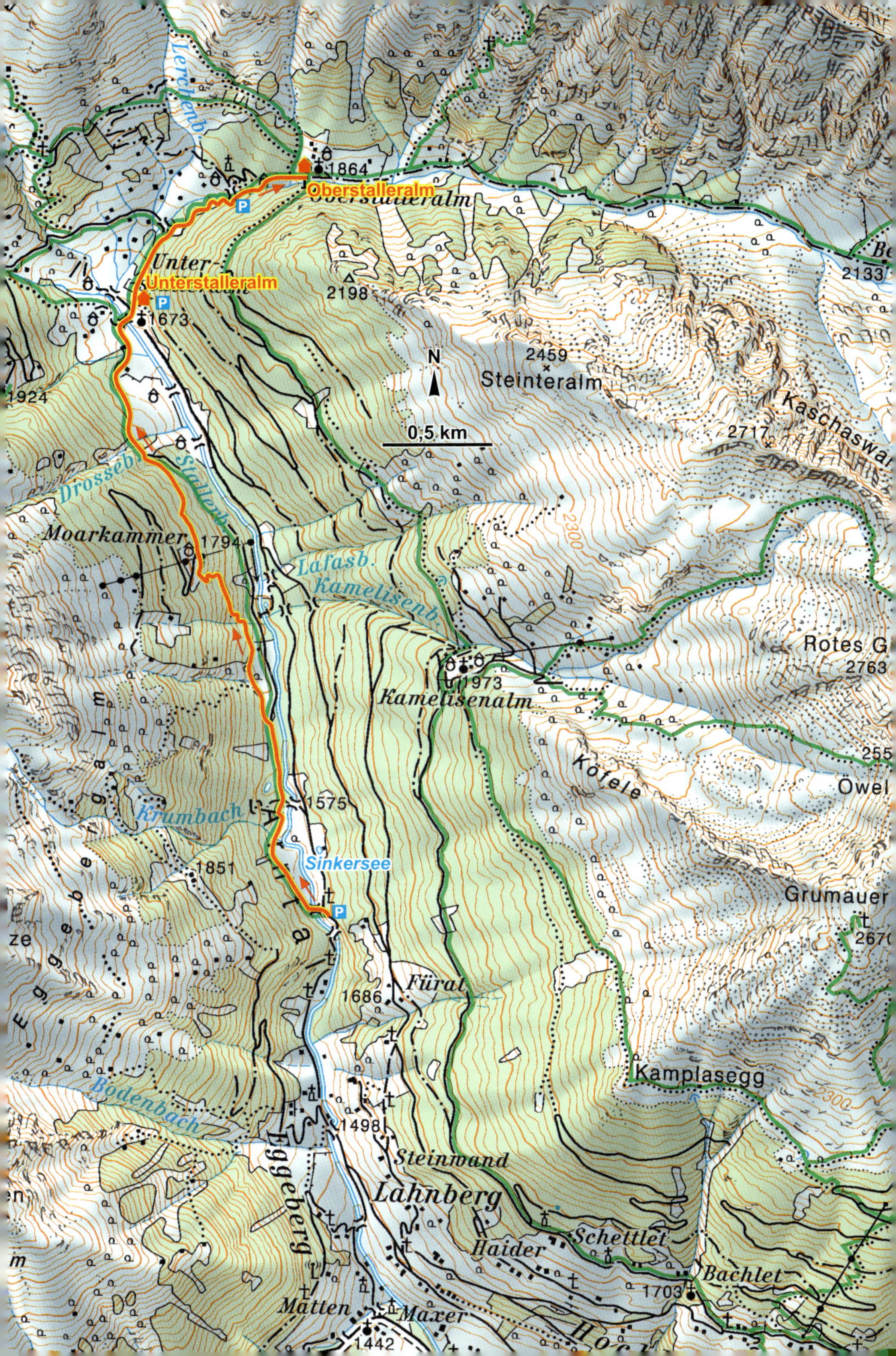
Oberstalleralm
Unterstalleralm
1864
1673
2198
2459
Steinteralm
0,5 km
2717
2133
1924
Moarkammer
1794
Lafasb.
Kamelisenb.
Rotes G
2763
1973
Kamelisenalm
Köfele
Öwel
1575
Krumbach
Sinkersee
1851
Grumauer
Fürat
1686
Kamplasegg
2300
Bodenbach
1498
Steinwand
Lahnberg
Eggeberg
Haider
Schettlet
Bachlet
1703
Matten
Maxer
1442

DAS GEHEIMNIS DER VILLGRATER BERGE

Die Bezeichnung „Villgrater Berge“ löst dann und wann Widerspruch aus und Meinungsstreit unter Bergsteigern und Wanderfreunden. Viele Wanderkarten sprechen von den Defereggger Alpen, andere bezeichnen die dem Villgratental nahe Region als Villgrater Berge. Diese scheinbare Uneinigkeit macht selbst auf namhaften Gipfeln am Hauptkamm nicht halt.
Ob Defereggger Alpen, Villgrater oder Villgratner Berge oder anders, versuchte auch Benedikt Sauer im Band „Das Villgratental“der Buchreihe „Alpingeschichte kurz und bündig“ auszuloten. Für die alpinen Vereine gilt seit 1984 die einheitliche Bezeichnung Villgrat(en)er Berge, basierend auf einer aktualisierten Alpenvereinseinteilung der Ostalpen. Demnach begrenzen die Villgrater Berge das Pustertal von Lienz bis Olang im Süden, das Antholzer Tal bis zum Staller Sattel im Nordwesten, über St. Jakob das Defereggental bis Huben im Norden, während mit dem Iseltal nordöstlich bis Lienz der Kreis sich schließt.

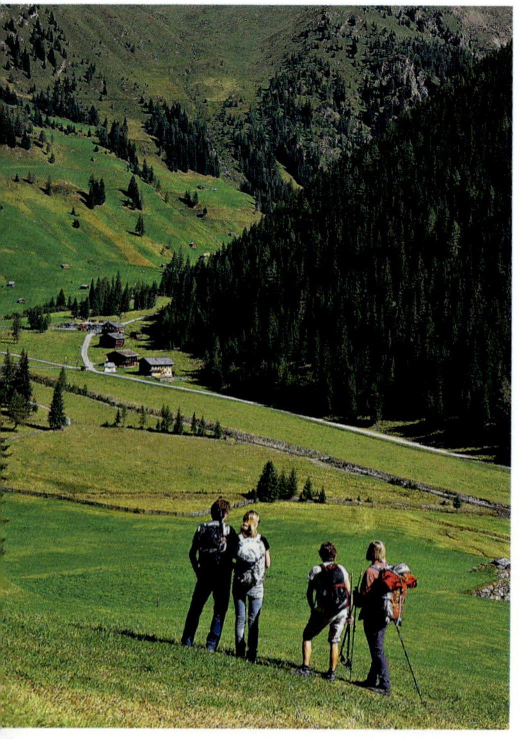

Grabungsarbeiten menschliche Gebeine gefunden wurden.
Auch zur etwa eine ½ Stunde höher gelegenen **Oberstalleralm** (gebührenpflichtiger Parkplatz) führt ein Fahrweg bis knapp vor den 16 hangaufwärts gruppierten Hütten. Hier lässt sich der Frühling etwas mehr Zeit und die schneebedeckten Gipfel schauen länger auf das zarte Grün, bis es, wie jedes Jahr, von einem wahren Krokus-Blütenmeer – einem Schwertliliengewächs – in Weiß und zartem Lila förmlich überschwemmt wird. Darüber schwebt der helle Klang der zwei Graßmayr-Glöcklein im kleinen Turm der 1956 von den hüttenbesitzenden Bauern erbauten Schutzengelkapelle. Auf gleichem Weg zurück.

Die Unterstalleralm im leichten Sommerkleid
Rechts: Im Naturdenkmal Sinkersee spiegeln sich Baumwipfel und Morgenlicht.

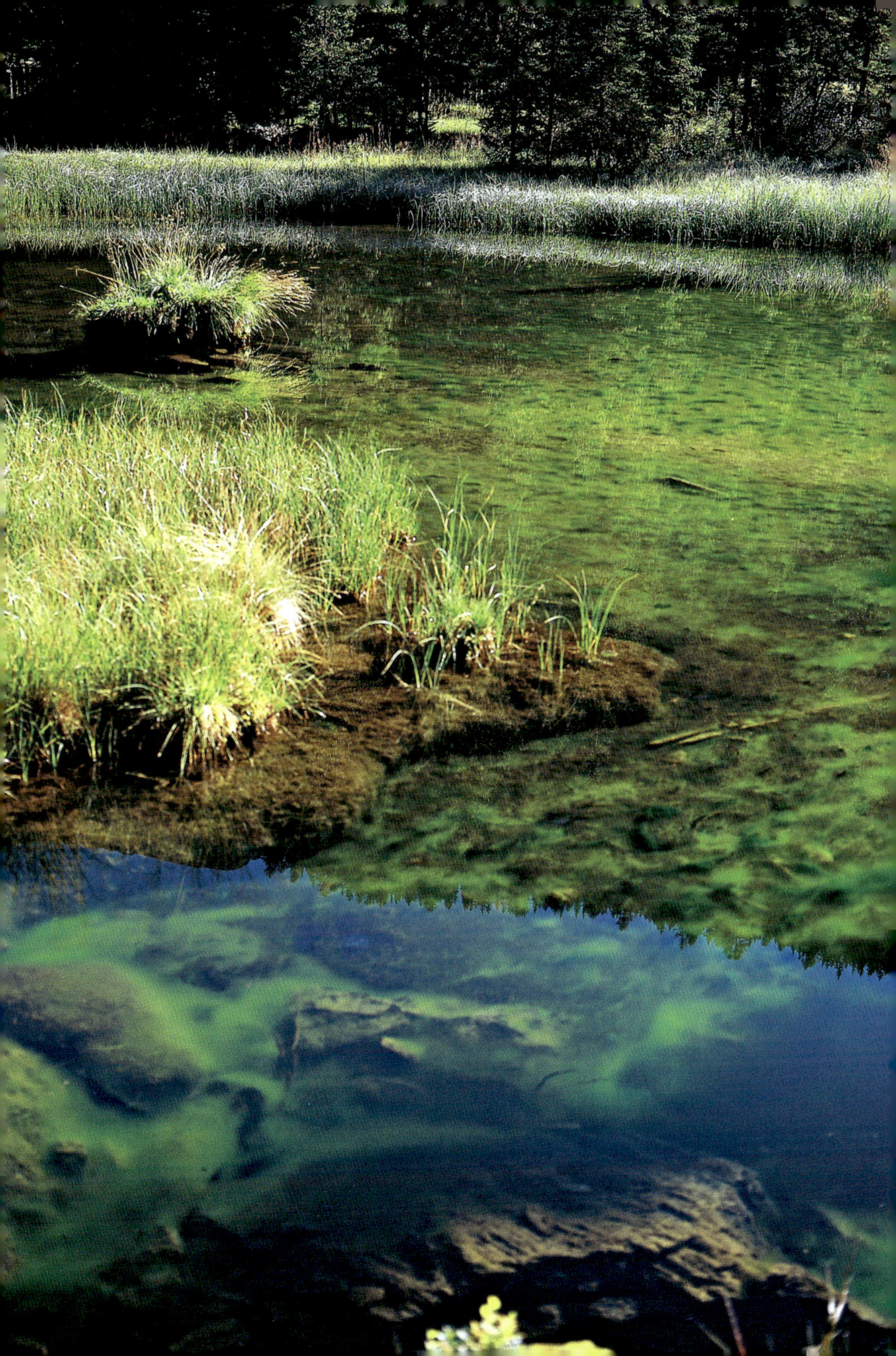

11

ERLEBNISRAUM GLETSCHERFLUSS ISEL

Beliebte Radwanderung und Laufstrecke

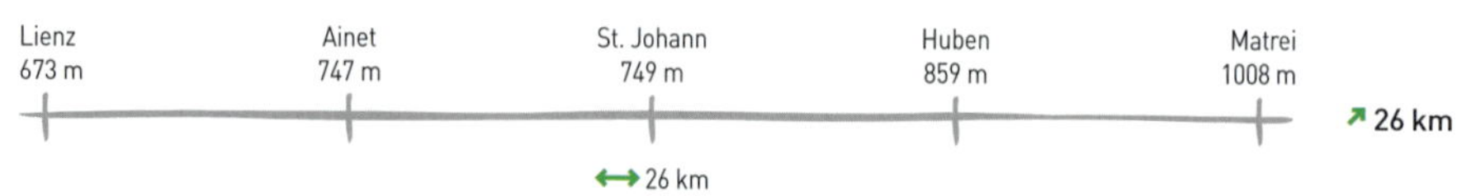

Anfahrt: Postbus Linie 4410, 4412, Fahrradshuttle Lienz – Matrei – Lienz, dienstags und freitags Anfang Juli bis Mitte September, Euro 5,–
Einkehrmöglichkeiten: Gasthöfe in den Dörfern

Bei der Hochsteinbahn-Talstation westlich von **Lienz** unterläuft der Radweg die Bundesstraße in Richtung **Pfister**. Dort haben sich mehrere Sportvereine etabliert und ein Wildwasserpark ist in Planung. Wir wechseln nach der Tagger Lutzbrücke auf die orographisch linke Iselseite und folgen dem asphaltierten Radweg taleinwärts. Unterschiedliche Laubgehölze beschatten die Route. Der **Pöllander Steg**, eine schmale Hangbrücke, bietet auf der gegenüberliegenden Bachseite einen schönen Iselblick auf einer Aussichtsplattform an. Bei der **Glanzer Brücke** (697 m) im Bereich Oberlienz lädt der Moorwaldrundgang zu einer schattigen Schleife ein, während wir bis zur **Schlaitner Brücke** (715 m) (Aussichtsplattform) und zum **Iselcamp** mit Imbiss und Radshop die Nähe des Iselflusses genießen. Ein Wesensmerkmal dieses Gletscherflusses sind Flussausweitungen und von Flussarmen umringte Inseln. Dies fördert Fischhabitate mit Laichplätzen und bietet den zahlreichen hier brütenden Vogelarten Schutz.

In Richtung St. Johann wird bei km 11 auch den Autofahrern ein Rastplatz angeboten, gegenüber der Bundesstraße befindet sich das Raftingcamp bei **Weiherburg** (Kapelle). Über die **St. Johanner Brücke** wechseln wir die Flussseite zum **Gasthaus Moar im Wald** (Steinofenpizza!) und bleiben dann auf der alten Straße über **Kienburg** bis **Huben**. Wer weiterradeln will, erreicht über den Ortsteil Feld den Markt **Matrei**.

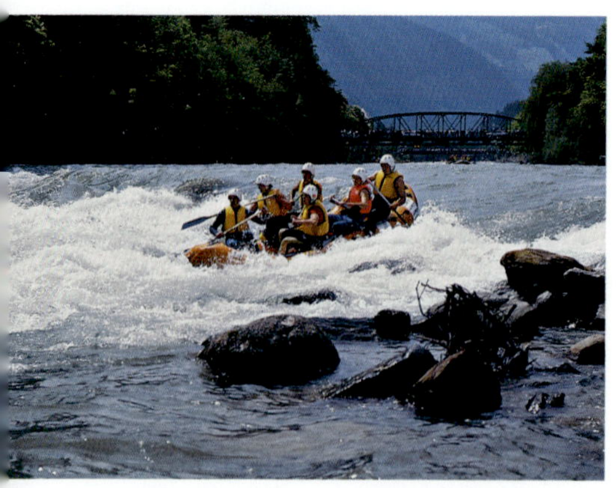

Rafting auf den Schaumkronen der Isel
Rechts: Vom Kleinen Zunig überschauen wir die Isel von Huben bis Lienz.

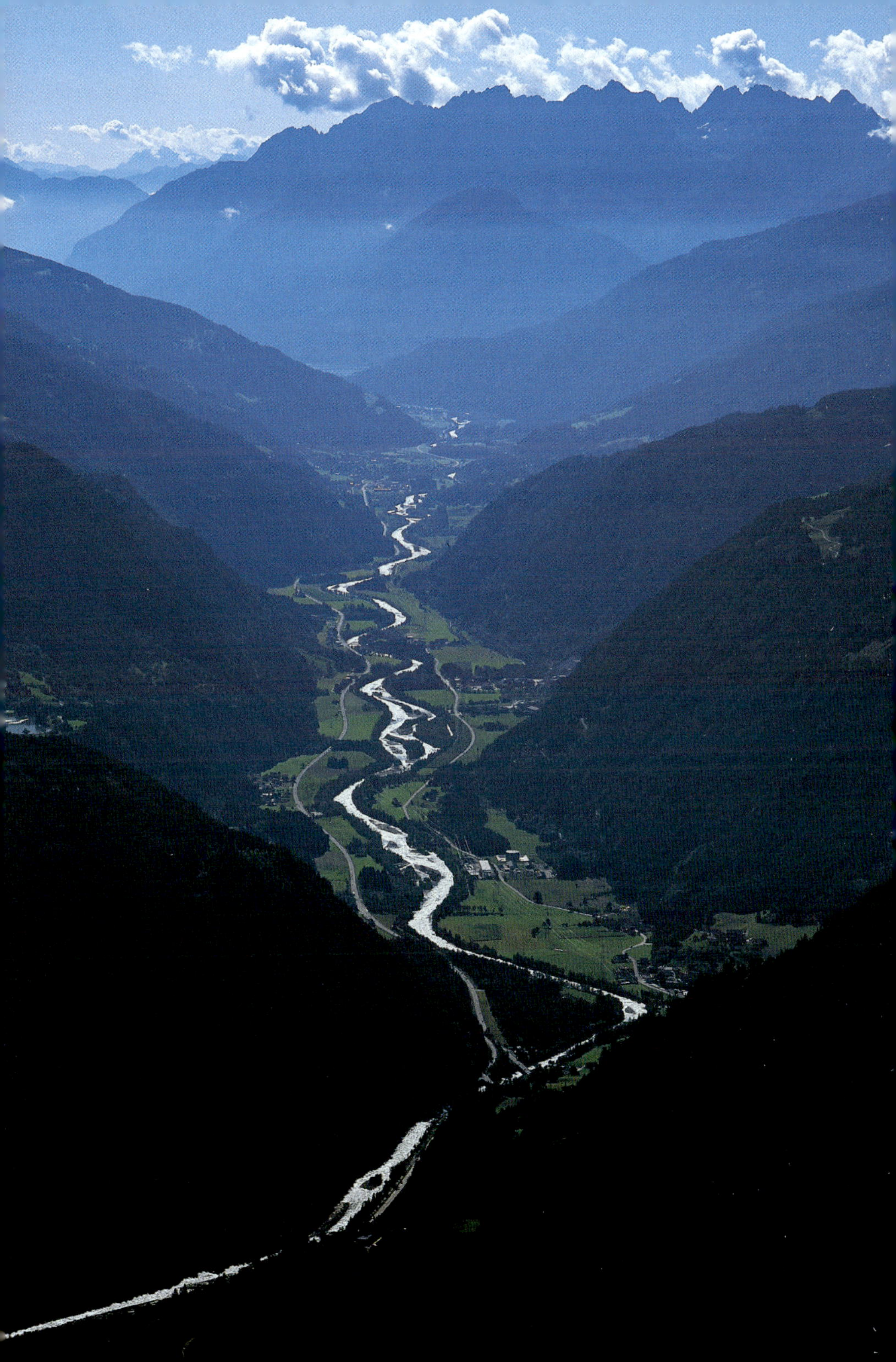

DIE ISEL – DER HERZFLUSS OSTTIROLS

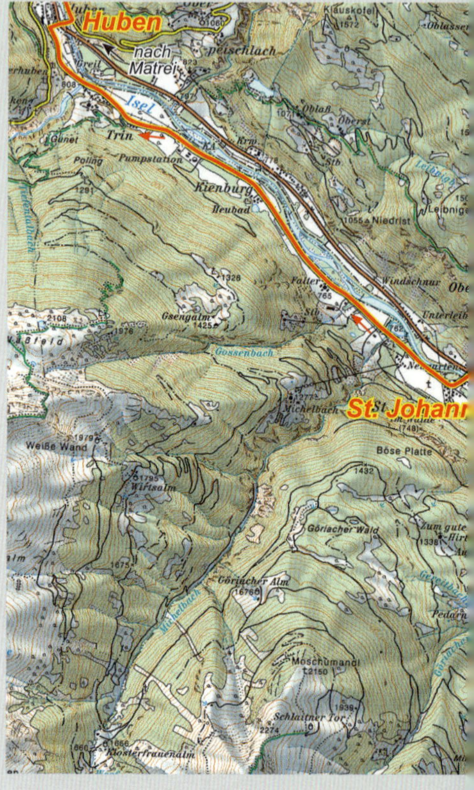

Als Gletscherfluss mit tages- wie jahreszeitlichen Schwankungen der Wasserführung, bedingt durch Schnee- und Gletscherschmelze, verändert sich das Erscheinungsbild der Isel beständig. Schnee- und Keesschwund färben das Wasser milchig grün, ein Hochwetter im Talschluss erdig braun. Lange Zeit konnte der Fluss sein Bett dynamisch gestalten und Verzweigungen und Seitenarme bilden, die zusätzlich auch mit Flussaufweitungen geschaffen wurden.

Im inneren Winkel der Flusskrümmungen kommt es eher zu Anlandungen von Sand und Kies, die anfangs durch niedrige Pflanzen, später durch Sträucher und Bäume sich in Land umwandeln. Eine Zeigerpflanze der besonderen Art ist die Deutsche Tamariske am Iselufer, mit immergrünen schuppenförmigen Blättern und rosa Blütentrauben. Sie teilt den Lebensraum mit anderen seltenen Pflanzen und Tieren und bildet ein Exkursionsziel für Limnologen, die der Wasserqualität ein gutes Zeugnis ausstellen. Davon profitieren Äschen, Forellen und Huchen, zur Freude der Fliegenfischer, der „Königsdisziplin" der Petrijünger.

Rein und reißend, dann wieder sanft plätschernd zeigt sich die Isel mit randnahen Tümpeln und Pfützen, worin sich Ufervegetation und Berge spiegeln. Natürliche Wasserspielplätze für Kinder (auf eigene Gefahr!) bilden die Sand- und Schotterbänke mit ihren vom fließenden Wasser gerundeten, glattgeschliffenen Steinen. Ornithologen spüren die Wasseramsel auf oder den Flussuferläufer, ein scheuer Nachtzieher, von dem es hier nur noch wenige Brutpaare gibt. Libellen, die farbenprächtigen, großäugigen „Himmelsjäger" und gewandten Flieger, schwirren in der Mittagssonne.

Für den Erhalt dieser weitgehend intakten Flusslandschaft und Anerkennung von Natura 2000 setzen sich seit Jahrzehnten Dr. Wolfgang Retter sowie die engagierte Truppe der sogenannten Iselfrauen ein. Dies gilt auch für die von der Firma D. Swarovski initiierte mobile Wasserschule, die ihr ökologisches Bildungsangebot u. a. auch Schulklassen anbietet. Noch ist nicht entschieden, ob und wenn ja welche Gebiete zum Schutz der Deutschen Tamariske entlang der Isel und deren Seitenbächen für Natura 2000 ausgewiesen werden. Spürbarer Widerstand kommt von der E-Wirtschaft, die weitere Kraftwerke am Gletscherfluss Isel und am Tauernbach bei Matrei plant.

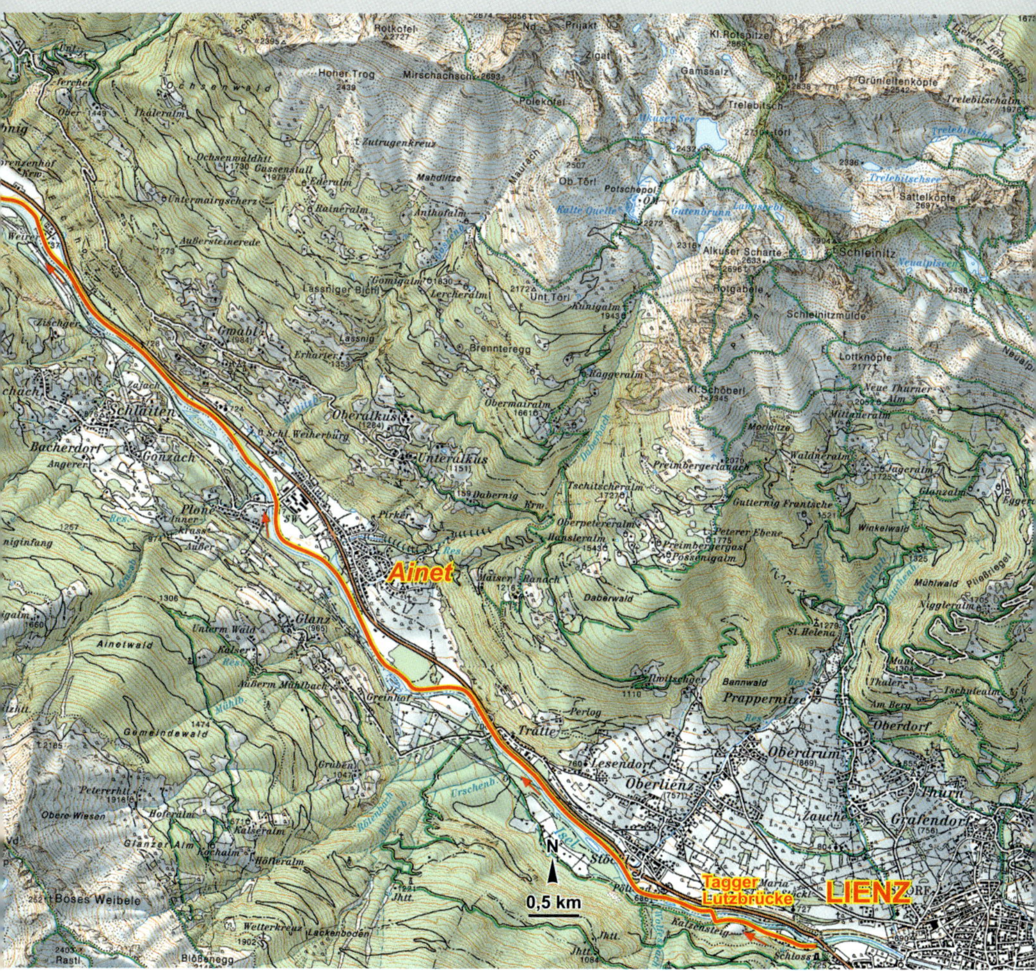

VIRGENER FELDFLUR

Hören, Riechen, Fühlen

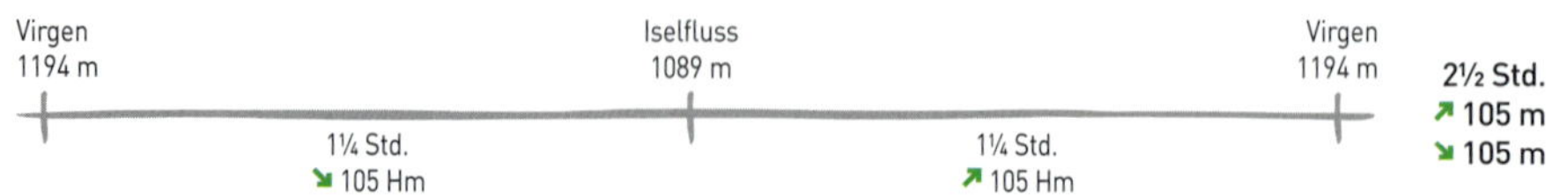

2½ Std.
↗ 105 m
↘ 105 m

Anfahrt: Mit Pkw oder Postbus Linie 4412 nach Virgen
Einkehrmöglichkeiten: Gasthöfe in Virgen

Südlich des Sonnendorfes Virgen breitet sich die bekannte Virgener Feldflur aus, die – mit beliebigen Ein- und Ausstiegsmöglichkeiten – in idealer Weise mit den Nationalparkzonen verzahnt ist.
Folgen wir aus dem Ortskern von **Virgen** dem 3 km langen Lehrweg mit elf Schautafeln zunächst entlang des sanierten „Stoanach Pitzend", wo uns Pulttafeln über Fauna und Flora dieses Juwels informieren. Hecken und Klaubsteinmauern parzellieren relativ kleinräumig diese einmalig schöne Region am Fuße der darüber wachenden Venedigerberge. Grasbewachsene Wege mit Margeriten und Glockenblumen am Rand sowie Hohlwege, von Klaubsteinmauern eingeengt – die sogenannten „Pitzandlan" – schaffen ein Landschaftsbild wie auf einem Gemälde. 450 verschiedene Käfer krabbeln in den von Moos und Farnen überkleideten Spalten und

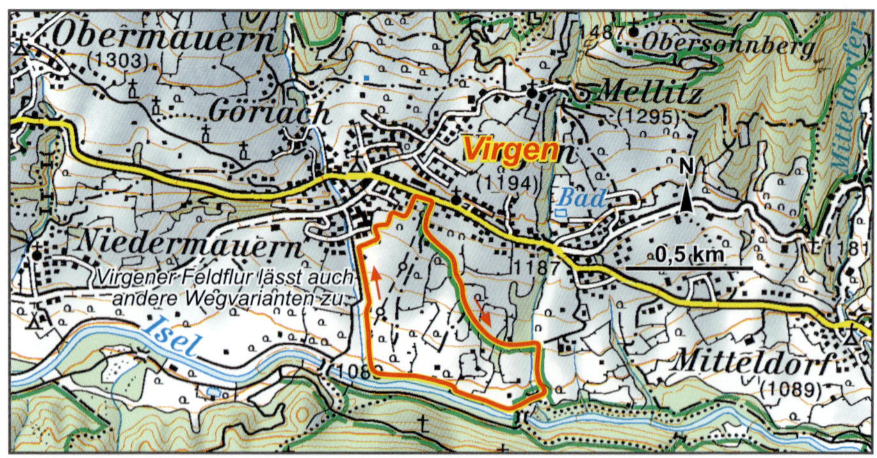

Im Schutz der Virgener Nordkette mit Ochsenbug (3008 m) und Misenokt (3001 m) durchwandern wir die Virgener Feldflur.

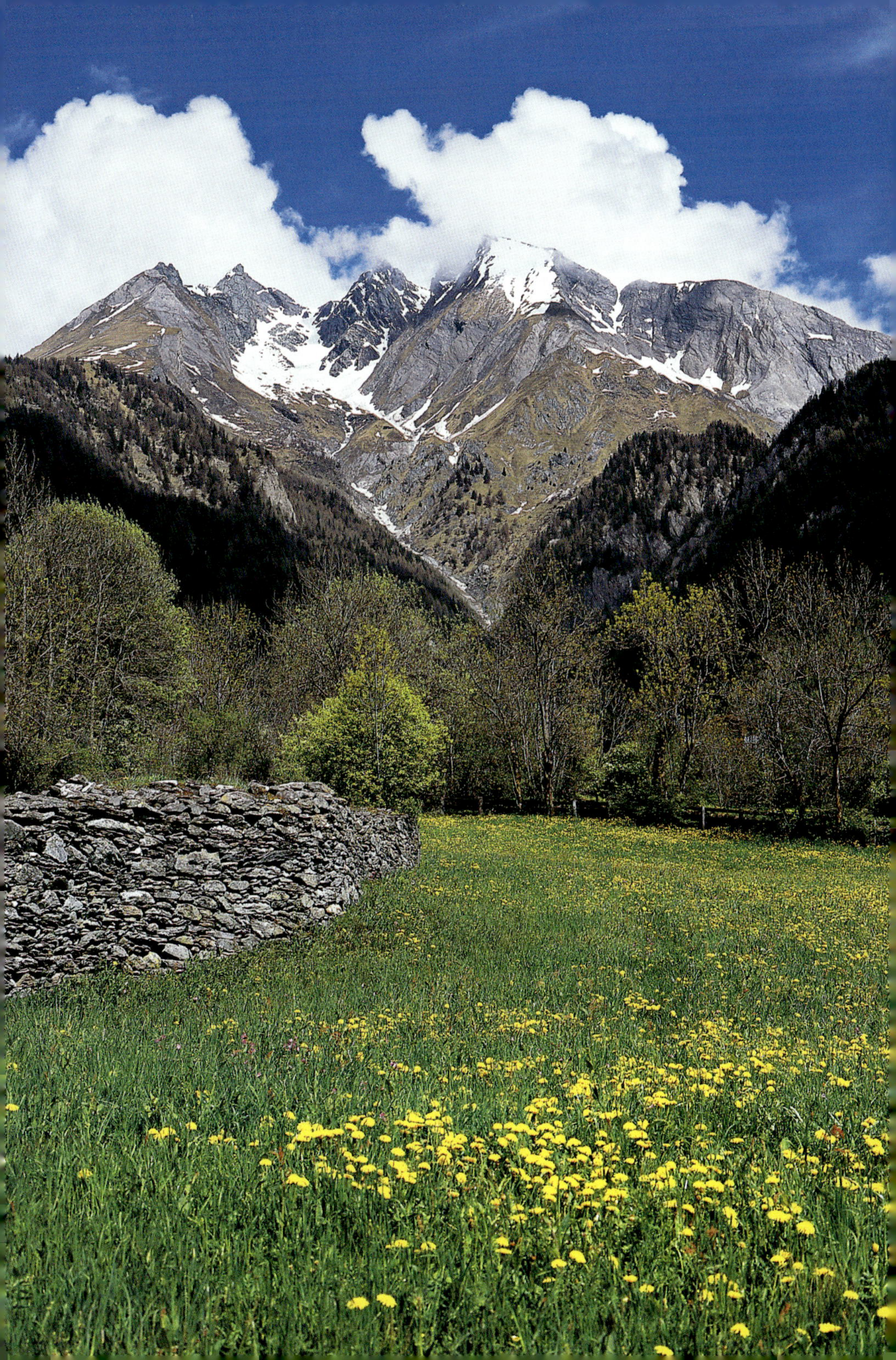

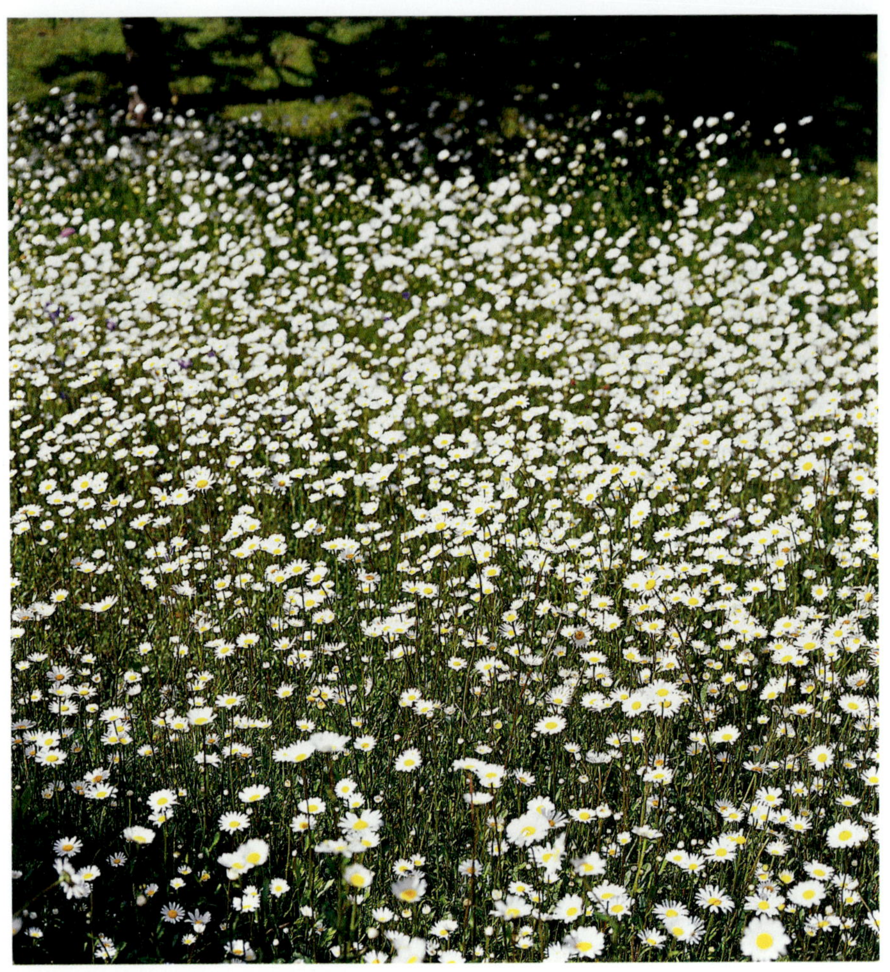

Ein Margeriten-Blütenmeer am Rand der Rast- und Schaustationen (rechts)

Klüften, tief verankert sind karminroter Spinnweb-Hauswurz, zartviolette Fetthenne und Dunkler Mauerpfeffer. Einen etwas längeren Schatten werfen die vollbelaubten Haselnussstauden, Weiden und Eschen. Das Gezweig und die halbhohen Baumkronen gehören den gefiederten Sängern und sind Bühne eines trillernden Konzertes am frühen Morgen. Am auffälligsten die Amsel oder Drossel, ein Weltbürger unter den Singvögeln, mit ihrem inhaltreichen, weittönenden Lied mit flötenden Lauten, fließend wie ein Kirchengesang. 53 Vogelarten wurden hier gezählt und 246 verschiedene Schmetterlinge. Und wer sein Ohr dem Geräuschverstärker leiht, hört das Rauschen der Isel unten in der Talsohle.

VIRGENER FLURGEHÖLZEWEG – VON DER NATUR GESCHAFFEN UND VOM MENSCHEN ERHALTEN

Die kleinflächige Gemengeflur vom Südrand des Dorfes Virgen bis zum Iselfluss gilt aufgrund ihrer landschaftlichen und ökologischen Vielfalt als besonders schützenswertes Kern- und Schaustück bergbäuerlich geprägter Kulturlandschaft im Nationalpark Hohe Tauern. Dies hatte bereits Prof. Louis Oberwalder, der aus Virgen stammende, bekannte und beliebte Leiter der Erwachsenenbildung in Tirol und langjährige Präsident des ÖAV, erkannt und beschrieben.

Mit dem „Wanderweg der Sinne" beschreiten wir kein eingeebnetes, melioriertes Stück Land, vielmehr einen in seiner ganzen Frische erhalten gebliebenen Lebensraum im Kleinen. Dabei begegnen wir Hör-, Riech- und Taststationen. Ein Hindernisparcours ist für Kinder gedacht. Der Matreier Tischler und Künstler Josef Brugger hat drei große und zwei kleine Stationen eingerichtet und damit das Angebot für Blinde und Sehbehinderte erweitert – hier ist das Feingefühl gefordert! Insgesamt bietet der Flurgehölzeweg das Erlebnis einer einzigartigen Kulturlandschaft – für alle Altersstufen eine wertvolle Erfahrung. Der Weg der Sinne hat den Umweltpreis der Arbeitsgemeinschaft Alpenländer hoch verdient!

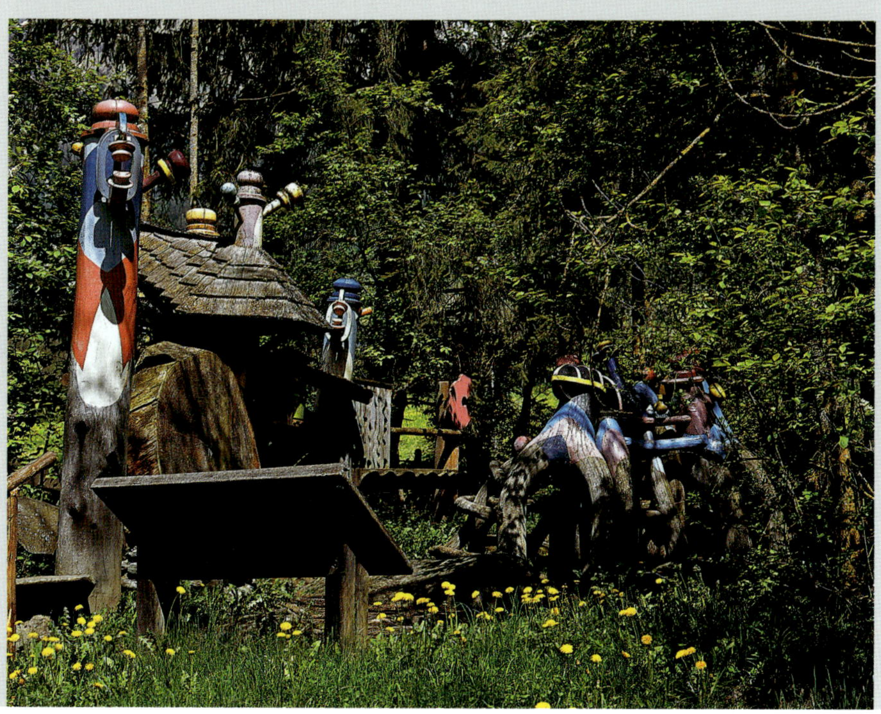

GOTTSCHAUNALM – NILJOCHHÜTTE – BODENALM

Wanderung im Halbstock der Virgener Nordkette

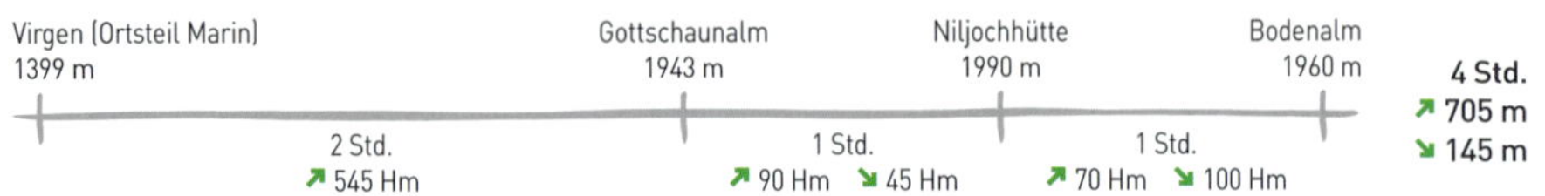

Anfahrt: Mit Pkw oder Postbus Linie 4412 nach Virgen
Einkehrmöglichkeiten: Gottschaunalm, Schmiedleralm, Niljochhütte, Bodenalm

Beim Parkplatz (Gatter) unweit vom Gasthof Waldruhe im Ortsteil Marin führt ein Kreuzweg mit 14 Stationen im lichten Lärchenwald empor. Ein Kehrensteig zieht hinauf zur Allerheiligenkapelle mit Kreuzigungsgruppe. Die sich halbrund an den Fels schmiegende Kapelle dürfte bis in römische Zeit zurückreichen. Der Weg führt weiterhin im Schatten von Lärchengrün bergan, bis auf einer sonnigen Hangterrasse die schön gelegene **Gottschaunalm** erreicht wird. Bei willkommener Rast schweift das Auge entlang

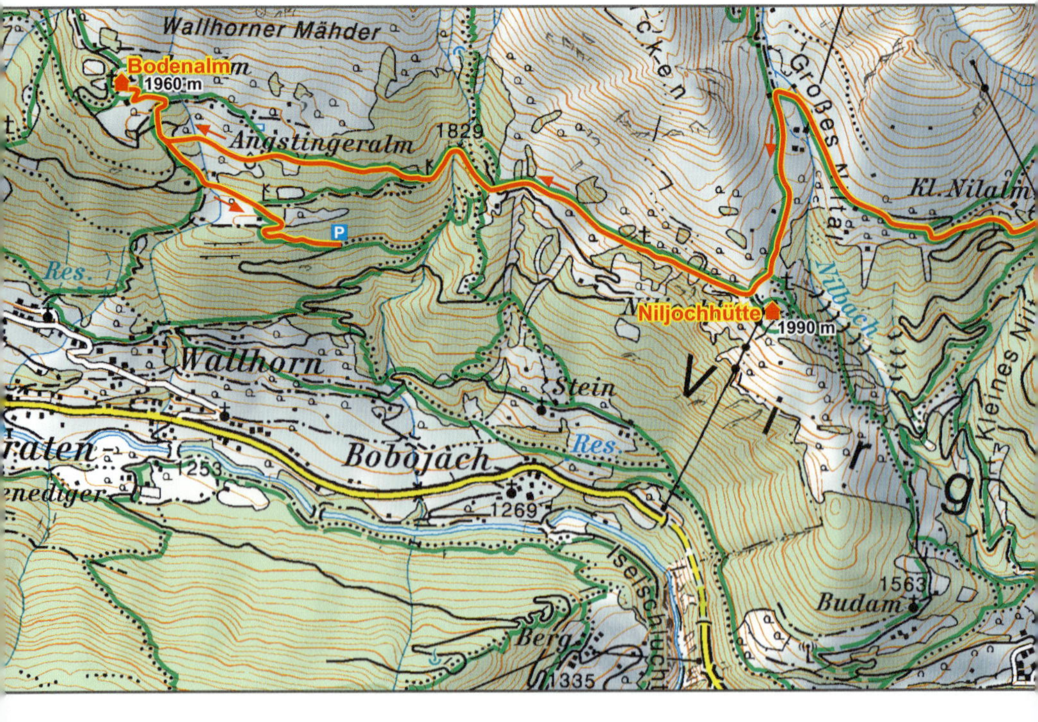

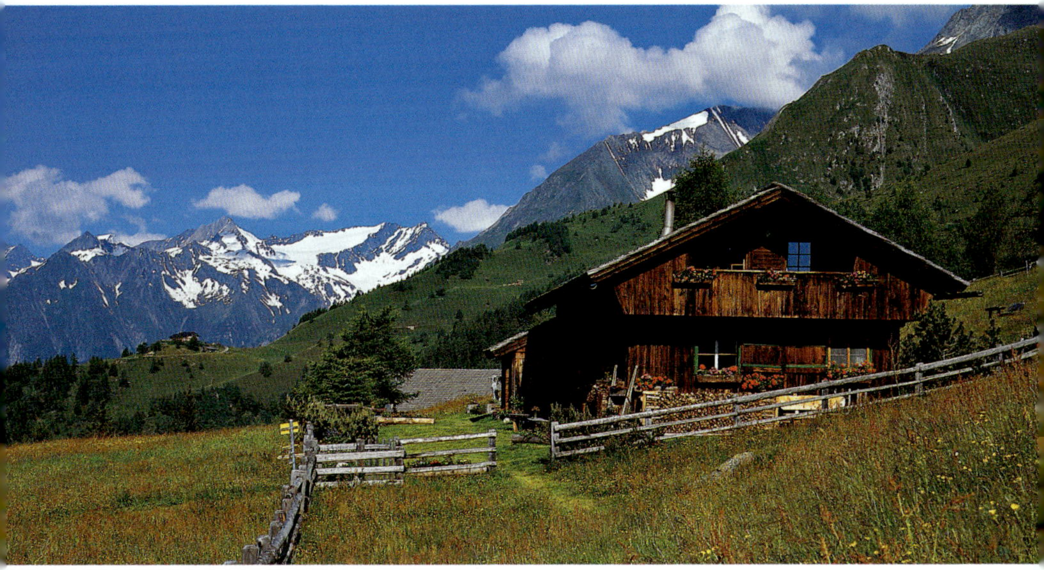

Die Gottschaunalm auf einer aussichtsreichen Hangterrasse

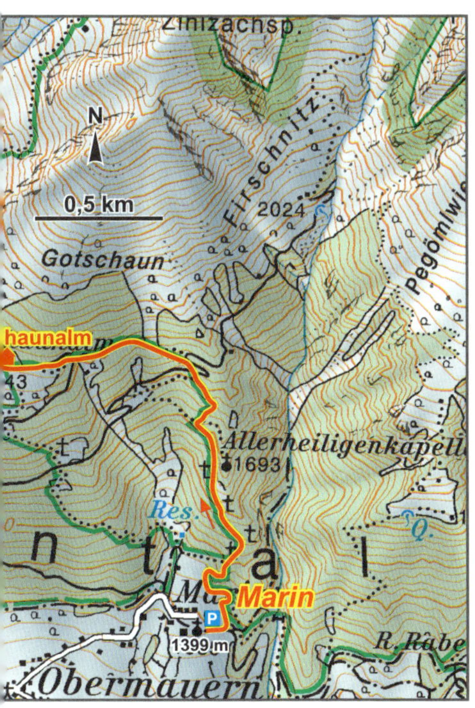

der vielgliedrigen Bergsilhouetten vom Zunig südöstlich bis zum schneebedeckten Gletscherdach des Malhams und den von Eiszeiten modellierten Bergen im inneren Virgental.

Der nordwestwärts weiterführende Steig, bez. 20, durchmisst die in farbiger Vorsommerblüte reifenden Bergwiesen und engstehende Fichtenparzellen. Wir steigen zum schwach eingefurchten Kleinen Nilbach kurz ab und gegenüber auf eine Hangkante an (kleine Hütte).

Der Fahrweg wird zunächst zweimal gequert, ehe wir uns auf ihm der schmucken **Schmiedleralm** (Jausenstation) im Großen Niltal nähern. Bei der längst sichtbaren, 10 Minuten tiefer gelegenen **Niljochhütte** erwartet uns ein weiterer aussichtsreicher Rastplatz. In Richtung Bodenalm wechseln Steig und Weg. Wir kommen an einer Quellstube vorbei und

DIE REISE VON BRITISH COLUMBIA BIS ZUM ESELSRÜCKEN

Es war ein Rastplatz gleich einem Adlerhorst hoch im Großen Niltal, dort, wo heute neu und rustikal die Niljochhütte steht. Ein Platz für Träume und Pläne, auf einer Rasenkanzel am Eselsrücken, mit betörendem Tiefblick auf das bergbegrenzte Virgental. Gut 2 Stunden höher ist die Bonn-Matreier-Hütte ein beliebtes Ziel und von dort der Hohe Eicham eine erlesene Bergtour. „Am Eselsrücken müssen wir eine Hütte bauen", waren sich Alois und Michael Weiskopf einig. Alois, ein Bergführer, und Michael, ein Schneidermeister in Seefeld. Immer wieder stiegen sie hinauf und mit ihnen die Hüttenpläne und schließlich die Tat: eine Hütte der Landschaft angepasst, zweckmäßig ausgerichtet, wenn auch bescheiden, mit den Mitteln der Nachkriegszeit. 1966 wurde die ursprüngliche Niljochhütte eingeweiht und über viele Jahre erfolgreich geführt.
Ein neues Kapitel in der Geschichte der Niljochhütte eröffnet Tino Mai aus Zella-Mehlis in Thüringen mit der feierlichen Eröffnung einer neuen Hütte im Juni 2010. Der Bau im kanadischen Holzblockhausstil wurde mit wertvollen Douglastannen ausgeführt, die zum größeren Teil aus dem waldreichen Bergwald der Pfalz zwischen Westrich und Oberrhein stammen. Besonders ausgesuchte Stämme erzählen sogar von einer Reise über Land und Meer aus British Columbia, einer kanadischen Provinz am Pazifik zwischen den Rocky Mountains und dem Küstengebirge des Columbia-Plateaus gelegen. Von dort wurden die bis zu 100 m hoch wachsenden Bäume seit 1827 nach Deutschland exportiert. Die im Winter geschlagenen und zwei Jahre roh gelagerten Tannen wurden nach den Plänen des Eigentümers und der 35-jährigen Berufserfahrung eines in Deutschland tätigen Kanadiers vorgefertigt, ehe ein luxemburgischer Spezialspediteur die sperrige Last von Deutschland über Salzburg und Spittal ins Virgental beförderte.
Dank der findigen Firma Bstieler in Virgen und eines umgebauten Lkws wurden die 22 m langen und 2,5 t schweren Stämme, weit über die Führerkabine ragend, in mehrstündiger Fahrt zum hochgelegenen Bauplatz gebracht. Den Motorsägen und extrem scharfen Äxten in den Händen der Unterluggauer Zimmermänner aus Lienz fügten sich die weitgereisten Stämme, deren Haltbarkeit von 300 bis 400 Jahren mehreren Wander- und Bergsteigergenerationen eine imposante Ausflugshütte garantiert.

Die Niljochhütte am Eselsrücken

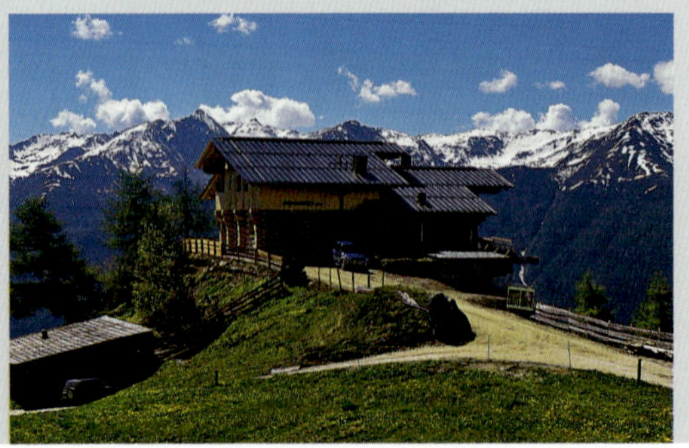

durchschreiten einen Felsstaudengraben. Nach leichtem Auf und Ab passieren wir einen Fischteich, ehe ein Fahrweg noch 15 Minuten zur **Bodenalm** ansteigt. Zurück zum Ausgangspunkt geht es entweder auf gleichem Weg oder mit hilfreichem Taxidienst.

Der kleine Nilbach trennt die Gottschaunalm von der Niljochhütte.

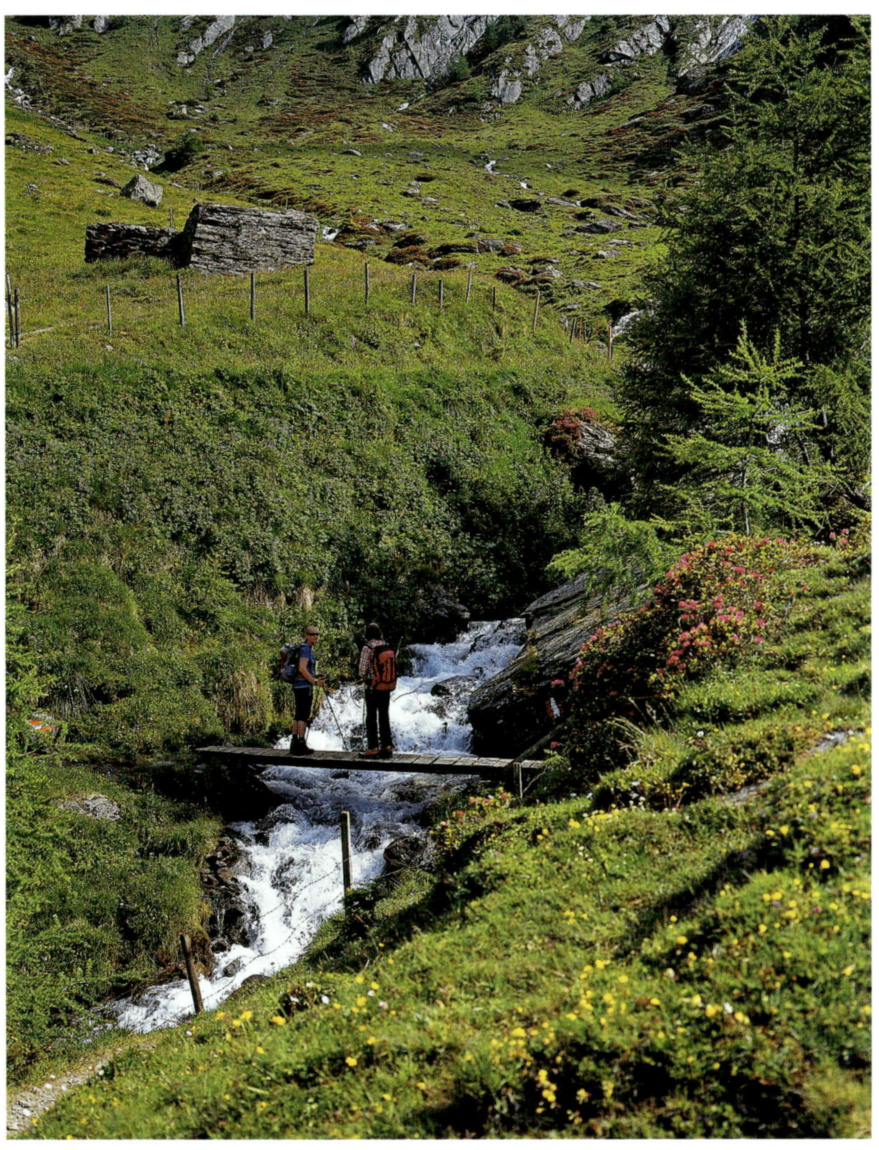

INNERE UND ÄUSSERE STEINERALM

Rundgang in der Granatspitzgruppe

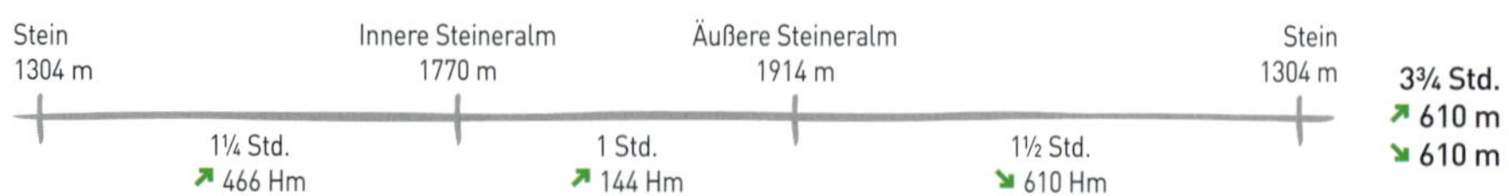

3¾ Std.
↗ 610 m
↘ 610 m

Anfahrt: Mit Pkw oder Postbus Linie 4410 bzw. 4412 bis Matrei Ort und zum Felbertauernstüberl; dort zweigt bergseitig eine aufwendig erbaute Bergstraße ab und steigt in Kehren an. Sie führt kühn über die Schlucht des Steinerbaches zum Weiler Stein, Parkmöglichkeit.
Einkehrmöglichkeiten: Felbertauernstüberl, Innere und Äußere Steineralm

Der **Weiler Stein** liegt auf einer mächtigen Hangschulter des Nussingkogels hoch über dem Mündungsgebiet des Tauerntales. Die gewaltigen Gletscher der Eiszeit (vor 10.000 bis 18.000 Jahren) waren hier Baumeister am Haus der Berge. Auf Stein (Stoan) liegt das Hoanzer-Anwesen,

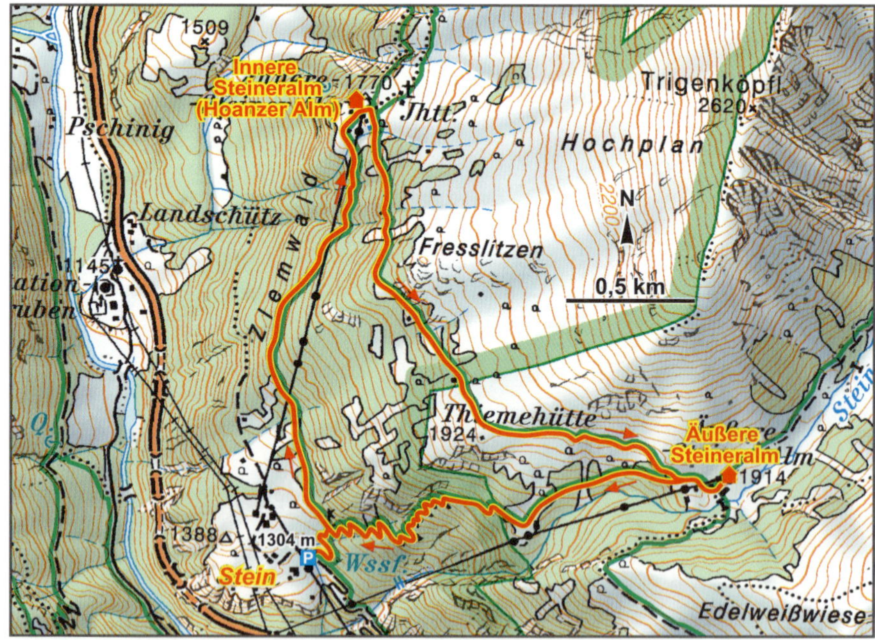

Hintereckkogel (2638 m), Ochsenbug (3008 m) und Göriacher Röte (3020 m) bleiben im Blickfeld unserer Wanderung.

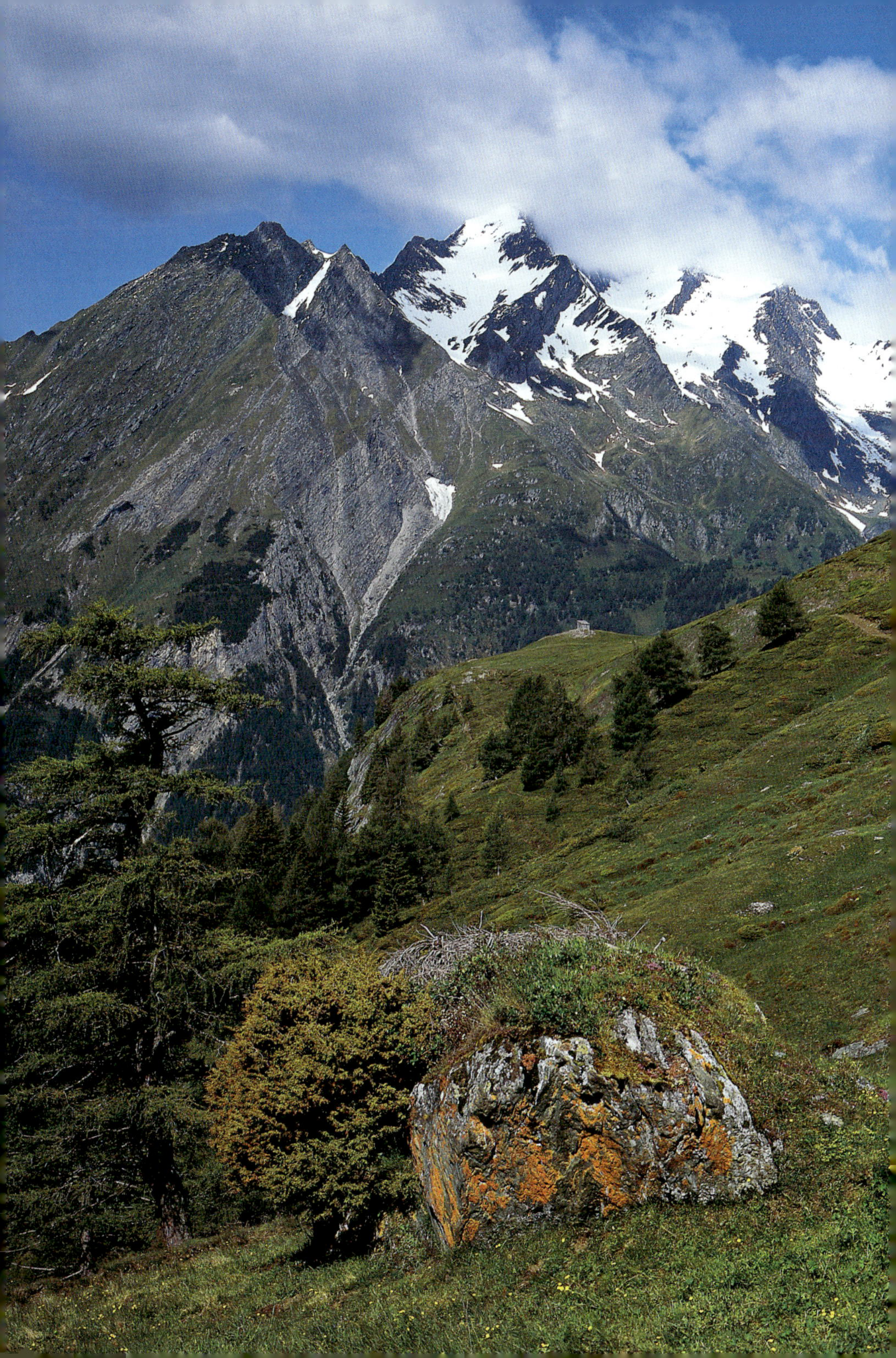

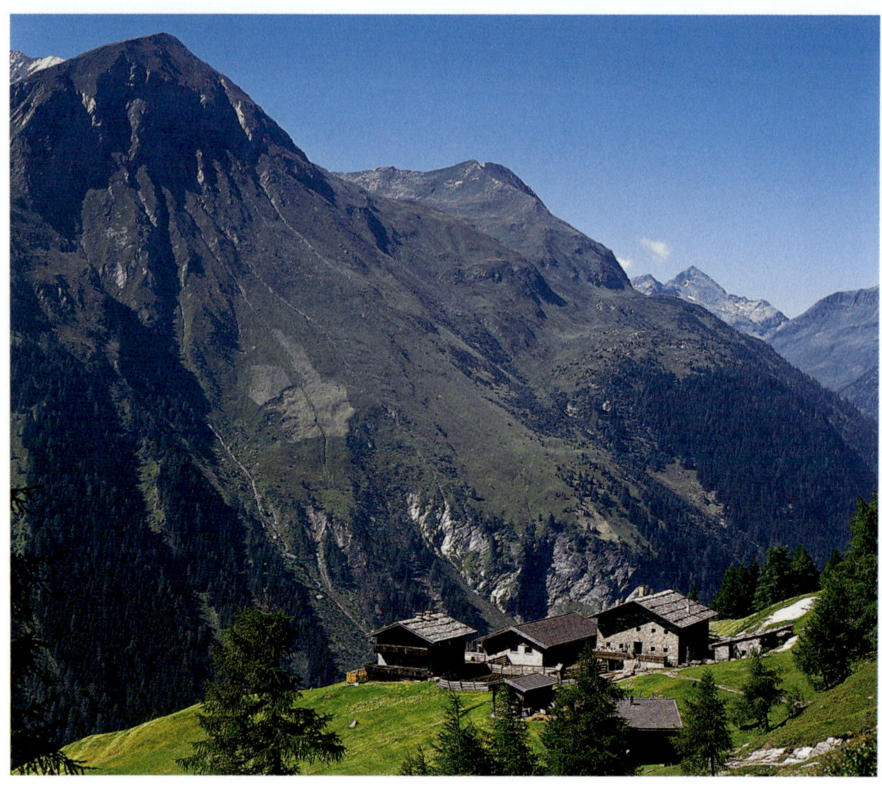

Innere Steineralm (Hoanzeralm), hoch über dem Tauerntal

während das baufällige Bichler Gut nur noch historisch mit der Äußeren Steineralm in Zusammenhang steht. Vom Parkplatz lenkt der Steig 10 Minuten hinauf zu einer breit ausladenden Fichte, wo wir linkshaltend, nördlich am alten Almweg in mäßigem Auf und Ab in Richtung **Innere Steineralm** ausschreiten. Rund um das steingemauerte Almhaus gruppieren sich Stadel, Schupfen und eine Jagdhütte. Landschaftlich schön und mit geringer Steigung führt nun der Steig über kleine Hangbrücken zur Äußeren Steineralm. Wir queren das Südwestgehänge des Nussingkogels, durchschreiten einen lichten Lärchenwald und sonnige Hangterrassen, ehe abschließend auf einem Flankensteig die in einem Bergtrog gelegene **Äußere Steineralm** erreicht wird.

Beim Abstieg zur **Mitteralm** (altes Stallgebäude) und zum **Weiler Stein** werden wir auf zahlreichen Waldkehren an Carl von Thieme erinnert, der um 1903 einen Großteil der Wege und Steige im Matreier Alm- und Berggebiet angeregt und finanziert hat. Die Thiemehütte auf der Äußeren Steineralm und eine Gedenktafel bei der Brücke am Steinerbach bewahren sein großmütiges Handeln.

GEWITTERNACHT AUF DER ÄUSSEREN STEINERALM

Die kleinste der Hütten auf der Äußeren Steineralm war in den Sommerwochen zum Bersten voll, damals 1946, als sieben Kinder der Hanser-Familie aus Nikolsdorf hinauf zur Alm zogen. Für einige Ferienwochen war ich mit sieben Jahren der Jüngste im Kreis meiner Cousins, beim Kampf in der Milchmuspfanne der stets Unterlegene, beim Brennholzmachen der Schwächste, jedoch nicht der Furchtsamste, wenn ein im Hochtaltrog gefangenes Gewitter sich wie ein wildes Tier gebärdete.
Vor dem Spuk waren wir beim Holzschneiden. Ein krumm verwachsener Lärch sollte fallen, doch er wehrte sich, verklebte mit seinem Lebenssaft das Sägeblatt, unbeweglich blieb es im Stamm verklemmt. Dann fiel in die rundum herrschende Stille ein anrollender Donnerschlag, schwarzrandig aufgeblähte Wolken verdunkelten den Himmel. Nussing und Bretterwand duckten sich unter tiefgezogenen Sturmhauben, schwere Regentropfen stürmten dem Gewitter voran, ehe sich der Almfrieden in einen Hexenkessel verwandelte. Triefnass erreichten wir die Hütte. Der Platz beim kleinen Fenster gehörte mir, dort zählte ich die Blitze, denen auf dumpf rollenden Rädern der Donner mit erschreckendem Hall nachjagte und nach jedem Feuerschein auch in die kleine Kammer drang. Dort glitt der Rosenkranz durch die abgearbeiteten Hände der Großmutter, wortlos duckten sich ihre sonst keineswegs mundfaulen Enkel. Bei jedem Donnerschlag erstarb Großmutters eintönig gleichbleibendes Beten: „Erhöre uns“ ... „Bitt für uns“.
In das entfesselte Inferno trommelte gleich wütenden Hammerschlägen der Hagel auf das zuckende kleine Hüttendach und peitschte die wehrlose Almweide, die vor einer Stunde noch in voller Blüte stand. Wie aus einer Ewigkeit hob sich allmählich das Dunkel, in der die mit Hagel umrüstete Bretterwand in weißem Schleier stand.
Auch für Jule, die auf der Gemeinschaftsalm wirtschaftete und eine bescheidene Jausenstation führte, war dies in ihrem langjährigen Sennerinnendasein eines der schlimmsten Unwetter. Ihre Sorge galt dem Vieh. Eines der in Panik geratenen Kälber war über steiles Felsgelände gestürzt und brach sich das Bein. Ausgerechnet „Stern“, das Kalb, das auf Jules Stimme hörte und ihr stets auf die mit Gästen gut besetzte Terrasse gefolgt war! Als der Alpherr eine Notschlachtung veranlasste, schloss sich Jule in ihrer Kammer ein.

Die Äußere Steineralm im Vorfeld der Granatspitzgruppe

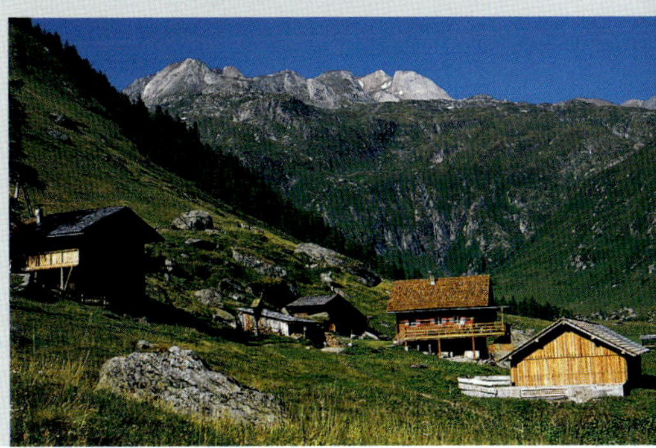

LUCKNERHAUS – GREIWIESEN – FIGERHORN

Sommerfest der Anemonen

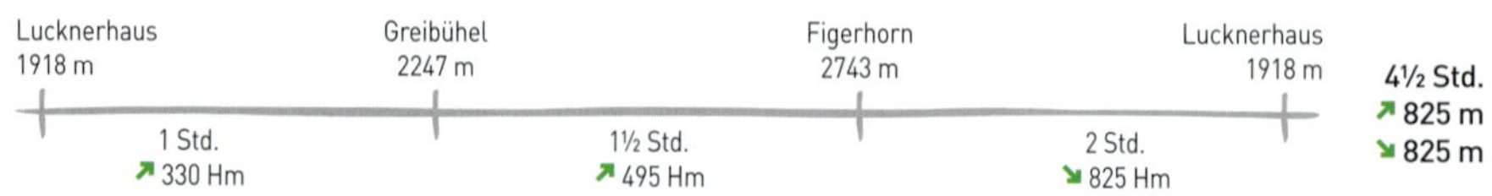

Anfahrt: Postbus Linie 4408 von Lienz bis Kals und zum Lucknerhaus
Einkehrmöglichkeiten: Gaststätten in Kals, Lucknerhaus im Ködnitztal

Schwungvoll führt die 7 km lange, gebührenpflichtige Kalser Glocknerstraße vom Kalser Ortsteil Ködnitz zum Lucknerhaus im Ködnitztal. Dort wendet uns der Großglockner, Österreichs höchster Berg im Herzen des Nationalparks Hohe Tauern, sein Kalser Antlitz zu.

Am **Wendelin-Weingartner-Steig** (Tiroler Landeshauptmann von 1993 bis 2002) gelangen wir im Staudengehänge und über Viehläger hinauf zum ostseitigen Rand der großflächigen, mäßig geneigten Greiwiesen. Ein teils erdiger, schmaler Steig durchmisst das Bergmahdgelände mit einem auf-

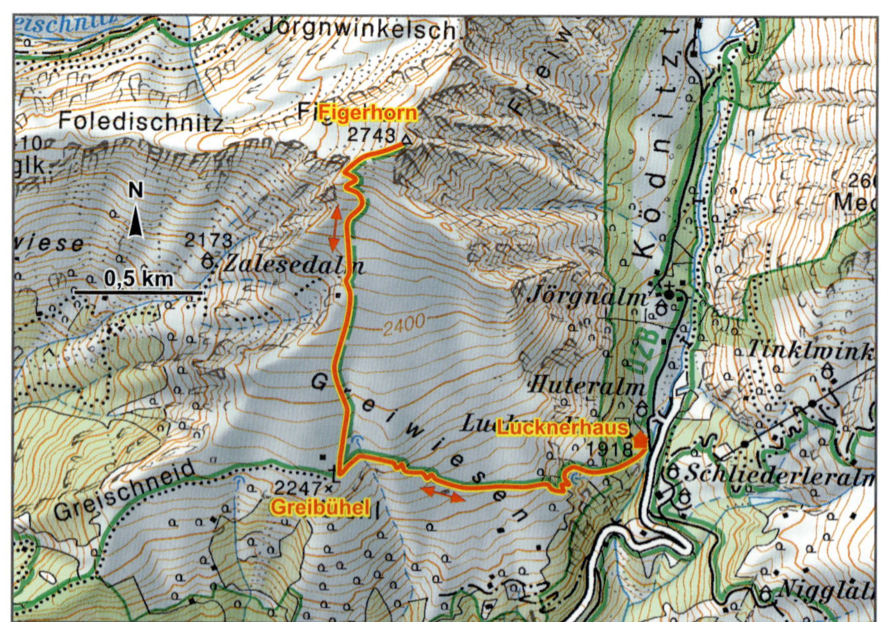

Ein kühnes Lärchenbäumchen begnügt sich mit purem Fels auf der Greischneid.

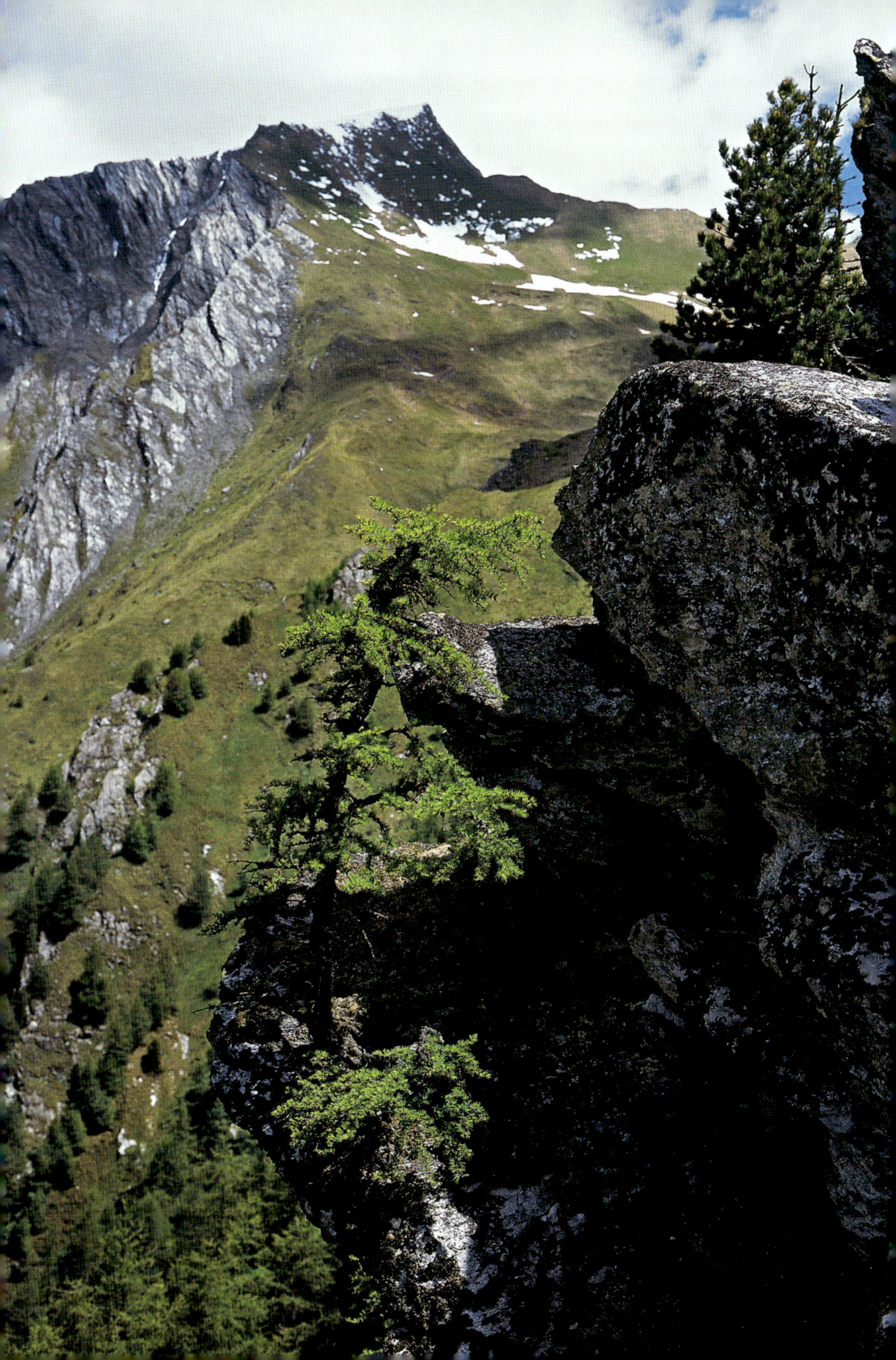

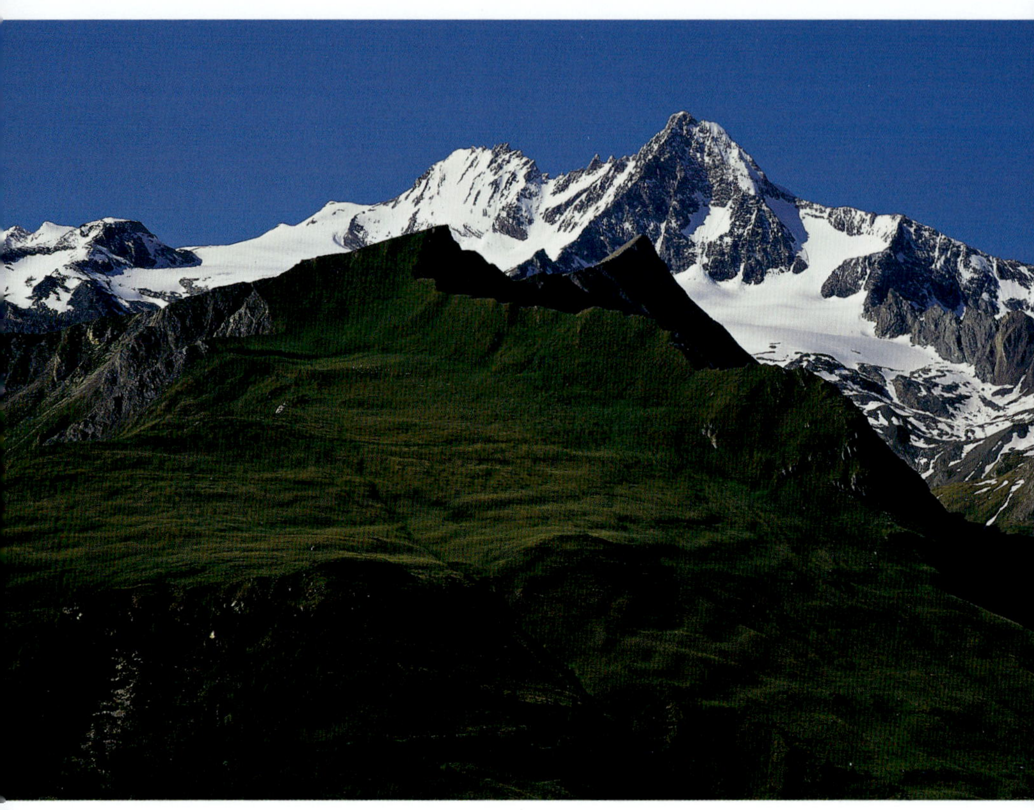

Großglockner und Glocknerwand überragen die Greiwiesen mit Figerhorn (2743 m) und Freiwandspitze (2920 m).

fallenden Findlingsblock, ehe wir später die sanfte Erhebung des **Greibühels** (2247 m) mit kleinem Kreuz und Rastbänken erreichen. Dort oder etwas vorher geht es fast direkt nordwärts empor und an der **Figerschupfe** (2430 m) vorbei.

Die Vielfalt aus der Familie der Hahnenfußgewächse fällt auf, beim Höhersteigen werden uns Murmeltiere und nicht selten Gämsen beobachten. Ein in Kehren lenkender, teils erdiger Steig (bei Bodenfrost Vorsicht!) führt nun deutlich steiler auf den Südwestrücken des **Figerhorns**, dann flacher und schließlich leicht zum Gipfelkreuz, das dem Gedenken an den jugendlichen Andreas Oberlohr vom Lucknerhaus gewidmet ist. Bei klarer Sicht bewundern wir das eindrucksvolle Großglocknermassiv und im Weiteren das rundum dicht geschlossene Gipfelmeer. Weltweit stehen nirgends elf so unterschiedliche Berggruppen auf so engem Raum wie hier in Osttirol.

BLUMEN, BROT UND SALZ

Schon bei der Zufahrt in das Kalser Tal rücken die Greiwiesen und das Figerhorn in das Blickfeld. Auf den der Morgensonne zugeneigten Hochwiesen erwartet uns das Vorsommerfest der blühenden Bergwiesenkinder. Anemonen oder Tiroler Windröschen bestimmen das Greiwiesenbild mit aufrecht stehenden, weiß ausgebreiteten Kronblättern, dazwischen in stiller Vornehmheit und vollkommen weiß und schön die Alpenanemone oder Kuhschelle mit ihren goldgelben Staubblättern. Fast übergangslos verdichten schnittreife Gräser und Kräuter während der Zeit der Bergmahd das Blühen. In vergangener Zeit bedeutete dies volle Scheunen und den gedeckten Tisch für Kalser Großfamilien. Aber nicht immer hing der Segen über den Bergmähdern. Kammnahe Hänge sind steil, das Gras strähnig und zäh, und das Brot hart wie Stein. Mehr als heute war das Brot Hauptbestandteil der Nahrung. Vorläufer des Brotes waren flach geknetete Fladen, sogenannte Opferkuchen, ein Gemisch aus Gerste- und Hafermehl, das ohne Treibmittel (Sauerteig) auch auf heißen Steinen zubereitet werden konnte. Selbstgebackenes Brot, gewürzt mit Früchten und Samen von Anis, Kümmel und Fenchel aus dem Hausgartl, gab es fünf bis sechs Mal im Jahr. Damit es frei von Schimmel über sechs bis acht Wochen haltbar blieb, wurde es luftgetrocknet, war dann aber nur mit kräftigen Zähnen oder mit Hilfe der Brotgrammel verzehrbar. Weißbrot aus Weizenmehl

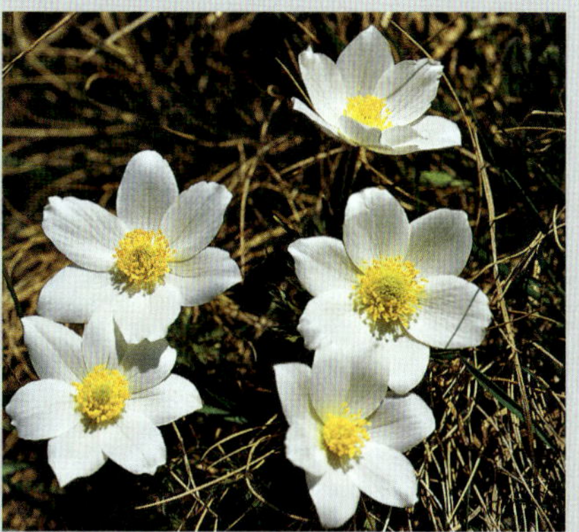

Das Anemonenfest auf den Greiwiesen

war eine Seltenheit und blieb meist Kranken vorbehalten. Diesbezüglich musste man sich aufs Rubisoi-Moidele verlassen, das um 1896 als 70-Jährige täglich in das 12 km ferne und 500 Hm tiefer gelegene Huben ging, um die Post und den versprochenen Laib Weißbrot nach Kals zu bringen. Dies auf damals erbärmlich schlechtem Weg, denn ein für den Autoverkehr tauglicher Straßenbau erfolgte erst ab 1912. Diese Abgelegenheit erforderte ein hohes Maß an Anspruchslosigkeit und wirtschaftlicher Autarkie. Nur das Salz gelangte auf abenteuerlichem Saumpfad über den Kalser Tauern in das Bergdorf. Um die Mühsal dieser unverzichtbaren Transporte durch Träger und Pferde zu erleichtern, wurde bereits um 1500 ein Salzweg und um 1570 eine „Säumerstraße" geplant. Sogar ein richtiges Straßenprojekt soll es gegeben haben. Es blieb aber beim Saumpfad, der heute ein Touristensteig ist.

DER GROSSE WASSERERLEBNISWEG IN ST. JAKOB

Die Wasserschule in der Oberrotte

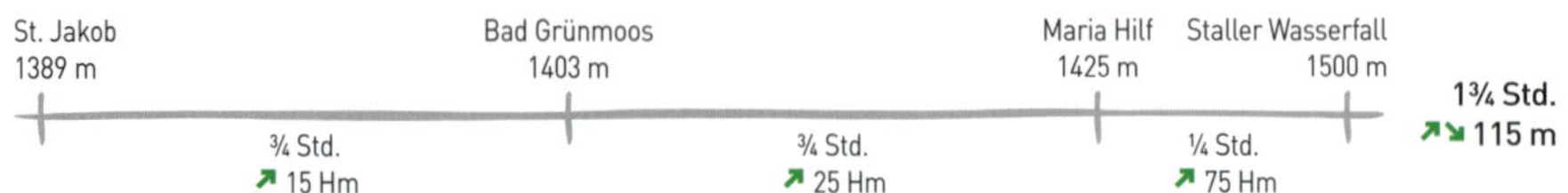

Anfahrt: Postbus Linie 4414 von Lienz nach St. Jakob in Defreggen, Ausgangspunkt ist die Talstation der Brunnalm-Bergbahn.
Einkehrmöglichkeiten: Gaststätten und Hotels in St. Jakob

Das von der UNESCO ausgezeichnete Haus des Wassers (1440 m) in St. Jakob lädt ein, das Elixier des Lebens mit allen Sinnen zu entdecken. Der Nationalpark Hohe Tauern bietet eine wasserreiche Hochgebirgslandschaft, daraus resultiert ein hohes Verantwortungsgefühl für das Element Wasser, dem das Wasserhausprojekt mit zahlreichen wissenschaftlichen, kreativen und erlebnisorientierten Inhalten Rechnung trägt.

Wir starten am Parkplatz der Talstation bei der **Brunnalm-Bergbahn** und überschreiten den Brugger Almbach unweit des Kraftwerkhauses. Der im Waldschatten leicht abfallende Weg stiehlt sich an der Johanneshütte vorbei und verläuft entlang einer Talwiese, wo der Kleine Wasserweg der Ein-

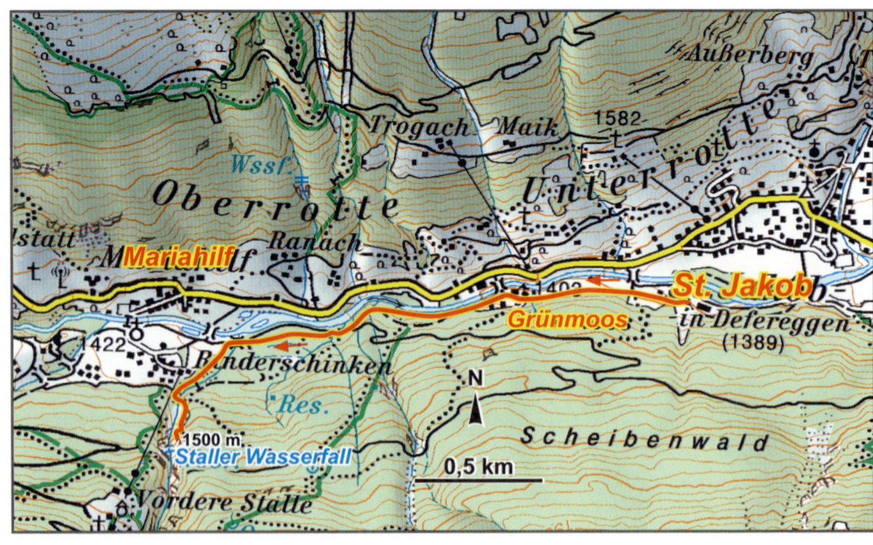

Eine restaurierte Schaumühle hält die Erinnerung an einstige Stockmühlen wach.

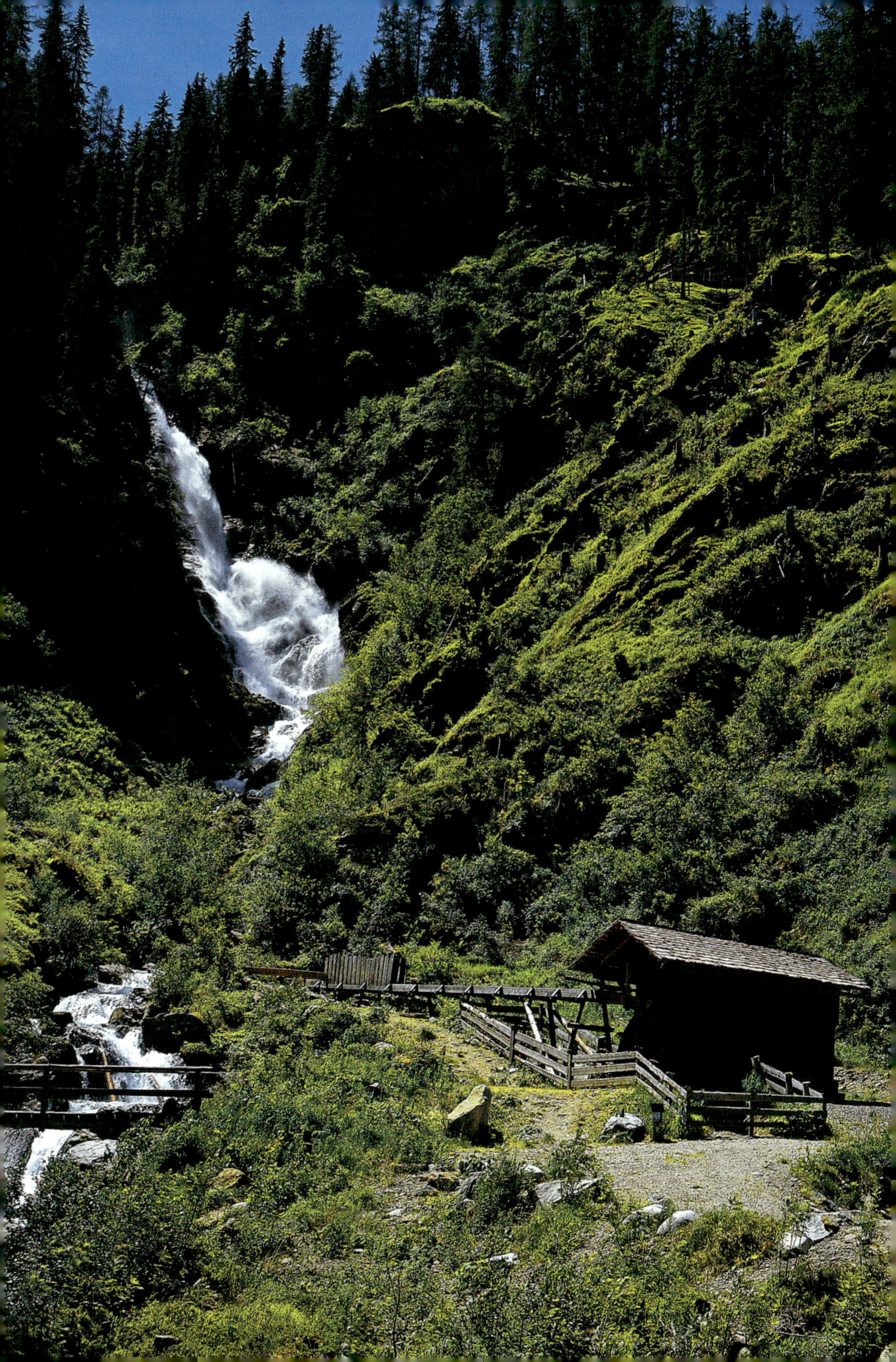

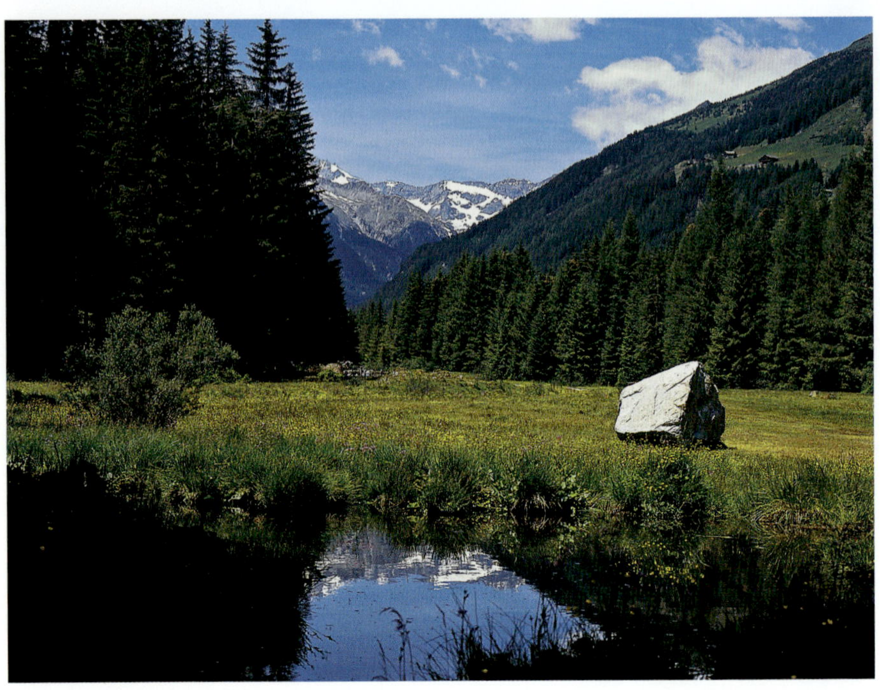

Erholsames Wandern in einer wechselvollen Au- und Flusslandschaft

fangbrücke am Schwarzachfluss zusteuert, die von der Skulptur des sagenhaften „Schnabelmenschen" bewacht wird.

Der mit Bänken versehene Große **Wassererlebnisweg** lenkt zur umzäunten Schwefelquelle, einer jodhaltigen Natrium-Chlorid-Selen-Therme mit behördlich anerkanntem Heilwasser aus dem vorherrschenden Schiefer-Quarz-Gemenge in 20 m Tiefe.

Wir wandern gegen die Flussrichtung der Schwarzach, deren glasgrüne Fluten etwas vom Schnee vom Hochgall und der Patscherschneid aus dem Talhintergrund widerspiegeln. Der gutbesuchte Kinderspielplatz auf Sandereben ist auch Platz für das Waldfest- und Fernwärmegelände.

Bis zum **Bad Grünmoos** ist der fast eben verlaufende Weg asphaltiert. In weiterer Folge stellen pultartige Nationalparktafeln u. a. die am Gebirgsbach lebende Vogelwelt vor. Ein Steg führt über ein stilles Auwasser und lädt bei einer von Fichten beschatteten Quellflur am Bachboden zur Rast ein.

In **Maria Hilf**, Ortsteil Rinderschinken, übernimmt ein romantischer Waldsteig im kurzen Auf und Ab die Führung zum eindrucksvollen **Staller Wasserfall**, zu dessen Füßen eine Schaumühle steht. Er zählt zu den höchsten Wasserfällen des Tales, eine Aussichtsplattform führt ganz nahe an die gischtsprühenden Kaskaden heran. Auf dem gleichen Weg zurück.

DIE QUELLE VON BAD GRÜNMOOS UND DIE STOCKMÜHLE AM STALLER WASSERFALL

Mündlichen Berichten zufolge soll bereits um die Mitte des 19. Jahrhunderts in Bad Grünmoos eine Heilquelle benützt worden sein; eine Badeanzeige von 1908 empfiehlt sie als Mittel gegen unterschiedlichste Leiden und Beschwerden. Hoffen durfte man „bei Verschleimung des Magens, Verstopfung in den Eingeweiden, bei Verhärtungen verschiedenster Art und bei gichtisch-rheumathischen Erkrankungen. Für Personen, unter Vollblütigkeit leidend, war das Bad abzuraten."
Der gastronomische Bereich warb mit Vorräten bester Qualität in Küche und Keller, unterstützt mit trefflichem Trinkwasser und reinster Gebirgsluft. Eine Wiedereröffnung der erdig-salinischen Quelle erfolgte um 1908, die endgültige Schließung des Badebetriebes um 1969. Geblieben ist ein traditionsreiches, herrschaftlich wirkendes Gästehaus am Großen Wassererlebnisweg.
Die restaurierte Mühle am Fuße des Staller Wasserfalles erinnert an die einstige Stadtner-Stockmühle, deren Spuren buchstäblich fortgeschwemmt wurden. Diese Mühle stand betriebsbereit bis in die 1950er-Jahre, ehe die Hochwasser 1965/66 auch die beiden letzten Mühlen fortspülten. Stockmühlen sind Zeugnisse vollendeter Technik, angetrieben von der Kraft des Wassers, dem ältesten und einfachsten Antrieb ohne hochkompliziertes Getriebe. Diesem Urtyp der Mühlen begegnen wir noch im Kalser Tal, im Oberen Mölltal bei Apriach und nur noch vereinzelt in Südtirol und in der Schweiz.

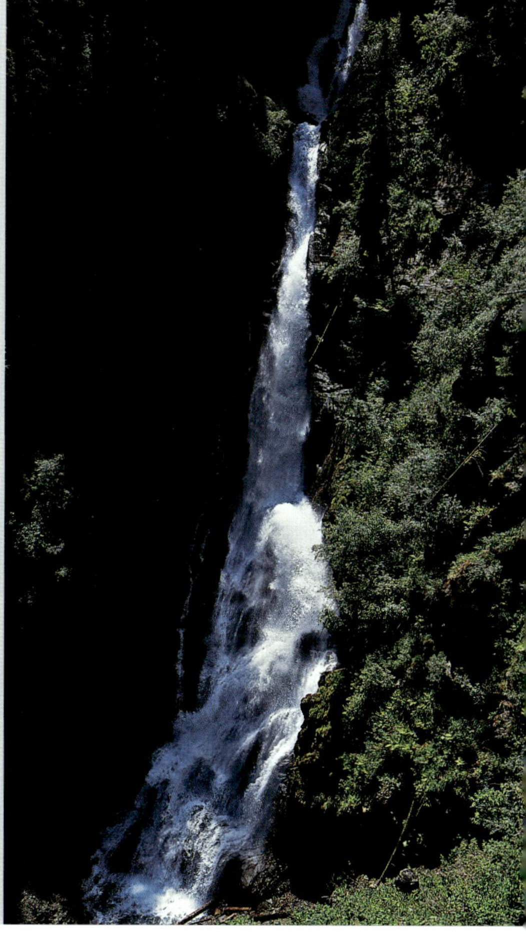

Über eine 200 m hohe Mündungsstufe stürzt der Staller Bach in das Defereggental. Eine Aussichtsplattform erschließt das Naturschauspiel.

Den Sommer genießen

Wege im Nationalpark, die Freiheit und Naturerlebnis bedeuten

Der Sommer öffnet die „Tore" in die heimische Welt der Gebirge, wovon ein wesentlicher Anteil auf den Nationalpark Hohe Tauern entfällt. Am 1. Jänner 1992 wurde der Nationalpark auch in Tirol gesetzlich verankert. Dadurch wurde die bereits 1971 in Heiligenblut zwischen Kärnten, Salzburg und Tirol getroffene Vereinbarung zur Schaffung eines Nationalparks erfüllt. Der Tiroler Anteil am Nationalpark Hohe Tauern beträgt 610 km² und hat sich im Bezirk Lienz manifestiert. Mit insgesamt 1786 km² ist er Mitteleuropas größter Nationalpark, er dient dem Schutz der Natur und dem kulturellen Erbe der Landschaft. 15.000 Pflanzenarten wachsen in all ihrer Formenpracht und Einmaligkeit über alle Höhenzonen bis zur Wuchsgrenze und manche selbst dort noch als trickreiche Überlebenskünstler. 10.000 Tierarten bevölkern den Park, der von der Tallage bis zum Gipfel des Großglockners auf 3798 m reicht.
Zu den Besonderheiten des Nationalparks sowie zu den 45 Naturdenkmälern in Osttirol führen ausgewiesene Kultur- und Lehrpfade. Sie begleiten uns zu Moor- und Flusslandschaften, zu Wasserfällen und Bergseen. Weiter über den Wald-

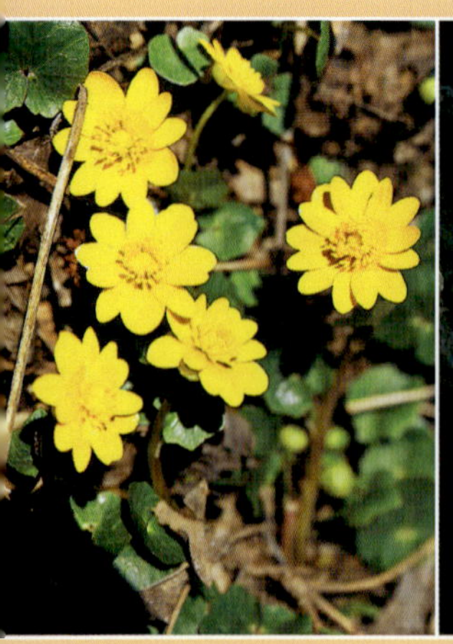

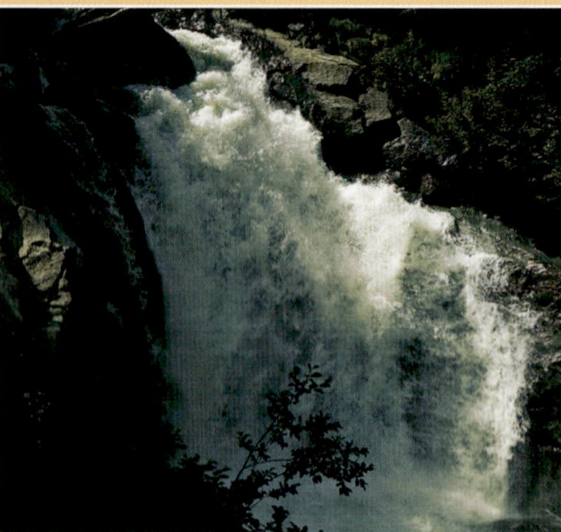

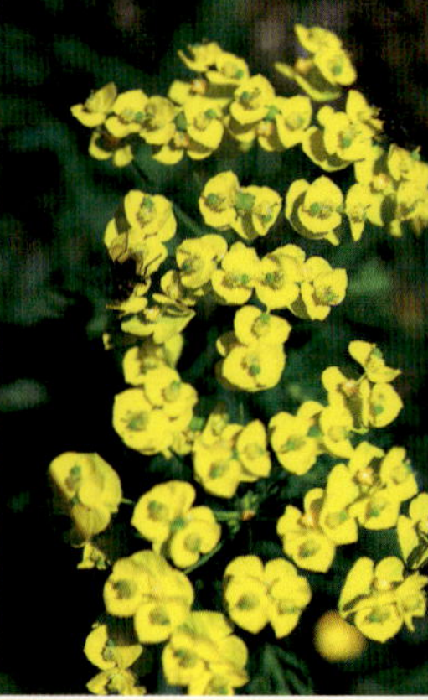

gürtel und das helle Grün der Almen zu Halden und Karen bis in die Gipfelregion. Dort haben Gämsen und Steinböcke ihre Reviere. Rothirsche meiden hochalpine Zonen, sie verlassen ungern zusammenhängende Wälder, Felder und Bergwiesen. Dennoch ließen sie uns an einem ungewöhnlichen Schauspiel teilhaben: Wir waren beim Alkuser See in der Schobergruppe und stiegen im Ödland zum Trelebitschtörl (2726 m) auf. Kurz vor dem Übergang vernahmen wir ein Schaben und Kratzen, ein Schürfen auf hartem Gestein, als befände sich eine Kavalleriekompanie im Anmarsch. Was da am Törl erschien, entpuppte sich aber als versprengter Rothirschtrupp, der für einen Moment in edler, stolzer Haltung zu einem Standbild verschmolz. Niemals hätten Gämsen oder Steinböcke ein derartiges Erstaunen hervorgerufen wie die jetzt auf ihren hohen, feingliedrigen Läufen zwischen derbem Blockwerk absteigenden, etwas unbeholfen wirkenden Rothirsche. Rätselhaft bleibt, was sie zu ihrem hochalpinen Ausflug bewogen hat.
Kehren wir in den almerischen Teil der Nationalparkregion zurück und zur Hochsommerblüte im Halbstock der Berge. Unter dem bunten Blütenallerlei schätzen wir u. a. die weitverbreitete Arnika (Bergwohlverleih), eine aromatisch duftende Heilpflanze, ein Korbblütler mit leuchtend dottergelbem Strahlkopf und dichtgereihten gleichfarbenen Scheibenblütchen. Arnikatinktur wird für Wundheilung und bei Blutergüssen erfolgreich angewendet.

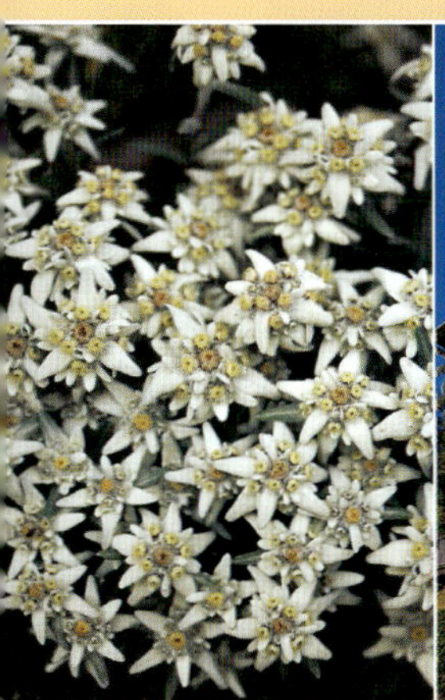

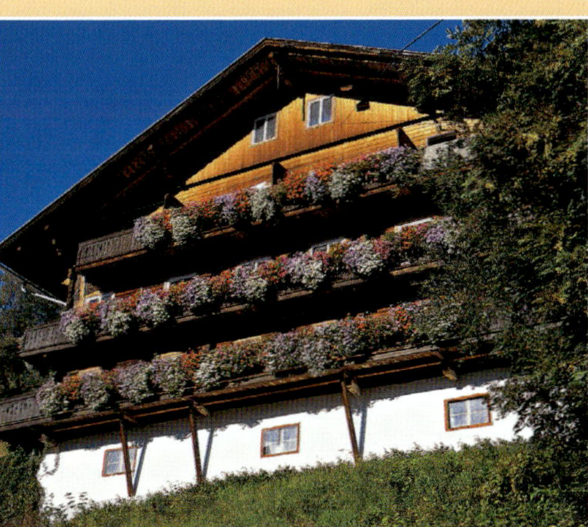

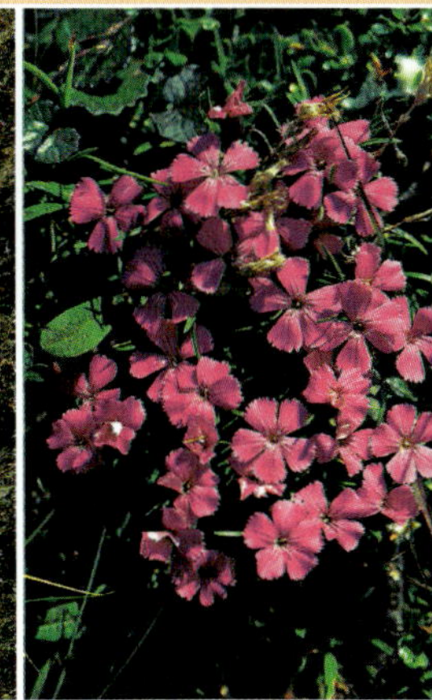

17

ZUR LIENZER HÜTTE IM DEBANTTAL

Sehenswertes am Nationalpark-Natur- und -Kulturlehrpfad

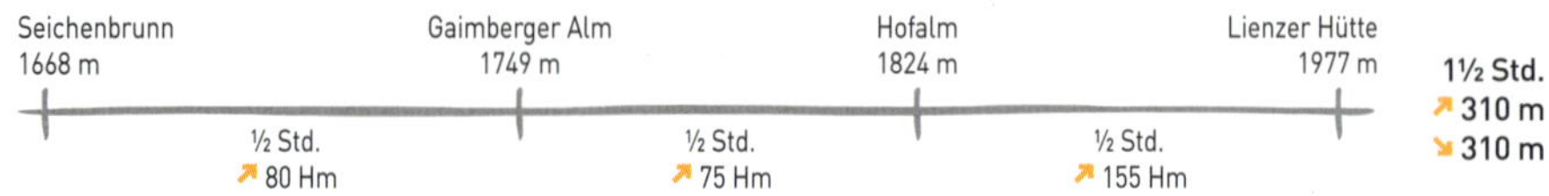

1½ Std.
↗ 310 m
↘ 310 m

Anfahrt: Nationalpark-Wanderbus vom Bahnhof Lienz bis Seichenbrunn im Debanttal; mit dem Pkw von Lienz oder Dölsach über Nussdorf/Debant zum Gasthaus „Zur Säge" bzw. zum Parkplatz Seichenbrunn im Debanttal
Einkehrmöglichkeiten: Gasthaus „Zur Säge", Jausenstation Hofalm, Lienzer Hütte

Das Debanttal ist das längste Bergtal der Schobergruppe. Im Wort Debant verbirgt sich das Wort „Divina", lateinisch die Göttliche, das – bezogen auf die vielen Quellen und Bäche des Debanttales – mit der keltischen Vorstellung einer göttlichen Wasserjungfrau in Verbindung gebracht wird.

Vom Parkplatz **Seichenbrunn** wählen wir entweder den nur Anrainern er-

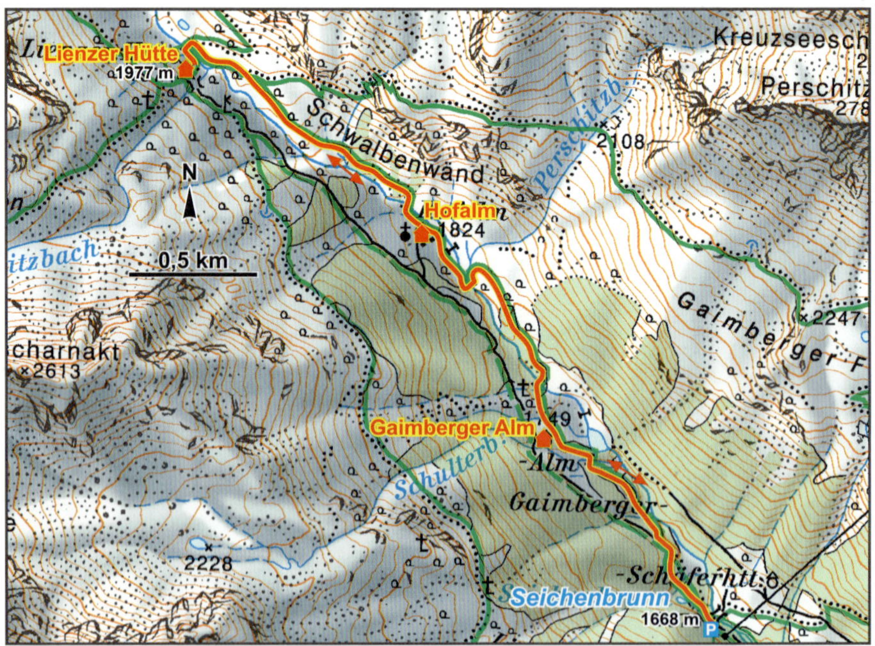

Die geschichtsträchtige Hofalm im Debanttal. Im Hintergrund der Debantgrat (3055 m, links), Ralfkopf (3106 m) und Glödis (3206 m)

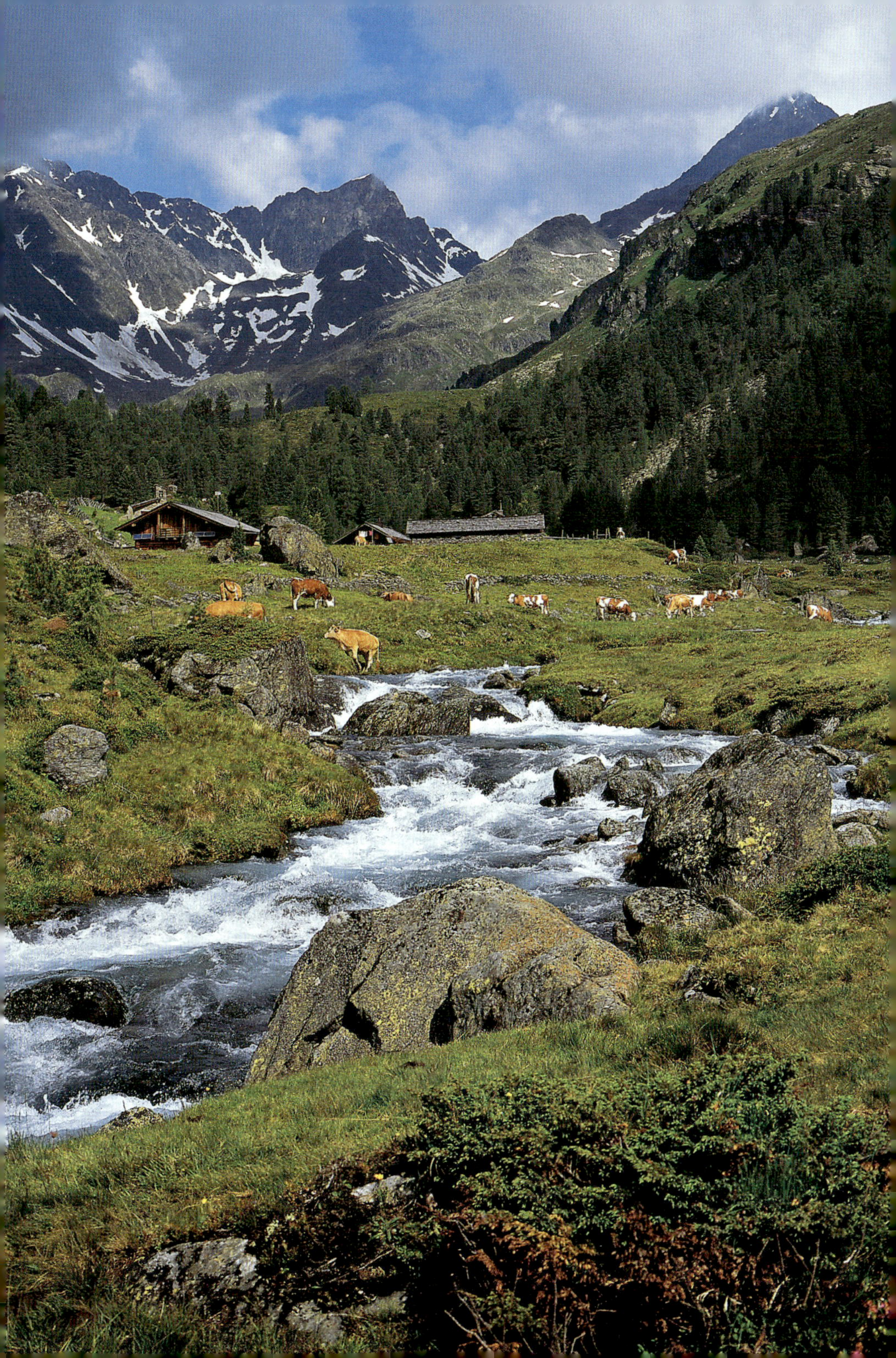

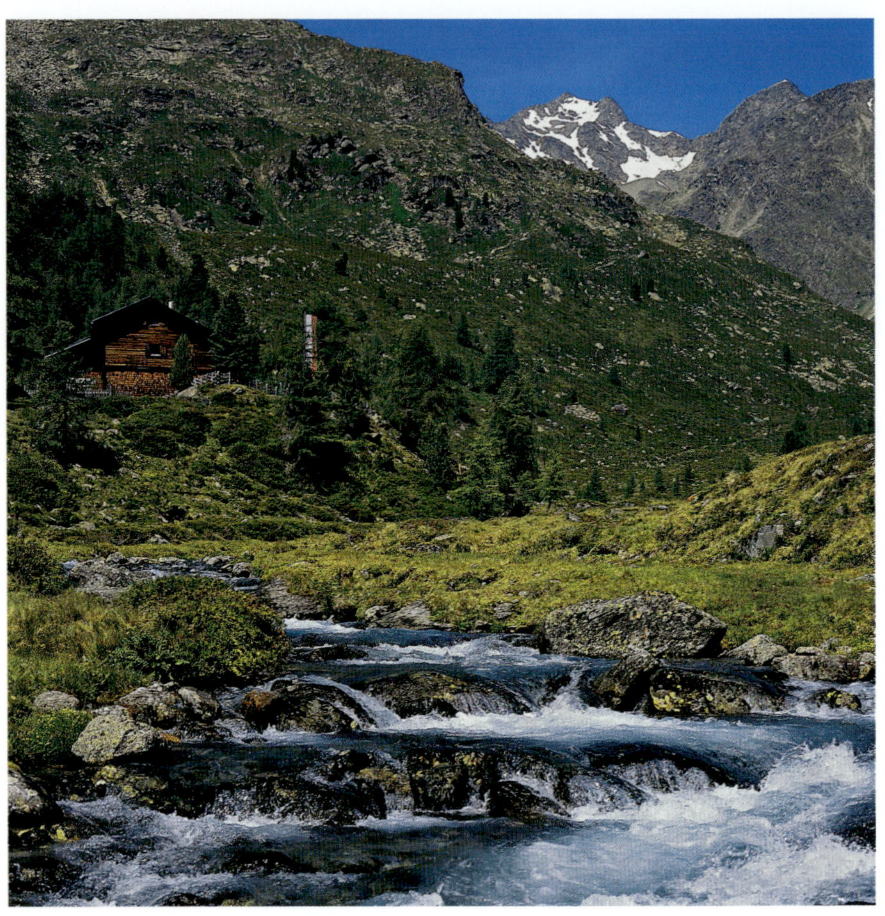

Der Hochschober (3240 m) schaut zur Lienzer Hütte im Debanttal.

laubten Fahrweg zur Lienzer Hütte oder, abwechslungsreicher, den Natur- und Kulturlehrpfad des Nationalparks, der großteils auf der orographisch linken Seite des schnell fließenden Debantbaches verläuft. Mit dem meist von Schnee garnierten Hochschober (3240 m) und der pyramidenförmigen Spitze des Glödis (3206 m) umrahmen insgesamt acht Dreitausender das zu Recht für seine Schönheit gepriesene Debanttal.

Am Lehrpfad passieren wir die **Gaimberger Alm** und nach zweimaliger Bachüberschreitung die **Hofalm** mit der Bartholomäuskapelle. Die Alm stand bereits im Mittelalter im Dienste der Görzer Grafen, wovon ein bäuerliches Museum im alten Stallgebäude erzählt.

Dunkelgrün glänzende Zirben säumen den vom Debantbach umrauschten Steig bis hin zur **Lienzer Hütte**. Auf gleichem Weg zurück.

FÜNF TAGE EISENBAHNFAHRT FÜR EINE WOCHE BERGE

15 Kinder und zwei Betreuerinnen aus einem im südlichen Ural gelegenen Ballungsraum einer von Schwerindustrie belasteten Großstadt führte im Jahr 2004 auf Einladung des Österreichischen Alpenvereins eine weite Reise über Tage und Nächte nach Moskau, Kiew, Warschau, Berlin und München bis nach Lienz und von dort hinauf zur Lienzer Hütte, wo für die bis auf die Knochen Ermüdeten die Anreise endete. Dort werden sie von den Wirtsleuten Berni und Georg fürsorglich betreut. Eine kleine Weile darf ich im Auftrag des Lienzer Alpenvereins auch mit dabei sein und die Gruppe mit kleinen Talwanderungen sowie Dias und Spiel am Abend erfreuen. Dann soll ein Gipfel auf dem Programm stehen, höher als alles bisher: ein Dreitausender! Die Wahl fällt auf den Debantgrat (3055 m). Mit Betreuerin Natascha rüsten 15 Mädchen und Buben zur Tour. Mit hoher „Risikobereitschaft", wie aus dem verwickelten Englisch-Russisch-Wortgemenge sich freischält. Es ist ein Sommertag wie aus dem Bilderbuch: das satte, von silbrig schimmernden Bächen geteilte Grün, Berge mit kupferfarbenem Fels und den weit in den Nacken gezogenen Gipfelschneehauben, mit am blauen Himmel tänzelnden Schäfchenwolken. Olga, 14-jährig, groß und schlank, sieht auch die Blumen im Moos und zwischen den Steinen und stellt mit Hilfe von Nataschas gebrochenem Deutsch viele Fragen, in denen Neugierde und etwas Sehnsucht mitschwingt. Alle erreichen den Gipfel und wir bleiben eine Stunde. Es ist der letzte Tag einer erlebnisfrohen Zeit und wieder bei der Hütte blinken die ersten Sterne über Glödis und Hochschober. Olga schaut hinauf, mit ihren hellen Augen, in denen noch etwas von Sonne und Schnee übriggeblieben ist. Auch ohne Worte verrät ihr dem Abendhimmel zugewandter Blick – sie würde gerne noch länger dableiben.

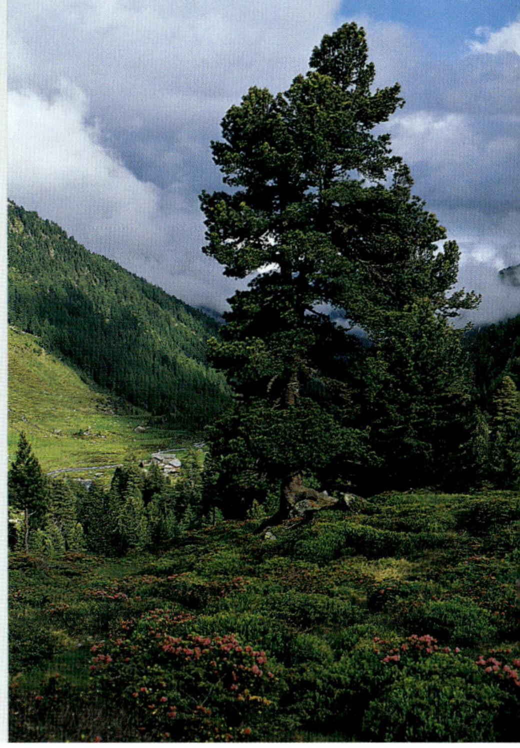

Zirben – die Bäume der Berge

AUF DEM WIENER HÖHENWEG ZUR WANGENITZSEEHÜTTE

Eine Herzkammer im Kärntner Nationalpark Hohe Tauern

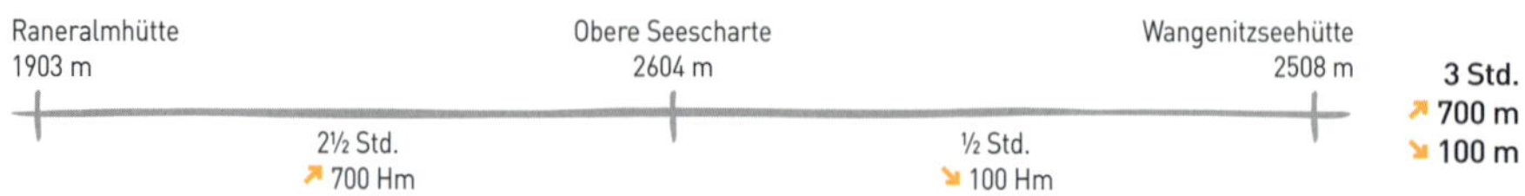

3 Std.
↗ 700 m
↘ 100 m

Anfahrt: Nationalpark-Wanderbus vom Bahnhof Lienz bis zur Raneralm im Debanttal; mit dem Pkw von Lienz über Nussdorf/Debant bis zum Parkplatz Seichenbrunn oder über Dölsach auf den Iselsberg. Tafeln weisen zum Gasthaus „Schöne Aussicht". Von dort führt eine Mautstraße (Euro 3.–) zur Raneralmhütte.
Einkehrmöglichkeiten: Gasthaus „Schöne Aussicht", Raneralmhütte, Winklerner Hütte, Wangenitzseehütte

Wir beginnen die Wanderung bei der **Raneralmhütte** und folgen dem Wiener Höhenweg hoch in der Sonnseite des Debanttales einwärts. Der Gitter- und Weißenbach wird ebenso überschritten wie einige andere die Berghänge netzenden Rinnsale. Erst beim Geißlitzbach steigt der Steig in der Geißkofel-Südflanke mit 15 Kehren steiler an. In diesem Abschnitt verlieren wir eine Zeitlang das herrliche Talschlusspanorama, angeführt von Hochschober und Glödis, aus den Augen. Dann quert der Steig eine steile, bröselige Flanke, ehe wir das im Jahre 2011 errichtete Freiheitskreuz auf der **Oberen Seescharte** erreichen. Hier betreten wir den Kärntner Nationalpark Hohe Tauern und staunen über das grandiose Seenbecken mit dem 48 m tiefen und 19 ha großen **Wangenitzsee** und seinen drei Mini-Inseln. Darüber erheben sich in stummer Behäbigkeit die Perschitzköpfe bis hin zum Petzeck. Wir steigen in Kehren, an einer Stelle seilversichert, bis nahe ans Seeufer hinab, ehe wir auf einem Felsrücken am nur 13 m tiefen Kreuzsee entlangschreiten und uns der **Hütte** nähern. Sie war ursprünglich als Petzeckhütte bekannt und wurde 1927 vom DAV Moravia (Brünn) für touristische Zwecke umgebaut. Nach dem Brand während des Zweiten Weltkriegs (1945) erfolgte 1964/65 der Neubau durch die ÖAV-Sektion Holland. Seit 2009 ist die Hütte im Besitz der ÖAV-Sektion Lienz. Auf gleichem Weg zurück.

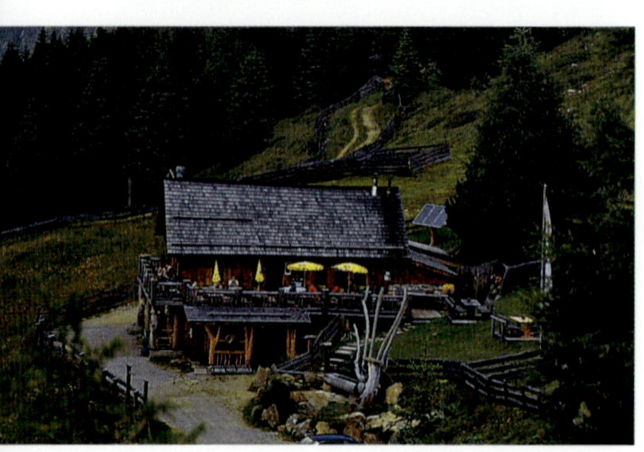

Die Raneralm, ein beliebtes Ausflugsziel südlich vom Strasskopf

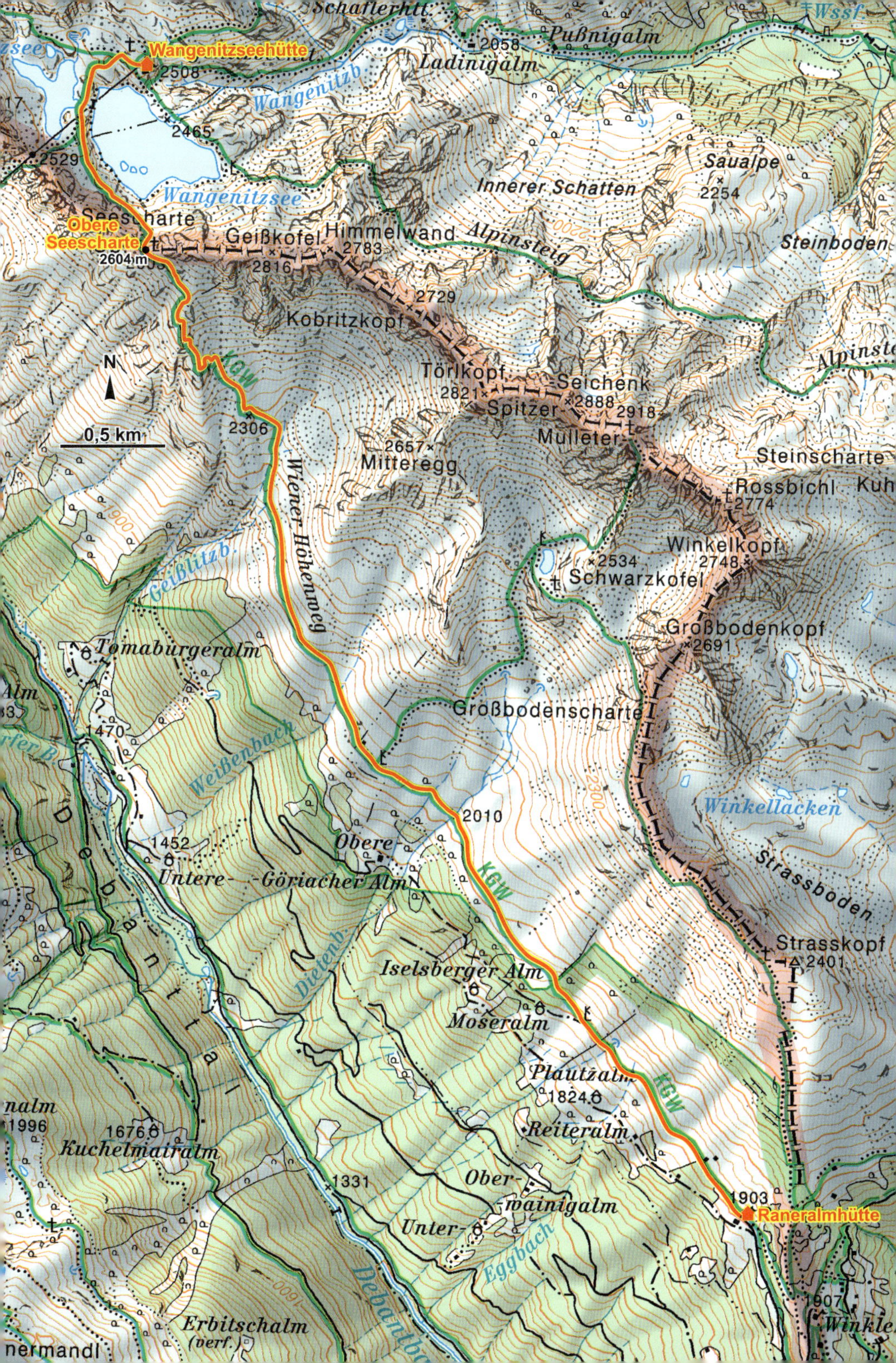

Wangenitzseehütte
2508
Wangenitzsee
Obere Seescharte
2604 m
Geißkofel
Himmelwand
Kobritzkopf
Törlkopf
Seichenk
Spitzer
Mulleter
Rossbichl
Winkelkopf
Schwarzkofel
Großbodenkopf
Großbodenscharte
Winkellacken
Strassboden
Strasskopf
2401
Wiener Höhenweg
KGW
0,5 km
Mitteregg
Inner Schatten
Saualpe
Alpinsteig
Steinboden
Steinscharte
Ladinigalm
Pußnigalm
Tomaburgeralm
Weißenbach
Obere
Untere
Göriacher Alm
Iselsberger Alm
Moseralm
Plautzalm
Reiteralm
Obermainigalm
Unter-
Eggbach
Kuchelmairalm
Erbitschalm
(verf.)
Debanttal
Raneralmhütte
1903

SONNE, FIRN UND EIN BERGKRISTALL

In der Zeit, als das Petzeck (3283 m) noch ein bedeutendes Gletscherdach aufwies – es begann ab 1980 abzuschmelzen –, veranstalteten die Lienzer und Winklerner Alpenvereinssektion das jährliche Firngleiterrennen in der Sommermitte. Verlässlicher Schauplatz dafür war das firnbedeckte, östlich gelegene Kruckelkar, das mit der Petzeckscharte (3034 m) abschließt. Mehrere hundert Meter hoch war der Hang, eingebettet zwischen turmreichen Graten und überbaut von Gipfeln, über die Wind und Wolken zogen. Nach dem mehrstündigen Anstieg zur Wangenitzseehütte und verwegener Hangquerung sammelten sich im stillen Hochgebirgswinkel des Kruckelkars ca. 30 Teilnehmer, bereit zur Jagd nach dem wasserhellen Bergkristall, den der damalige Hüttenwirt Anton Wilhelmer spendete. Alles war perfekt, das prachtvolle Wetter, die rundum siegesgewisse Stimmung. Weiß und weit präsentierte sich die wunderschöne Landschaft und nur in der Hangmitte störten Lawinenknollen die Piste, wo es zwischen den weitgesteckten Toren ein wenig rumpelte und die Gelenke rüttelte. Auch die technische Ausrüstung ließ etwas zu wünschen übrig, mit einer Fahne am Start und einer Stoppuhr im Ziel, deren Handhabung der Freiluftveranstaltung noch ein heikles Nachspiel bescheren sollte. Üblicherweise endete der Wettbewerb mit der Siegerehrung, die mit der auf der Hütte aufliegenden Ergebnisliste eingeleitet wurde. Beim Studium derselben kam Unruhe auf. Albert, als Viertgereihter, eröffnete den Reigen der Einwände. Ein vor ihm Platzierter sei nachweislich zweimal gestürzt, während er, mit einem nur unauffälligen „Aufsitzer", auf einer Vorreihung bestand. Manfred ereiferte sich lautstark, den vor ihm Gestarteten überholt zu haben, was im Resultat unberücksichtigt blieb. Unter dem Druck weiterer Beschwerden waren die Organisatoren bemüht, die Angelegenheit zu prüfen, wenngleich die ratlosen Gesichter kaum ein hieb- und stichfestes Ergebnis erwarten ließen. Das Endergebnis wurde schließlich nach der Anzahl von Stürzen und festgeschriebenen Zeiten neu ermittelt, ein Mix, dem nach längerem Zögern fast alle zustimmten. Auf härteren Widerstand stieß allerdings die Frage, wer Letzter sei, ging es doch um eine Stange Hartwurst als Trostpreis.

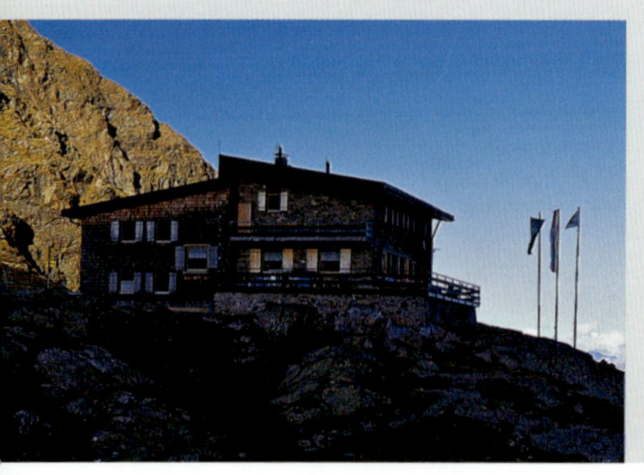

Wangenitzseehütte
Rechts: Der Seichenkopfkamm überragt den Wangenitzsee und eine Steinmandlarmada nahe dem Kreuzseeschartl.

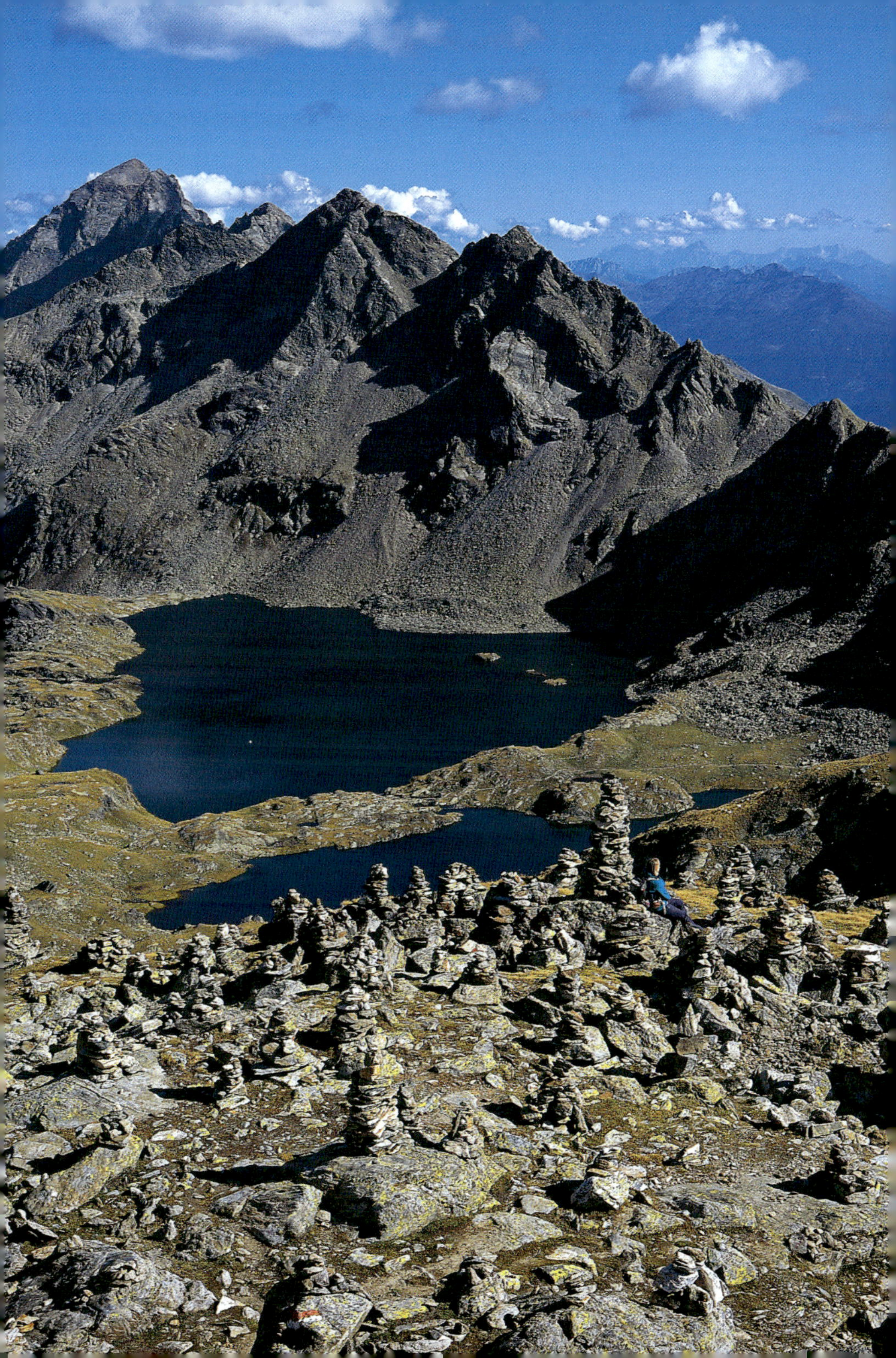

RUDL-ELLER-WEG UND PICCOLO FERRATA ZELLIN

Auf einer Wander- und Kletterroute unterwegs zur Karlsbader Hütte

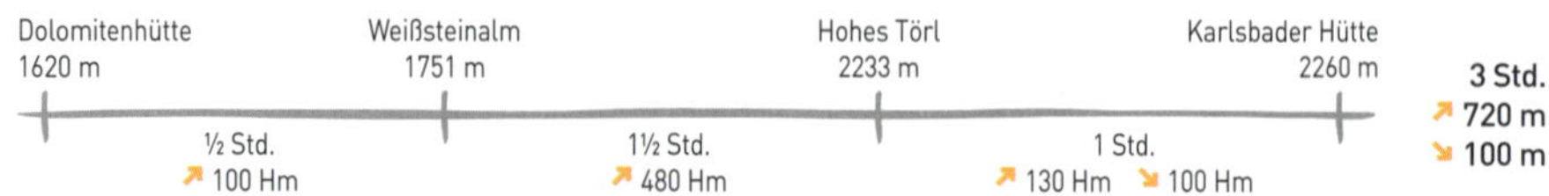

3 Std.
720 m
100 m

Anfahrt: Von Lienz über Tristach zum Kreithof und auf Mautstraße weiter bis zum Parkplatz knapp vor der Dolomitenhütte
Einkehrmöglichkeiten: Gasthof Kreithof, Dolomitenhütte, Karlsbader Hütte

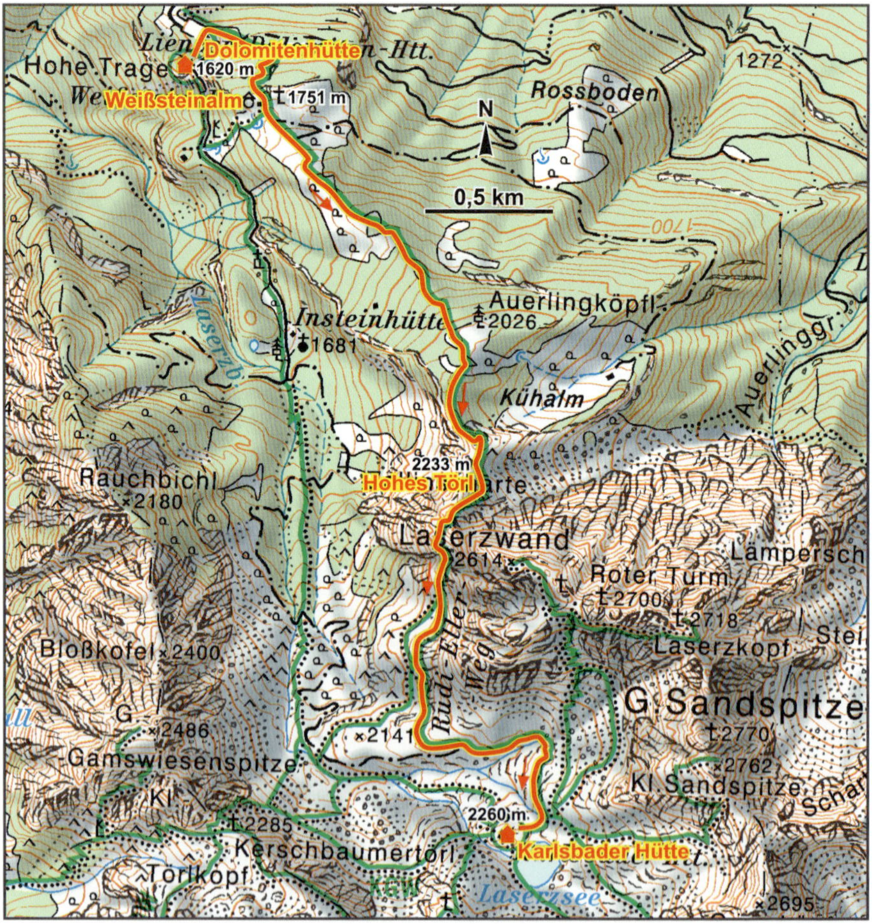

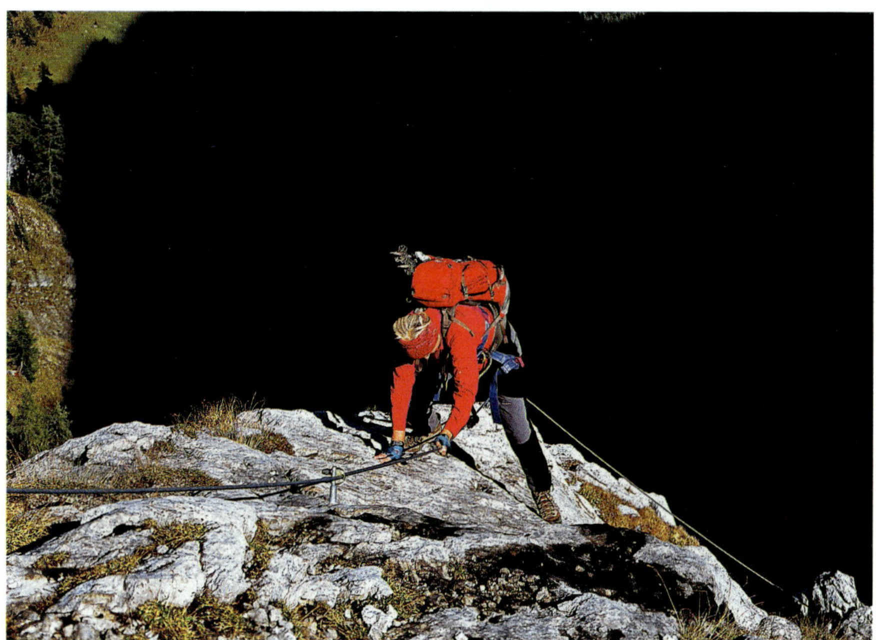

Die Piccolo Ferrata führt mit mäßigen Schwierigkeiten über die Zellinköpfe.

Beim Parkplatz vor der **Dolomitenhütte** führt der Rudl-Eller-Weg kurz im Wald, dann auf ausgewaschenen, kalkhellen Felsstufen empor in Richtung **Weißsteinalm**. Hoch über den Dächern der uralten Almhütten überrascht das einmalige Felsbild der dominant vordrängenden Laserzwand. Im Vorfeld der gewaltigen Felswucht schreiten wir auf sonnigen Bergwiesen und im Waldschatten zum **Hexenlackl** (2035 m) auf Zellin hinauf.

Es schließen daran ein schütterer Lärchenhain und die dicht mit Latschen überwogten „Bromachnocken" (2100 m) an, ehe der Trittsicherheit erfordernde Rasensteig (kurze Seile) auf einen 25 m hohen, versicherten Felskamin zusteuert (Gedenktafel). Kurz darauf können wir entscheiden, ob wir anstelle des etwas eintönigen Haldensteiges hinauf zum Hohen Törl (2233 m) der Piccolo Ferrata Zellin (Tafel) den Vorzug geben.

Der gut versicherte, 210 m lange Klettersteig führt über schmale Felsklüfte und großteils auf der Gratkante mit 80 Hm empor und endet nach ca. 45 Minuten mit einem 7 m messenden Abstieg knapp vor dem **Hohen Törl**. Mit dem Blick in die bergumstellte Laserzmitte quert der abenteuerliche Steig (zwei Varianten) die Westflanke der Laserzwand. Abschließend gelangen wir am Fahrweg zur **Karlsbader Hütte**.

Der Abstieg verläuft entweder am Fahrweg oder abkürzend am Sommerweg zur Dolomitenhütte bzw. zum Parkplatz (1½ Std., 640 Hm).

ERINNERUNG AN DEN LEGENDÄREN RUDL ELLER UND AN EIN SEEKOFELABENTEUER

Rudl Eller (1882–1977) eröffnete meist im Alleingang viele Neutouren auf noch unerstiegene Dolomitengipfel. Er war Buchdrucker in Lienz und der bergsteigenden Jugend wohlgesonnen. In seiner hochbetagten Zeit hörte er kaum noch. Scharf blieben jedoch sein Verstand und die Augen. Unbeeinträchtigt las er die Zeitung und übersah nicht das angekündete Schirennen der Lienzer AV-Jugend. Für den Gabentisch spendierte er zwei großformatige Alpinbücher und aus seiner Rocktasche einen 100-Schilling-Schein. Viele Kletterrouten tragen seinen Namen, ebenso alpine Wege und Steige. Der wohl bekannteste davon ist der Rudl-Eller-Weg zur Karlsbader Hütte.

Diese Hütte war für uns in Jugendjahren bei jedem Wetter ein zweites Zuhause, so auch an jenem verregneten Tag, als die damalige Hüttenwirtin Grogger Moidl mit Sorge vier Personen nach einer Tour am Seekofel als abgängig meldete. Sie bat uns, Nachschau zu halten, und bald schon stiegen Jörgl, Franzl und ich in der Schneeklamm, die auf halber Höhe ein kurzes, sehr schmales und ausgesetztes Felsband aufweist, zwischen Seekofel und Wildsender empor. Wir erreichten die Scharte und das dahinter gelegene Wildsenderkar, wo wir die beim Abstieg vom Seekofel Verirrten erspähten.

Völlig orientierungslos und bis auf die Haut durchnässt, überraschte sie unser Erscheinen. Sie waren auf das Äußerste erleichtert, dass wir ihnen helfen wollten und den „Weg" zur Hütte kannten. Aus ihrer misslichen Lage befreit, fiel einem älteren Herrn, einem Apotheker, und seinen drei Begleitern die Zusage leicht, unsere Hilfe mit einem kraftvollen Abendessen, von Kaiserschmarren war die Rede, auf der Hütte abzugelten. Wir wählten den Rückweg wieder über die Schneeklamm, wo der Apotheker beim Anblick des erwähnten Felsbandes die Einladung zum Abendessen erneuerte. Wohlbehalten erreichten wir bei anbrechender Dämmerung die Hütte. Die vom Vorfall unterrichtete Hüttenwirtin dirigierte bereits das Küchenpersonal, bis sie uns ein wahres Gebirge an Kaiserschmarren, mit Zucker wie von Gletschereis überzogen, servierte. Völlig unnötig zu erwähnen, wie gut es hungrigen jungen Menschen schmeckt, wenn sie dafür nicht bezahlen müssen. Aus Moidls Küche schleppte eine Gehilfin weitere Portionen herbei, begleitet von Apfelmus, das wir aus einer großen Schüssel löffelten. Als die Wirtin den am Seekofel Gestrandeten die Rechnung auf den Tisch legte, hat der Apotheker vorerst etwas verblüfft gefragt, ob da auch die Garnison Lienz zum Abendessen eingeladen war, schließlich jedoch anstandslos gezahlt und zudem die erfolgreiche Hilfe dankbar gelobt. Da sich in den folgenden Jahren ein derartiges Geschehen nicht wiederholte, blieb es für uns bei Teewasser und Erbswurstsuppe.

Karlsbader Hütte und Seekofel

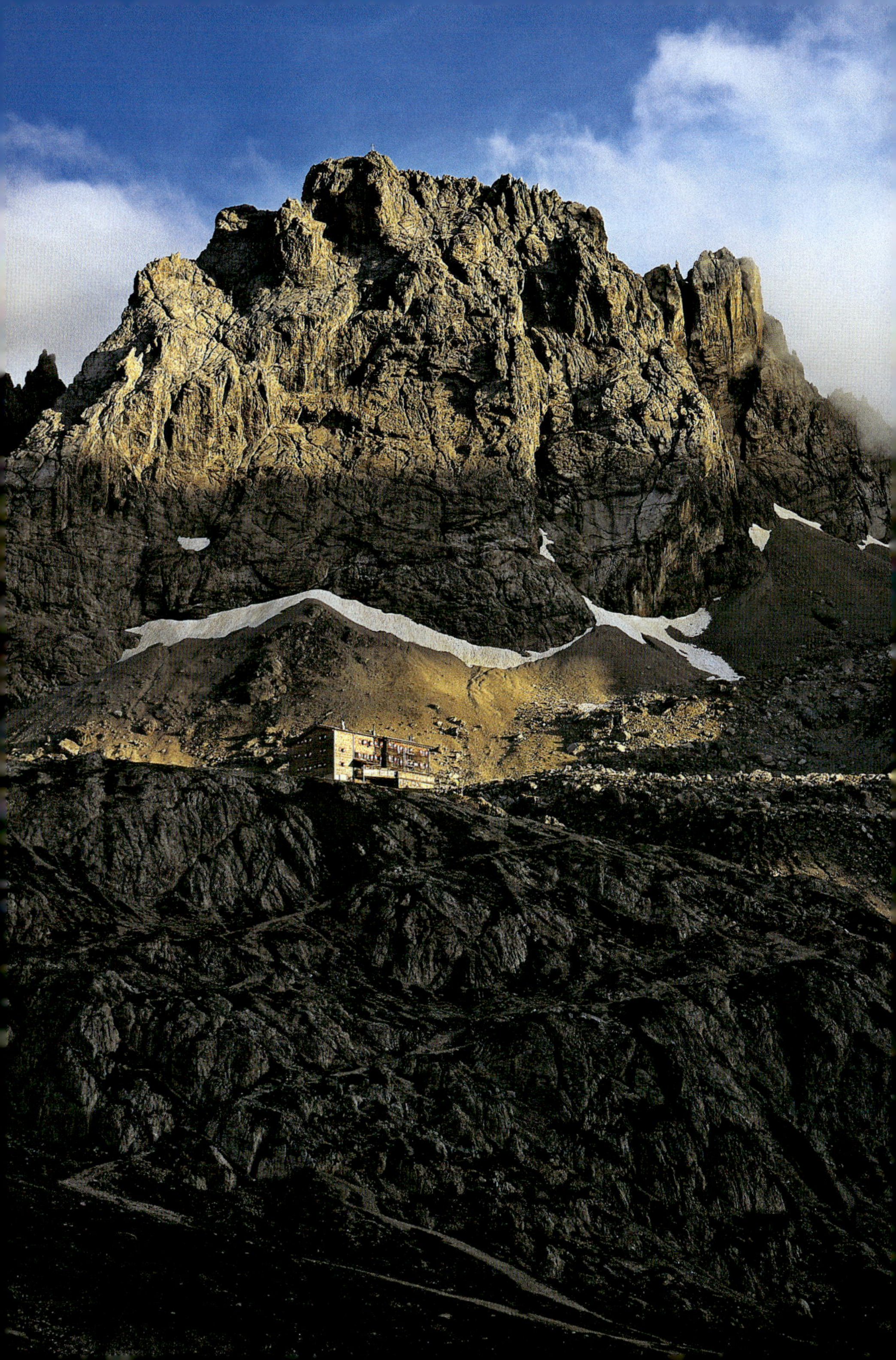

AM THEMENWEG ZUR UNHOLDENALM

Vergangenes der Nachwelt bewahren

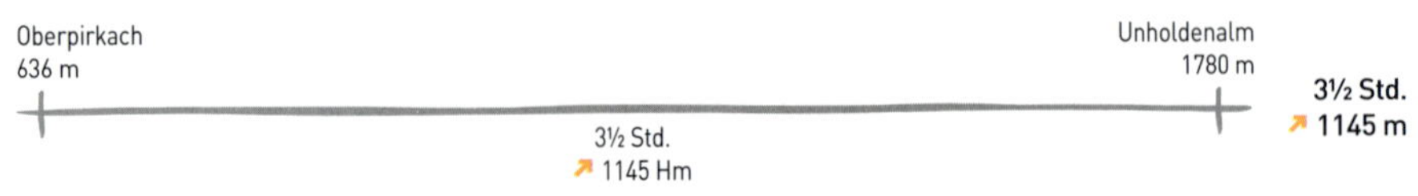

3½ Std.
↗ 1145 m

Anfahrt: Von Oberdrauburg nach Oberpirkach. Auffahrt zur Hütte mit Pkw oder Hüttentaxi möglich
Einkehrmöglichkeiten: Unholdenalm mit ÖTK-Hochstadelhaus und Kalser Hütte mit Sennerei und Almmuseum

Der von alters her bekannte Almweg von **Oberpirkach** zur Unholdenalm wurde 2005 als Themenweg mit informativen, nostalgischen Tafeln ausgestattet. Wir beginnen orographisch links vom Pirkachbach und steigen im Föhrenwald zur „Erztratte" (625 m, Quellstube) an.
Bald erzählt „s'Dirndl" auf der ersten Wegetafel seine tragische Geschichte. Insgesamt sind es zwölf Stationen, die etwas mythisch verklärt in vergangene Zeiten zurückblicken lassen. Großteils beschatten Buchen und Fichten den auf Kärntner Boden ansteigenden Themenweg.
Mehrmals queren wir die Forststraße, ehe wir die fast baumfreie, in der Morgensonne gelegene **Unholdenalm** mit dem **Hochstadelhaus** und der **Kalser**

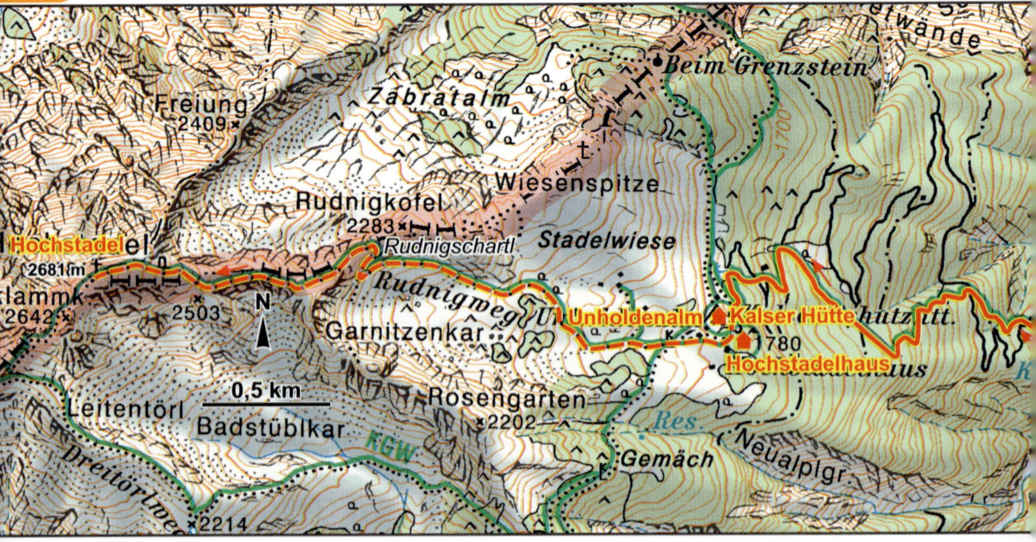

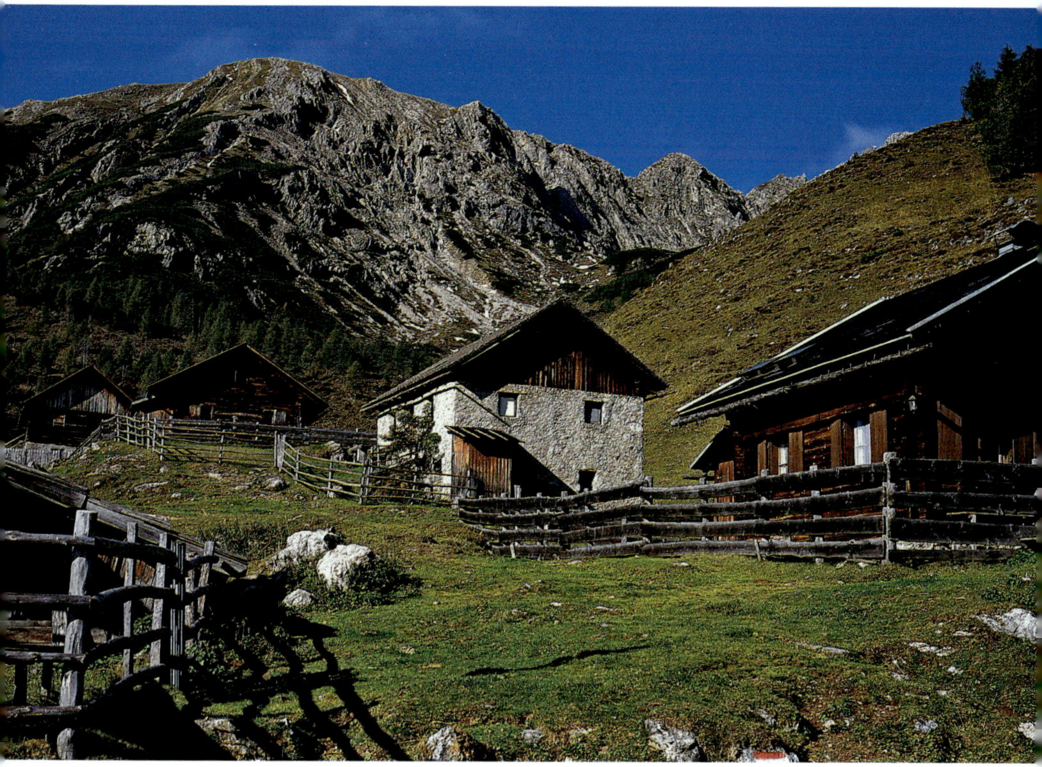

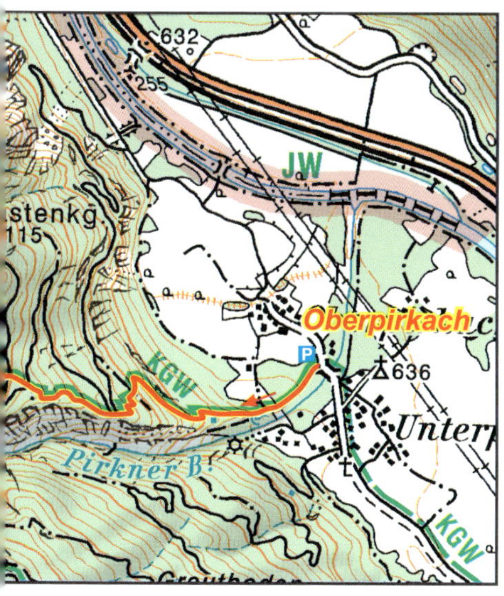

Die Unholdenalm auf der Ostseite des Hochstadels und auf Kärntner Gebiet. Manche dieser Hütten sind über 300 Jahre alt.

Hütte erreichen. Von hier aus empfiehlt sich ein Besuch des Hochstadels (2680 m), der von allen trittsicheren Wanderfreunden in etwa 2 Stunden erreichbar ist. Die abwechslungsreiche Route führt hinauf ins Garnitzenkar (¾ Std.) und weiter zum Rudnigschartl (½ Std., Steinmann). Zur höher gelegenen Rosskerlscharte (2354 m, 2 Steinmänner) erfordern kurze felsige Passagen etwas Vorsicht. Zum Gipfel hält sich Altschnee bis zum Sommer.

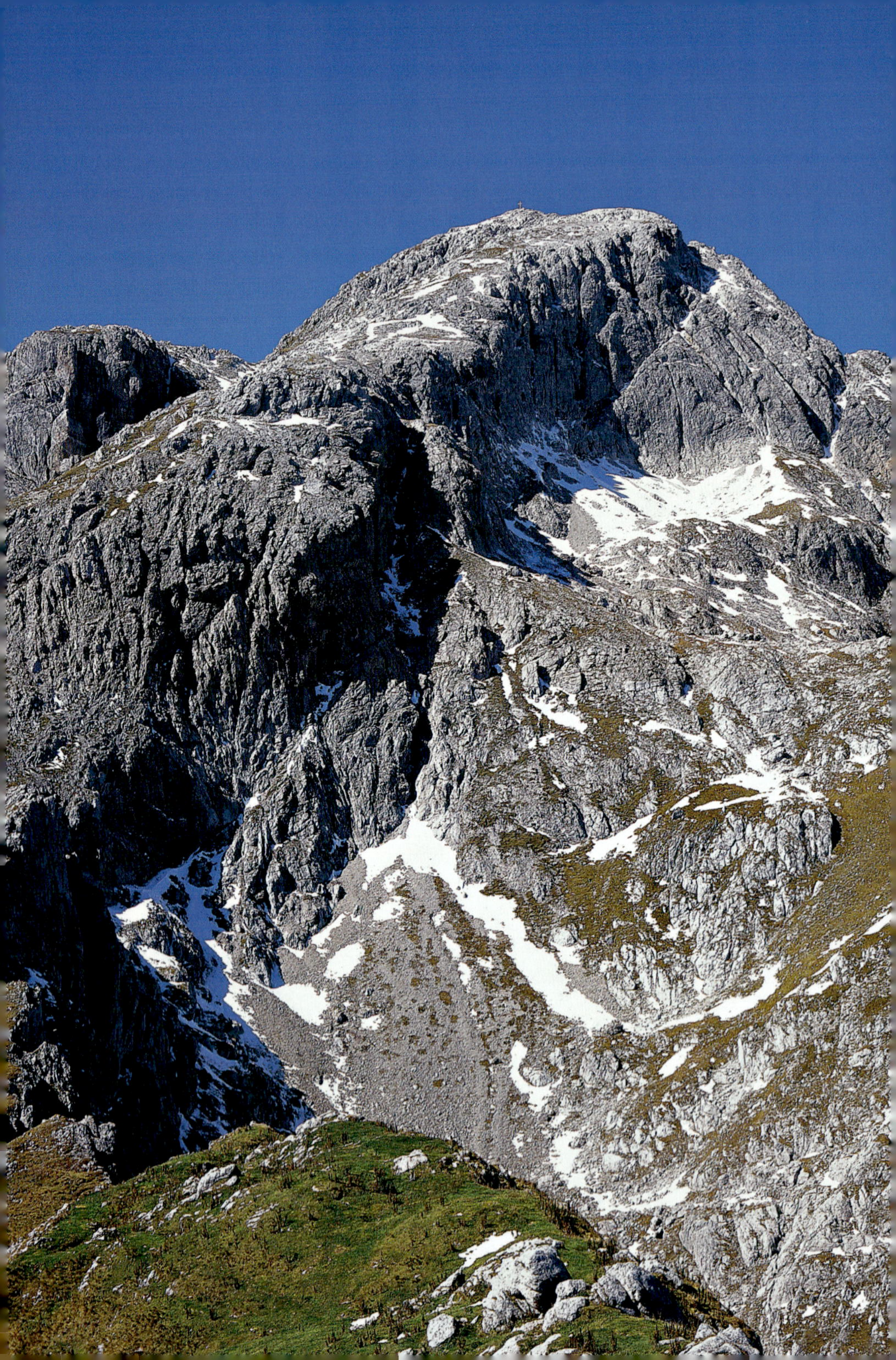

THEMENWEG UNHOLDENALM – HALTEPUNKTE ERZÄHLEN

Die Wegstationen des Themenwegs zur Unholdenalm erzählen Geschichten aus längst vergangener Zeit. So berichtet „s'Dirndl" vom tragischen Freitod eines armen, von seinem Burschen verlassenenen Mädchens, das aus lauter Kummer vom Kanzele in die tiefe Bachschlucht sprang.
Bei der Station „Stagglwetz" kommen wir an einem unauffälligen, leicht übersehbaren Stein vorbei, den der Boden nur kopfgroß freigibt. Nichts Besonderes, wäre da nicht ein daumendickes Loch, in das Jäger und Hirten ihren Stagglstock rammten und drehten, um die eiserne Spitze zu schärfen. Damit wurde der Stagglstock zur Waffe und der Hirte wehrhaft, sollten die gelegentlich über den Wolayer Pass eindringenden Wölfe bis zur Unholdenalm vorstoßen.
Das „Saulackenbründl" erzählt von der Zeit, als das Vieh zur Sommerweide hinauf zur Unholdenalm getrieben wurde. Eine besondere Mühsal war der Auftrieb der Schweine, wofür nicht leicht geeignetes Personal zu finden war. So rekrutierte die Gemeindeobrigkeit einen Hirten, der zwar einfältig, aber erfahren im täglichen Umgang mit dem Borstenvieh war. Gereizt und verdrossen trieb er die kleine Herde vor sich her und fluchte, wenn die ungelehrigen, kurzatmigen Rüsselschnauzer wieder einmal nicht weiter wollten oder konnten. Das Saulackenbründl, oft nur ein dünner Faden im steinernen Gerinne, gebot da stets ein willkommenes Laben der ermüdeten Tiere. Die „Grashütte", wie ein abgetakelter Kahn kopflastig eingesunken in Moos und Heidekraut, soll schon vor alter Zeit baufällig gewesen sein. Das Bundwerk verdreht, die Balken morsch und verbogen, als hätte sich die Gicht im Holz festgesetzt. Eine Giftnatter soll letzte Eigentümerin der entseelten Hütte gewesen sein.

Links: Der Hochstadel, der heimliche König der Lienzer Dolomiten
Der Abend senkt sich über die Unholdenalm und das Bergmassiv um den Wolayer See.

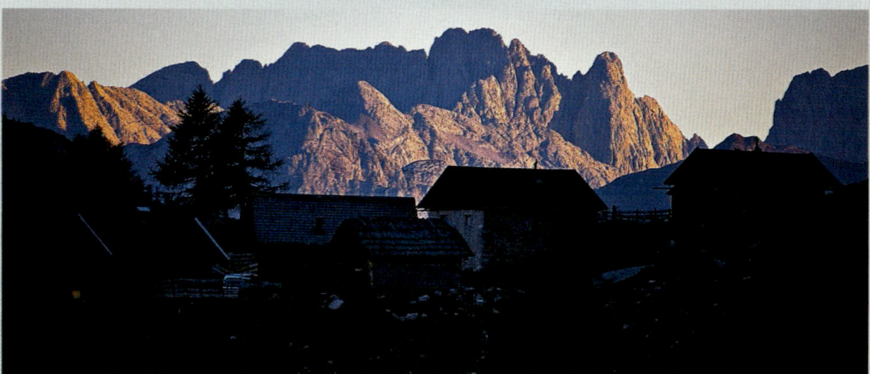

PUSTERTALER ALMWEG – DIE WILFERNERRUNDE

Bergwiesen und uralte Lärchenbestände

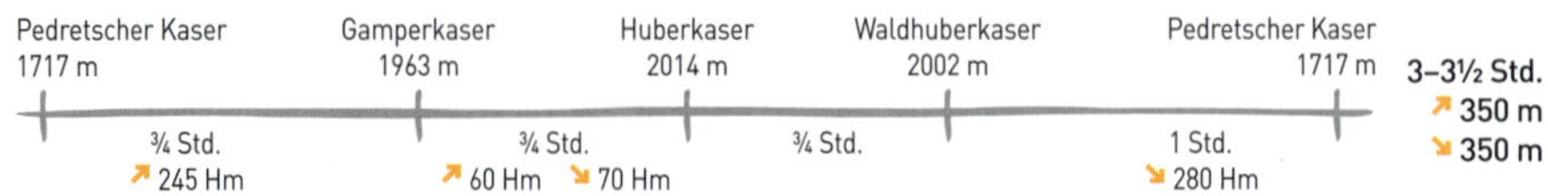

Anfahrt: Von Thal/Aue an der Bundesstraße über Oberthal in das Wilfernertal und dort auf einer Naturstraße zum Parkplatz im Bereich der Pedretscher Kaser. Bis Assling verkehrt der Postbus der Linie 4421.
Einkehrmöglichkeiten: Huberkaser, Waldhuberkaser

Vom **Pedretscher Kaser** folgen wir dem linken, westlich abzweigenden Wegast zur **Gamperkaser** auf der 246 m höher gelegenen Trogkante, wo uns der Sommer mit dem Farbenzauber der rostrot leuchtenden Alpenrosen empfängt. Glockengeläute tönt aus den lichtüberfluteten Hochweiden, in den versteinten Bergflanken entdeckt das Auge friedlich grasende Schafe.
Ein Flankensteig verbindet zur **Huberkaser** (Fahnenmast), in einem sanft geneigten Bergtrog gelegen. Die nachbarlich nah stehenden Hütten werden privat geführt. Landschaftlich

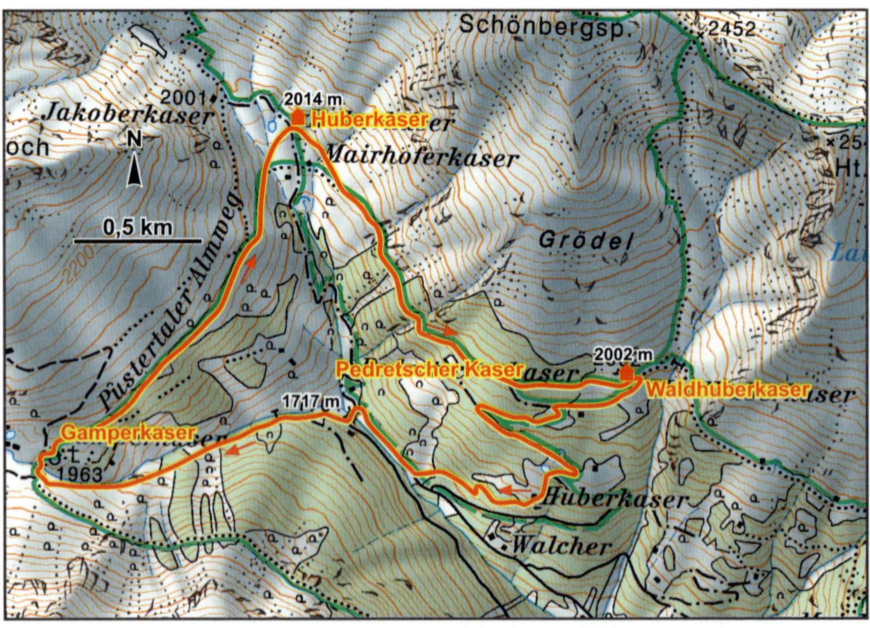

schön und leicht lenkt der Steig entlang begrünter Berghänge zur **Waldhuberkaser**, die zur Rast einlädt.
Zur Rückkehr in das **Wilfernertal** nutzen wir den leicht fallenden Forstweg, der teils schattig durch Lärchenhaine führt. In einem verdichteten Teil des Waldes imponiert ein wahrer Lärchenriese mit mächtigem, in gebrochener Linie hochaufstrebenden Stamm. Dickschuppige Rinde, gleich einem Alligatorenpanzer, umkleidet ihn mit verknöcherter, narbiger Borke, an mehreren Stellen wund und mit perlmuttschimmerndem Harz verklebt. Mit ca. 350 Jahren rückt er in das Greisenalter, das den Baumriesen des Bergwaldes aber eine noch langwährende patriarchalische Stellung einräumt. Im Wilfernertal angekommen, steigen wir 8 Minuten zum Ausgangspunkt bei der **Pedretscher Kaser** an.

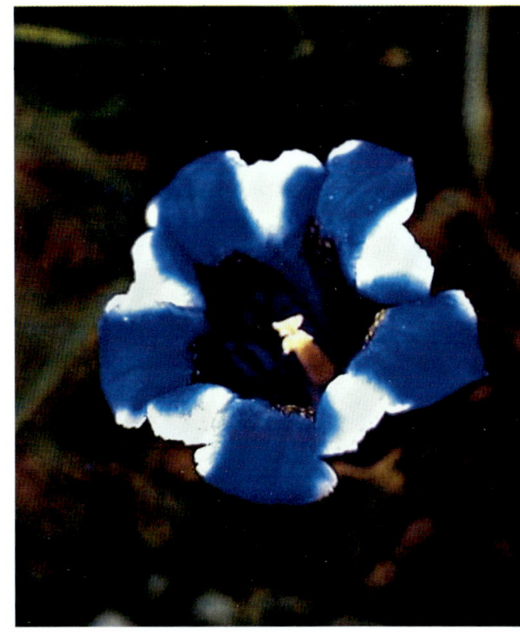

Mit diesem Enzian hat sich die Natur ein pittoreskes Spielchen erlaubt.

JOSEF, DER BRÜCKENBAUER AM GISSENBACHL

Schon im Wort „Gisse" steckt Unheil. So hat sich auch das meist schläfrige Gissenbachl immer wieder ungestüm gebärdet, wenn etwa ein Hagelsturm es jäh aus seiner Trägheit riss. Dann war es auch im abklingenden Gewitter noch schwierig, das erdtrübe und erst halb besänftigte Gissenbachl am Pustertaler Almweg zu überqueren. Das bestärkte Josef Peintner in der Absicht, eine Bogenbrücke zu bauen. Oben an der Waldgrenze wusste er zwei im Herbstwind und unter Schneelast krumm gewachsene Wetterlärchen, an denen sich im Sommer die Kühe rieben und die Ziegen den jährlich zaghaften Zuwachs vom Stamm abschälten.
Ihnen war kein hohes Alter bestimmt, wohl aber sind sie geeignete Bauteile für Josefs Brücke. Mit seinen in vielen Almsommern geschärften Erfahrungen hat er die Bäume am Ägiditag (1. September) geschlagen, denn, so Peintner, „dann reißt und schwindet das Holz nicht, wird weder faul noch wurmstichig, wird alt und hart und hält bis zum Jüngsten Tag". So ermöglicht die neu errichtete Bogenbrücke, seit dem neuen Jahrtausend trockenen Fußes das Gissenbachl zu überschreiten.

KRISTEINER TAL – SICHELSEE

Im Reich der Bienenköniginnen

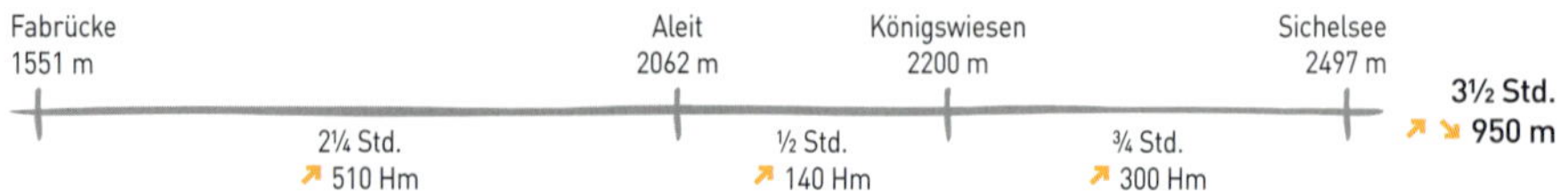

Anfahrt: Postbus Linie 4421 bis Mittewald Ort; bei der Ortstafel in Mittewald steigt die asphaltierte Bergstraße nach Burg-Vergein an der Pustertaler Höhenstraße an. Beim „Tschoggler" (1394 m) kehren wir in das Kristeiner Tal ein. Die Pkw-Benützung ist bis zum Parkplatz an der Fabrücke (Brunnen) erlaubt. Auffahrt weiter aufwärts auf eigene Gefahr.

Einkehrmöglichkeiten: keine

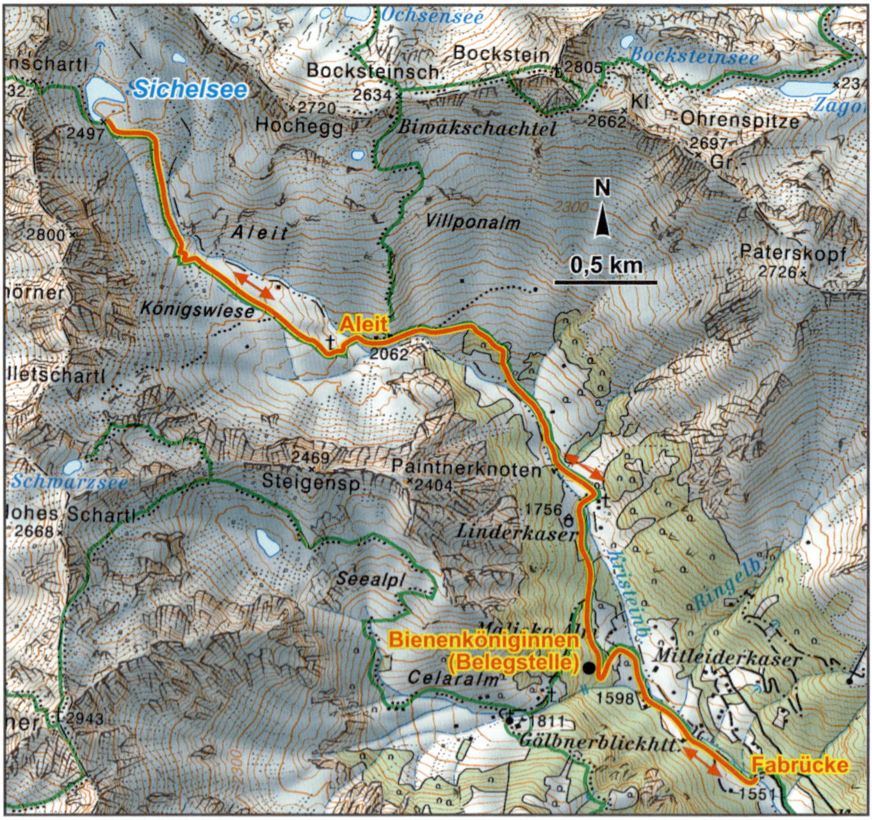

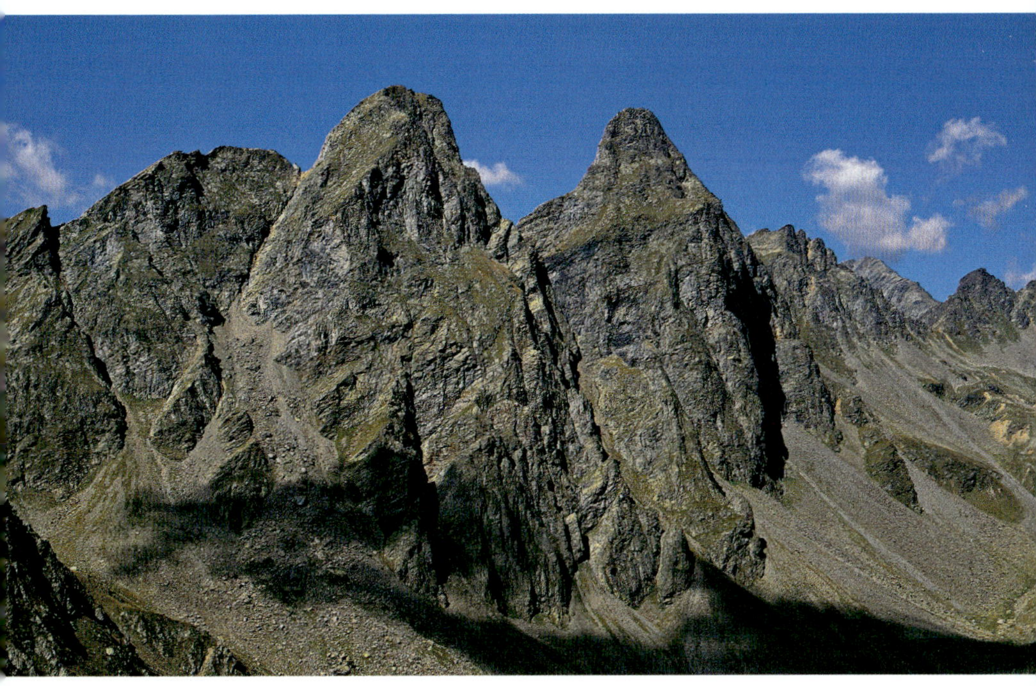

Die Arnhörner beherrschen in gelungener „Baukunst" das Kristeiner Tal.

Der bekannte Osttiroler Erwachsenenbildner und ehemalige Alpenvereinspräsident Prof. Louis Oberwalder beschrieb das Kristeiner Tal als eines der schönsten im Pustertal.
Vom Parkplatz an der **Fabrücke** geht es am Fahrweg weiter talein bis in den Talschluss. Im Bereich des **Celar-Wasserfalles** befindet sich die streng gehütete Belegstelle der Carnica-Bienenköniginnen. Die Carnica- oder Kärntner Biene ist eine natürlich entstandene Honigbienenrasse, die ursprünglich nur in den Regionen südlich der Alpen beheimatet ist und als besonders gesund und widerstandsfähig gilt. Die relative Abgeschiedenheit des Kristeiner Tals eignet sich deshalb besonders gut zur Aufzucht der Bienenköniginnen, weil durch die hochgelegene, halb von Bergen umstellte Position der Zuchtstelle der Zuzug fremder Bienenvölker verhindert wird. Etwas später zweigt ein Weg zur Gölbnerblickhütte links ab, während unser Weg bis zur Mairkaser im inneren Kristeiner Tal sich etwas „zieht".
Neben dem schluchtbildenden Kristeiner Bach steigen wir im Gebietsteil **Aleit** spürbarer an (Platzoller Kaser) und erreichen auf der nächsthöheren Stufe die sanft gerundeten Königswiesen zu Füßen der mächtigen Arnhörner. Alte Moränen, die aus der Würmzeit stammen, prägen das leicht gestufte Bergtal bis zum tiefblauen **Sichelsee**. Auf gleichem Weg zurück.

ERINNERUNG AN EINEN REKORDVERDÄCHTIGEN SCHULAUSFLUG ZUM SICHELSEE

Für einen Schulausflug zum schönsten See in einem der schönsten Bergtäler versuchte der naturbegeisterte Mathematiklehrer einzustimmen, uns, die damals 13-Jährigen der Lienzer Hauptschulklassen 3a und 3b. Da stehen im Sommer 1953 insgesamt 52 Schüler und zwei Lehrpersonen um 4:20 Uhr am dämmrig dunklen Lienzer Bahnhof und sitzen dann übernächtig und teilnahmslos auf den harten Bänken des Triebwagens. Einzig etwas Beachtung weckt Helmuts Fischerangel und die vom Zugrattern überrollten Ausführungen, dass er damit dicke Fische aus dem Wasser zieht.

Das hebt die Bedeutung des Ausfluges, der unverhofft auch kulinarisch etwas erwarten lässt. Vorerst prüft uns das harte Straßenpflaster vom Bahnhof Mittewald bis zum Kristeiner Bach und dann der Karrenweg hinauf zum höchstgelegenen Anwesen, dem sogenannten „Tschoggler", dem letzten Schuster seinerzeit, wo manche aus unserer Wandergruppe ihre druckfreudigen Schuhe gerne gegen fersenfreie Holztschoggl eintauschen würden.

Noch ahnt niemand etwas über Höhe und Weite dieser Schulwanderung. Nur unser Lehrer schwärmt vom wunderlich blühenden Allerlei, vom geheimnisvollen Bergsee, tiefblau wie Tinte, von Gipfeln mit in der Sonne vergoldeten Türmen und Zacken.

Hart schlagen die Schuhe gegen die Steine und wortkarg zieht die Kolonne das Kristeiner Tal entlang und flach taleinwärts. Bei der Fabrücke, wohin heute alle mit dem Auto fahren, sind wir bereits 3 Stunden unterwegs und einige sind unter der hochstehenden Sonne langsam geworden. Mühsam ist der Aufstieg hinauf zu den Königswiesen mit den darüber schroff aufragenden Arnhörnern.

Beim Sichelsee wird uns eine wohlverdiente Rast versprochen, worauf sich vor allem Helmut mit seiner Angelroute freut. Als auch die Letzten den See erreichen und die Füße im eiskalten Wasser kühlen, sind fast 8 Stunden und der halbe Sommertag vergangen.

Mathias bedient einen Spirituskocher, Karl umbaut ihn winddicht mit Bachsteinen, ehe Helmuts Fischfang, der sich auf zwei Saiblinge von auffallendem Kümmerwuchs beschränkt, zubereitet wird. In diesem wohligen Dasein überrascht uns der Mathematiklehrer mit der Einladung, die Wanderung weiter in das gegenüberliegende Defereggental auszudehnen. Alles schweigt. Ja, selbst die kleine Welt um den Sichelsee hält den Atem an. Ehe einer, dann ein Zweiter, und schließlich ein kleines „Freiwilligenheer" sich zum Weitermarsch auf den noch 300 m höher gelegenen Kammgipfel entschließt. Den Abstieg im Grünalmtal, hinab nach Hopfgarten begleiten widersprüchliche Prophezeiungen. Eine wird bestätigt von der Tatsache, dass nach 13 Gehstunden der letzte Postbus in Döllach schon weg war. Erst nach geraumer Weile schepperte der Milchwagen

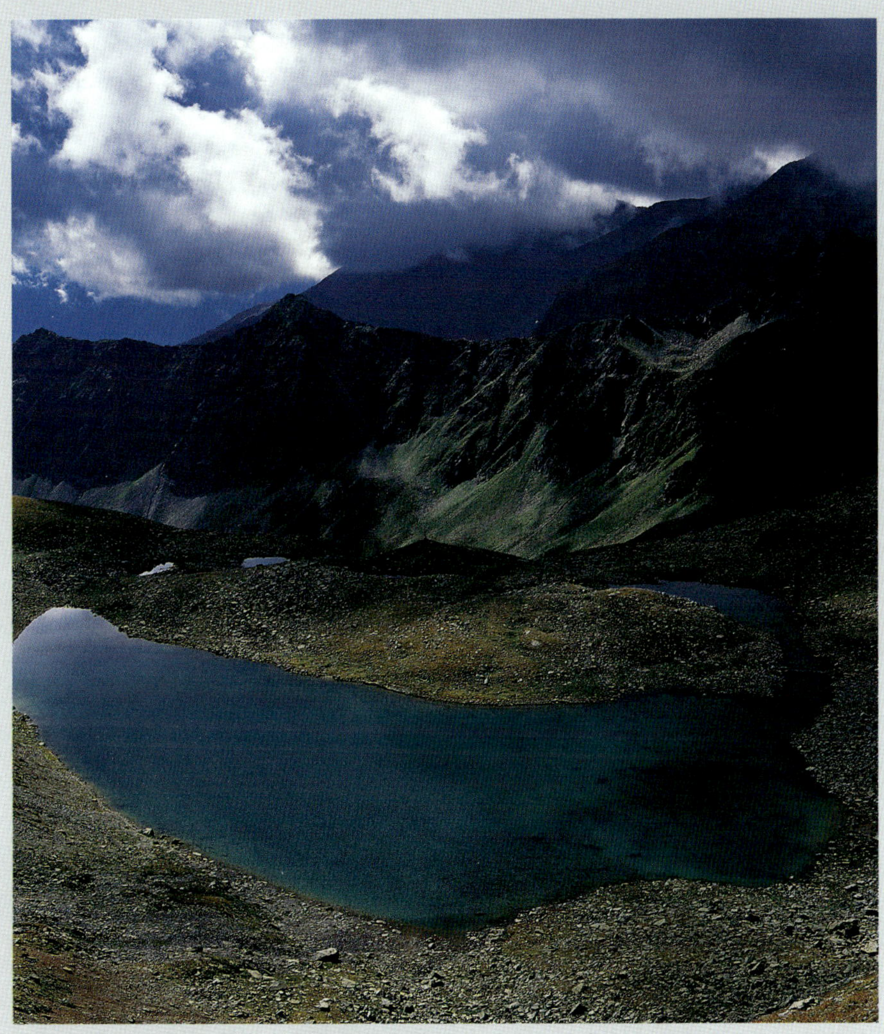

Zu den eigenwilligen Bergseen Osttirols zählt der Sichelsee im Kristeiner Tal.

daher und später ein DKW, ein knatternder Zweitakter mit blechbeschlagener Pritsche. Sie erbarmten sich der kleinen Schar und brachten sie nach Lienz zurück. Am nächsten Morgen, pünktlich um 8 Uhr sitzen ausnahmslos alle in ihren Schulbänken, vielleicht etwas steifer als sonst, und auch der Lehrer war etwas sparsamer im Auf und Ab zwischen den Bankreihen.

IM WINKELTAL ZUR HOCHGRABE

Der Ursprünglichkeit begegnen

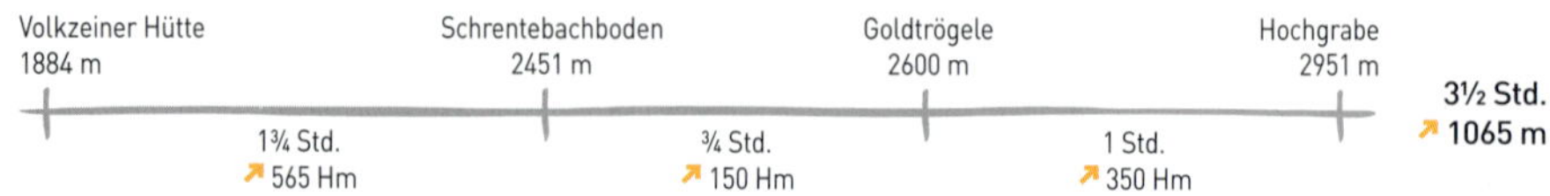

3½ Std.
1065 m

Anfahrt: Mit Pkw oder Schmidhofer Reisen Linie 8513 von Sillian nach Außer- und Innervillgraten, 11 km Pkw-Auffahrt im Winkeltal bis zur Volkzeiner Hütte
Einkehrmöglichkeiten: Gasthof Reiterstub'n, Volkzeiner Hütte

Schloss Heinfels bewacht das Villgratental, das sich schmal, dunkel und schwermütig nach Außervillgraten hin windet. Der Bach durchtost die Schlucht, die Hänge umkleidet Wald. Im Ortskern ist wenig Platz, großteils stehen die Häuser auf steilen Lehnen, fest verankert auf magerer Erde und

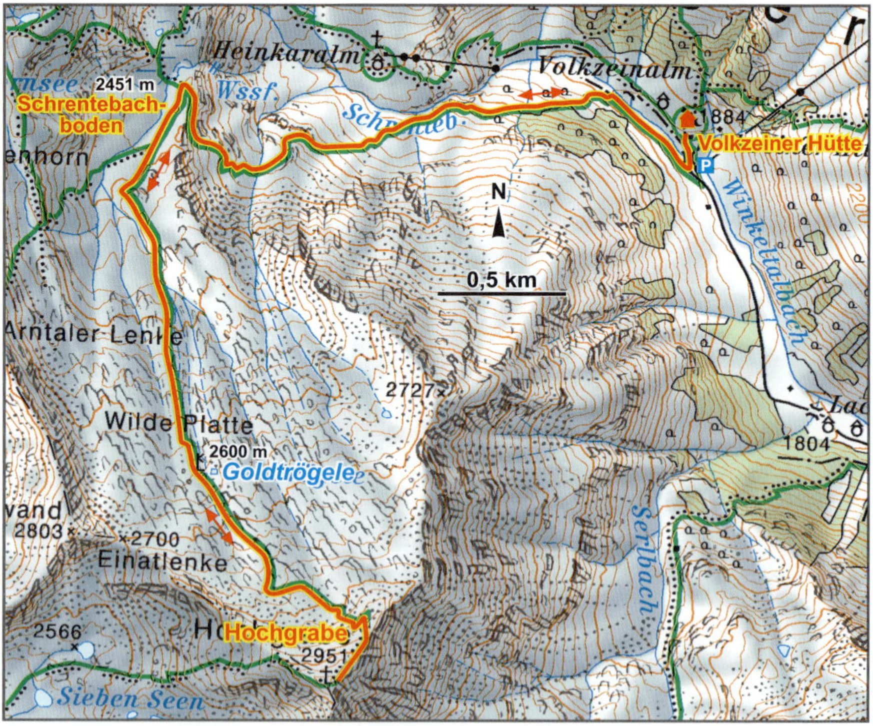

Eiszeitliche Spuren fügen sich in die geologische Bauform der Wilden Platte ein.

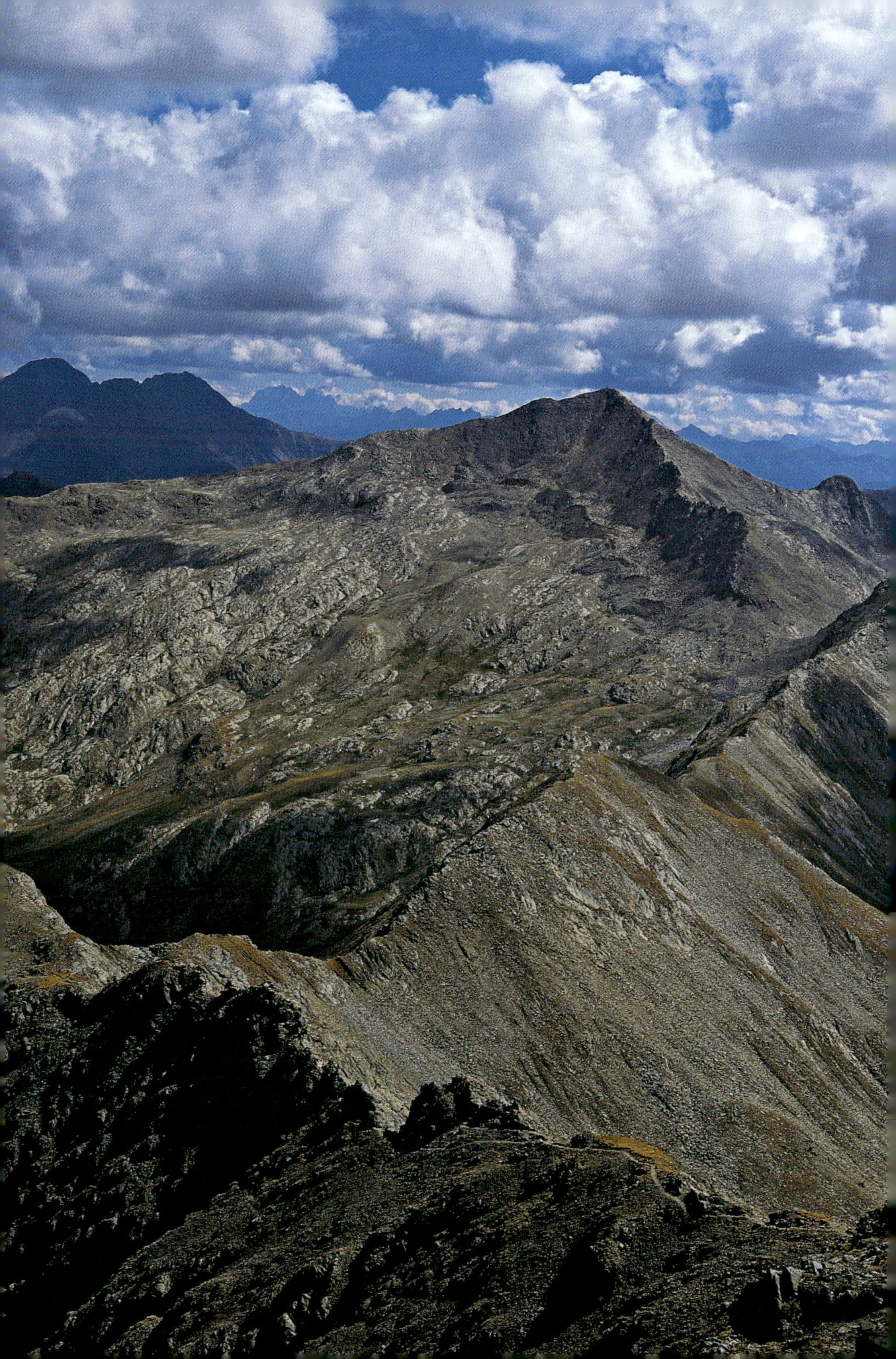

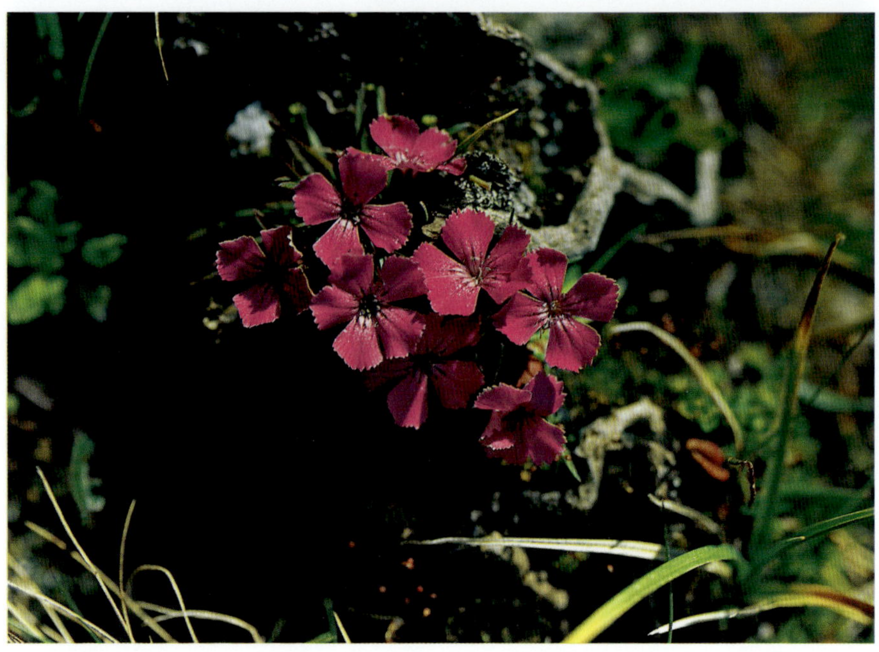

Steinnelken färben sparsam das karstige Gelände der Wilden Platte.

haltgebendem Fels. Die im Renaissancestil erbaute Pfarrkirche St. Gertraud von Nivelles schaut im festlichen Weiß von der Anhöhe ins Dorf.
In der Dorfmitte vereinen sich der Villgratenbach aus dem nordwestlich verlaufenden Haupttal und der aus dem Norden kommende Winkeltalbach, auch Sille genannt. Die Straße führt ins Winkeltal, wo sich der Großteil des Gemeindegebietes ausbreitet, mit Siedlungen im Talgrund und auf der Berglehne, mit Almen, die ein hochragender Bergkranz schützend umschließt. Bis zur **Volkzeiner Hütte** im Talschluss darf man das eigene Fahrzeug benützen.
Von dort ist u. a. die Hochgrabe ein willkommenes Ziel. Ein Steig führt orographisch rechts des Baches hangaufwärts, ehe wir eine mit Alpenrosen überwachsene Hangterrasse gegenüber der Hainkaralm erreichen. Der weiterhin an den Berghang sich schmiegende Steig quert im Talschluss eine erdige, steindurchsetzte Flanke und erreicht knapp vor dem Wasserfall den Schrentebachboden im Halbstock von Großem Degenhorn und Hochgrabe. Dort breitet sich eine ganz besondere Berglandschaft aus, mit den Quellstuben des Schrentebaches zwischen Moos und sattem Grün, das hangaufwärts sich in Steine verwandelt.
Der markierte Steig führt zum Goldtrögele in der **Wilden Platte** und weiter bis zum Gipfelkreuz (errichtet von Paul Schranzhofer) auf der **Hochgrabe**. Auf gleichem Weg zurück.

DAS GOLDTRÖGELE IN DER WILDEN PLATTE

Das vorherrschende Merkmal und das besondere Relief der Hochgrabe stellt die gegen Norden gerichtete, sogenannte Wilde Platte dar: eine vom Gletscher geprägte Flanke, auf der sich – im Vergleich zu anderen Gebietsteilen der Villgrater Berge – das Eis offenbar länger zu halten vermochte. Ein geringes Gletschervorkommen bestätigt noch Ludwig Purtscheller (1849–1900) und auch Karl von Sonklar verzeichnet in einer von ihm entworfenen Karte (1866) einen „Kleingletscher". Der Glaziologe Dr. Gernot Patzelt interpretiert diese Zeugnisse eher als den Sommer überdauernde Altschneereste, da nacheiszeitliche Gletscher in den Villgrater Bergen keine Rolle mehr spielten.

Um diesen Ort rankt sich die Sage vom Goldtrögele, die von einem Hirten erzählt, der in der kargen Bergflanke der Hochgrabe ein versprengtes Schaf sucht. Zwischen Felsrippen, Blockriegeln und Schuttrinnen forscht er hin und her, ehe er über eine eigenartige, allseits scharfkantig vortretende Felsplatte stolpert. Sie weckt seine Neugierde und Kraft und schließlich wälzt er das schwere Gestein zur Seite. Im darunter verborgenen Schacht – das heute bekannte Trögele – blendet den überraschten Hirten gleißendes Gold, das wahrscheinlich Bergknappen aus der frühen Periode des Bergbaues (15. Jahrhundert) hier vor Raub und Plünderung verwahrten. Warum der Schatz nie geborgen wurde, enthüllt die Sage nicht. Der sagenhafte Fund steht historisch im Zusammenhang mit der Grundherrschaft des Stiftes Innichen, dem das um 788 noch unbewohnte Tal bis 1785 unterstand. Auf der Unterseite der Steinplatte soll ein Kelch, das Kennzeichen der Herrschaft Innichen, eingestanzt gewesen sein. Das Geheimnis des Goldtrögeles liegt wohl in seiner Funktion als Wasserspeicher. Selbst wenn die Wilde Platte kein Tropfen Wasser netzt, bleibt der grabartige Schacht mit klarem Quellwasser gefüllt. Das ebenerdig angelegte Goldtrögele, offensichtlich eine Buchenkeilarbeit, ist 155 cm lang, 86 cm breit und ursprünglich 300 cm tief, heute allerdings 150 cm hoch mit Schwemmsand gefüllt.

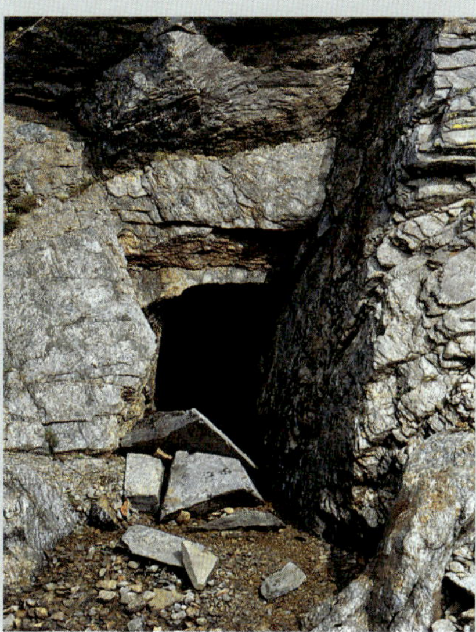

Das Goldtrögele – offen und dennoch geheimnisvoll

PORZEHÜTTE – TILLIACHER JOCH

Ein geschichtsträchtiger Weg

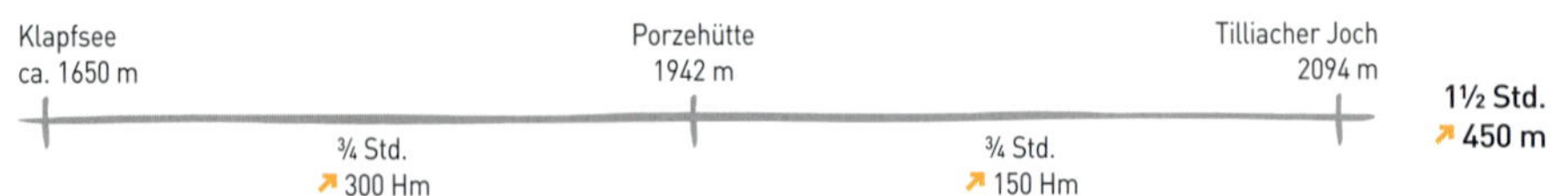

Anfahrt: Mit Pkw oder Postbus Linie 4416 nach Obertilliach; beim Hotel Weiler in Obertilliach führt ein asphaltierter Feldweg mäßig fallend zum Gailfluss am Mühlboden. Der weiterführende Naturweg streckt sich mit einigen Kehren zwischendurch bis zum Klapfsee. Der Fahrweg zur Porzehütte kann am Wochenende befahren werden.
Einkehrmöglichkeit: Porzehütte

Vom im Angesicht der Porze gelegenen **Klapfsee** führen sowohl ein Fahrweg wie auch ein abkürzender Steig zur **Porzehütte**. Die Hütte der ÖAV-Sektion Austria wurde 1976 erbaut und in Folge mehrmals erweitert und

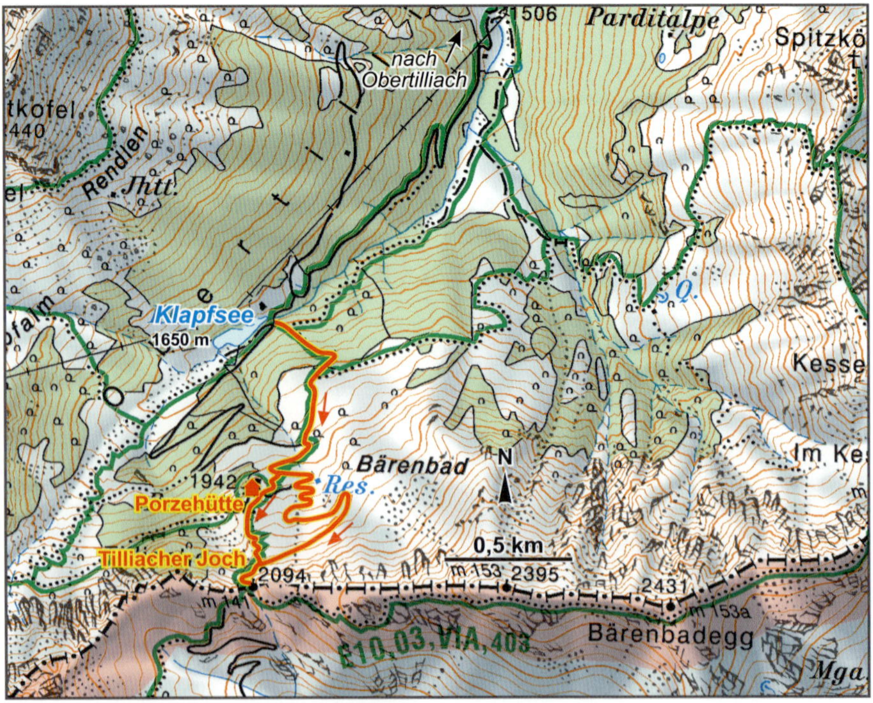

Gipfelschau vom Bösring (2324 m) zur Porzehütte und zum Tilliacher Joch

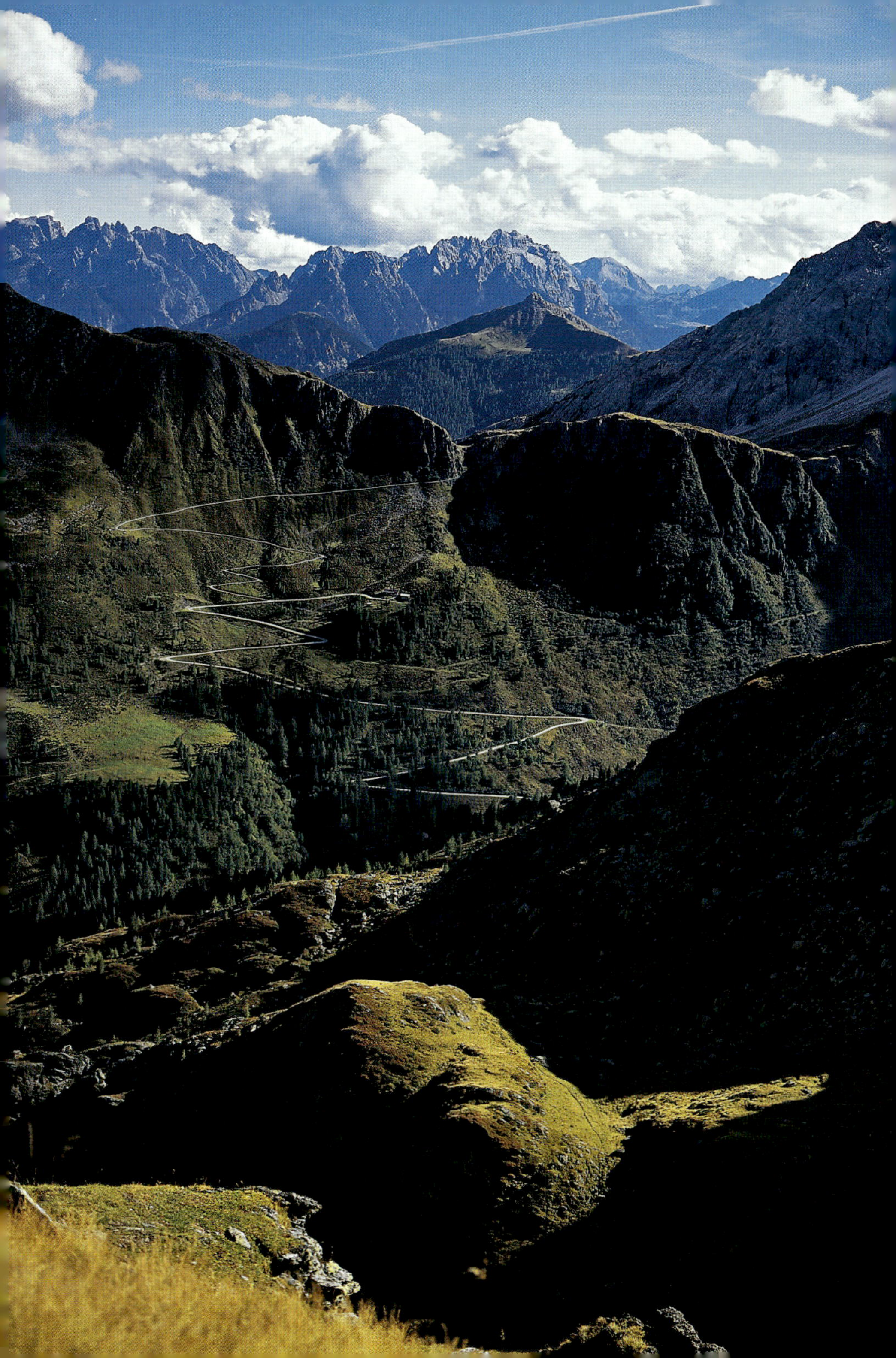

DER HOLZWEG NACH CADORE ÜBERS TILLIACHER JOCH

Das Tilliacher Joch spielte seit der zweiten Hälfte des 16. Jahrhunderts eine wesentliche Rolle in den Handelsbeziehungen zwischen dem waldreichen Puster- und Gailtal und dem unmittelbar südlich des Jochs angrenzenden Gemeindegebiet von San Pietro in der Provinz Belluno (Italien). Weitab im Süden war Holz rar und begehrt und bald ein Exportschlager einiger Tilliacher Bauern. Geschäftsverträge mit venezianischen Kaufleuten und Holzhändlern sind seit 1571 bekannt und sollten, wenn auch nicht unumstritten, über Jahrhunderte bestehen.

Das große Problem war der Transport der unhandlichen Last, waren doch nur die schönsten und stärksten Stämme gefragt. Der geradlinigste „Weg" führte über das Tilliacher Joch in das welsche Cadore und weiter nach Venedig. Im Dorfer Tal und hinauf zum Joch schleiften Ochsen die Musel, wie die mächtigen, etwa 4 m langen Baumstämme genannt werden, und bald entstand aus dem Saumpfad ein Fuhrweg, den Tilliacher Bauern und einheimische Untertanen instand hielten und somit bescheiden am Geschäft der Tilliacher Muselführer teilhatten. Es kam zum Raubbau der schönsten Waldflächen, und dies nicht selten auf Kosten der Allgemeinheit. Klageschriften aus der Zeit um 1670 und Berichte von jahrzehntelangen Prozessen zeugen vom rücksichtslosen Abholzen der Wälder und vom Verlust der Gemeindeweiden, auf denen bis zu 60 Ochsen grasten, die als Zugtiere verwendet wurden, oder die durch die Holzlagerung langfristig verwüstet wurden. Auch fürchteten die Tilliacher, dass durch den zum Fuhrweg ausgebauten Übergang ungebetete, zwielichtige „Gäste" aus dem Süden angezogen werden könnten.

Der Holzhandel blühte indessen, und die venezianischen Importeure mussten als Endabnehmer immer tief in ihre Schatztruhen greifen. Legendär ist das großmännische Auftreten venezianischer Holzhändler, das den Unmut jener Einheimischen schürte, an denen das Geschäft spurlos vorbeiging. Noch in der ersten Hälfte des 19. Jahrhundert gedieh der Holzhandel, wie Johann Jakob Staffler in seiner Landesbeschreibung von Tirol 1847 festhält: „Aus den Wäldern des Bezirkes werden jährlich 46.000 Musel und 21.000 Bretter über das Tilliacher Joch nach Venedig geliefert." Erst als die Pustertalbahn 1871 ihren Betrieb aufnahm, wurde der „Holzweg" über das Tilliacher Joch bedeutungslos.

Die Porzehütte mit Porzescharte

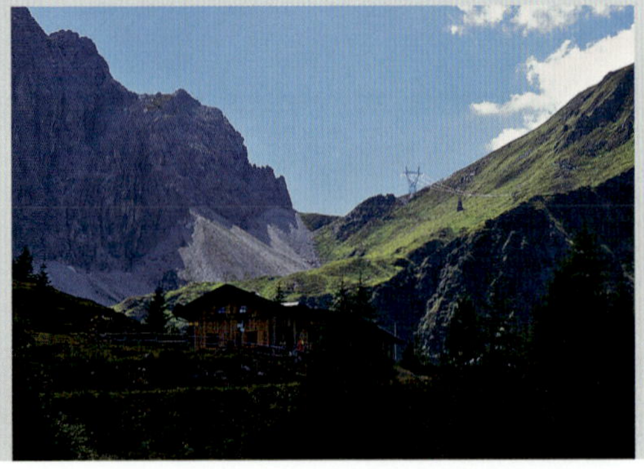

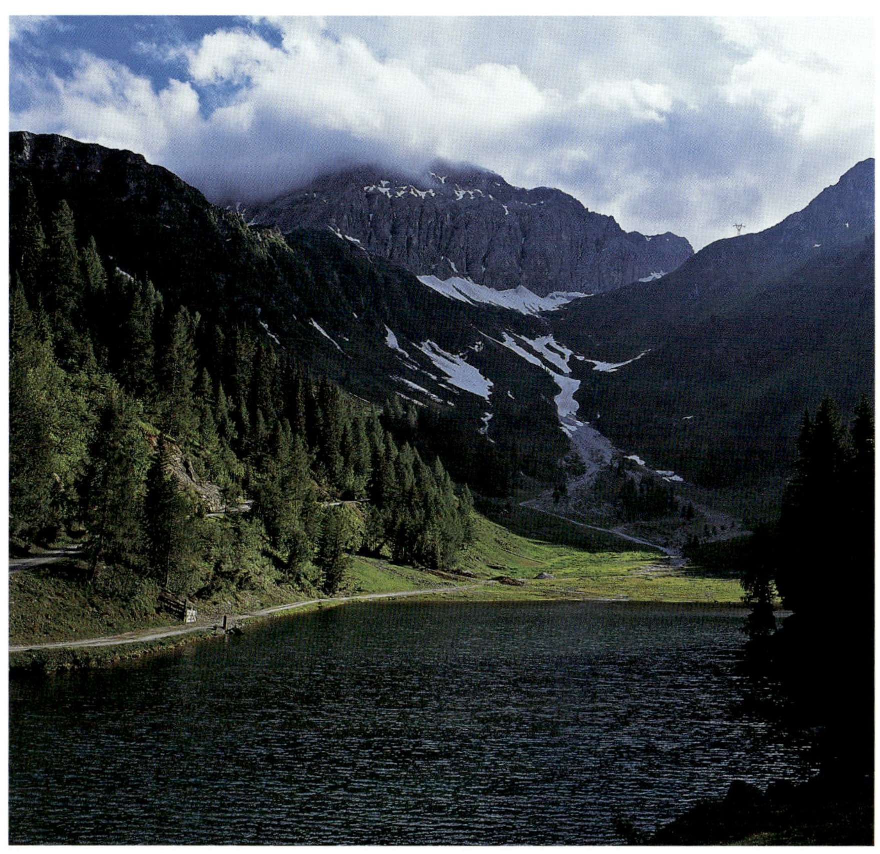

Klapfsee und Porze (2589 m) am Ende des Tilliacher Tales

mit dem Umweltgütesiegel des ÖAV ausgezeichnet. Der weitere Anstieg zum **Tilliacher Joch**, am Karnischen Höhenweg bzw. Friedensweg und der Via Alpina gelegen, wird auch als Mountainbikestrecke (kurzzeitig Schiebestrecke) genützt, der abkürzende Steig bleibt dem Wanderer vorbehalten. Das Tilliacher Joch galt seit Kaiserin Maria Theresias Zeiten als „Südgrenze". Im Frieden florierten die Handelsbeziehungen in das südlich gelegene Cadore (Patriarchat Aquileia), die sich hauptsächlich auf Bau- und Nutzholz bezogen. Mit dem Großen Krieg sollte sich dies für viele Jahre verändern. Wiewohl schon jahrzehntelang stillschweigend genutzt, sollte das Tilliacher Joch erst im Jahr 2003 offiziell als „amtlicher Grenzübergang" eröffnet werden. Von hier aus führt ein leichter, lohnender Anstieg in 1 Stunde zum Bärenbadeck (2430 m) und eine anspruchsvolle Tour auf Osttirols südlichsten Gipfel, die Porze (2589 m, 2½ Std.). Vom Joch kehren wir auf gleichem Weg zum Ausgangspunkt zurück.

ZUR FILMOOR-STANDSCHÜTZENHÜTTE

Über Hinter- und Außersattel die Liköfelwand umrunden

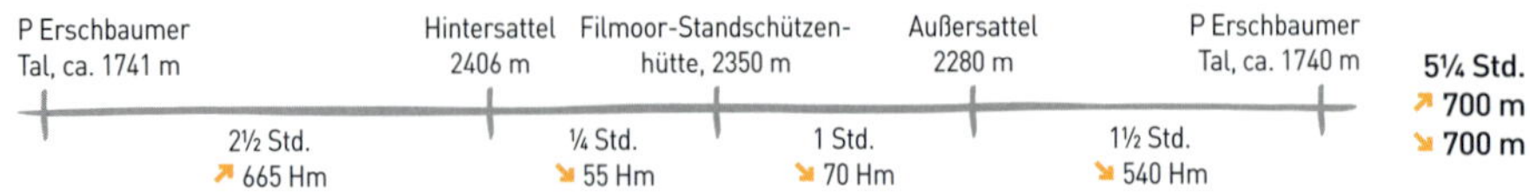

Anfahrt: Postbus Linie 4416 nach Kartitsch Ort; von Kartitsch (Ortsteil Erschbaum) führt die Straße zur Gail und am Grenzlandweg weiter zum provisorischen Parkplatz ins Erschbaumer Tal.
Einkehrmöglichkeit: Filmoor-Standschützenhütte

Ein ehemaliger Kriegspfad schlängelt sich hinauf zur **Tscharrehütte** (Unterstand) und im Erschbaumer Tal empor zum **Hintersattel**. Dort steigen wir 15 Minuten zur **Filmoor-Standschützenhütte** ab.

Sie wurde vom Jägerbataillon 24 Lienz unter Heeresbergführer Hans Mariacher, Hauptmann Richard Pettauer und Oberstleutnant Mairdoppler erbaut und am 21. 8. 1977 eröffnet. Eine Quellfassung aus dem Kriegsjahr

Ein von Riffen durchstoßenes Nebelmeer südlich der Großen Kinigat (2689 m)

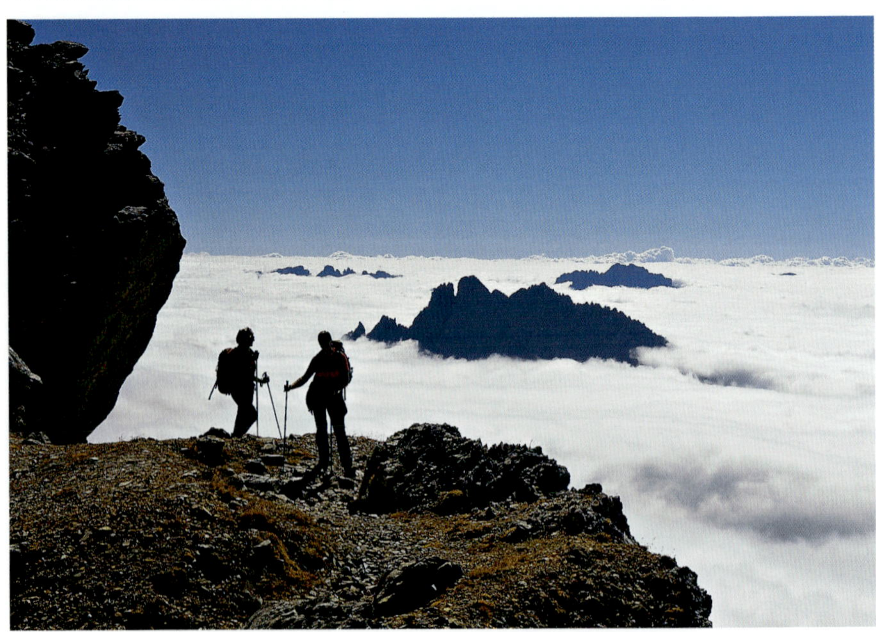

1915 konnte unverändert verwendet werden. Soldaten des österreichischen Bundesheeres beförderten mit Hilfe von Haflingerpferden sämtliche Lasten durch das Schön- und Erschbaumer Tal zur Hütte.

Der Rückweg unserer Wanderung schließt sich zur empfehlenswerten Rundtour, wenn wir bis zum Weitenstall ins **Schöntal** absteigen und dort über den **Außersattel** wieder in das Erschbaumer Tal gelangen. Steig und Markierung führen uns zur **Tscharrehütte** und wie beim Aufstieg zurück zum provisorischen Parkplatz im **Erschbaumer Tal**.

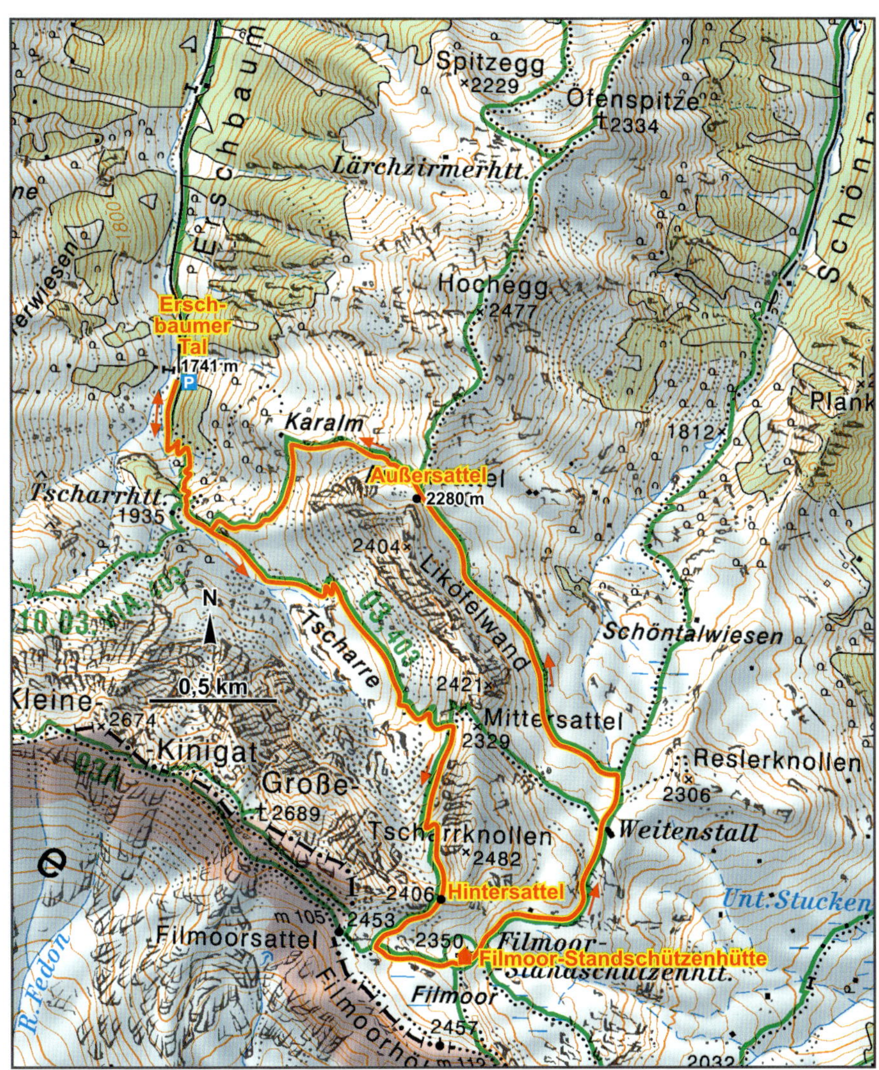

AM KARNISCHEN KAMM ZU HAUSE

Die Filmoor-Standschützenhütte wurde 1977 eröffnet. Hüttenwirt ab der ersten Stunde war der damals 26-jährige Grazer Student Günter Haring – er sollte es 34 Jahre lang bleiben. Oft war er allein, dann wieder von jungen Kräften unterstützt, wenn sich die Kammgeher vor der kleinen Hütte stauten. Vier Schlafplätze standen bereit und viermal mehr mit dem Zubau 1991. Für Günter, den Wirt, blieb oft nur das zugige Notlager unter dem Dachgiebel. „Da bin ich den Sternen nahe, und nie hat jemand nach dieser Bleibe verlangt", sagt er etwas steifbeinig am Morgen und ruft gleichzeitig den Bergsteigern und vielen Gästen einen freundlichen Willkommensgruß zu. Er gibt gutmeinenden und vorausschauenden Rat, ist ein Meteorologe, der Wind und Wetter kennt. Und er ist der Chef in der Küche der kleinsten Hütte mit der größten Speisekarte am Karnischen Kamm, in der unter anderem geräucherte Lesachtaler Bachforellen angeboten werden. Ein solch erlesenes Angebot zwingt ihn täglich hinab ins Tal und mit schwerer Last am Rücken das Schöntal wieder hinauf. Mehr als hundertmal in einem Bergsommer ging er 34 Jahre lang den ausgetretenen Pfad, all seine jungen Jahre und die besten bis weit über die Mitte des Lebens.

Bescheiden, völlig bedürfnislos verläuft seine persönliche Existenz. Verschwenderisch ausgeschöpft ist die Zeit mit der Arbeit in und um die Hütte. Dann das Haar lichter, an den Schläfen ergraut, mit schmalem Lächeln überspielt er ein böses Ahnen. Feindlich und fremd überfällt eine Krankheit den stets Schaffenden, beugt seinen Körper und überschattet die Seele.

60 Jahre waren Günter gegeben. Am 16. November 2012 verließ er zum letzten Mal seine Hütte. Am 14. Dezember versammeln sich mit Vizeleutnant Friedl Kalser viele Hunderte bei der Gedenkmesse in Kartitsch. Eine handverlesene Freundesschar hält eine Mahnwache bei der tiefverschneiten Hütte am Karnischen Kamm. Nur die engsten Verwandten im familiären Kreis nehmen an der einfachen Bestattung teil und verstreuen die Asche. Donauwellen tragen sie ins Meer, wohin auch die Quellen auf Filmoor zur Reise aufbrechen.

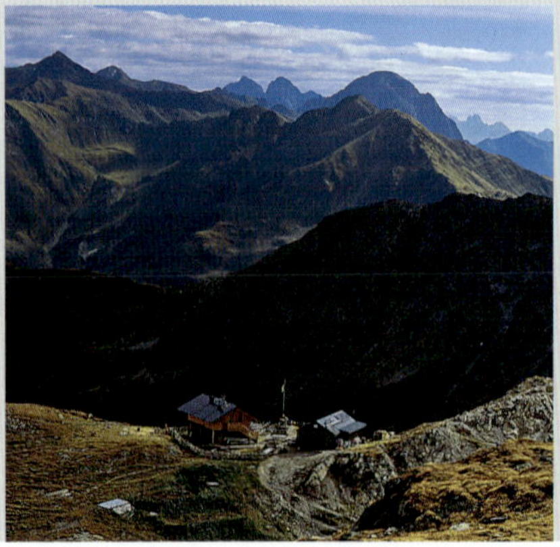

Filmoor-Standschützenhütte

Rechts: Filmoor-Höhe, Königswand, Große und Kleine Kinigat

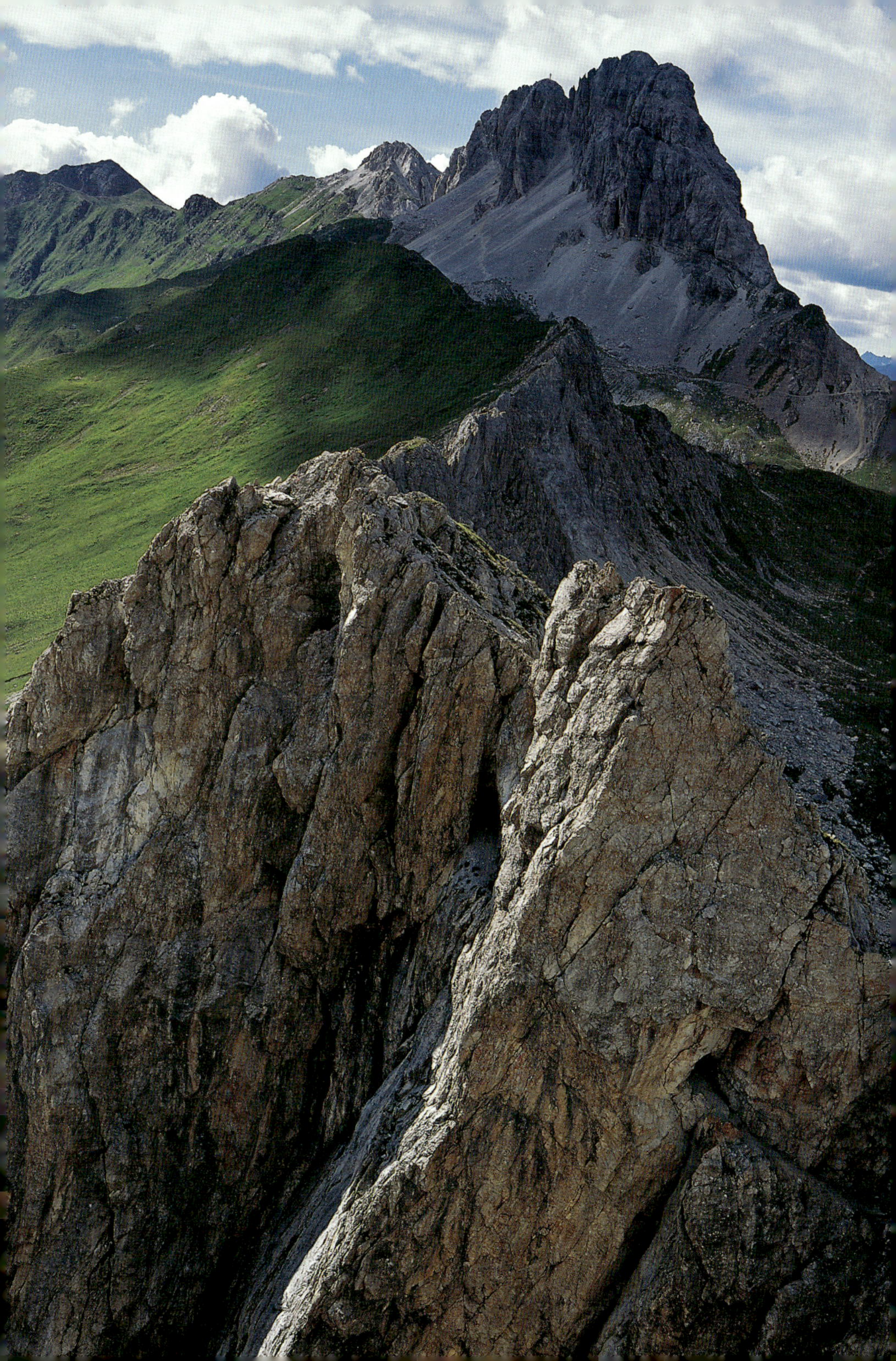

VOM KALS-MATREIER TÖRLHAUS ZUM ROTENKOGEL

60 Dreitausender reihen sich zum 360°-Panorama

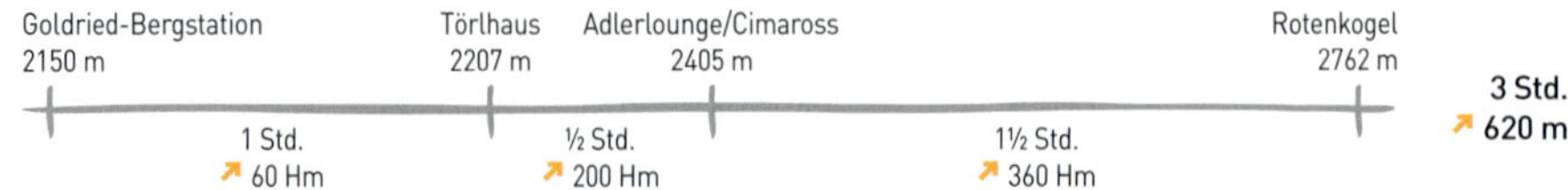

Ausgangspunkt: Matrei oder Kals; Auffahrt mit den Bergbahnen
Einkehrmöglichkeiten: Kals-Matreier Törlhaus, Adlerlounge, Goldried-Bergstation

Die Goldriedbahn überbrückt 1173 Höhenmeter von Matrei hinauf ins Goldried und zum Beginn des Panoramaweges. Er bietet eine wahre Genussstrecke bei nur geringer Steigung und herrlicher Fernsicht, die beim Törlhaus noch den Großglockner und die Schobergruppe mit insgesamt 60

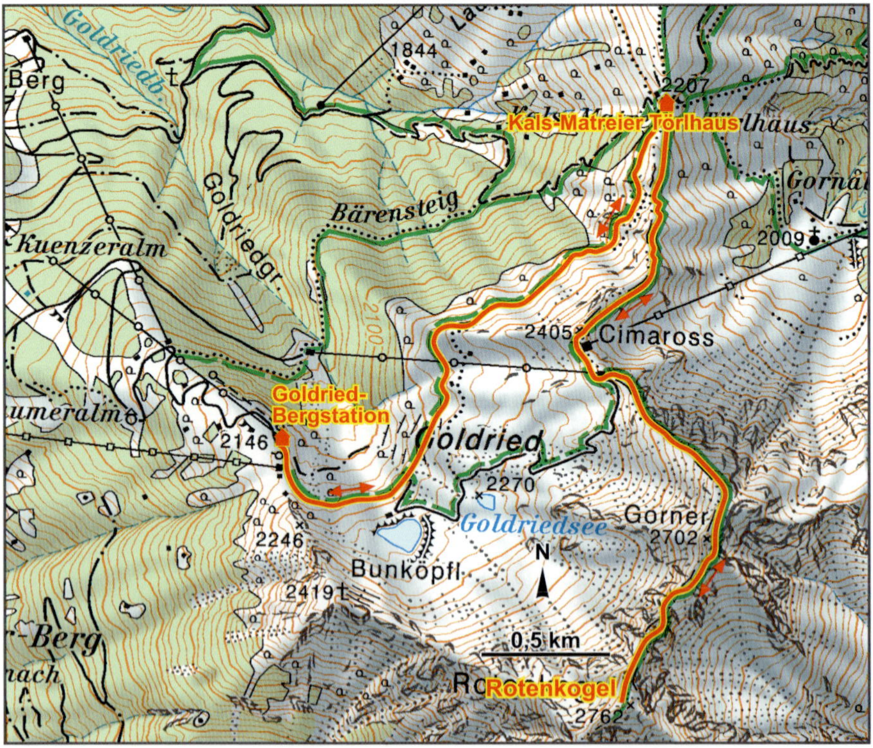

Nationalparkgebiet vom Rotenkogel bis zum Großglockner

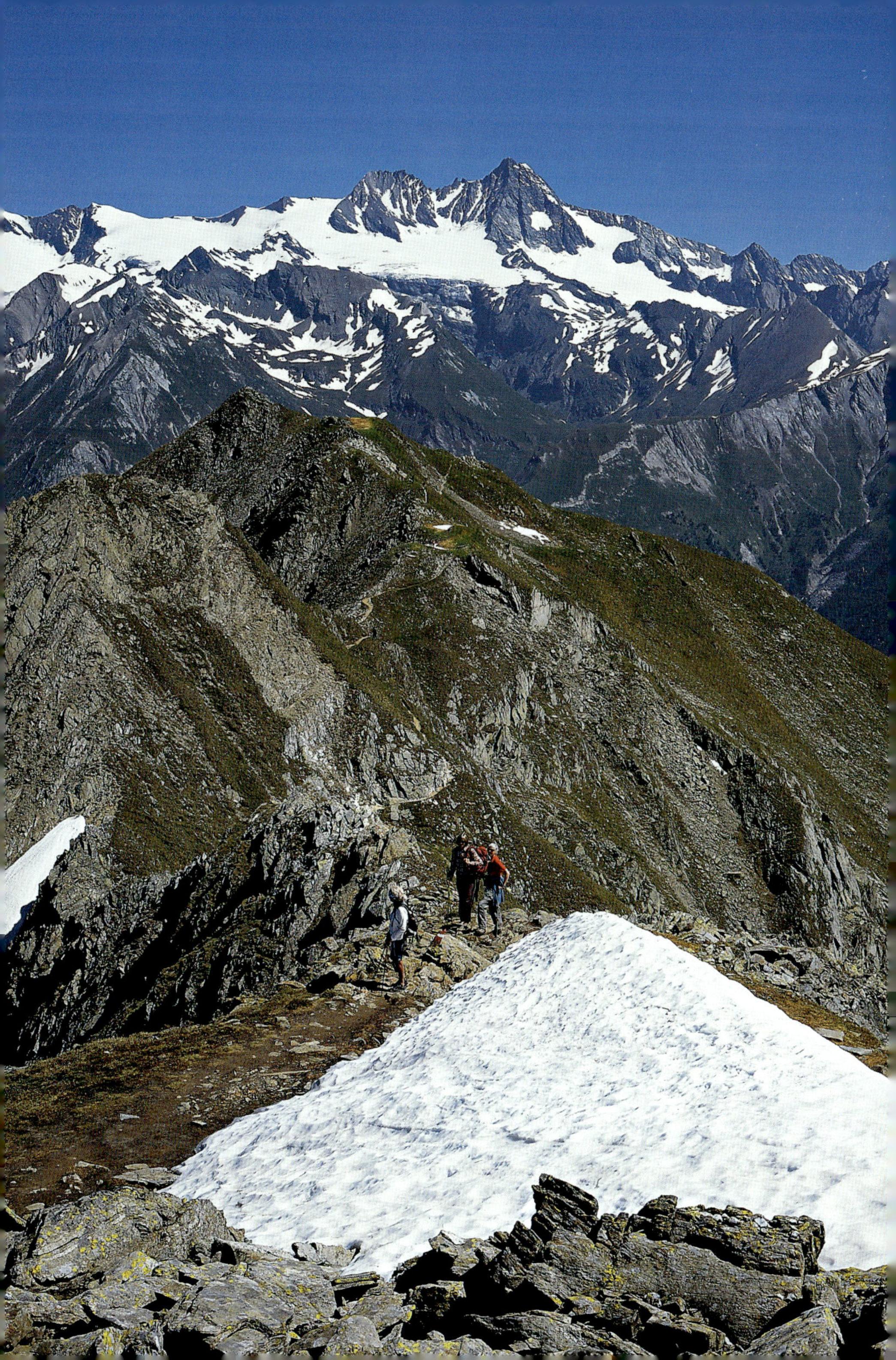

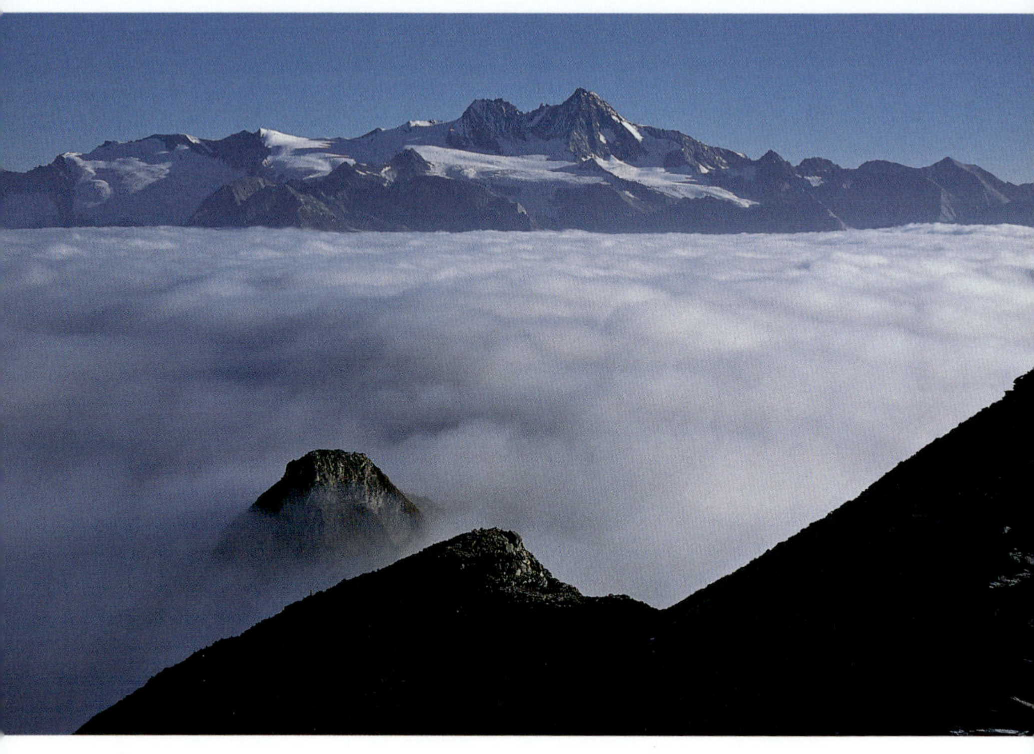

Über dem Nebelmeer wohlgeborgen im Dachgeschoß des Rotenkogels

Dreitausendern mit einschließt. Dieser prachtvollen Aussicht wegen wurde anlässlich der Törlhaus-Eröffnung 1876 ein Reitweg angelegt. Vom 15. Juli bis 1. August überschritten im Gründungsjahr 337 Personen diesen Weg in beiden Richtungen, was als „starke Frequenz" gewertet wurde.
Vom botanisch wie geologisch überaus interessanten **Kals-Matreier Törl** führt zunächst ein Steig, dann ein Weg (teils Schiweg) zur Adlerlounge am **Cimaross**. In Richtung Rotenkogel folgen wir dem Steig bei mittlerer Steilheit in den Bereich des Kammgipfels **Gorner** (2702 m). In weiterer Folge wird der Nordgrat etwas ernster und felsiger; wechselnd zwischen Ost- und Westseite, ist er streckenweise seilversichert, bleibt aber für trittsichere Geher ohne nennenswerte Schwierigkeit. Entlang einer mäßig geneigten Blockhalde gelangen wir zum **Gipfel**, den seit 2012 ein Kreuz in Form einer Stimmgabel krönt. Im Rundblick kann sich dem Betrachter keine der elf sehr unterschiedlichen Osttiroler Berggruppen entziehen. Auf gleichem Weg zurück.
Alternativ kann man auch in Kals starten und mit der Bergbahn zur Adlerlounge auffahren. Damit verkürzt sich der Aufstieg zum Rotenkogel um 1½ Stunden.

DER ROTENKOGEL – ERINNERUNG AN EINE VERHINDERTE SONNENAUFGANGSTOUR

Von Matrei führt die Bergstraße zum höchstgelegenen Bauernhof am Klaunzerberg und weiter zum sogenannten Zentral-Parkplatz im Bereich der Goldriedbahn-Mittelstation. Wegweisern folgend, steige ich am Bärensteig zum Kals-Matreier Törlhaus, das schemenhaft in der Finsternis steht. In weiterer Folge ist die Kammerhebung Cimaross (2405 m) ein Etappenziel, wo heute die Adlerlounge steht. In der Dunkelheit fast blind am Grat emportastend, erreiche ich den Gorner (2702 m) und damit den Beginn seilversicherter Passagen am schmal und felsig sich aufbauenden Nordgrat. Da fühle ich bereits den nahen und hoffentlich nebelfreien Gipfel und hoffe, dass ein wolkenloser Himmel mir dort einen wunderbaren Sonnenaufgang bescheren wird und eine herrliche Rast auf einsamer Höhe, die eine kleine Weile mir allein gehört. Doch noch bin ich nicht oben und auch nicht allein. Auf abschüssigem Steig – steiles Blockwerk zur Rechten, ein Abgrund links und Nebel rundum – steht, offensichtlich auf seinem Nachtlager gestört und jetzt zu erhabener Größe aufgerichtet, ein Steinbock. Wie man weiß, misst er 1,6 m an Leibeslänge und erreicht bis zu 100 kg Gewicht, somit ein Geschöpf von gewaltiger Kraft und Ausdauer. Das fast ein Meter lange, knotige Gehörn, in aufrechter Haltung halbmondartig schief nach hinten gebogen, ist, wenn er den Kopf senkt, wie eine spießige Heugabel nach vorne gerichtet. Bis heute habe ich den majestätischen Anblick dieses Steinbocks nicht vergessen, der so unerwartet aus dem Nichts aufgetaucht ist. Lautlos und unbewegt stehen wir uns auf wenigen Metern gegenüber. Er würdevoll und in hohem Maße unempfindlich, ich schutzlos, vom Aufstieg erhitzt und jetzt ratlos fröstelnd. Da gibt es kein Vorbeikommen! Zur Bildsäule erstarrt, versperrt der einsiedlerisch lebende alte Bock eigensinnig den Weg. Bei der kleinsten Kopfbewegung umschreibt sein Gehörn einen weiten Bogen. Weder mit List noch mit Gewalt werde ich an ihm vorbeikommen. Auch warnt mich eine innere Stimme, ihn herauszufordern. Dann endlich, würdevoll und langsam und mit bewundernswerter Leichtigkeit steigt er im steilen Fels in seinem Revier empor, das ihm bei Nacht und Nebel einer streitig machen wollte. Am Gipfel, knapp über einem träge wogenden Nebelmeer, entschädigt mich ein stimmungsvoller Morgen für den verpassten Sonnenaufgang am Rotenkogel.

Am Rotenkogel sind Steinböcke ein nicht alltäglicher Anblick.

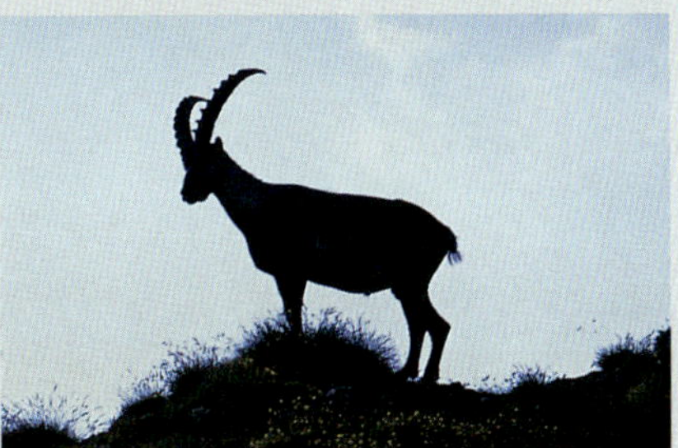

GLETSCHERWEG INNERGSCHLÖSS

Venedigerglanz und eine Rundtour im Gletschervorfeld

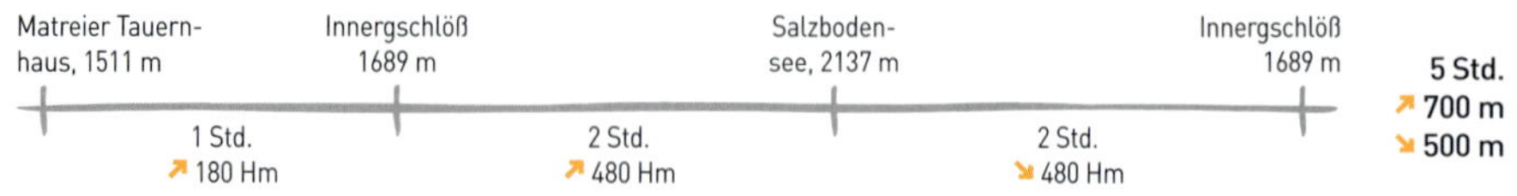

5 Std.
↗ 700 m
↘ 500 m

Anfahrt: Postbus Linie 4410 bis Matreier Tauernhaus. Venediger-Taxi, Pferdekutsche bis Innergschlöß
Einkehrmöglichkeiten: Matreier Tauernhaus, Berggasthaus Außergschlöß, Venedigerhaus Innergschlöß

Der Gletscherschaupfad Innergschlöß führt in einen der schönsten Talschlüsse der Ostalpen und folgt über wechselnde Vegetationsstufen einem gut sanierten Hirtensteig ins gleißende Gletscherlicht.
Vom **Matreier Tauernhaus** wählen wir entweder den alten Almsteig an der orographisch rechten Bachseite oder den Fahrweg, der vorbei am Berggasthaus **Außergschlöß** und an der legendären Felsenkapelle zum gletschernahen Almdorf **Innergschlöß** führt.
Dem regulierten Gschlößbach zur Seite geht es in 20 Minuten in den Talschluss (Nationalpark-Übersichtstafeln). Mit dem Brausen des Schlaten-Wasserfalles im Ohr überwinden wir auf teils gesicherter Steiganlage eine

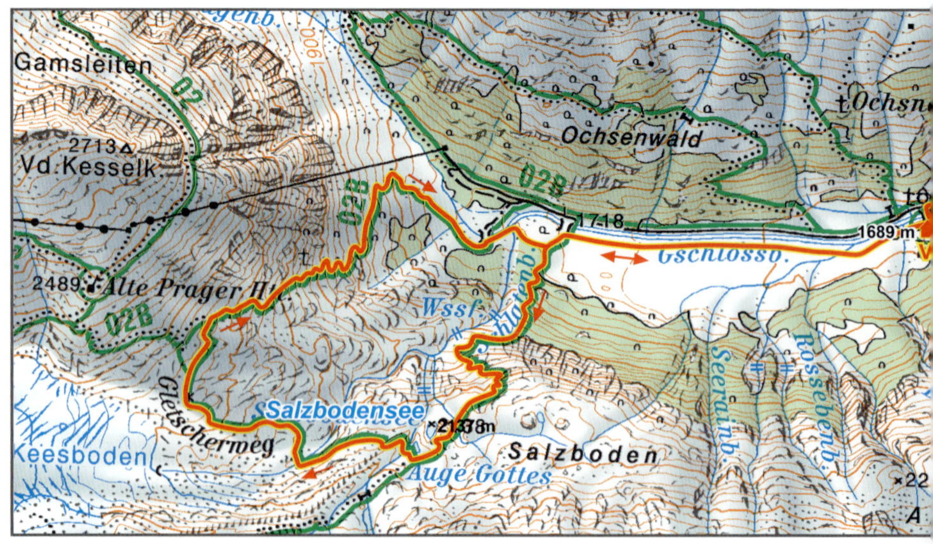

DAS INNERGSCHLÖSS UND DAS „EWIGE EIS“

Das gletschernahe Almdorf Innergschlöß kann von der Vergänglichkeit des „ewigen“ Eises erzählen: So hat das Schlatenkees um 1847 bis 1850 noch den inneren Talboden bis auf 1700 m Seehöhe bedeckt. Nur 30 Minuten westlich der Almhütten begann der Gletscherbereich! Wenn man sich vor Augen führt, dass das Eis, das am heutigen Ende der Keeszunge auf 2400 m Seehöhe als Wasser zutage tritt, bereits um 1500 – also zur Zeit des letzten Görzer Grafen – als Schnee gefallen ist, bekommt man eine ungefähre Vorstellung von den Zeiträumen, in denen ein Gletscher „lebt“. Den Gletscherschwund stoppte im Übrigen zuletzt das Jahr 1976/77, wo das Zungenende 3 Meter vorgerückt war.

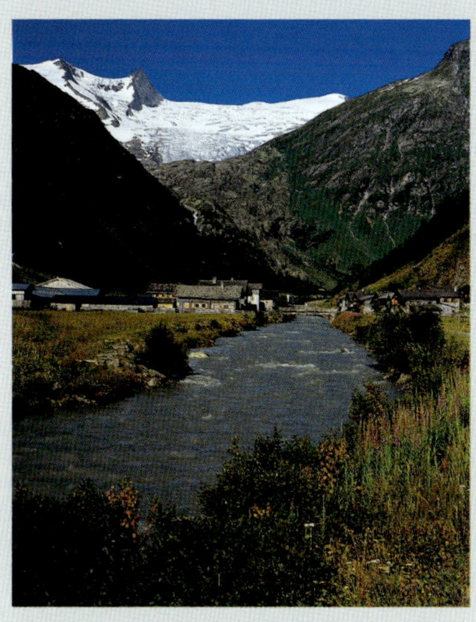

Das gletschernahe Almdorf Innergschlöß

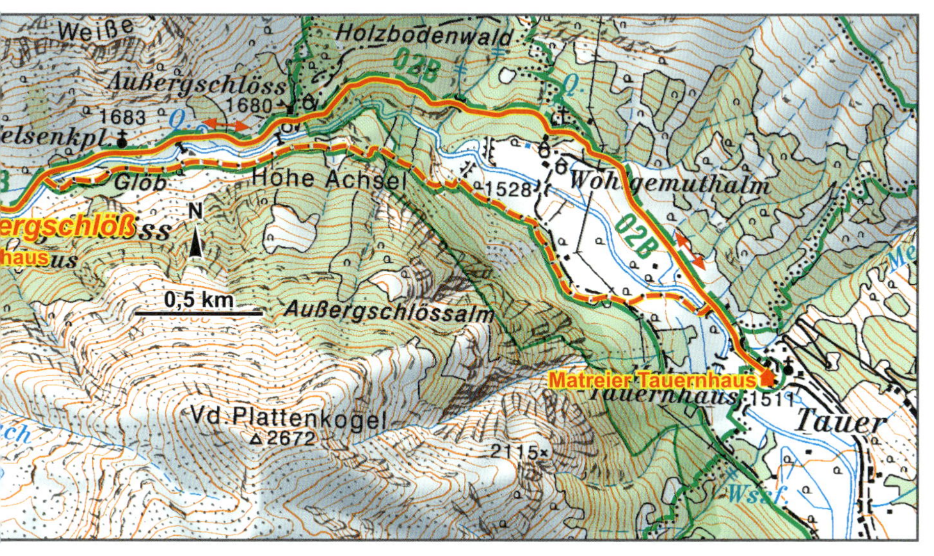

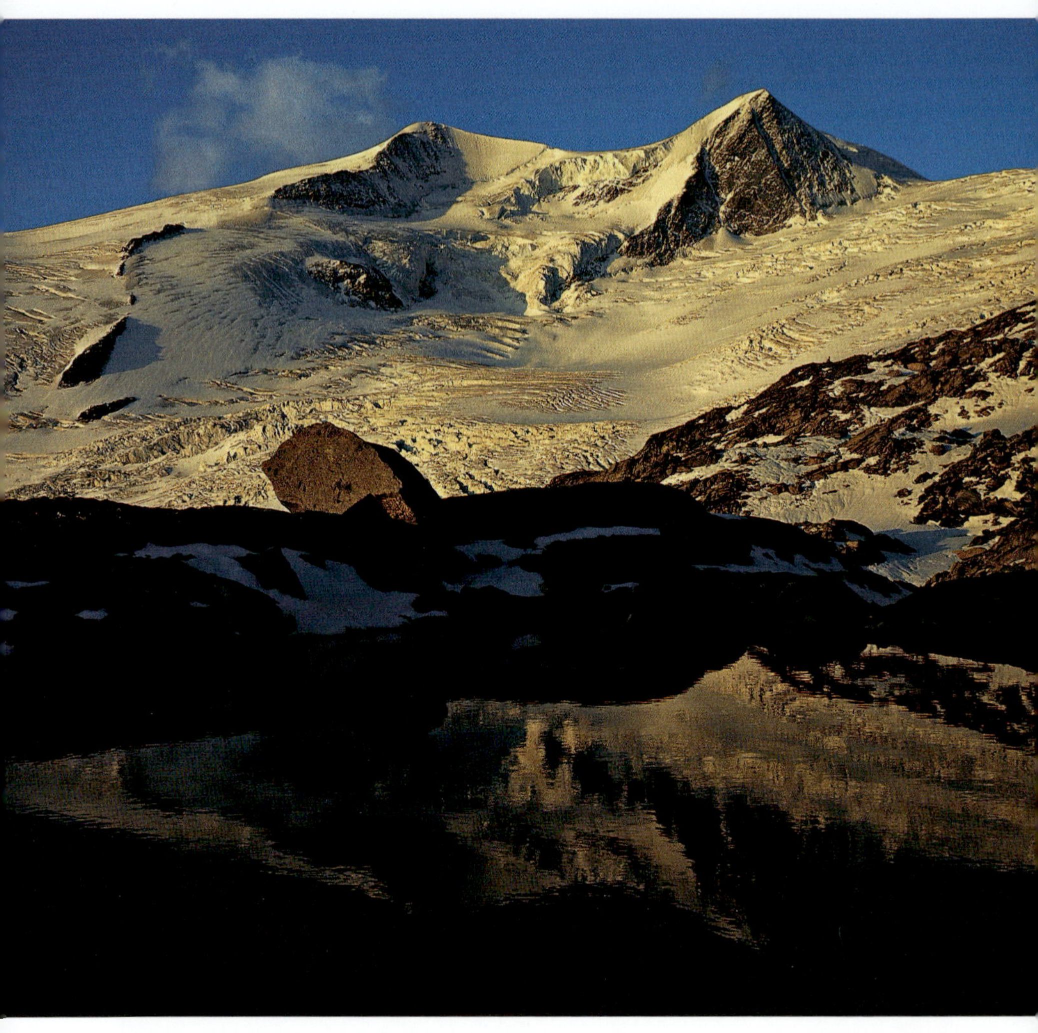

Hoher Zaun (3467 m) und Schwarze Wand (3511 m) spiegeln sich im „Prager Eissee".

500 Hm messende Talstufe. Wir gelangen in eine malerische Hochgebirgslandschaft, wo der **Salzbodensee** und 10 Minuten höher das **„Auge Gottes"** ein Innehalten verlangt. Beim mächtigen Steinmann auf der 1850er-Moräne steigen wir zur Brücke am Schlatenbach 15 Minuten ab und queren im Vorfeld des Schlatenkeeses buntfarbene Gesteinsparkette, Rundbuckel und gletschergeschliffene Felszonen. Die Markierung und Tafeln lenken zum Prager Hüttenweg, den wir nach einigem Auf und Ab ¾ Stunden unterhalb der **Alten Prager Hütte** (nicht bewirtschaftet) betreten. Auf

ihm in Kehren bergab und in wieder wuchsfreundlicherem Gelände, den Villtragenbach zur Seite, zur Brücke am Zusammenfluss der großen Bäche. Einem ausklingenden, beschaulichen Zurückwandern zum **Venedigerhaus** folgt die Rückkehr zum **Matreier Tauernhaus**. Nutzt man dazu den Nationalpark-Wanderbus, das Venedigertaxi oder die angebotenen Pferdekutschen, verkürzt sich die Abstiegsgehzeit um ca. 1 Stunde.

7000 HÖHENMETER FÜR EIN BILD

Ein Bild zu ungewöhnlicher Zeit und traumhafter Stimmung. All diese Vorgaben bietet hoch oben, zwischen Alter und Neuer Prager Hütte gelegen, ein stiller Eissee (2651 m), in dem sich im zarten Morgenrot Hoher Zaun und der Charakterkopf der Schwarzen Wand (3511 m) spiegeln. Für mein Wunschbild werde ich um 4 Uhr morgens zur Stelle sein, auf den Auslöser drücken und zufrieden wieder heimwärts gehen: So einfach ist es, glücklich zu sein!
Mit dem Auto von Lienz zum Matreier Tauernhaus, mit dem Fahrrad ins Gschlöß und in den Talschluss, wo die Bäche aus stockdunkler Ferne heranrollen. Dann hinauf in Richtung Alte Prager Hütte, in 2½ Stunden kann ich beim Eissee sein. Dort erwartet mich ein böiger Ostwind, der das morgengerötete Spiegelbild zersplittert.
Beim nächsten Versuch präsentiert sich der See eisbedeckt, inmitten sonnenbeschienener Berge. Bei den folgenden Vorhaben begleitet mich der Trotz zu meinem See, der ruhig, gleich einem Ölgemälde ruht. Allerdings ist der Himmel von Wolken überschwemmt und die Sonne irgendwo. Zwei weitere Seebesuche werden vorzeitig abgebrochen, einmal heranschwebender Nebel wegen, dann ein Tag gleich mir, ohne Stimmung.
Ein anderes Mal verfehlte ich den Steig nach der Brücke am Villtragenbach. Die Nacht war kellerfinster und der Felsblock, auf dem ich mich atemlos anlehnte und kurz darauf setzte, entpuppte sich als eine aus tiefem Schlaf aufgeschreckte Kuh. Sie sprang auf und ich fiel rücklings auf kopfgroße Steine. Es blieb ein dumpfer Schmerz und die Vorahnung, dass es auch dieses Mal nicht klappen wird.
Dann – endlich – ein Bilderbuchtag. Ich knipse mein Bild, genieße die geschenkten Minuten und steige in Siegerlaune ab und an der Alten Prager Hütte vorbei. Da steht ein hübsches Mädchen in der Tür, als wollte sie mir einen freundlichen Morgengruß zurufen. Stattdessen ruft sie in die offene Hütte hinein, unüberhörbar auch für einige Umstehende: „He, Paula, der ist schon wieder da, der ist epper nit ganz recht!" Bei einem Frühstück versuche ich, die Sache zu klären und für mein Vorhaben ein wenig Verständnis zu wecken. Geblieben sind die Erinnerung an eine gute Jause und Zweifel, ob ich's glaubhaft erklären konnte, warum man sich eines Bildes wegen sieben Mal ab Mitternacht auf den „Weg" zum Eissee macht.

DER DREISEENWEG AM ALPENHAUPTKAMM

Das „Tor“ im Gebirge

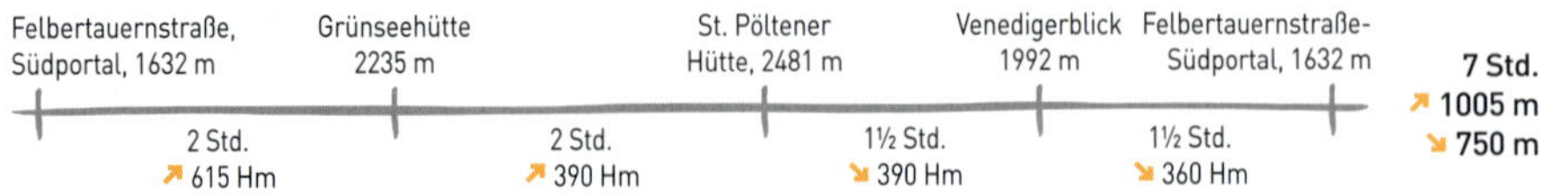

Anfahrt: Postbus Linie 4410 bis Matreier Tauernhaus und Felbertauernstraße-Südportal
Einkehrmöglichkeit: St. Pöltener Hütte

Der Panoramaweg (Schranken) führt vom **Südportal** in Kehren am Sonnseithang empor. Im Bereich der achten Kehre überschreiten wir den Messelingbach und beachten beim nahen Standplatz **Venedigerblick** (1992 m) die Abzweigung zur Grünseehütte. Dorthin quert der Steig die schwach geneigte Bergwiese, ehe er in Kehren eine Talstufe emporführt. Die nicht bewirtschaftete **Grünseehütte** liegt orographisch links vom Messelingbach, während der **Grünsee** 5 Minuten höher in einem von Rasen und Wollgrasblüten weich umbetteten Hangbecken ruht. Die im stillen Wasser sich spiegelnden weißen Berge verleihen ihm das eisige Grün. Etwas beengter umstellt ist der Schwarzsee auf der nächsthöheren Hangterrasse und noch ein kleines Stockwerk darüber überrascht der Graue See in lichtem Blau. Wo wir auf der **Messelingscharte** (2563 m) der Gletscherpracht der Venedigerberge gegenüberstehen, schwenkt der Steig am Westhang des Hochgassers entlang in Richtung Alter Tauern (2498 m). Es folgen teils seilversicherte Kammabschnitte. Der Weinbühel und eine weitere Kammerhebung trennen noch von der **St. Pöltener Hütte**, wohin wir abschließend kurz absteigen.

Den Rückweg im trogartigen Tauerntal stören die E-Masten der Hochspannung, dafür entschädigt der Panoramaweg, der südseitig des Messelingkogels beim Standplatz Venedigerblick die Runde schließt. Hinab zum Südportal geht es in ¾ Stunden auf bekanntem Weg.

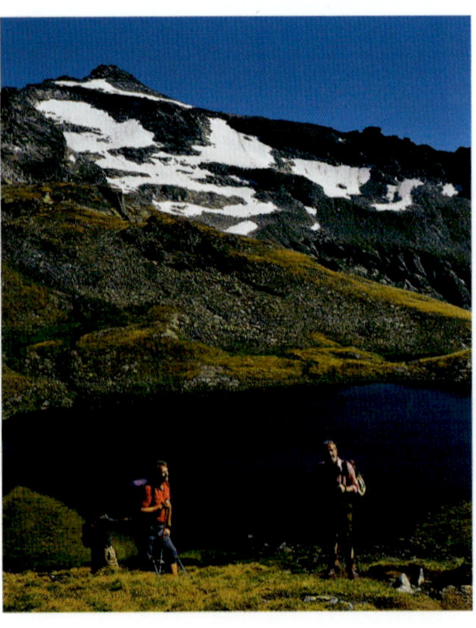

Der Graue See nahe der Messelingscharte

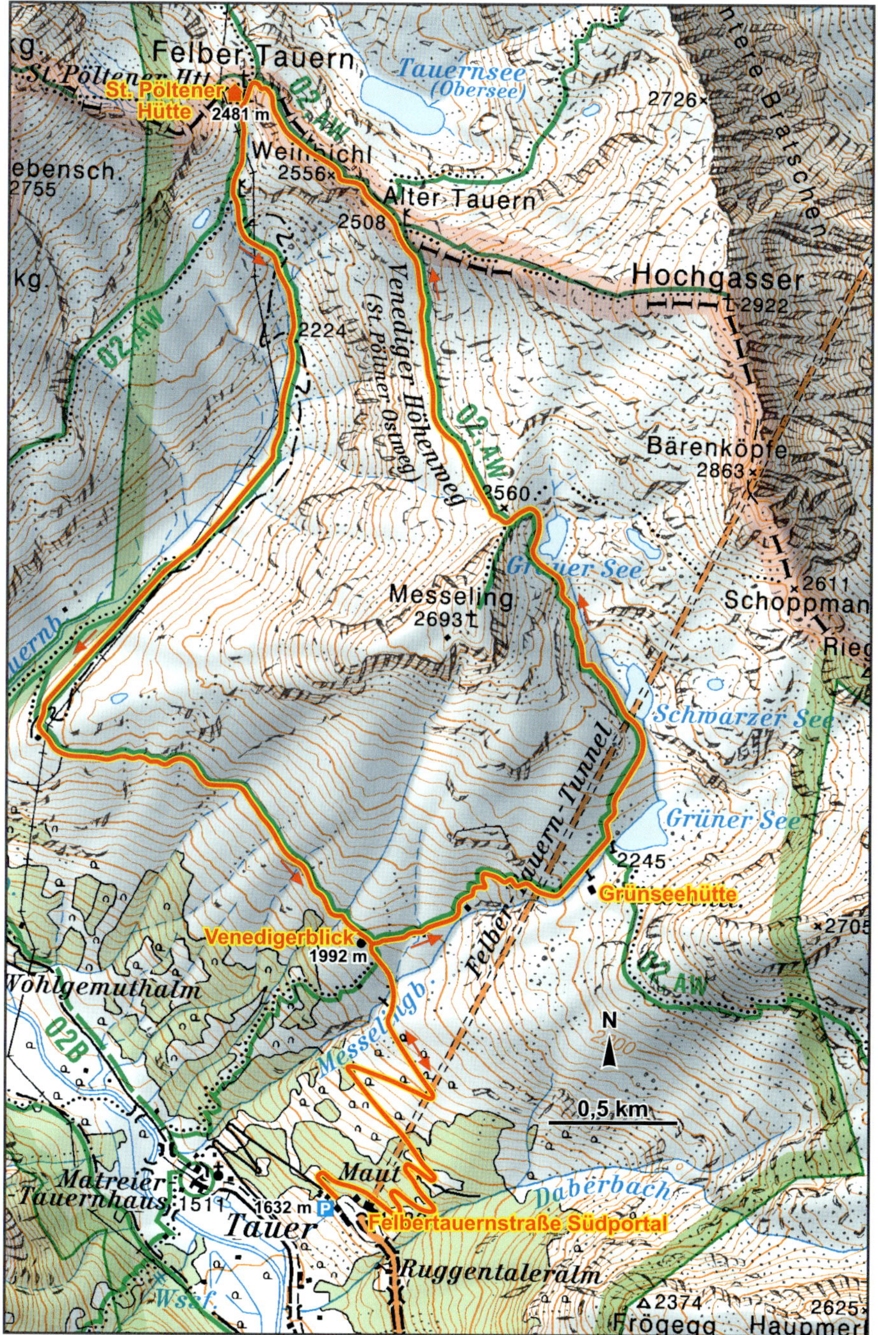

Felber Tauern
St. Pöltener Hütte
2481 m
Tauernsee
(Obersee)
2726
Weinbichl
2556
Alter Tauern
2508
Hochgasser
2922
2224
Venediger Höhenweg
(St. Pöltner Ostweg)
02 AW
Bärenköpfe
2863
2560
Grüner See
Messeling
2693
2611
Schoppman
Schwarzer See
Felber-Tauern-Tunnel
Grüner See
2245
Grünseehütte
Venedigerblick
1992 m
2705
Wohlgemuthalm
02B
Messelingb.
N
0,5 km
Maut
Matreier Tauernhaus
1511
1632 m
Tauer
Felbertauernstraße Südportal
Daberbach
Ruggentaleralm
2374
2625
Frögegg
Haupmer

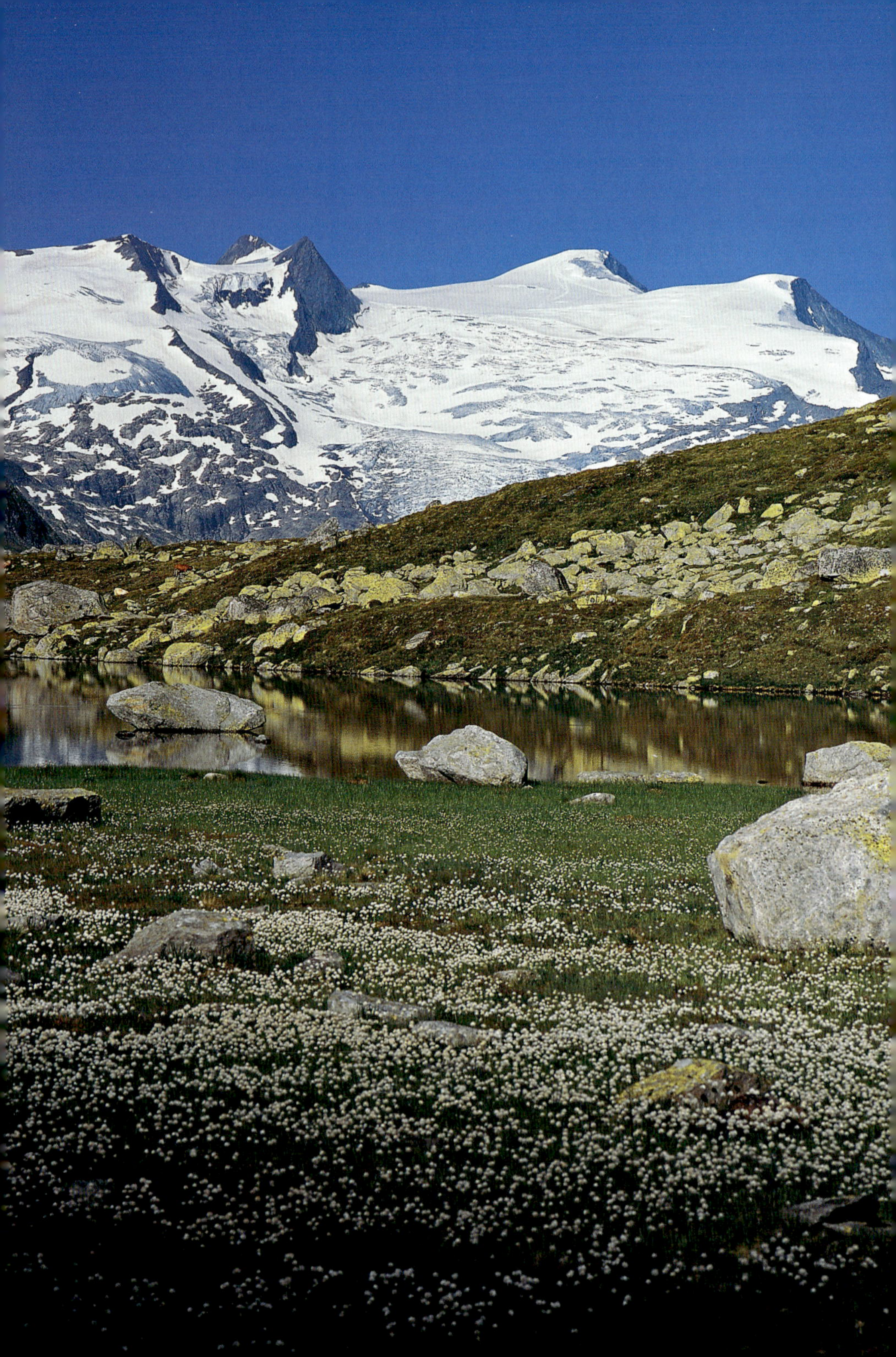

AUF DEN SPUREN DER SÄUMER

Florian Mattersberger, der Hanser-Bauer von Matrei, erzählt im Hohe-Tauern-Buch der Kerschbaumer-Bäuerin Theresia Köll („Geschichten aus den Hohen Tauern") von einem unheilvollen Viehtrieb über den Tauern im Jahre 1878, eine Begebenheit, die hier stark gekürzt wiedergegeben wird:
Ein Viehhändler aus dem Pinzgau hatte im Iseltal 130 Stück Vieh eingekauft, Kühe und Kälber, die er in vier Tagen von Matrei bis Mittersill zu bringen hoffte. Am 27. Mai erreichte das bereits ermüdete Vieh mit acht Treibern das Matreier Tauernhaus. Das Wetter war wechselhaft und der Viehhändler drängte zum Aufstieg, allen Warnungen trotzend und ungeachtet erster Anzeichen eines Wetterumschwungs. Am Morgen des 28. Mai schien alles gut, die Tiere waren willig und gingen zügig den steilen, steinigen Weg empor, von dem vereinzelte Fragmente heute noch sichtbar sind. Doch bald schon lahmten einige Tiere, anderen sprangen die Hufe auf und eine wohl vorhersehbare Müdigkeit erfasste die ganze Herde. Etliche Kälber wollten oder konnten nicht mehr. Beim „Göttlichen Stein" wurde eine unvermeidliche Rast eingeschoben, ehe die Tiere in den höher gelegenen, schneegefüllten Mulden bis zum Bauch einsanken. Erst gegen Abend, den tiefschwarze Wolkenbänke schon frühzeitig verdunkelten, erreichten sie den Pass, wo heute die St. Pöltener Hütte steht und das Tauernkreuz von der damaligen Schreckensnacht erzählt.
Mit Mühe und auch mit Gewalt versuchten die verzweifelten Treiber die Tiere auf den Beinen zu halten und aus der Gefahrenzone zu bringen, denn bei Sturm am Tauern ging es um Leben und Tod. Dann, ein plötzliches Heulen, Orgeln und Brausen in der Luft. Wahre Schneewände jagte ihnen der Sturm entgegen. Panik brach los, die Tiere gehorchten nicht mehr, gingen mit zugeklemmten Augen abwärts, kamen vom Weg ab, stürzten oder blieben erschöpft liegen. Auch die Treiber und der Viehhändler kämpften ums Überleben. Den damals 18-jährigen Treiber Franz schickte der Viehhändler hinunter zu den Tauernhäusern Spital und Schößwend, um Hilfe zu holen. Die Nacht im Sturm überlebte er nur unter Aufbietung übermenschlicher Kräfte. Oben am Berge setzte indes das Sterben ein. Vier Treiber erfroren und 100 Stück Vieh, teils verweht im Schnee oder im Sturz über steile Schrofen verendet. Der nächste Morgen offenbarte bei zögernder Wetterbesserung einer von Mittersill aufsteigenden Rettungsmannschaft die ganze Tragödie. Ihnen blieb nur noch, die Toten über den Tauern und im knietiefen Schnee hinab ins Gschlöß zu bringen. Den Rest besorgten die Jochraben und aus Friaul zugezogene Aasgeier, die für einen Sommer lang am Ort des grausamen Geschehens heimisch wurden.

Der eisgehärtete Venedigerpulk und weichflaumiges Wollgras beim Grünsee

KALSER DORFER TAL

Almen und flinke Wasser zwischen Glockner- und Granatspitzgruppe

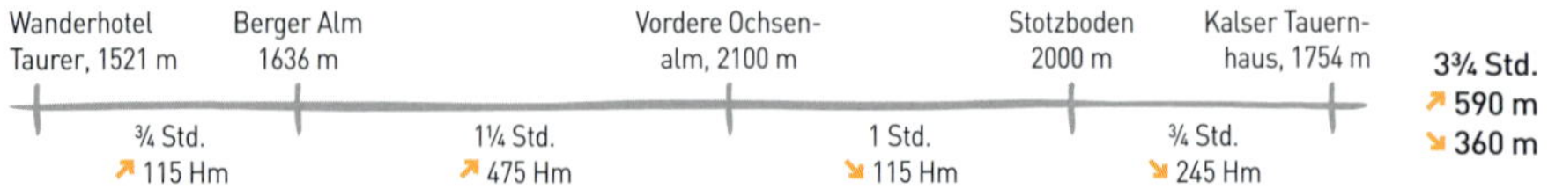

Anfahrt: Von Kals am Großglockner (1325 m) mit Postbus Linie 4408 bis zum Wanderhotel Taurer, Rückkehr vom Kalser Tauernhaus mit Glocknertaxi möglich
Einkehrmöglichkeiten: Wanderhotel Taurer, Berger Alm, Kalser Tauernhaus

Gegensätzlicher könnte das von Eiszeiten geprägte Kalser Dorfer Tal nicht sein: Die eindrucksvolle Daberklamm im Mündungsbereich mit dem im Schluchtgrund tobenden Bach und dem kühn die Schlucht durchmessende Weg, in der höher gelegenen Talsohle dann die sanft gebetteten Almen bis hin zum Kalser Tauernhaus. Alles ruht auf Grundmoränen, auf dem mit Gletscherablagerungen ausgefüllten Talboden, den der Dorfer Bach in Mäandern durchpflügt.
Bei der **Berger Alm** (Jausenstation) auf der sogenannten Berger Ebene, zweigt der Steig zur Vorderen Och-

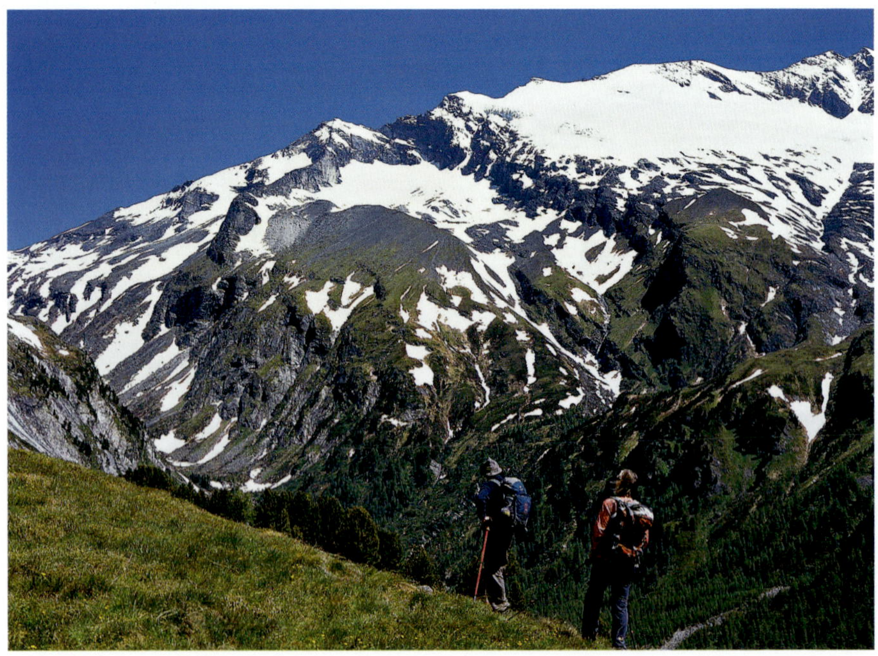

senalm am westseitigen Berghang ab. Erlen und Lärchen spenden dem in Kehren emporführenden Anstieg Schatten, bis die letzten Zirben die Bergwiesen freigeben. Die **Vordere Ochsenalm** (Materialseilbahn) liegt auf einer schmalen Hangterrasse im Bereich ausgedehnter Schafweiden, die teilweise bis in die Kammnähe der Granatspitzberge ansteigen.

Die vom Gletscherglanz der Glocknerberge überstrahlte Höhenwanderung lenkt über den kräftigen Muntanitzbach. Die Brücke wird alljährlich erst nach der Schneeschmelze instand gesetzt. Entlang der Berghänge führt der Weg weiter, durchquert schließlich ein Zirbenwäldchen und setzt über kleine Bäche hinweg zur Brücke am Stotzbach.

Wo er als herrlicher Wasserfall (Aussichtskanzel) über eine von Gletschern geschaffene Trogschulter ins Dorfer Tal stürzt, steigen wir auf zahlreichen engen Kehren am Heinrich-Ernst-Weg zum **Kalser Tauernhaus** der DAV-Sektion Mönchengladbach ab. In unmittelbarer Nähe der Hütte befinden sich die Gedächtniskapelle und der Gemeinschaftsstall der Kalser Bauern, umrauscht von den Keesbächen aus der Glockner- und Granatspitzgruppe.

Der eisgekrönte Kastengrat rahmt mit Eiskögele (3426 m), Schneewinkelkopf (3466 m) und Romariswand (3511 m) das Kalser Dorfer Tal östlich ein.

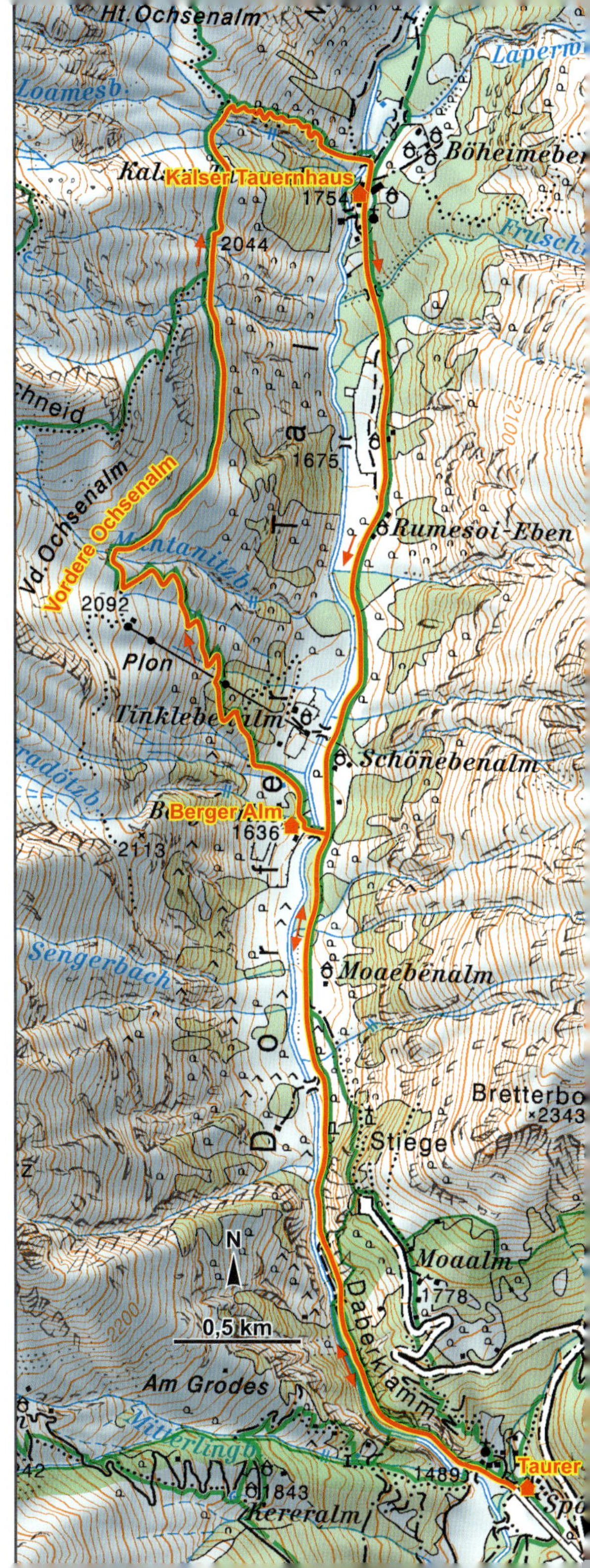

BODYGUARDS FÜR NUTZTIERE

Die über sieben Ebenen im Dorfer Tal hingereihten Almen ergänzt die Hochalm, als Vordere Ochsenalm bekannt. Wo heute Wanderer und Bergsteiger, von der Berger Alm ausgehend, hinaufsteigen, trotteten einst bis zu 100 Ochsen empor, ehe eine Lawine um 1970 in die Gebäude krachte und von Hütte und Stall nichts übrig ließ. Nur noch Gesteinsstummel lassen die Umrisse des ehemaligen geräumigen Stalles erkennen, das zerborstene Holz der Almhütte und Teile des Inventars wurden mitgerissen und erst vom Lawinenkegel im Tal aufgefangen.
Laut einer Alpordnung vom 1. Juni 1903 wurde der Bau eines Stalles für 80 bis 90 Galtrinder und Ochsen angeordnet. Diese Alpordnung legte auch den Termin des Almauf- und -abtriebs fest: Aufgetrieben wurde nicht vor Ende Mai und für den Abtrieb galt der 19. September als letzter Termin. Zum Schwenden und Säubern der Weideflächen sowie zur Reinigung der Almhütte wurden Fronschichten angeordnet, wofür „Arbeitswillige" und entsprechend kräftige Personen eingeteilt wurden. Mit der Zerstörung des Gemeinschaftsstalles auf der Ochsenalm um 1970 änderte sich das bisher gepflogene Almgeschehen. Obwohl 1995 die Almhütte erneuert und ein Aufzug gebaut wurde, werden nur noch Schafe, derzeit 1200, aufgetrieben. Um sie im weitläufigen Alm- und Berggebiet gegen Luchs, Wolf oder Bär zu schützen, veranlasste die Nationalparkverwaltung 2014 den Einsatz von Herdenhunden. Derzeit führt die Route durch ein von Herdenhunden geschütztes Territorium, wo Schafe für rund 100 Tage Wildtiere sein dürfen. Einer dieser Herdenwächter nahm es mit seiner Aufgabe wohl allzu genau und biss einer Touristin ins Bein. Nach erfolgter Erstversorgung begleitete der Hirte die Frau in sicheres Gelände und den Hund zur „Nachschulung" ins Tal. Den Steigbenützern wird empfohlen, Abstand zu den Herdenhunden der Rasse Maremmano Abruzzese zu halten. Wölfe, die u. a. in Deutschland und Tschechien wieder Rudel bilden, sind nur vereinzelt in die Alpentäler vorgedrungen, Bären wesentlich häufiger. Ein „durchreisender" Bär riss 2003 mehrere Schafe im Bereich der Kalser Schönleitenspitze. Zusammen mit den in Panik geflüchteten und zu Tode gestürzten Tieren war der Verlust von 15 Schafen zu beklagen.

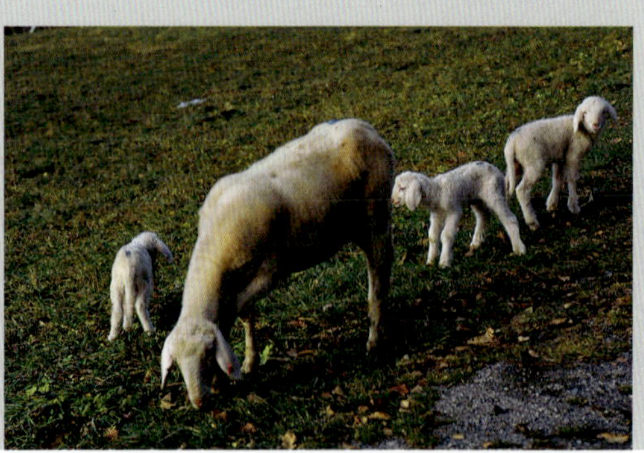

1200 Schafe weiden im Bereich der Vorderen Ochsenalm.

Rechts: Der Stotzbach aus den Quellstuben der Aderspitze (2989 m)

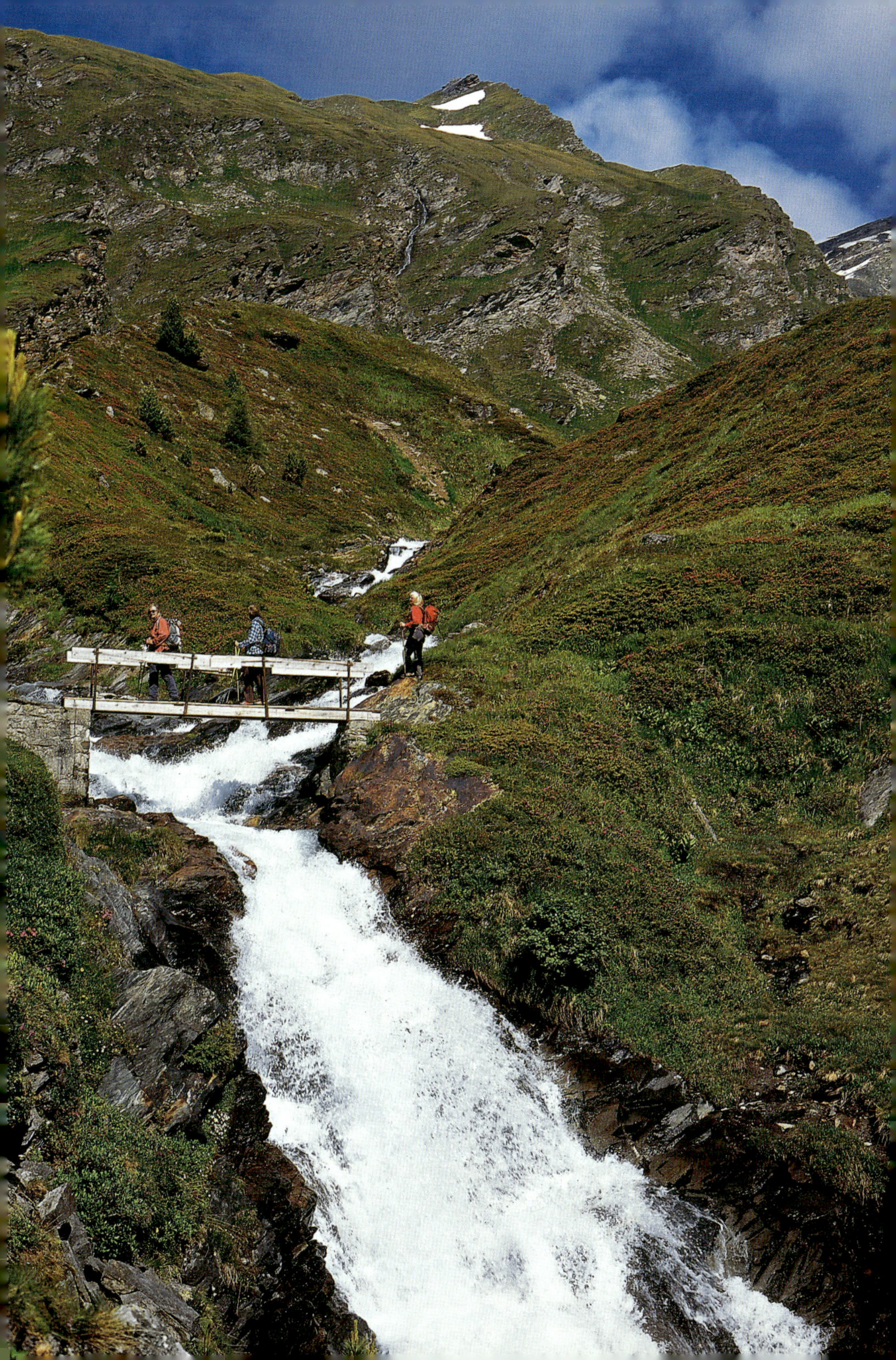

PEISCHLACHTÖRL UND DAS „GLETSCHERBIWAK“

Blick in die Gipfelmitte der Schobergruppe

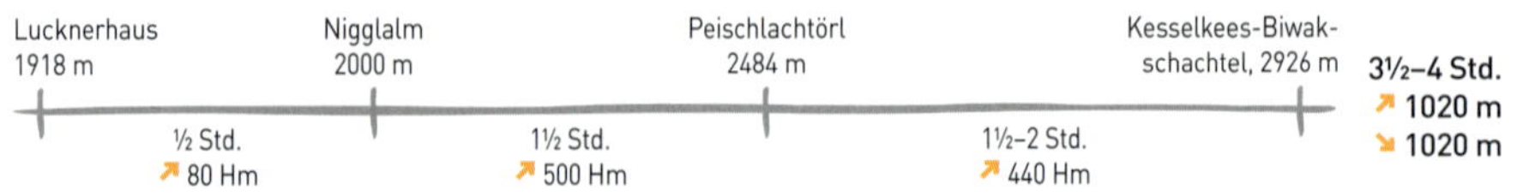

3½–4 Std.
↗ 1020 m
↘ 1020 m

Anfahrt: Mit Pkw oder Postbus Linie 4408 (verkehrt bis Mitte September) auf der Kalser Glocknerstraße zum Lucknerhaus
Einkehrmöglichkeit: Alpengasthaus Lucknerhaus

Diese Bergwanderung führt in den nördlichen Teil der Schobergruppe. Auf der 7 km langen Kalser Glocknerstraße gelangen wir zum **Lucknerhaus** im Angesicht des Großglockners. Ca. 200 m südlich des Luckner-

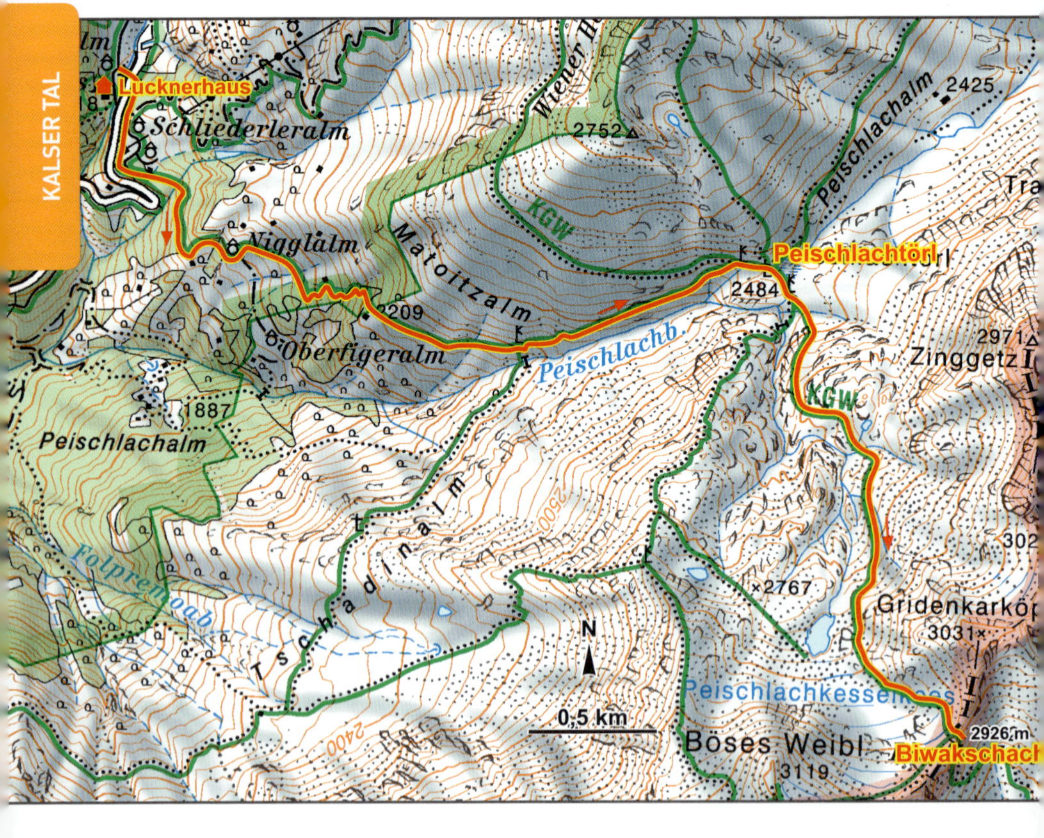

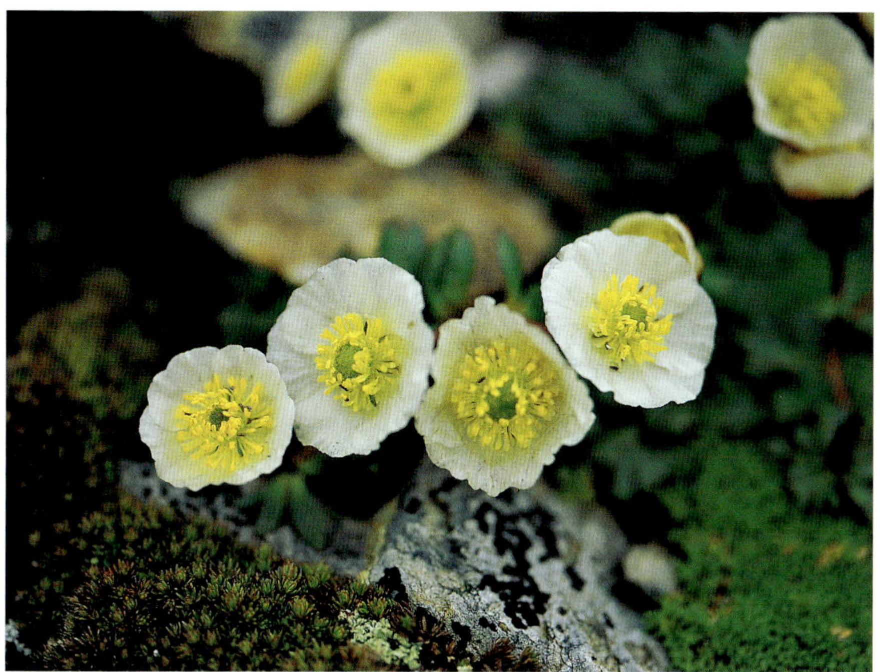

Der Gletscherhahnenfuß überlebte bisher alle Eiszeiten.

hauses zweigt der Almweg von der Kalser Glocknerstraße bergseitig ab und erreicht über eine Bachbrücke und nach einigen Kehren in etwa 25 Minuten die Matoitzalmhütte (Nigglalm, ca. 2000 m).
Hangaufwärts verschmälert der Weg bald zum Steig, ehe wir über einige Rinnsale und durch einen Staudengürtel die südlich abgesenkte Hangkante des Kasteneckes erreichen (Schupfe). Der Steig führt orographisch rechts des Peischlachbaches bei mäßiger Steigung zum **Peischlachtörl** mit Unterstand und Passkreuz. Im Bereich des flachen Moorbodens beachten wir die Steigteilung und wählen den Wiener Höhenweg zum **Kesselkeessattel** (bez. 918). Zwischen Rasen und Blöcken gelangen wir auf einen höher gelegenen, mehrfach durchnässten Karboden und entlang einer flachen Moräne zur schwach ausgeprägten Nordkante (Steinmann) des Gridenkarkopfes.
In weiterer Folge steigen wir auf dessen Westhang und oberhalb des versiegten Kesselkeeses zum längst sichtbaren **Gernot-Röhr-Biwak** am Übergang zur Elberfelder Hütte an. Das Biwak erinnert an den Gymnasialprofessor und Extrembergsteiger Gernot Röhr, verunglückt am 11. 6. 1966 in den Lienzer Dolomiten. Das Biwak wurde 1973 von Walter Mair mit Jugendlichen des Lienzer Alpenvereins erbaut. Auf gleichem Weg zurück ins Tal.

DAS ENDE „UNSERES" GLETSCHERS

Der Kesselkeessattel (2926 m) bildet die Scheitelstelle der sechsstündigen, teils hochalpinen Strecke zwischen Glorer- und Elberfelder Hütte. Er gilt als Wetterwinkel, wo auch das Böse Weibele (3119 m) mit gelegentlich sturmgeblähten Wolken mitspielt. Angesichts dieser Situation reifte der Plan, mit dem Bau einer Biwakschachtel eine Zuflucht bei Schlechtwetter und damit etwas Sicherheit auf der langen, schutzlosen hüttenverbindenden Route zu schaffen. Kehren wir zurück in das Jahr 1973, wo wir mit Hilfe eines Kalser Steinmaurers mit Hammer und Meißel ein sechs Quadratmeter großes, tragfähiges Fundament am schmalen Felsgrat freischrämmen. Unvergessen bleibt der Tag des Wiener Hubschrauberpiloten Alfred Havlecek, der beim Transport der sperrigen Lasten von Kals zum Bauplatz den böigen Windstößen trotzt und zum Kunstflieger wird. Mitte September bauen wir mit den Jugendlichen Peter und Seppi Ponholzer und Norbert Feichter die im Tal vorgefertigten Teile zusammen, was drei Tage lang dauert und nicht ganz ohne Pannen geschieht. In den äußeren Konturen steht das Biwak fast fertig am Grat und

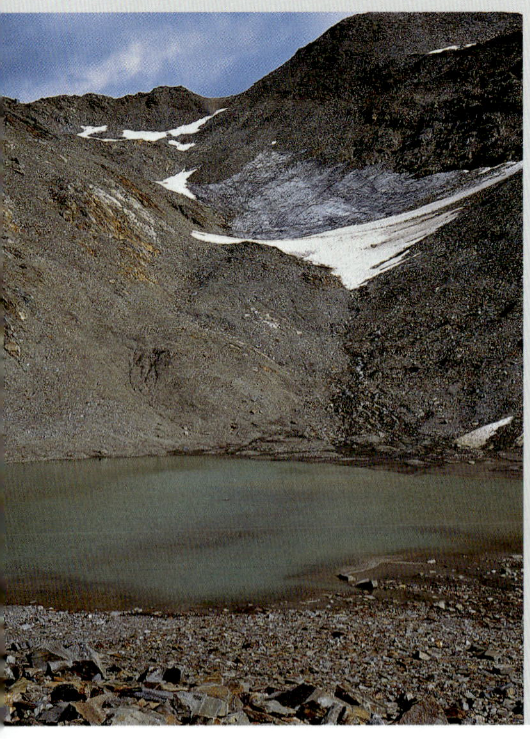

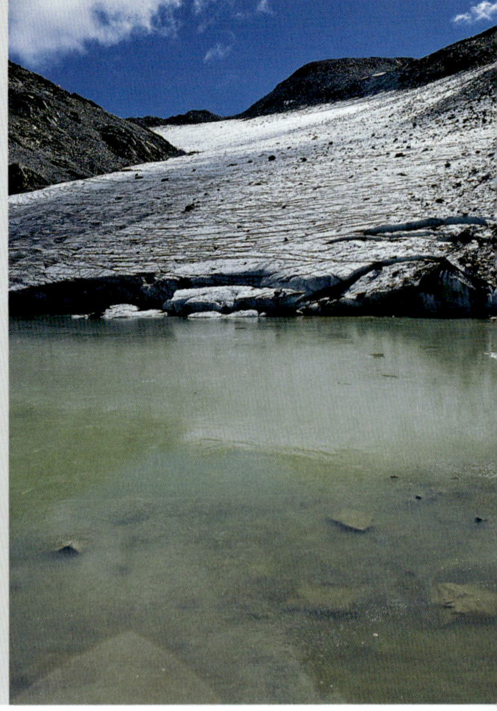

bald auch gesichert vor Sturm und Wind. Dies garantieren Spannseile, gehalten von vier geschmiedeten, in Felsspalten eingekeilten Eisenankern. So ist der Plan. Doch dann entgleitet mit einem Fehlschlag einer dieser Anker, saust wie ein Pfeil am Eishang hinab und noch ein Stück am Gletscher entlang, ehe er in einer tiefen Spalte eintaucht und auf Nimmerwiedersehen verschwindet. Damals war das Peischlach-Kesselkees ca. 1,3 km lang, 320 m breit und etwa 60 bis 80 m mächtig. Doch nichts bleibt, wie es ist, auch nicht das Kees, das um 1990 einen spürbaren Längenverlust hinnehmen muss und sein Schmelzwasser monoton in einen Eissee träufelt. Um die Jahrtausendwende ist der Felsgrat mit der Biwakschachtel nordseitig längst eisfrei und immer zahlreicher überstreuen Blöcke und Kies die Eiszunge. Im Zuge einer kleinen Reparaturarbeit im Herbst 2011 rasten wir beim erwähnten Eissee, den nur noch ein dürftiges Rinnsal aus verborgenem Toteis nährt. Jeder Schritt bergan stößt an Steine und Schutt in einem neu geschaffenen Tälchen, das der Gletscher so lange Zeit eisig versiegelte. Kantengerundete Blöcke liegen frei, fein zermahlenes Gesteinsgut, fest eingebacken in der Grundmoräne. So präsentiert sich der schmucklose Hochtalkessel kahl und unberührt. Von Menschen nicht die geringsten Spuren. Oder doch? Da liegt tatsächlich, fremd und bräunlich angerostet, der vor 38 Jahren verlorengegangene Eisenanker zwischen den Steinen! Zeitlich verspätet erfüllt er jetzt seine Funktion und bietet der Biwakschachtel Halt, hoch oben in jener kleinen Welt, die etwas nüchterner, eintöniger geworden ist, seitdem der Gletscherglanz Geschichte ist.

Links: Das Peischlach-Kesselkees im Jahre 1990. Seit 2011 (rechtes Bild) träufelt nur noch ein dünnes Rinnsal in den Eissee.

Rechts: Das Gernot-Röhr-Biwak am Kesselkeessattel

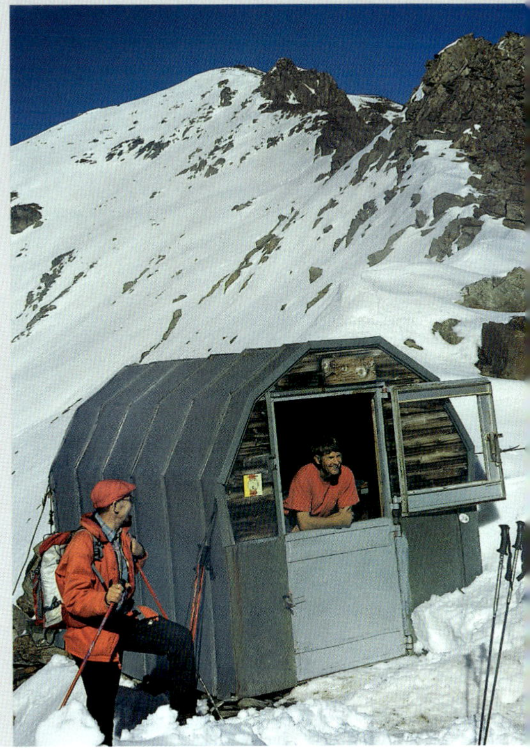

31

IM UMBALTAL ZUM URSPRUNG DER ISEL

Ein Kernstück im Nationalpark Hohe Tauern

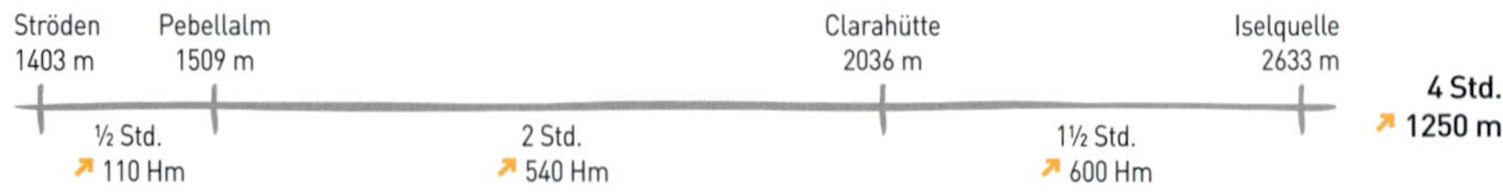

Anfahrt: Postbus Linie 4412 bis Prägraten Ort, von dort mit Taxi oder Pkw über Hinterbichl nach Ströden; gebührenpflichtiger Parkplatz. Es besteht die Möglichkeit, mit der Pferdekutsche oder dem Venedigertaxi von Ströden zur Pebell- und Islitzeralm zu fahren.
Einkehrmöglichkeiten: Pebellalm, Islitzeralm, Clarahütte

VIRGENTAL

Vor 20.000 bis 12.000 Jahren überfloss der Gletscher das Virgental und das Lienzer Becken mit einem 2 km dicken Eispanzer bis zum Zungenende beim Wörthersee in Kärnten. Was davon übrig geblieben ist, zeigt sich nach vier Gehstunden noch oben im Umbaltal, einer der botanisch reichsten Regionen Osttirols. Bei Ströden öffnet der Nationalpark das „Tor" zur Pebell- und Islitzeralm am Fuße der weitum bekannten Umbalfälle. Am eindrucksvollen Wasserschaupfad gelangen an freundlichen Sommertagen ungezählte Besucher bis zur Clarahütte.

Der Wasserschaupfad Umbalfälle wurde 1976 eröffnet, 2012 wurde er mit neuen Aussichtsplattformen ausgestattet. Seit dem Jahre 2000 besteht zudem die Wasserschule – weltweit die erste ihrer Art –, die sich mit ihrem Bildungsangebot jährlich an ca. 50.000 Besucher wendet.

GLETSCHERGEHEIMNISSE UND DAS FLUGZEUG IM EIS

Am 4. Jänner 1941 musste eine Ju 52 der deutschen Wehrmacht ca. 3200 m hoch am Umbalkees notlanden. Eine fliegerische Meisterleistung, denn alle 11 Insassen überlebten und kämpften sich sechs Tage lang bis Prägraten durch. Ein Schwerverletzter wurde von vom Tal aufsteigenden Rettern über das Reggentörl zur Rostocker Hütte getragen und dort versorgt.

Das Wrack der dreimotorigen Militärmaschine versank allmählich im Eis und aperte im Sommer 2000 etwa 550 m unterhalb der Unglücksstelle teilweise wieder aus. Die Bergrettung Prägraten barg freiliegende Teile, bis 2007 gab die „Tante Ju" die Flugzeugkabine, einen Motor, ein Rad und Heckteile frei. Einiges liegt auch heute noch im Eis.

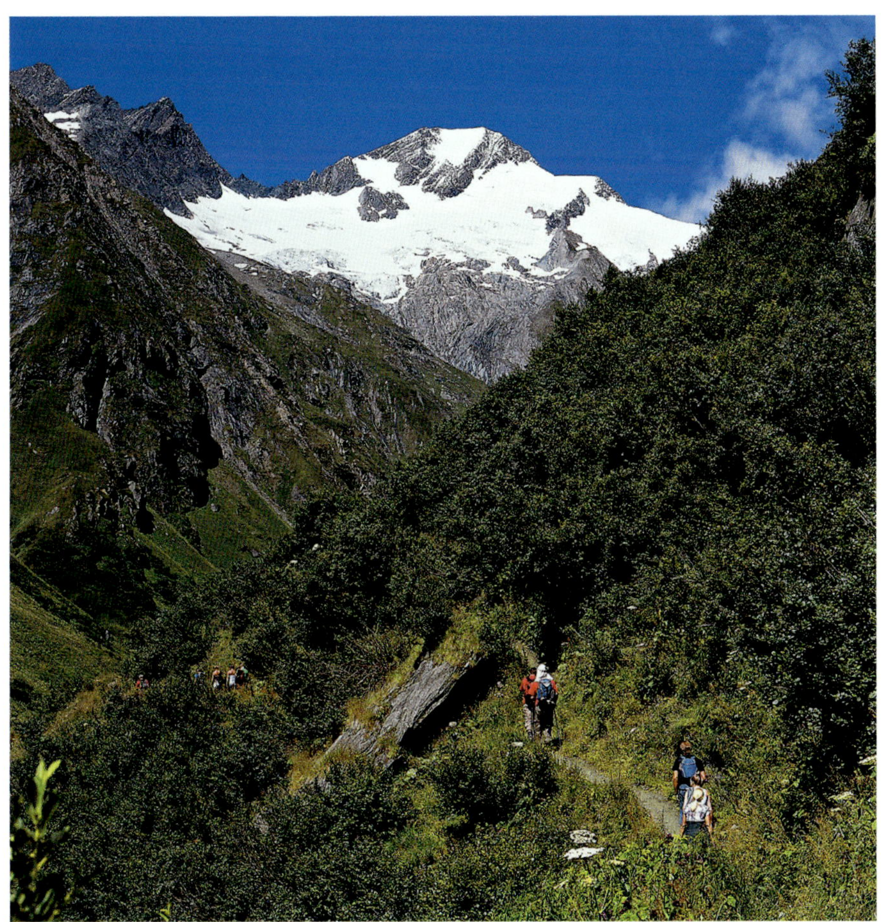

Die Sicht zur Rötspitze (3496 m) begleitet uns bis zur Clarahütte.

Am **Wasserschaupfad** steigen wir im Umbaltal höher und rasten beim „Großen Stein", einem tonnenschweren Brocken, den eine Flut 1985 aus seinem tausendjährigen Stand riss. Höher im Tal wechseln wir auf die orographisch linke Bachseite, kommen an der **Ochsnerhütte** (1936 m) vorbei und wandern entlang blühfreudiger Berghänge zur 2013/14 erneuerten **Clarahütte**. Im Angesicht der formschönen Rötspitze führt ein alpiner Steig zur Iselquelle und Eiszunge des Umbalkeeses. Der schmale, steinige Gletscherweg bleibt nach der Brücke nahe an der orographisch rechten Iselseite. Den Überstieg über eine kompakte Felsstufe erleichtern Seilversicherungen, ehe wir zum versandeten Eissee und schließlich zur Gletscherstirn kommen. Auf gleichem Weg zurück.

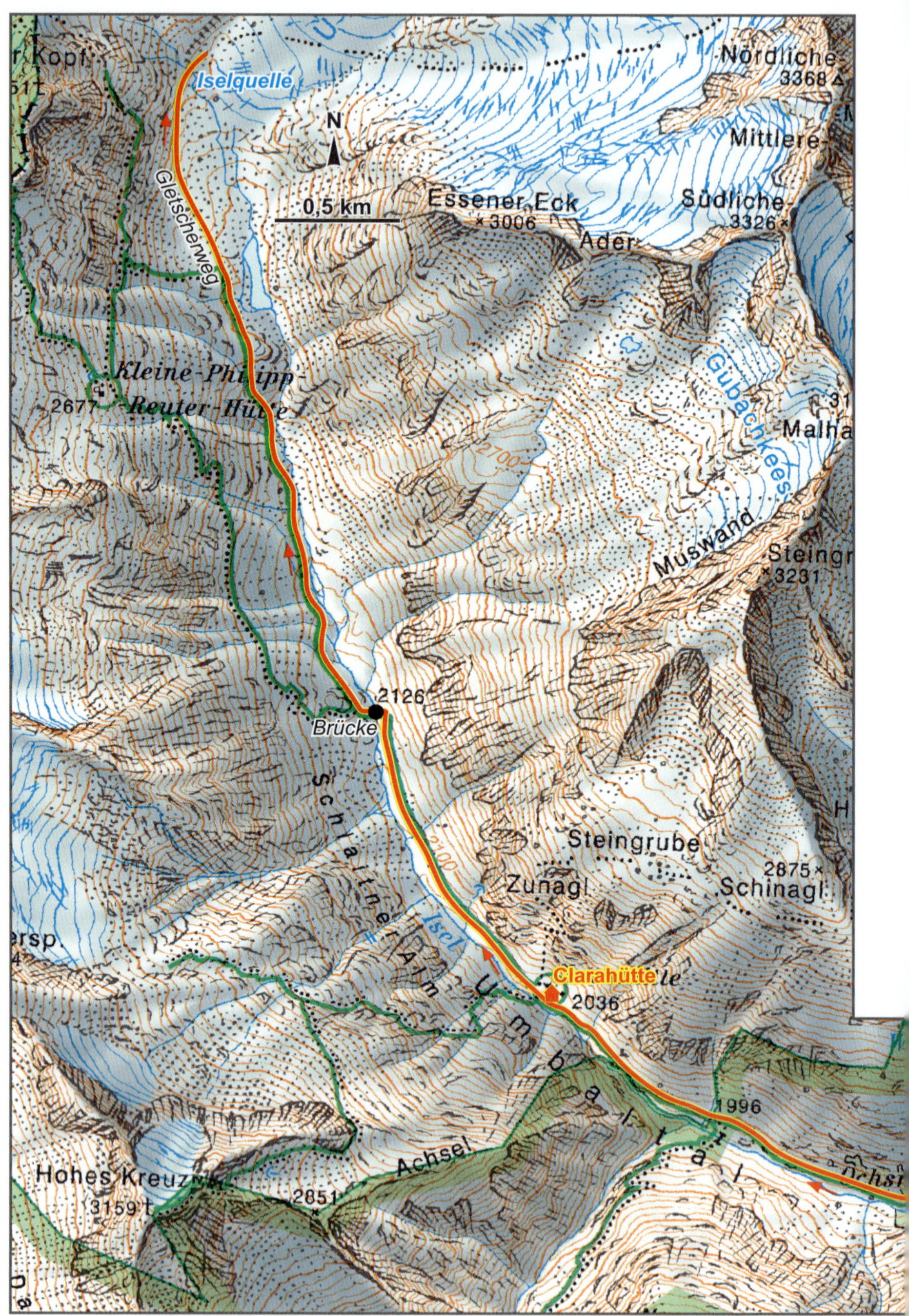
Iselquelle
Gletscherweg
N
0,5 km
Essener Eck
3006
Ader
Nördliche
3368
Mittlere
Südliche
3326
Kleine-Philipp-Reuter-Hütte
2677
Gubachkees
Malha
Muswand
Steingr
3231
2126
Brücke
Schlaitner Alm
Steingrube
Zunagl
2875
Schinagl
Isel
Clarahütte
2036
Umbaltal
1996
Achsel
Hohes Kreuz
3159
2851

UNTERWEGS ZUR ISELQUELLE

Am Ende des Umbaltales befreit sich die junge Isel aus über Jahrhunderte gealtertem Eis. Im Jahresschnitt weicht das Umbalkees 20 m zurück. Ein vorerst verhaltenes Fließen der Isel, ein langsames Wegschwemmen, von den ersten Sonnenstrahlen grün durchsprengt, dann hält sie nichts mehr auf. Schon bald nach der Quellstube fahren die ersten Wellen hoch. Sie drängen und stoßen hell und dunkel aufwirbelnd vorwärts. Nur kein Innehalten, weiter, weiter: ein wilder rauschhafter Lauf mit wogender Lust. Blasse Steine und buntgefaserter Fels sind ein hartes Bett für den rastlos niederstürmenden, reißenden Gletscherfluss. Mit orkanischer Gewalt tobt die Isel nach 5 km im Stufengefälle des unteren Umbaltales, womit sie Berühmtheit erlangte. Sie durcheilt das Virgental bis Matrei, wo sie den Tauernbach mitnimmt. Von Matrei bis Lienz trägt das Tal ihren Namen.

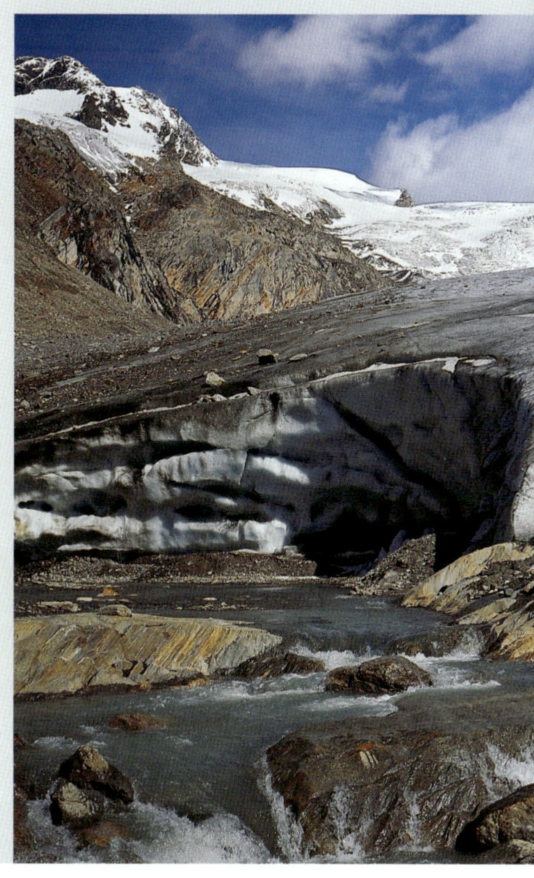

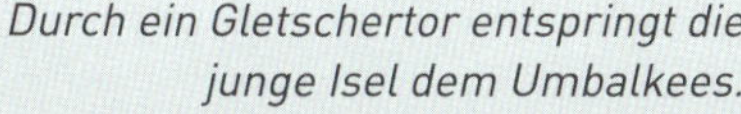

Durch ein Gletschertor entspringt die junge Isel dem Umbalkees.

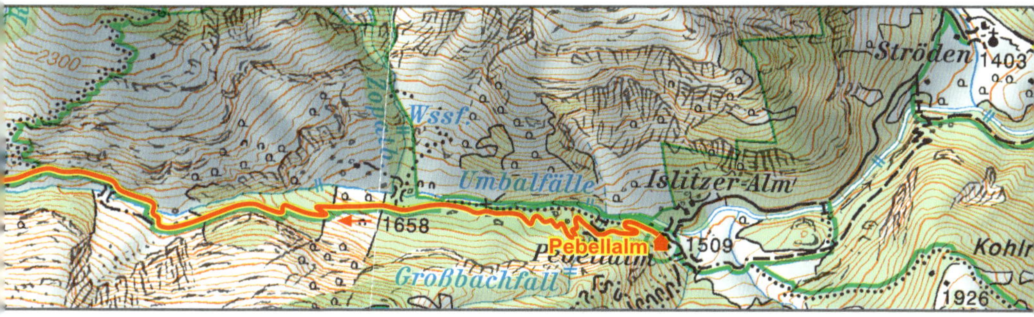

ESSENER-ROSTOCKER HÜTTE IM MAURERTAL

Das Rostockeck in eisfreier Mitte umrunden

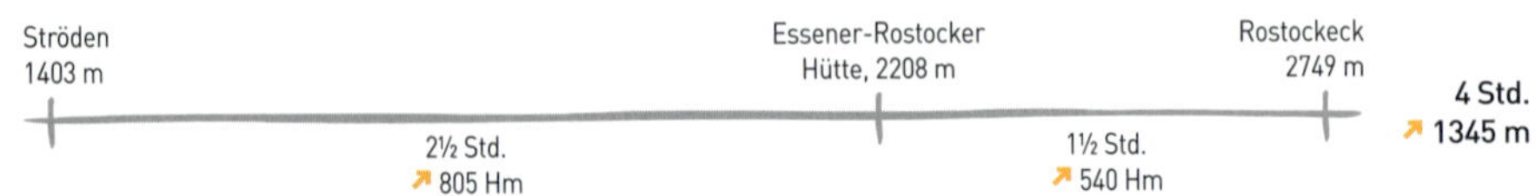

Anfahrt: Postbus Linie 4412 bis Prägraten Ort, von dort mit Taxi oder Pkw über Hinterbichl nach Ströden; gebührenpflichtiger Parkplatz
Einkehrmöglichkeiten: Stoanalm, Essener-Rostocker Hütte

Beim Parkplatz in **Ströden** kehren wir in das Maurertal ein. Dem Maurerbach zur Seite gelangen wir zur **Stoanalm** und später zur Talstation der Materialseilbahn. Weg und Steig führen orographisch links des lebhaften Baches in dem von den Maurerkeesköpfen und der Östlichen Simo-

Die Essener-Rostocker Hütte umschirmt von den Maurerkeesköpfen

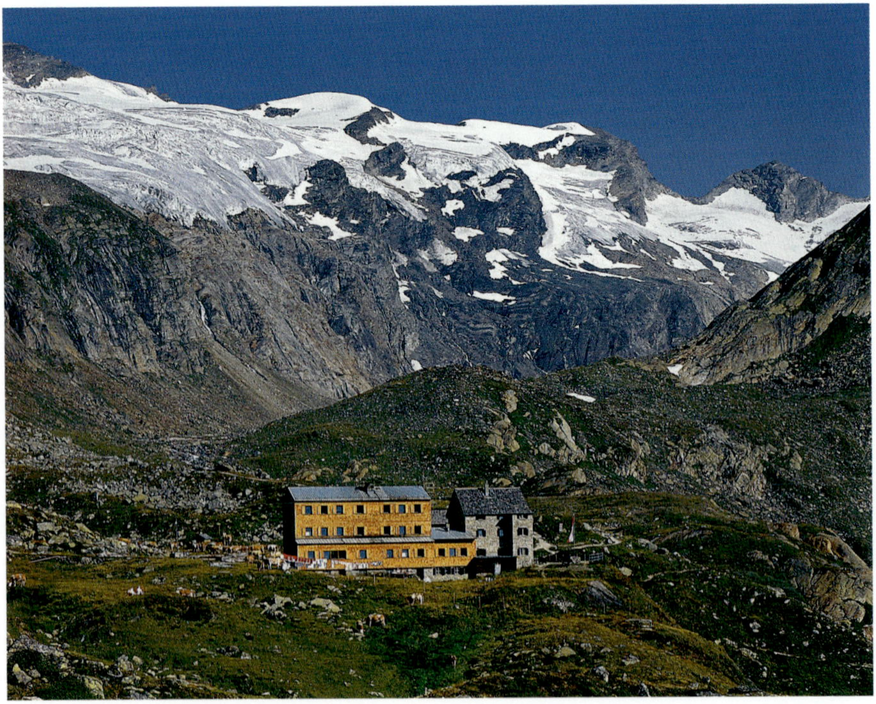

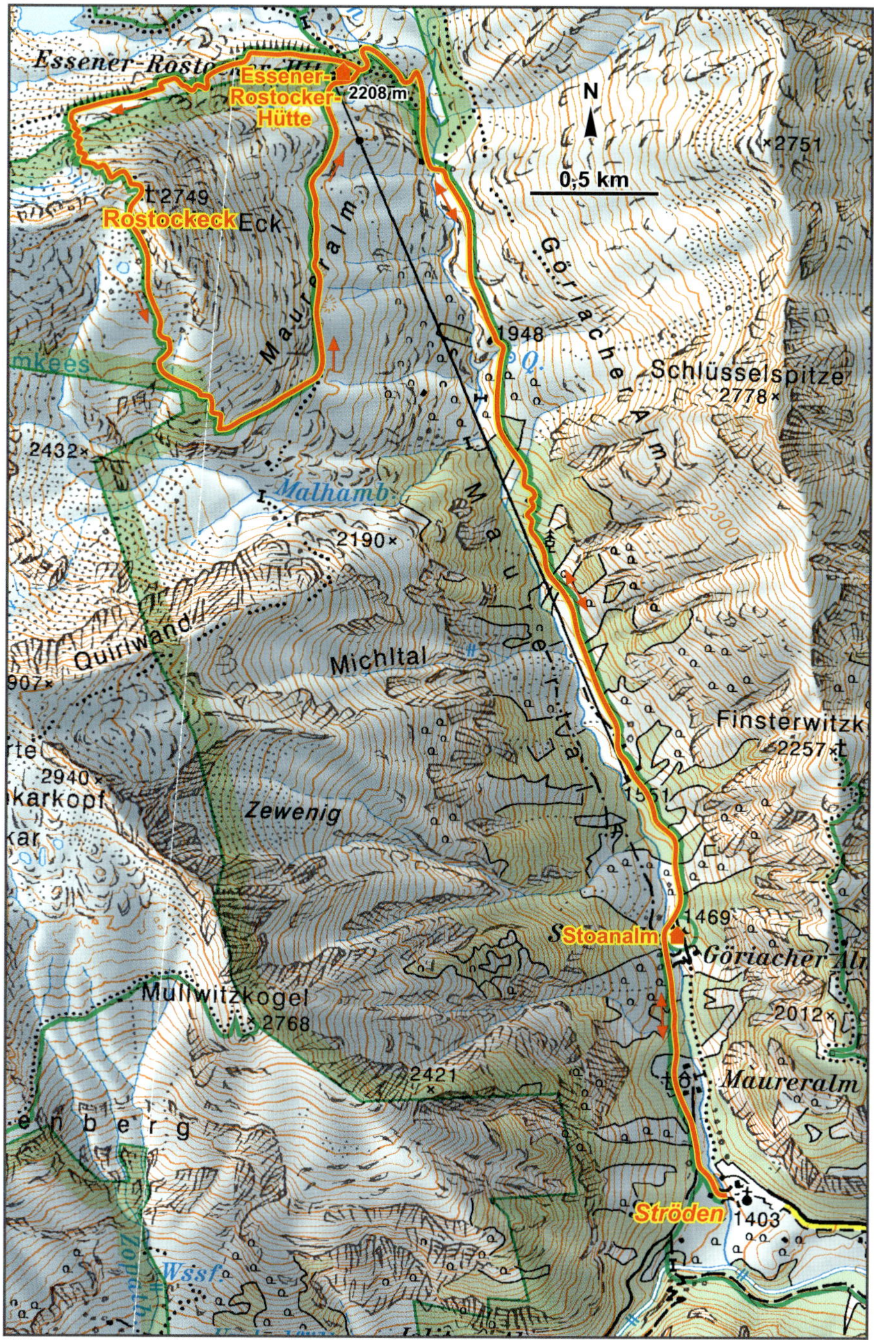

Essener-Rostocker-Hütte
2208 m
N
0,5 km
Rostockeck
2749
Eck
Maureralm
Göriacher Alm
1948
Schlüsselspitze
2778
2751
2432
Malhamb
2190
Quirlwand
Michltal
Maurertal
Finsterwitzk
2257
2940
Zewenig
1551
1469
Stoanalm
Göriacher Alm
Mullwitzkogel
2768
2012
2421
Maureralm
Ströden
1403

ERINNERUNGEN AN EINE JUGENDFAHRT INS REICH DER EISGIPFEL

Bis 1966 gab es nur die Rostocker Hütte, hoch oben im Windschatten der großen Simonykees-Seitenmoräne. Da waren damals 30 Jugendliche vom Lienzer Konvikt und ich mit 14 Jahren erstmals auf einer Bergwoche im Hochgebirge. Professor Louis Oberwalder, Gymnasiallehrer und Erzieher, unser „O", wie alle ihn nannten, führte zu österlicher Zeit in sein Lieblingsgebiet in der Venedigergruppe.
Von Hinterbichl, wohin der Postbus uns brachte, ging es zu Fuß in den Weiler Ströden und weiter in das Maurertal. An den steilen, hoch auffahrenden Talflanken klebte noch der Winterschnee, so gingen wir am Seil und in engen Abständen. Es dunkelte bereits beim Ochsnerhüttl, nur noch verblasste Lichter schwebten entlang der Firnsäume von Simonyspitzen und Maurerkeesköpfen.
Stunden waren wir unterwegs, Schuhe, Schi und Rucksack drückten. Eingekeilt zwischen zwei Schülern, konnte ich weder Schritt noch Rhythmus halten. Mein Herz pochte im Wechsel zwischen hochflutender Hitze und rieselndem Frösteln, so schien der Anstieg kein Ende zu nehmen. Es war mehr ein Taumeln als ein Gehen. Dann endlich die Hütte. Hinein in die Stube! Doch elend und blass musste ich wieder hinaus vor die Hütte, musste mich am Türrahmen halten, weil sich die nachtdunklen Berge im Kreis drehten und die Sterne wie Funken tanzten. Professor „O" blickte sorgenvoll, fühlte meinen Puls und überredete die Hüttenmutter Ida, ein Krankenlager in der Küche einzurichten. Gleich neben dem Herd, einem eisernen Ungetüm, in dessen feurigem Herzen die letzten hitzenden Lärchenscheiter verglühen. Dann wurde es still in der Hütte. Nur der ungestüme Maurerbach war mit gleichbleibend dumpfem Brausen zu hören, er nahm mich mit in einen unruhigen, traumschweren Schlaf.
Am Morgen wurde es lebendig und laut unter den studentischen Naturen, nur ich blieb etwas scheu und verlegen, doch genesen vom erschöpfenden Anstieg am Tag zuvor. Professor „O" sah mich beruhigt erholt und abmarschbereit zur Tour auf den Malham (3364 m), doch etwas bekümmert wegen meiner Ausrüstung, deren Schwachpunkt mehrfach vernähte Schifelle waren.
In langgezogener Kolonne ging es in vielen Kehren in schuhtiefer Spur in unendlichem Weiß empor. Weit oben am Gletscher des Malhams haben sich in der langen Reihe Lücken aufgetan, nicht alle konnten oder wollten weiter. Am Gipfel waren wir nur zu viert: mein erster Dreitausender, mein erster Tag im Hochgebirge! Prof. „O" reichte mir herzlich die Hand, halb umarmte er mich, nannte mich mit sanfter Stimme beim Namen, ich fühlte ein freundschaftliches Band, das über Jahrzehnte reißfest bleiben sollte.

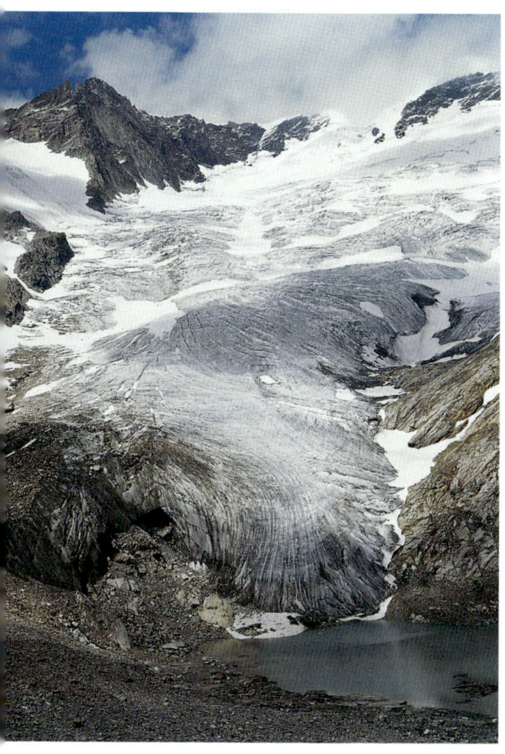

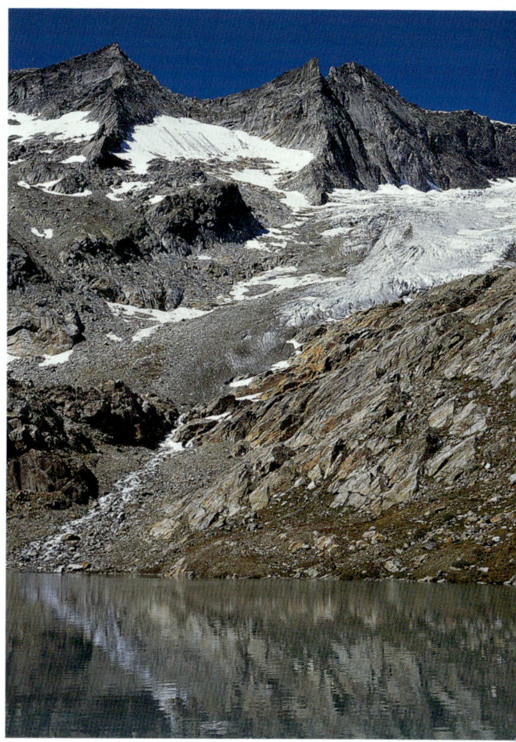

Das Simonykees im Jahr 1990 und um 2014: Vom Gletscherrückgang verändert sind die Hintere Gubachspitze und der Simonysee eine ¾ Stunde oberhalb der Hütte.

nyspitze wirkungsvoll begrenzten Tal aufwärts. Über eine Lärchenstufe erreichen wir eine Hirtenhütte, begleitet von einer an die Höhenstufe angepassten Vegetation nähern wir uns der Brücke mit Kleinkraftwerk. Im Bereich der scharf gezeichneten 1850er-Seitenmoräne der einst mächtigen Simonykeeszunge erwartet uns ein letzter, schütter mit Lärchen beschatteter Aufschwung zu den geschwisterlich nahe stehenden Hütten.

Das **Rostockeck** gilt als Hausberg und ist auf eisfreiem Steig unschwierig ersteigbar. Wir nützen die markante 1850er-Seitenmoräne mit prachtvoller Sicht auf die von den Simonyspitzen beherrschte Bergumrahmung. Wo die Moräne am Nordhang des Rostockecks ausläuft (2474 m, Tafel), folgen wir dem Kehrensteig und Steintreppen zum Gipfelkreuz. Allein der Aussicht wegen verdient der Gipfel regen Besuch.

Der Abstieg am Carl-Bremer-Weg ermöglicht eine Rundtour. Der Steig holt weit südlich aus und führt bis nahe an den Malhambach heran. Dort schwenken wir nach links, nördlich, um auf der Maureralpe zurück zu den Schutzhütten zu gelangen. Am Aufstiegsweg zurück nach Ströden.

In Herbstfarben eintauchen

Stiller und bunt wird das Land

Es sind die trockenen Schönwettertage mit aufgehellter Sicht und wachsenden Schatten. Noch spürt man die Wärme auf voll beschienenen Südhängen, wohin spätsommerliche Wanderungen ausweichen. Dort bereitet das herbstliche Farbenspiel ein wahres Augenfest: vom grellen Gelb bis ins flammende Rot, vom verhaltenen Bronze bis ins raschelnde Braun ist die Landschaft nun bunt neu eingekleidet. Im gefälligen Kontrast dazu die schneebedeckten Gipfel hoch über dem noch gestundeten Grün der Almwiesen. Unaufhaltsam werden die Tage kürzer, die Bergmatten grau und kühl, am Morgen weiß vom Reif. Der Wald schweigt ernst und schwermütig und kleine Bäche umfasst ein eisiger Rahmen.
Ein Flüstern im Erlengestrüpp, wenn der Herbstwind herb anschlägt und von seiner Reise erzählt, am Weg über das Joch und im freien Fall über die Bergmähder hinein in das Gold der Lärchen und rotbehangenen Vogelbeerbäume.
Nach 100 Tagen almerischer Betriebsamkeit kommt nun das Abschiednehmen, wenn der Hirte seine Herde zusammentreibt und ihr am Heimweg voranschreitet. Ein letztes Schellen der Glocken beim Almabtrieb ins Tal, dann heißt es zu-

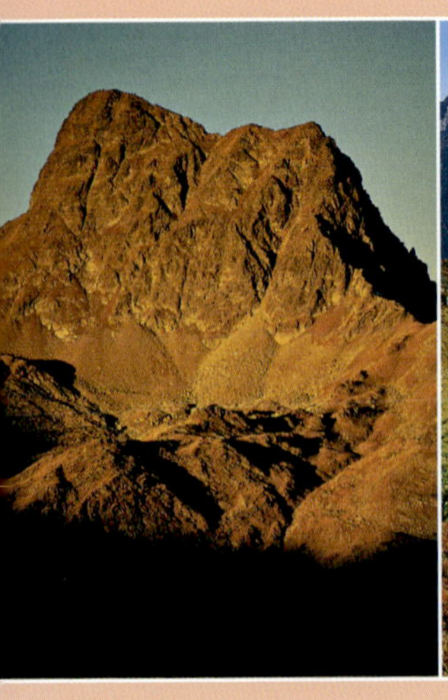

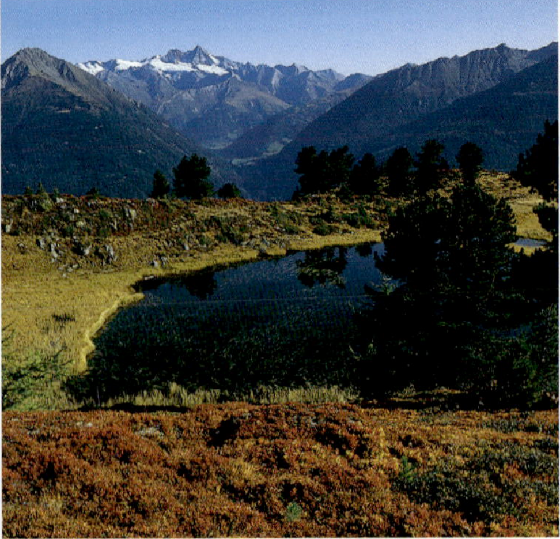

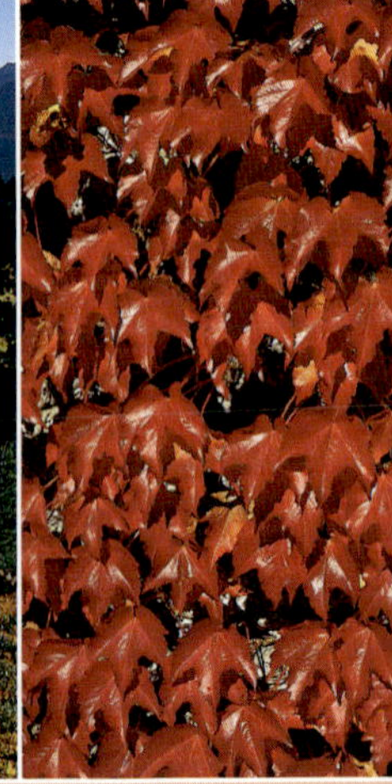

rück in den Stall, in die Geborgenheit vor Winter und Schnee. Dem Alphirten zollt man dann Lob und Dank, wenn alle Tiere unversehrt wiederkehren, manchmal sind es auch mehr, wenn einige Lämmer oder das Kitz den Muttertieren dicht zur Seite heimwärts drängen.

Doch im Dezember 2013 fehlen welche. Neun Ziegen und ein Schaf sind oben geblieben, in den gefährlich steilen Flanken der Bretterwand, auf 2000 m Seehöhe im Gemeindegebiet Glanz bei Matrei. Zwei Schitourengeher entdeckten die versprengte Kleinherde und benachrichtigten den Besitzer vom zeitlich wie örtlich ungewöhnlichen Aufenthalt der Verirrten. Dieser, ein Bauer auf Glanz, bringt Heu und Salz auf den Berg und versucht damit die Tiere aus den lawinengefährdeten Steilhängen zu locken. Nach erfolglosem Bemühen verschärft die Situation ein einzelgängerischer Steinbock, der sich als machtbewusster Beschützer und Haremswächter der Ziegen gebärdet. Erst als zwei Nordtiroler Hundeführer mit den Border Collies Lassie und Luna hilfreich eintreffen und ein Polizeihubschrauber ein gewagtes Manöver unternimmt, verlassen die „Bergziegen" und das Schaf ihr Winterversteck und können nach 17-tägiger Verbannung ins Tal und in den heimischen Stall gebracht werden.

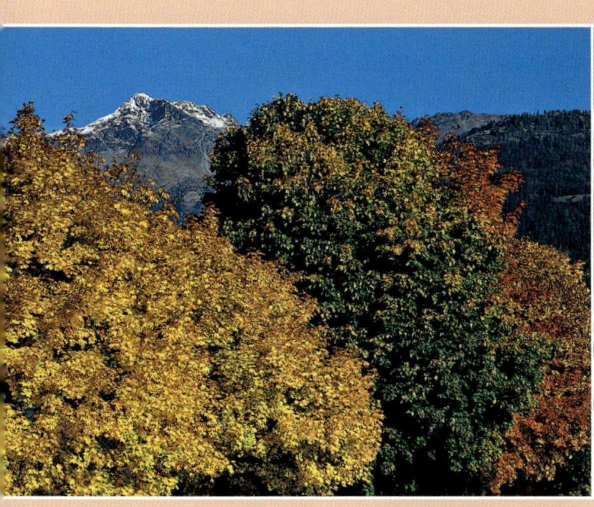

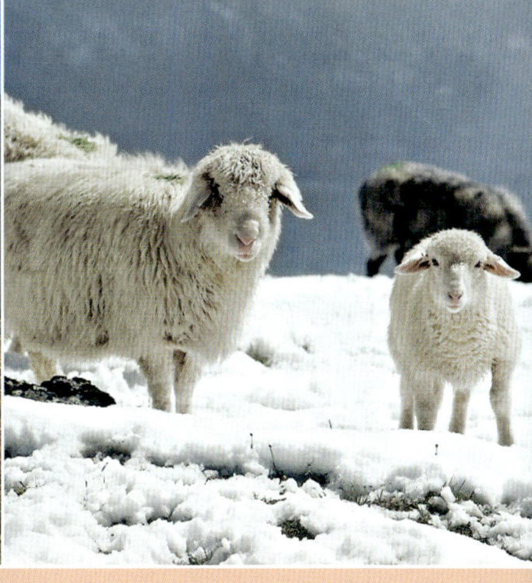

HOCHSTEINHÜTTE – BÖSES WEIBELE

Rundwanderung zwischen Isel- und Pustertal

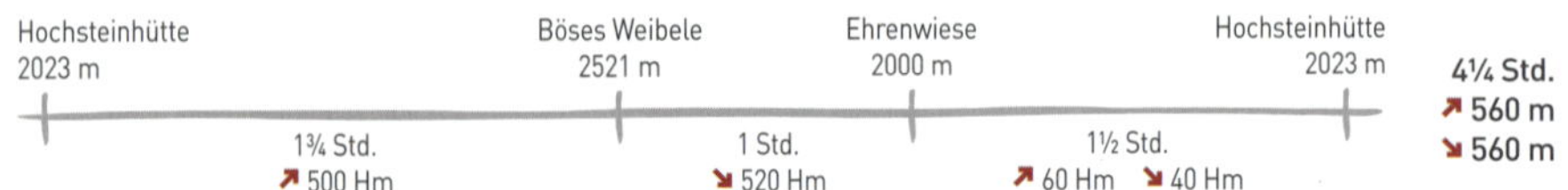

Anfahrt: Postbus Linie 4423 bis Bannberg Ort (1262 m), Taxi zur Bannberger Alm (1980 m, Maut). Mit dem Pkw von Lienz auf der Bundesstraße bis Leisach und dort Auffahrt in das Bergdorf Bannberg zur Mautstelle am bergseitigen Dorfrand. Die asphaltierte, mautpflichtige Bergstraße endet am Parkplatz der Bannberger Alm, 10 Gehminuten unterhalb der Hochsteinhütte.
Einkehrmöglichkeit: Hochsteinhütte, Sommer- und Winterbetrieb mit Nächtigungsmöglichkeiten

Das Böse Weibele ist bekannt für seine überaus schöne Rundsicht, die weitaus höheren Alpengipfeln ebenbürtig ist. Mit 2 Stunden Gehzeit von der Hochsteinhütte ist es ein für alle mögliches, unschwieriges Gipfelziel. Wir wandern am spärlich bewaldeten Kamm zum großen **Heimkehrerkreuz**

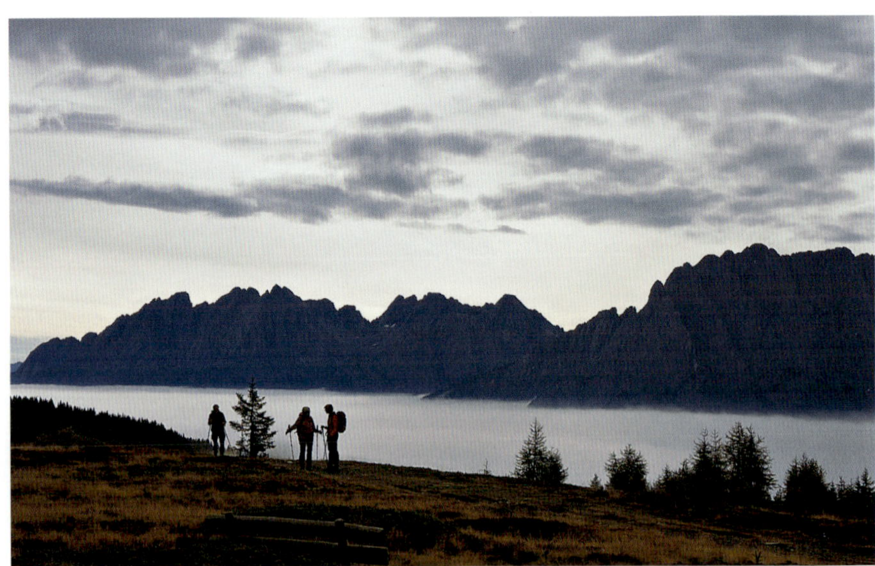

Die Hochstein-Rundwanderung, begrenzt vom Schattenriss der Lienzer Dolomiten. Rechts: Nur der Rauchkofel sonnt sich im sparsamen Abendlicht.

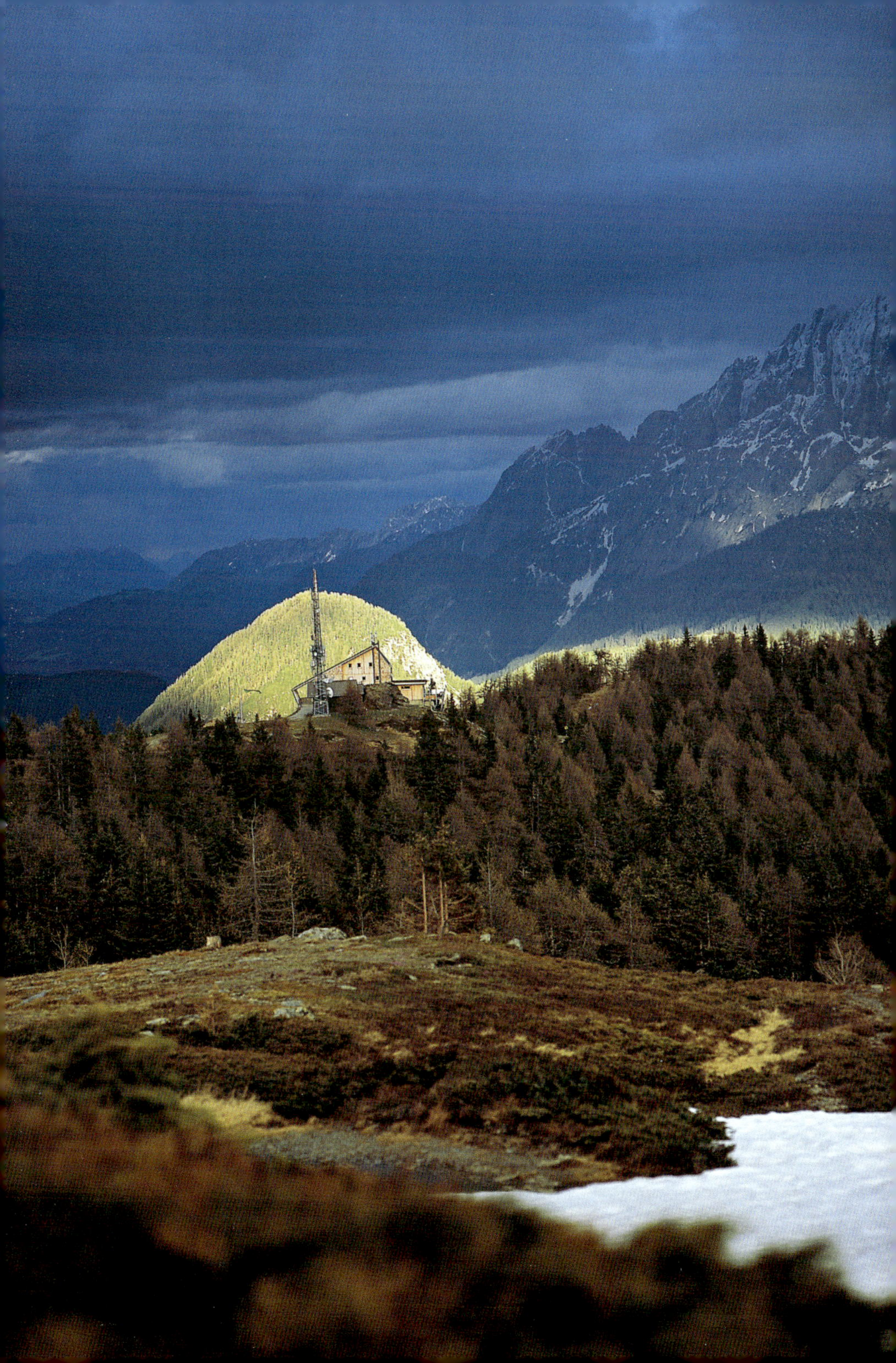

DIE HOCHSTEINHÜTTE AM SCHÖNBICHELE: ÖSTLICHSTE BASTION DER VILLGRATER BERGE

Das 25-jährige Vereinsjubiläum der ÖAV-Sektion Lienz gedachten 1894/95 deren Mitglieder mit einem Hüttenbau in bevorzugter Lage und mit herrlicher Rundsicht am Hochstein zu krönen. Den besten Platz am Schönbichele teilen sich die Gemeinden Lienz und Assling; eine Grenze, die quer durch die Küche ging und später gelegentlich zu Kontroversen führen sollte, u. a. mit Bannberger Jungbürgern, die in den späten 1970er-Jahren ein Sitz- und Bleiberecht in der Küche bis lang nach Mitternacht einforderten. Davon war die erste Hochsteinhütte nicht betroffen, ihr erging es weit schlimmer, denn sie brannte aus nie ganz geklärter Ursache 1929 bis auf die Grundmauern nieder. Beim Wiederaufbau im darauffolgenden Jahr diente der aus der Zeit des Ersten Weltkriegs stammende „Russenweg" erstmals zivilen Zwecken. Mit Lasten auf Kraxen und auf den Rücken der Pferde erfolgte der Transport zur Baustelle, bis 1931 der Neubau feierlich eingeweiht werden konnte. Den zaghaft keimenden Fremdenverkehr dämpfte die Notzeit und ab 1939 der alles zerstörende Weltkrieg. Das am 19. Juli 1953 am Hochstein errichtete Heimkehrerkreuz ehrt die 26 toten Bannberger Väter und Söhne beider Weltkriege.
Um 1955 „besetzte" die Lienzer AV-Jugend die im Winter kaum besuchte Hochsteinhütte, ungeachtet der Mühsal am meist unverspurten „Russenweg". Die Hütte kein Wohlfühlort: ein Küchenherd, der nicht wärmt und aus allen Fugen beißend raucht, überall Triebschnee, auch im Lager der rundum kostensparend isolierten Hütte. Trotzdem! Viele Wochenenden waren wir auf der Hochsteinhütte. Da blieb auch der damalige Hüttenwirt Toni Raneburger nicht untätig. Am frühen Samstagmorgen stapfte er hinauf, schaufelt den Eingang frei und spurt dann eine ¾ Stunde lang zur Glanzer Hochalm, wo eine Quelle auch im Winter in seine 15-Liter-Stahlputsche träufelte. Da gab es Tee für uns alle und eine dünne Suppe, in der von Toni vorgeheizten Küche. Kein großes Geschäft für den gutmütigen Hüttenwirt und auch beim Kartenspiel über Stunden ging es nur um Groschen und heitere Sprüche.
1976/77 wurde die Hochsteinstraße über Bannberg gebaut, spätestens dann wäre Anton Tiefenbacher, der 15 Jahre mit einem leichtgängigen Halbblut zur Hochsteinhütte säumte, arbeitslos geworden. 1980 nistete sich die TIWAG mit einem Gebäude und Funksendemasten am Hochstein ein. Ein Neubau der Hütte erfolgte 2010 unter dem Vereinsobmann Hans Gaiswinkler mit Johann Rindler und zahlreichen Helfern.
Die fast ganzjährig geöffnete Hochsteinhütte am Schönbichele bietet einen überraschend schönen Blick auf die Stadt Lienz.

(2057 m, 15 Min.) und weiter auf bequemem Steig über steinige Kuppen, windstille Mulden und breitflächiges Bergwiesengelände. Über einen abschließend schwach geneigten Gipfelhang erreichen wir das **Böse Weibele** (Kreuz, Buch).
Am Rückweg weisen 10 Minuten unterhalb des Gipfels Tafel, Stempel und Markierungen südöstlich in Richtung **Ehrenwiese** mit Gottfrieds Hütte (nicht bewirtschaftet). Der zur Hochsteinhütte lenkende Pustertaler Almweg (Tafel, 3 Minuten östlich) verläuft im Wesentlichen entlang der aufgelockerten Waldgrenze. Wir durchschreiten ein Quellschutzgebiet, kommen an der Gampelehütte vorbei und wählen entweder den Kammsteig zum Heimkehrerkreuz und zur **Hochsteinhütte** oder steigen etwas südlich davon direkt zum Parkplatz ab.

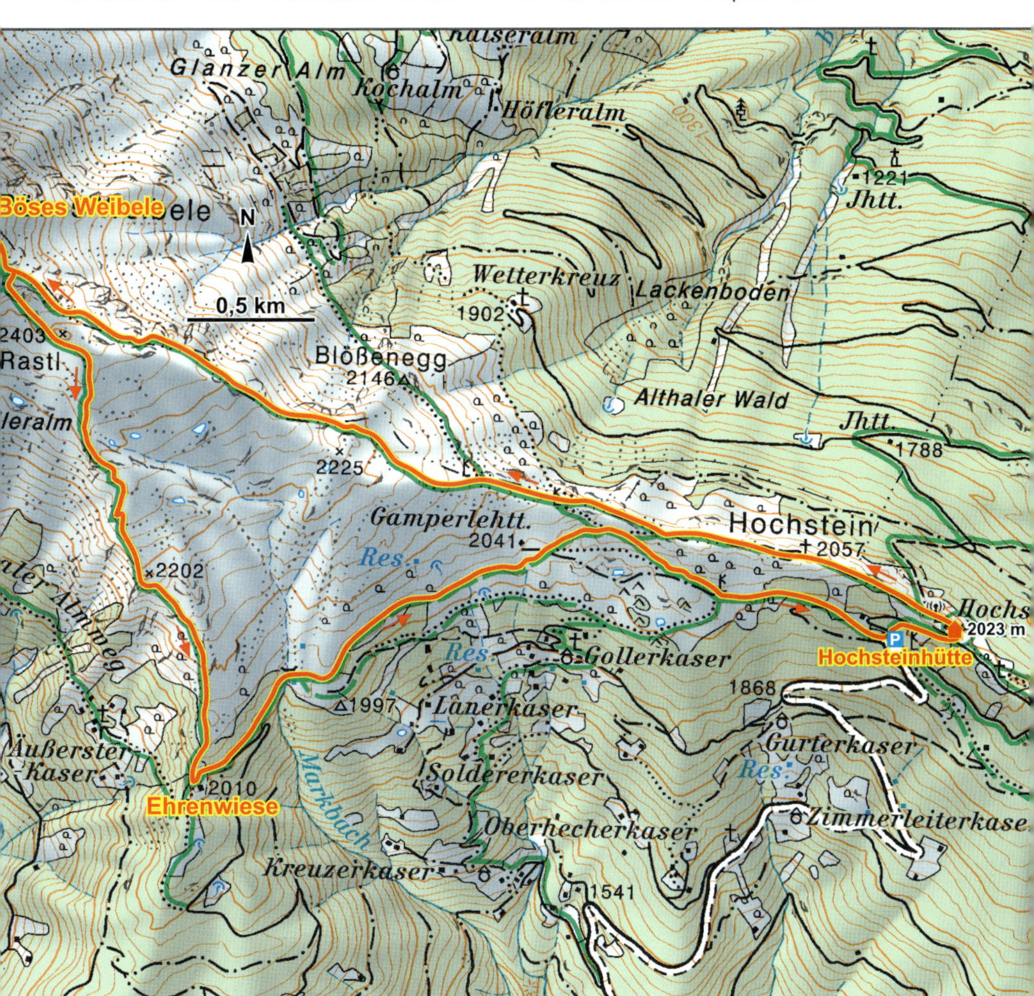

34 NEUALPLSEEN UND ÖSTLICHER SATTELKOPF

Der stillste Winkel am Zettersfeld

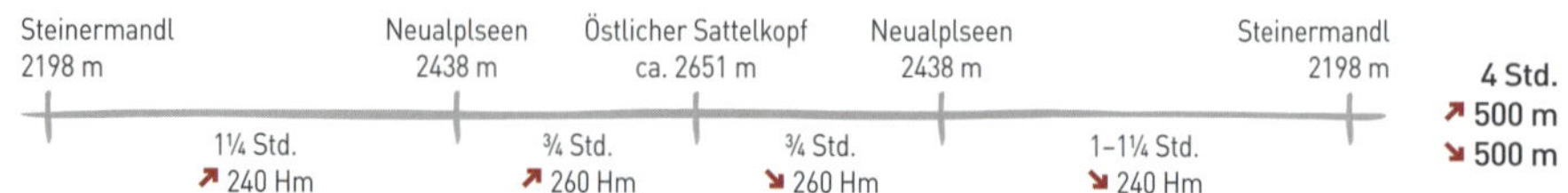

Anfahrt: Stadtbus Bhf. Lienz – Talstation Zettersfeldbahn; Auf- und Abfahrt mit der Einseilumlaufbahn aufs Zettersfeld sowie der Vierersesselbahn Steinermandl
Einkehrmöglichkeiten: Beherbergungsbetriebe am Zettersfeld und Bergrestaurant Steinermandl

Die beliebte, familienfreundliche Wanderung führt mit Hilfe der Sesselbahn aufs **Steinermandl**, ehe wir das pyramidal aufragende **Goisele** (2433 m) nordseitig umschreiten. Über 38 Treppen gelangen wir hinab in das von Moränen geprägte Blockkar und erreichen auf teils rasengesäumten Steig die von Fels und Moos gerahmten **Neualplseen**.

Ein Morgen bei den Neualplseen

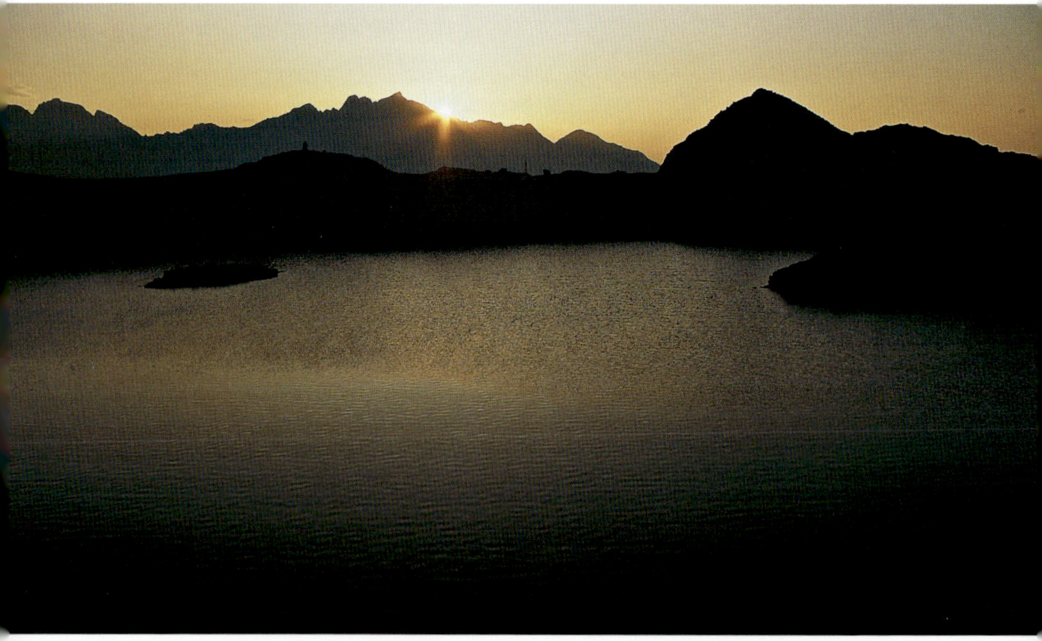

Der längst sichtbare **Östliche Sattelkopf** mit dem Kreuz der Nussdorfer Landjugend ist auf einem markierten Steig zugänglich. Die letzten Meter im Blockgelände sind seilversichert und erfordern Trittsicherheit. Erneuert wurde ein Klettersteig über alle Sattelköpfe in Richtung Schleinitz. Die für Geübte unschwierige Route kann mit entsprechender Umsicht und

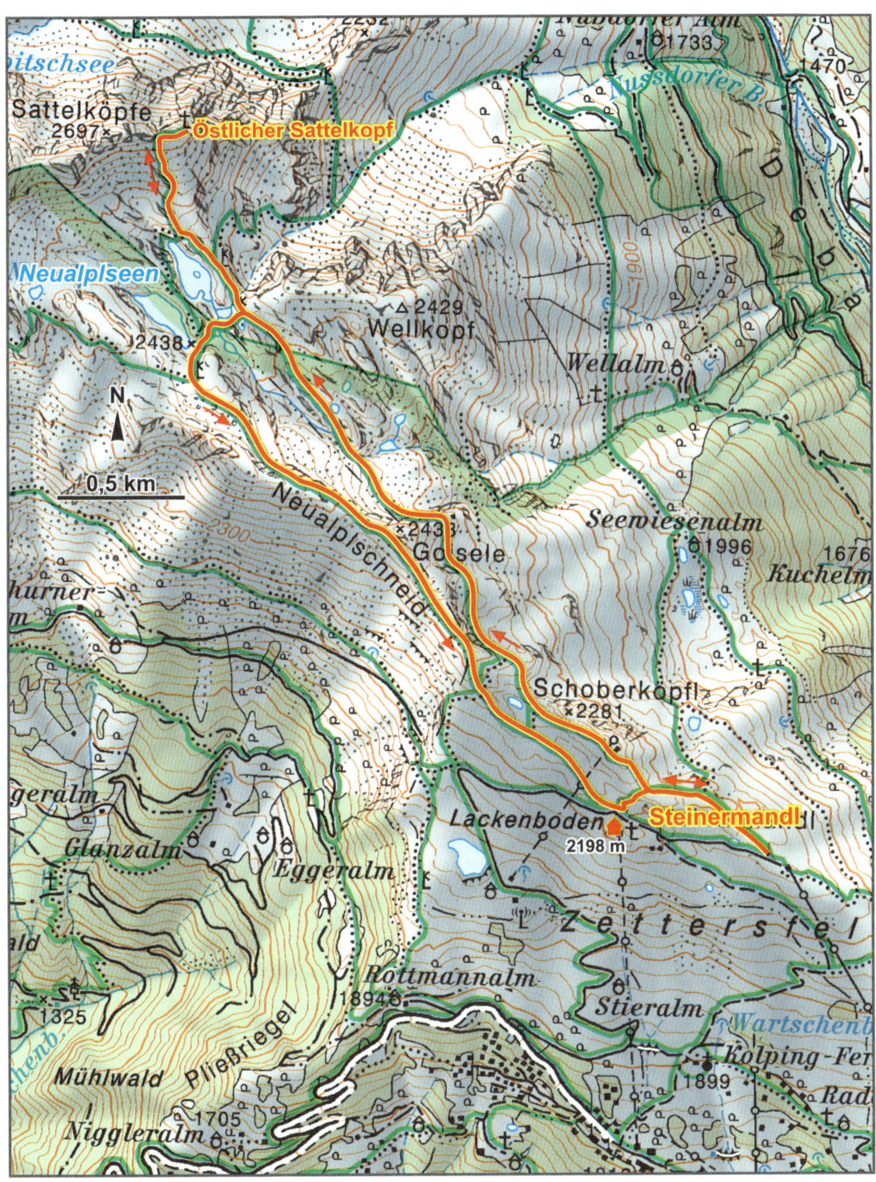

ERINNERUNG AN EINE MORGENSTUNDE BEI DEN NEUALPLSEEN

Die von den Lienzer Bergbahnen angebotenen Sonnenaufgangsfahrten im Sommer und Herbst erfreuten sich reger Beteiligung. Mit Gondelbahn und Sessellift wurde das Steinermandl zu noch nächtlicher Stunde erreicht und besonders Gehfreudige schlossen die Neualplseen mit in ihren Ausflug ein. Herbstnächte sind bereits lang und nur zögernd weicht die Nacht bei den Neualplseen. Dann, endlich!, über fernem Horizont die Sonne, nicht mehr als ein Stern, noch ohne Glanz mit breit hingestreuten Schatten in der stillen Landschaft. Langsam werden die Umrisse der Berge schärfer und auch die buckeligen Silhouetten der Sattelköpfe treten nahe heran. Der Stern wird zur Flamme. Ein greller Schein weckt den Morgen: klare Heiterkeit in der ringsum klösterlichen Stille. Ein schmeichlerisch auffliegender Wind reiht kleine Wellen auf der Oberfläche des Sees, die das eigene Spiegelbild erzittern lassen. Die weißflaumige Rotte der Wollgräser neigt sich anmutig im Lufthauch, dazwischen glänzen silbrig schmale, spurlos im Irgendwo verrinnende Bächlein. Leise vom Wind berührt schaukelt possenhaft ein bunter Falter, dieser stillste und leichteste unter den Flugakrobaten. Hoch über dem See erkundet ein Falke im Spiel von Licht und Schatten sein Revier. Wie von unsichtbarer Hand gehalten, steht er zunächst unverrückbar mit rüttelnden Schwingen in der Luft, ehe er sich von der lau aufströmenden Luft im stummen Flug dahingleiten lässt. Schließlich schreitet der junge Tag am Ufer entlang und mit ihm die ersten Besucher, die die 9-Uhr-Gondel auf das Zettersfeld und der Sessellift auf das Steinermandl bringt. Sie umwandern die in herbstlicher Stimmung geborgenen Seen oder steigen hinauf zum Östlichen Sattelkopf. Mit dem vollen Tag wird es lebhafter, Laute und Lachen steigen zwischen den jahrtausendealten Moränen auf. Eine Schulklasse trifft ein und belagert das flach zum See geneigte Ufer. Ein buntes Bild, ein fröhliches Treiben und auf das Wasser klatschende Steine, die große Kreise ziehen. Ein Verwegener schwimmt im herbstlich kühlen See bis hin zur kleinen Insel. Den weiten Raum überragen in ihrer erhabenen steinernen Größe die Schleinitz und hochtürmende, phantastische Wolkengebilde.

Ortskenntnis auch auf die Schleinitz ausgedehnt werden.
Der Rückweg von den Neualplseen ist auch mit einer südseitigen Umgehung des Goisele möglich. Dort sind kurze Steigpassagen seilversichert. Vorbei am Schoberköpfl (2281 m) gelangen wir wieder zur Bergstation der Sesselbahn **Steinermandl**.

Die Gemeindegrenze trennt die Neualplseen: links der Nußdorfer See mit kleiner Insel, rechts der ähnlich große Thurner See

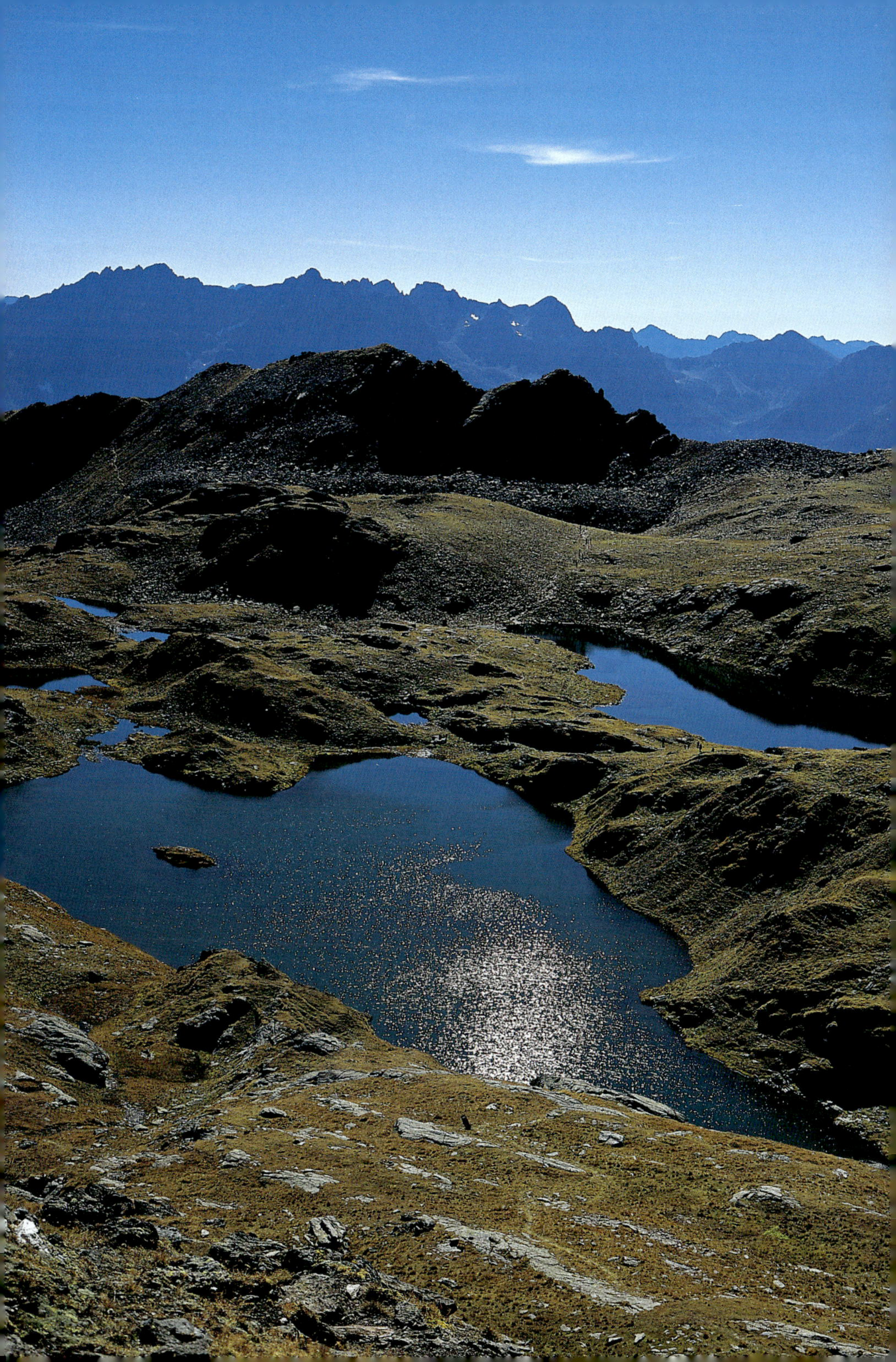

VOGELERLEBNISWEG GAIMBERG – THURN – OBERLIENZ

Sonnenwege über Lienz

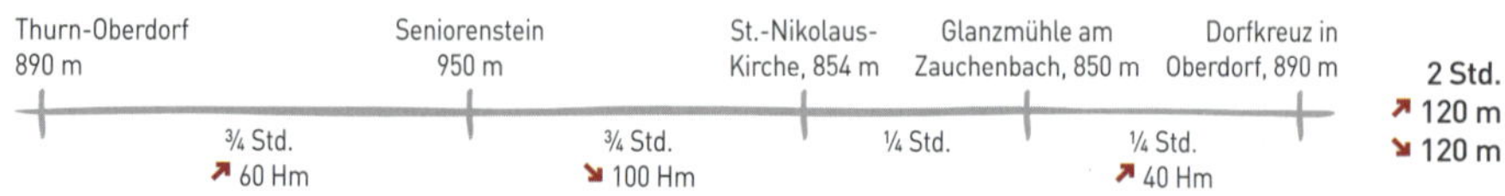

Ausgangspunkt: Thurn, Ortsteil Oberdorf, etwa 2 km vom Stadtzentrum Lienz entfernt
Einkehrmöglichkeit: Dorfcafé Zentrale beim Thurner Gemeindehaus

Thurn liegt 2 km nördlich von Lienz und breitet sich in bevorzugter Hanglage auf Tirols größtem Schuttkegel zu Füßen der Schleinitz aus. Die Streusiedlung umfasst ein halbes Dutzend Ortsteile und einzelne waldumschlossene Berghöfe. Mit Bedacht auf das Leben und die Arbeit der Menschen und im Einklang mit der Natur bieten eine Reihe ortsbezogener Themen- bzw. Sonnenwege unterschiedlichste Einblicke.

Folgen wir zunächst dem **Vogelerlebnisweg**, beginnend beim **Thurner Dorfkreuz** neben dem Wahlerhof. Unter den Vögeln des Waldes begegnen wir der Waldohreule als einer überdimensionalen Holzskulptur. Eine Rast-

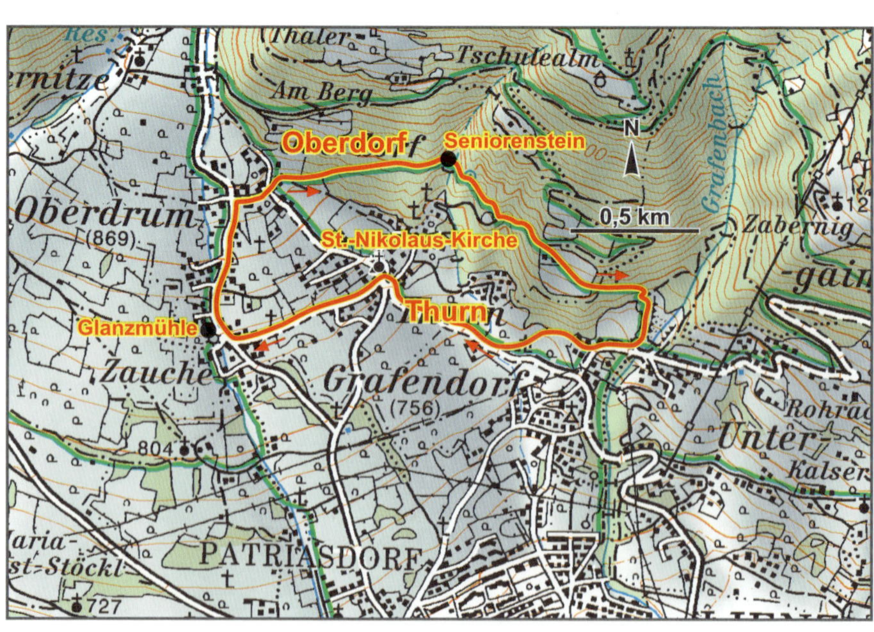

bank und Schautafeln laden beim **Seniorenstein** zu einem gedanklichen Ausflug in die 700-jährige Geschichte des Dorfes Thurn (1308–2008) und erzählen von alten Bräuchen. Wenn wir die asphaltierte Faschingalm-Bergstraße erreichen und uns noch dem „Extremkletterer" aus der Familie der Spechtvögel kurz widmen, fällt die überdachte Kreuzganggrotte und das Rudolf-Jakober-Gedenkkreuz auf.

An der urkundlich 1308 erwähnten **St.-Nikolaus-Kirche** vorbei, gelangen wir ins Siedlungsgebiet und in dessen Vogelwelt. Kohlmeisen haben heute nichts zu fürchten, obwohl sie früher den Speisezettel bereicherten. Laut einer Aufzeichnung aus dem 19. Jahrhundert soll an dienstfreien Morgen der Dorfpfarrer mit seinen Ministranten viele hundert Vögel gefangen haben.

Von der St.-Nikolaus-Kirche wandern wir auf der asphaltierten Dorfstraße 700 m südwestwärts zur Glanzmühle am **Zauchenbach**, wo einst 28 Mühlen standen. Hier haben wir die Wahl, die Wanderung auf der Oberdrumer Feldflur fortzusetzen oder bachaufwärts zum **Kammerlanderhof** in Oberdorf zu gehen, wo die Runde beim nahen Ausgangspunkt endet.

In Oberdorf besuchen wir den Paarhof Kammerlander: das historische Stubenhaus mit Museum, das im Sommer geöffnet ist. Dort werden Gerätschaften, die im täglichen wie jahreszeitlichen Arbeitsablauf im Haus, am Feld oder im Wald unabdingbar waren, ausgestellt. Kulturelle Veranstaltungen beleben zusätzlich den 500 Jahre alten, 2001 gründlich renovierten und unter Denkmalschutz stehenden Kammerlanderhof.

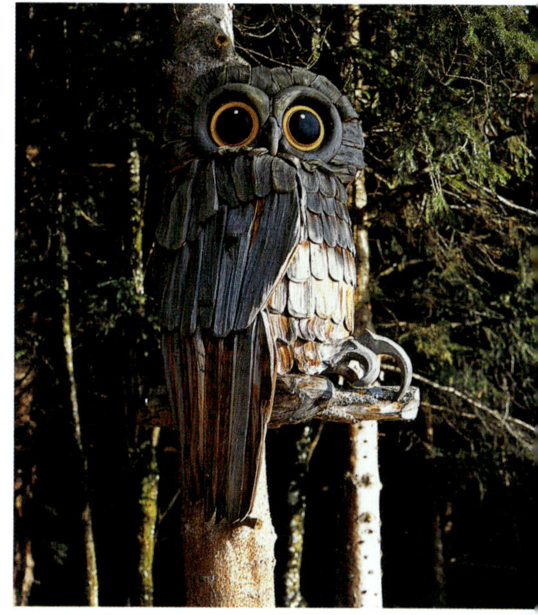

Die Wanderung am Sonnenweg bietet uns Einblick in die Vogelkunde mit Waldkauz und Grünspecht.

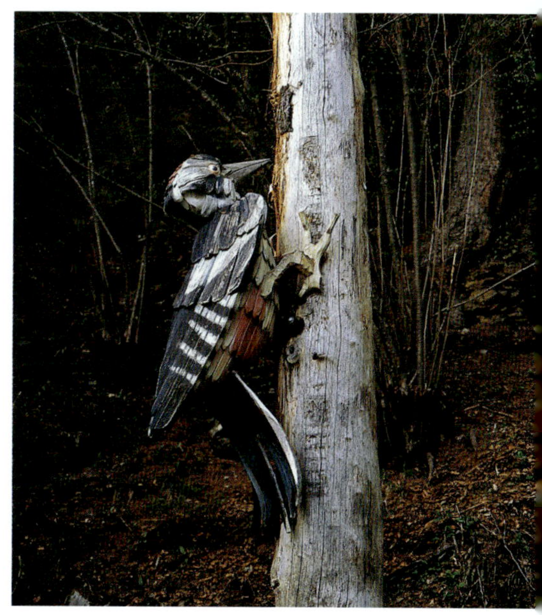

AUF BELIEBTEM SONNENWEG UNTERWEGS

Der Vogelerlebnisweg aus der Reihe der Thurner Sonnenwege lädt auch zu informativen Einblicken in die mehr als 700-jährige Thurner Dorfgeschichte ein. Beginnen wir beim **Seniorenstein** (950 m) im Bereich des Schlösslbichls auf einer unauffälligen Waldkuppe. Vom ehemaligen „Wohn-Wehrturm" aus dem 13. Jahrhundert, etwas oberhalb vom Steig gelegen, ist nichts übrig geblieben. Im Zusammenhang damit hat der Görzer Burggraf Heinrich den Ansitz Thurn auf dem Gelände der heutigen Mußhauser-Baulichkeiten in Thurn errichten lassen: kein Schloss im üblichen Sinn mit Bergfried, Wohn- und Stallteil, sondern eher vergleichbar mit der Tammerburg, dem ehemaligen Küchen-Maierhof von Schloss Bruck. Deutlicher sind Hinweise auf einstige Erzlagerstätten, die das hervortretende „Rote Wasserle" bereits im 14. und 15. Jahrhundert verraten hat. In Thurn soll der Bergbau sehr ergiebig gewesen sein, den Bergknappen bot er bei gefährlicher und unmenschlich harter Arbeit dennoch nur ein karges Leben. Mit Hammer und Meißel schürften sie in engen, niedrigen Stollen nach Kupferkies mit Fahlerz im Tonglimmerschiefer. Funde von Silber- und Golderzen um 1574 waren wohl nur ein Gerücht, um namhafte Investoren anzulocken. Zum Schutz der Knappen vertraute man beim Vortrieb der Gruben (Stollen) auf „gutes Stempelholz" aus Lärche, um das brüchige Gestein zu stützen. Auch Bergbau-Schutzpatrone sollten Gefahren abwenden, die bei Stollenlängen von bis zu 3,6 km nicht ausblieben.

Unsere Wanderung führt an der **Thurner Nikolauskirche** vorbei, die im 17. Jahrhundert durch spätbarocke Seitenaltäre bereichert wurde.

Die Urbarmachung des weitläufigen Thurner Schuttkegels – es ist der größte in Tirol – führte über Jahrhunderte zu einer Parklandschaft mit dazwischenliegenden Kulturflächen. Ein fruchtbarer Boden für reichen Getreideanbau, wovon auch die **Glanzmühle** am Zauchenbach Auskunft erteilt. Allein auf diesem Bach standen 28 Wassermühlen, deren übertragene Kraft auch kleinen Sägewerken, Wollkartatschen, Dreschmaschinen, Feldaufzügen u. a. m. zugutekam.

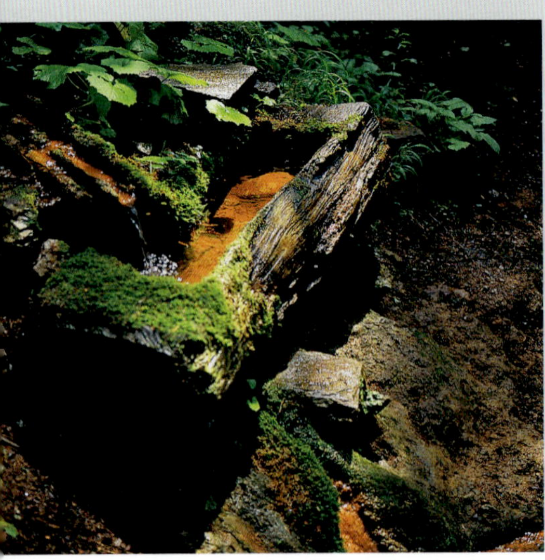

Ein zaghaftes Nachträufeln in ein Holztrögele aus ehemaligen Kupferstollen

NATIONALPARK-ERLEBNISWEG NUSSDORFER BERG

Vom Talboden in die Almregion

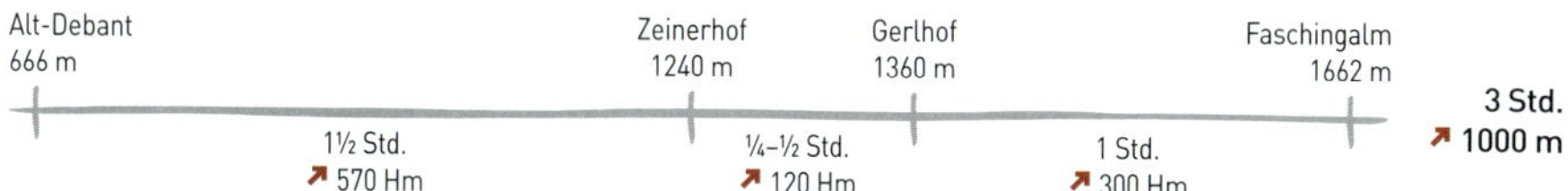

Anfahrt: Mit Pkw oder Postbus Linie 4404 nach Nussdorf/Debant; mit dem Taxi (auf Anfrage) von der Faschingalm zurück
Einkehrmöglichkeit: Berggasthof Faschingalm

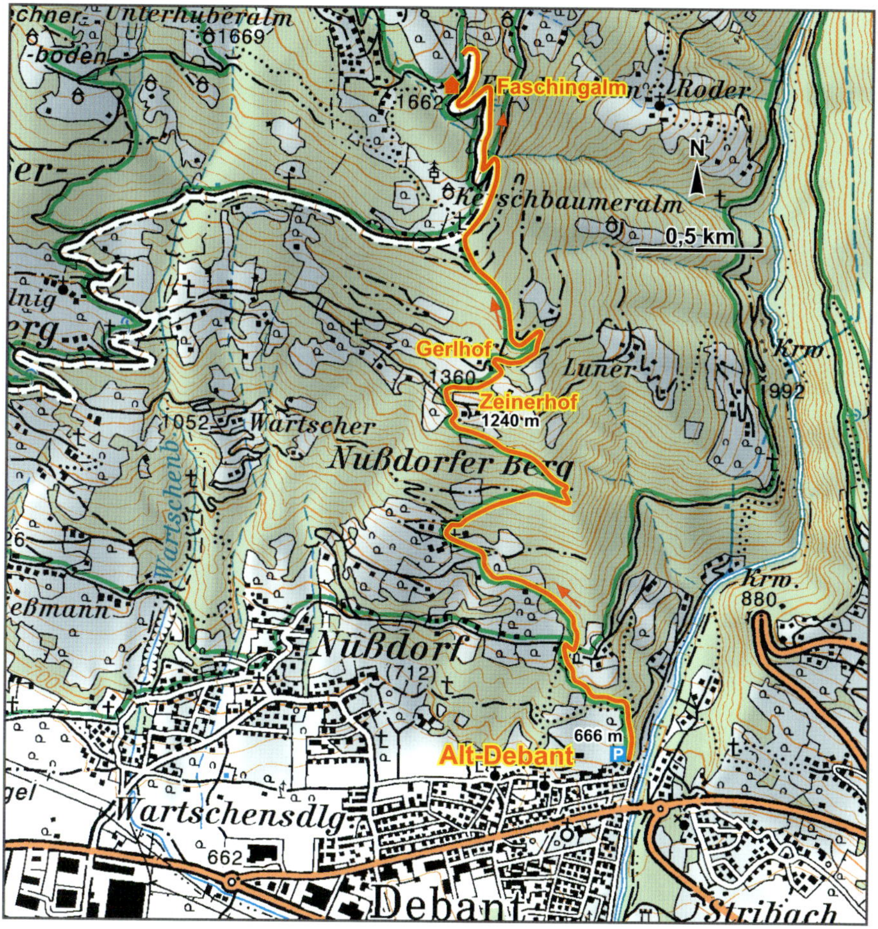

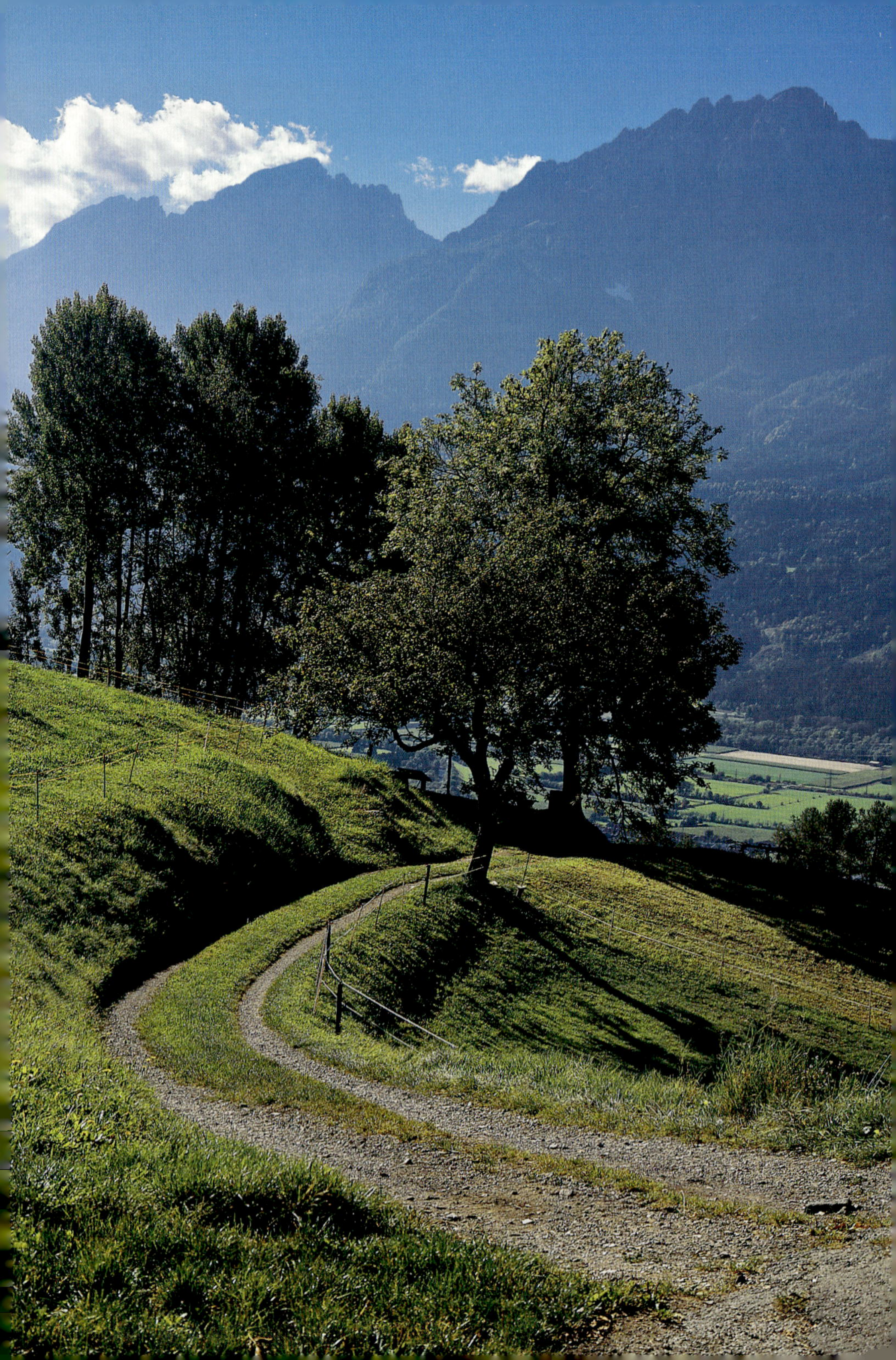

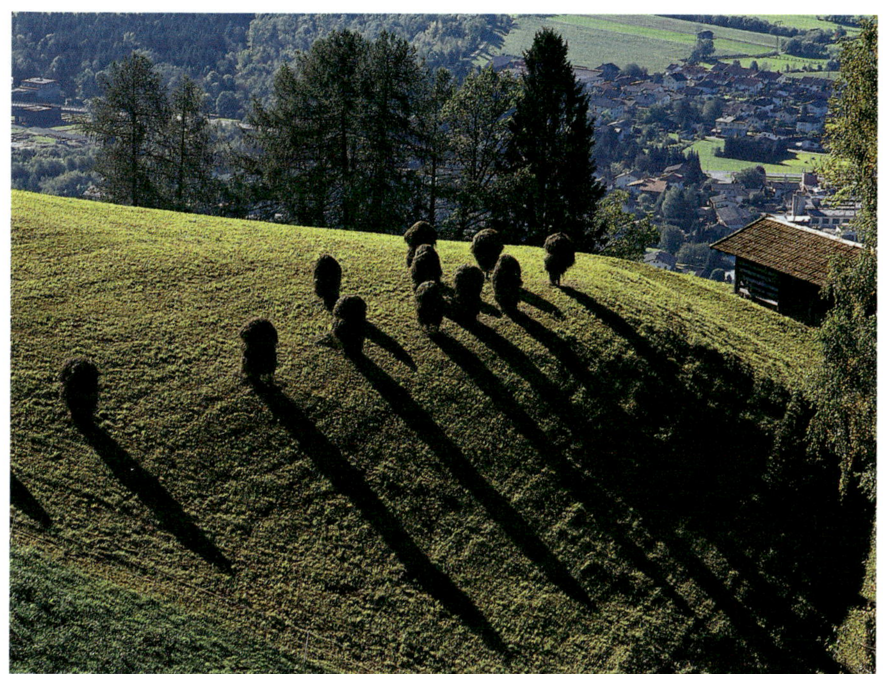

Der Nationalpark-Erlebnisweg Nussdorfer Berg führt im Wechsel von Sonnseitlichtungen und Waldschatten über 1000 Höhenmeter bis in die Almregion.

Am **Toni-Egger-Park** in Alt-Debant, westlich des Debantbaches gelegen, weisen Tafeln zum Wohnhaus Nr. 39 und anschließend zum bergwärts emporführenden Steig. Es schließt daran ein teils asphaltierter Waldweg, auf dem wir in 20 Minuten den Marienbildstock am querlaufenden Debanttalweg erreichen. Etwa 30 Schritte östlich davon lenkt ein Hohlweg bergan, im Anschluss ein Wiesenweg mit vereinzelten Infotafeln. Knapp vor dem **Kollniggehöft** (963 m) biegen wir rechts ab, vor dem einsamen ehemaligen Badhaus geht es linkshaltend empor.

„Schnoazeschen" (Schneiteleschen) überragen den Weg, Laubgehölze und uralte mörtellose Steinmauern geben ihm Halt. Zur „Jöse" zeigt eine Tafel, eine andere zum „Ganser Lückl". Beim **Zeinerhof** durchschreiten wir mehrere Gatter und beim bildschönen **Gerlgehöft**, dem höchstgelegenen der Gemeinde Nussdorf/Debant, bietet sich ein freier Blick auf Lienz und seine Bergumrahmung. Lichtungen und Wald prägen den Gerlboden und später das Egger Wiesl (Almhütte, Schupfe). Beim **Wetterkreuz** wird schließlich die Faschingalmstraße erreicht. Auf ihr in einigen Kehren oder abkürzend auf Lärchenwiesen zur **Kerschbaumeralmhütte** (1596 m) und schließlich zur **Faschingalm**. Von dort entweder bequem per Abholdienst oder auf gleichem Weg zurück.

DAS LEBEN IN DER EINSCHICHT

Der Herbst übt mit feinen Pinselstrichen sein leuchtendes Gelb und purpurnes Rot. Noch sind die umzäunten Bergwiesen in der Gunst der Spätsommersonne grün, doch die den Lienzer Talboden hoch überragenden Dolomiten tragen bereits winterlich weiße Hauben. Weg und Steig wechseln grasbewachsen zwischen Zaun und Hecken. Hartgepflastert sind kurze Fahrwegpassagen. Jedes Stück Weg erzählt seine Geschichte, so auch der alte Hohlweg. Streckenweise begrenzen und stützen ihn jahrhundertealte standfeste Klaubsteinmauern. Sie bieten, mit Flechten verklebt, mit Lebermoosen verkleidet, einer Vielzahl huschender Kriechtiere geborgenen Lebensraum. Scheu und lebhaft, schlank und flink die im Sonnenlicht bronzegrün glänzende Mauereidechse.

Vogelbeeren beim Gartenzaun

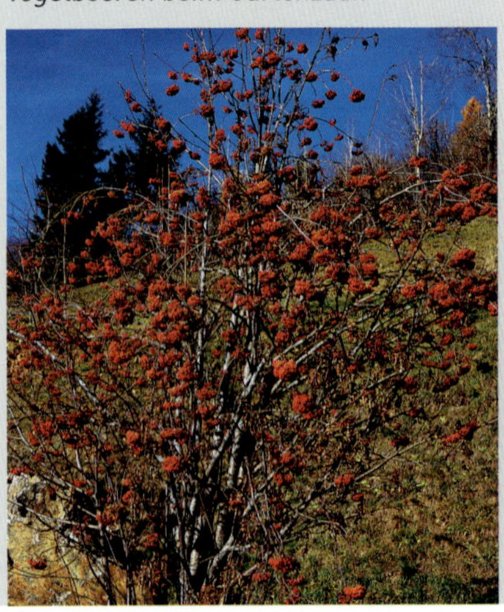

Aus engen, erdverkitteten Fugen quellen Steinbrech, Hauswurz und Mauerpfeffer, an vorstehenden Kanten wippen gefiederte Farnblätter.
Längst hat das Wurzelgeflecht von Holunder und Berberitzen mit rotem Sauerdorn das Gemäuer haltsuchend durchschnürt, tief greifen die Rhizome bis zu den im Erdreich sitzenden Blöcken. Hagebutten überragen mit scharlachroter Sammelfrucht die Mauerkronen und in der Sonnengasse vereinzelter Birken brilliert ein Vogelbeerstrauch, mit leuchtend roten Beeren übervoll behangen.
Den Übergang in das Gemüt erhellende Farbenspiel der Herbsttage begleitet das vielstimmige Konzert der Meisen und Misteldrosseln, unter denen sich der kecke Zaunkönig mit klangvollem Triller in dicht umbuschten Steinhöhlungen bemerkbar macht.
Wissensvermittelnde Nationalpark-Pulttafeln illustrieren die bergbäuerliche Kulturlandschaft. Eine verwitterte Tafel weist zur ehemaligen, abseits gelegenen „Jöse", einem Bergbauernanwesen am steilen Hang des Nussdorfer Berges. Der Einhof vereinte Wohn- und Futterhaus, Scheune und Stall unter einem Dach. Den Abstieg in den Erdkeller verheimlichte ein schwerer Holzdeckel unter dem Küchentisch. Einblick in die ehemalige „Jöse" gewährt Agnes, die dort 1937 Erstgeborene, deren Eltern das Anwesen und mit ihm ein karges Dasein 1936 erworben haben. Dann kam der Krieg und der Vater kehrte erst 1947 aus russischer

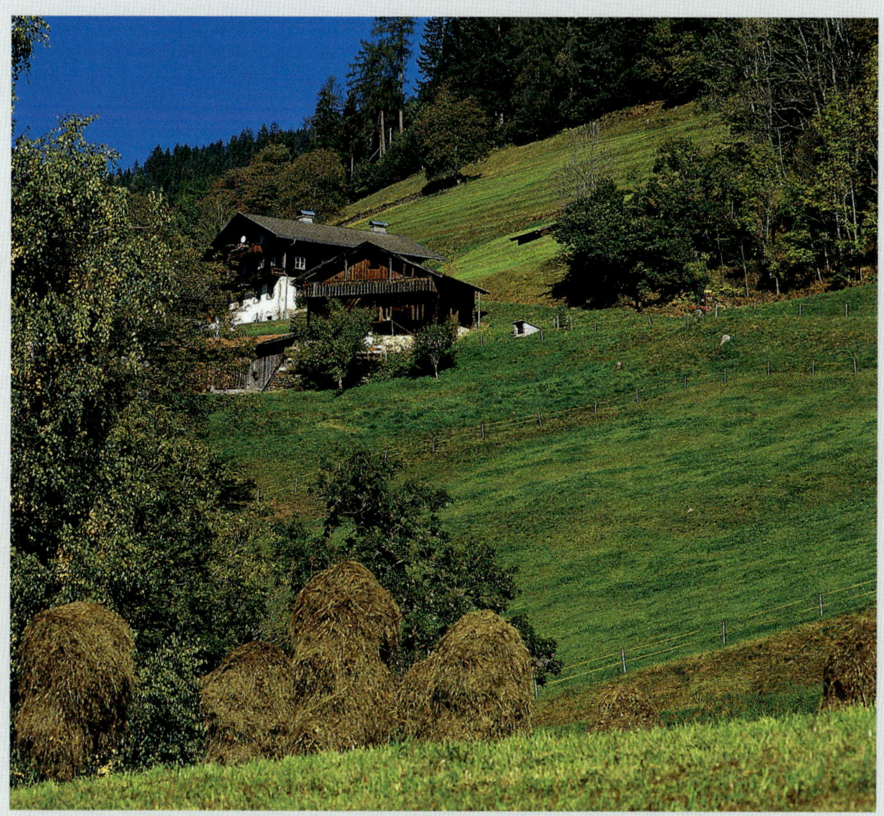

Einschichthöfe hoch über dem Lienzer Talboden

Gefangenschaft aufs „Jöse-Hoamatl" zurück.
Alles Getreide wuchs dort, doch von allem zu wenig. Auf dem einzig ebenen kleinen Fleck bemühte sich das Hausgartl, die einfache Kost aufzubessern. Der Winter verschärfte das entbehrungsreiche Leben. Ein mit Steinen gefüllter, vom Vater oder vom Pferd gezogener Sack musste oft genug den Schneepflug hinab zum Bergermoarhof ersetzen. Da glich der Schulweg für die Jösele-Kinder Agnes und Maria einer Schneeriese.
1953 kam es zum Hoftausch und zur Absiedlung auf das Kollniggut. Dort war das Leben einfacher und das Wirtschaften ertragreicher. Dem alleinstehenden Kollnigbauern gelang es aber nicht mehr, eine Frau hinauf zum Jöselehof in die Einschicht zu bringen. Das Anwesen verfiel, seine Geschichte verstummt im dem darüberwachsenden Gehölz.

37

DAS ANNA-SCHUTZHAUS AM EDERPLAN UND LONESKOPF

Vom Loneskopf blicken wir in zehn Berggruppen

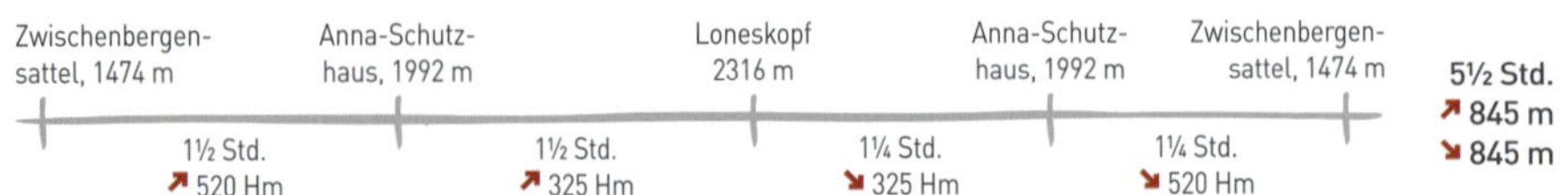

Anfahrt: Von Lienz oder Dölsach mit Pkw oder Postbus Linie 5002 Dölsach – Iselsberg auf den Iselsberg (1105 m), Privatverkehr in den Ortsteil Stronach: 5 km Mautstraße zum Zwischenbergensattel; Parkmöglichkeit
Einkehrmöglichkeiten: Kulturhaus Klanggestalt in Stronach, Anna-Schutzhaus am Ederplan (von Mai bis Ende Okt. geöffnet)

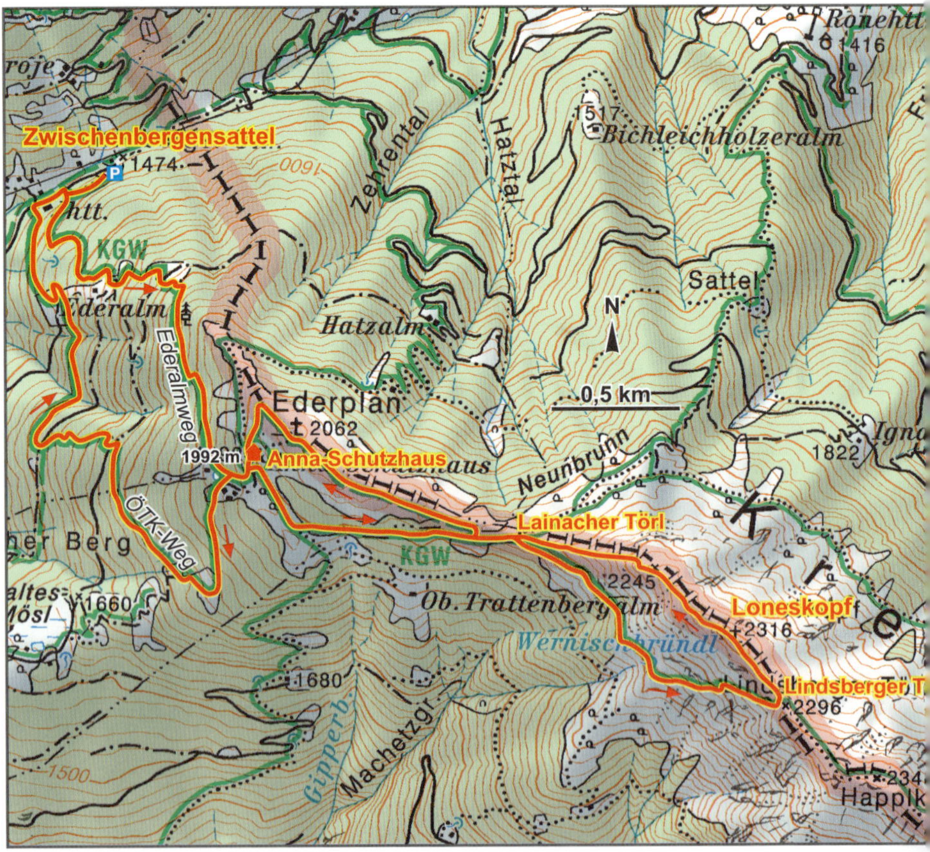

KREUZECKGRUPPE

Das Naturdenkmal **Zwischenbergen** gilt ungeachtet der Starkstromleitung als wertvolles Feuchtgebiet. Wenige Minuten südlich davon lenkt der Ederalmweg (bez. 318) zum Anna-Schutzhaus. Er beginnt steil und führt im Waldschatten an einem Unterstand vorbei, ehe wir an höherer Stelle einen neuen Fahrweg queren. Auf dem mit 318 bezeichneten Steig kommen wir oberhalb der **Ederalmhütte** vorbei und erreichen nach einer Lichtung einen über Treppen zugänglichen Almweg (Gatter). Dann umfängt uns wieder der Waldschatten. Nach geringerer Steigung treten wir beim Annaquell und bei einzelnen Almhütten (Löschwasserteich) ins volle Licht. Das **Anna-Schutzhaus** ist in 10 Minuten erreicht.

Der Rückweg kann am ÖTK-Weg erfolgen. Tafeln lenken südlich vom Anna-Schutzhaus zum 20 Minuten tiefer gelegenen Parkplatz am Rand der Ruhezone, wo wir im Wechsel von Weg und Steig zum **Zwischenbergensattel** absteigen.

Der **Loneskopf** (Kreuz) an der nordwestlichen Stirn des Ziethenkammes ist als unschwierige Tour vom Anna-Schutzhaus aus empfehlenswert. Der Steig bahnt sich vorerst durch ein Fichtenwäldchen zum **Lainacher Törl** (25 Min., Tafel, Abstiegsmöglichkeit nach Lainach). Wir umgehen den Loneskopf südlich und queren den spärlich mit Lärchen bewachsenen Berghang. Wiederholt netzen Quellaustritte den Steig und füllen den Trog beim sogenannten Wernisch-Bründl. Ein Kehrensteig führt hinauf zum **Lindsberger Törl** (2294 m) am Ziethenkamm. Der Loneskopf ist westlich in 20 Minuten schnell erreicht und erlaubt einen Abstieg am Kammsteig zum oben erwähnten Lainacher Törl. Von dort wandern wir über sanfte Kuppen zum Heimkehrerkreuz am Ederplan, um etwas länger die rundum prachtvolle Aussicht genießen zu können. Erwähnenswert ist hier der über 800 m lange, in alter Bauweise gefertige Holz-Kreuzzaun.

DAS HEIMKEHRERKREUZ AM EDERPLAN

Das am 15. August 1949 feierlich eingeweihte Heimkehrerkreuz am Ederplan beklagt 108 Vermisste und Gefallene der Gemeinden Dölsach und Iselsberg/Stronach aus den beiden Weltkriegen. Zuvor wurde ein Fundament gelegt und mit hinaufgeschlepptem Sand und Steinen der wuchtige Kreuzsockel gebaut. Ausgesucht schöne Kristalle wurden aus dem Fleißtal bei Heiligenblut sowie aus der Glockner- und Venedigergruppe angeliefert, um den Steinsockel prunkvoll zu zieren – fast alle wurden beschädigt oder entwendet. In der Dölsacher Chronik und auf Bildern in der Bibliothek sichtbar ist der Transport des Kreuzes, an dem sich insgesamt 112 Männer beteiligten. Untrennbar bleibt mit dem Kreuz Josef Bödenler, vulgo Sigitzer, verbunden. Weithin erstrahlte der Ederplan am Herz-Jesu-Sonntag, wenn Sigitzer die Bergfeuer entzündete und mit bengalischem Feuer bunt und hell verzauberte. Feuerwerkskörper waren seine Leidenschaft, obwohl ihm der Umgang mit der Pyrotechnik einen Arm kostete.

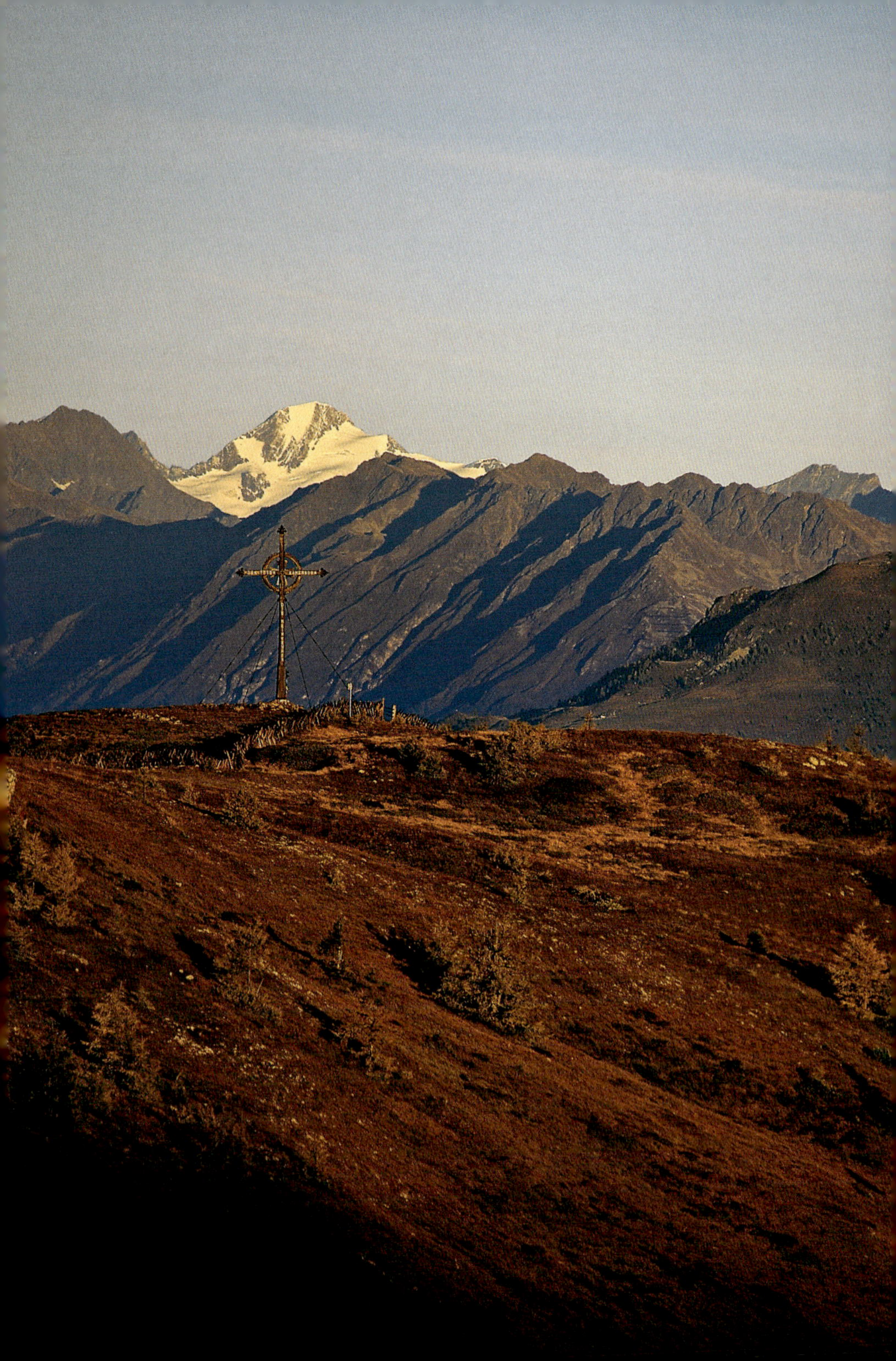

FRANZ DEFREGGER UND DAS ANNAHAUS

Die erfassbare Geschichte des Ederplans beginnt mit Franz Defregger, geboren am 30. April 1835 am Ederhof in Stronach (Gemeinde Iselsberg). Der später als Genre- und Historienmaler bekannt gewordene Künstler bevorzugte Darstellungen von Begebenheiten des alltäglichen Lebens.

1860 verkaufte er seinen geerbten Hof in der Absicht, nach Amerika auszuwandern. Sein Weg führte jedoch zum Studium nach Innsbruck und 1861 an die Kunstakademie in München, ehe er sich 1863 in Paris weiterbildete. Ein Publikumserfolg wurden seine Gemälde ab 1865. Von 1878 bis 1910 wurde Franz Defregger weit über die Landesgrenze hinaus berühmt, als Franz Ritter von Defregger wurde der Künstler in den Adelsstand erhoben. Mit Vorliebe malte er Porträts sowie dramatische Szenen aus dem Tiroler Volksaufstand von 1809. Franz von Defregger starb 85-jährig am 2. Jänner 1921 in München.

Sein Privathaus, das Defreggerhaus, steht in München, das nach seiner Gattin benannte Annahaus am Ederplan. Um sich seiner vielen Anhänger und Bewunderer zu entziehen, ließ er dort eine Hütte erbauen, die er von 1882 bis 1887 sporadisch bewohnte und auch in einem Gemälde festhielt.

Das Annahaus wechselte um 1887 für 300 Gulden in die Obhut der ÖTK-Sektionen Oberdrauburg und Lienz und wurde zu einer bescheidenen Touristenunterkunft erweitert. In der Folge verstrichen 100 Jahre ohne auffällige Hüttenveränderung. Am 31. März 1990 übernahm der neugegründete Österreichische Touristenklub Dölsach das Anna-Schutzhaus. Unter der bewährten Führung von Sepp Mayerl, vulgo Blasl, dem kühnen Kirchturmdecker und Extrembergsteiger sowie Ehrenringträger der Gemeinde Dölsach, erfolgte nun ein Neubau. Blasl Sepp ließ alte Elemente der Hütte gefühlvoll in Neues einfließen, sodass der Geist des großen Malers Franz von Defregger noch immer gegenwärtig ist. Nach 8500 freiwillig geleisteten Arbeitsstunden wurde die Neueröffnung der Hütte mit einem Bergfest gekrönt. Sepp, dessen Werk als bleibendes Denkmal Bestand hat, verunglückte am 28. 7. 2012 auf der Adlerwand in den Lienzer Dolomiten.

Das Heimkehrerkreuz am Ederplan, aus der Venedigergruppe grüßt die Rötspitze.

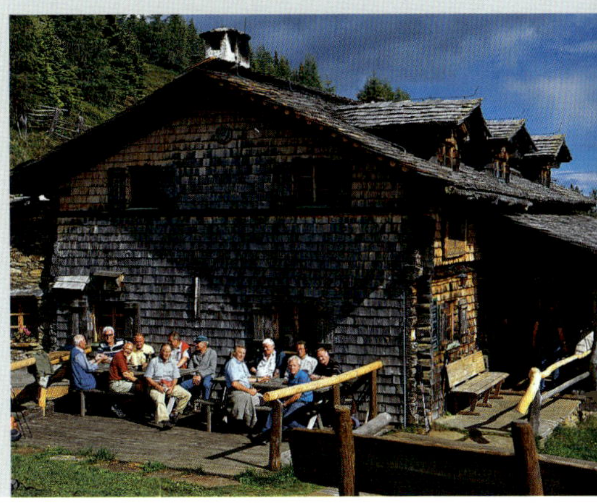

Das Anna-Schutzhaus am Ederplan

ALMWANDERUNG AM RABANTBERG

Auf den Spuren des Bergbaus hoch über dem Kärntner Tor

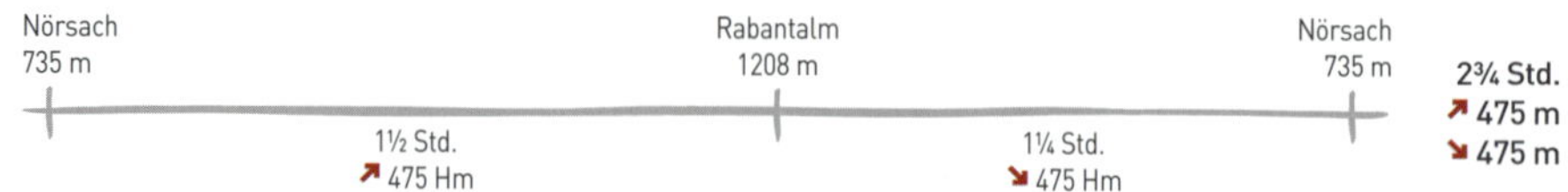

Anfahrt: Mit Pkw oder Postbus Linie 4406 bis Nikolsdorf Ort, von dort in das 2 km östlich gelegene Nörsach und dort zum Klettergarten Rabantkofel, begrenzter Parkplatz
Einkehrmöglichkeit: offiziell keine; doch meistens lädt der Hirte Josef zur Rast in der ehemaligen Aufzugshütte.

Nikolsdorf ist die östlichste Gemeinde Tirols, 2 km östlich davon liegt der Ortsteil Nörsach, wo ein römischer Meilenstein auf eine ehemalige Römerstraße hinweist. Wegtafeln künden die nahe Chrysanthnerkirche und den Klettergarten Rabantkofel und Rabantalm an. Vom vielbesuchten **Klettergarten Rabantkofel** führt ein Kehrensteig hinauf und verlässt um ein seilversichertes Felseck das Klettergartengelände. Wir erreichen einen Fahrweg und achten auf abzweigende Steige (Tafeln). Der mit Laub bedeckte Anstieg führt an herrlichen Buchenexemplaren vorbei, die weitgehend den Bergwald bestimmen. Überall vermeint man die Spuren des

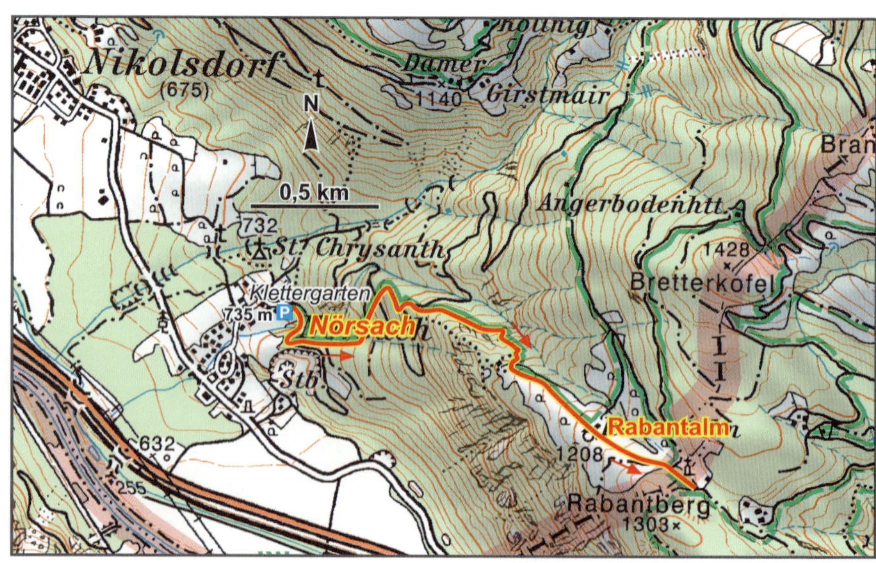

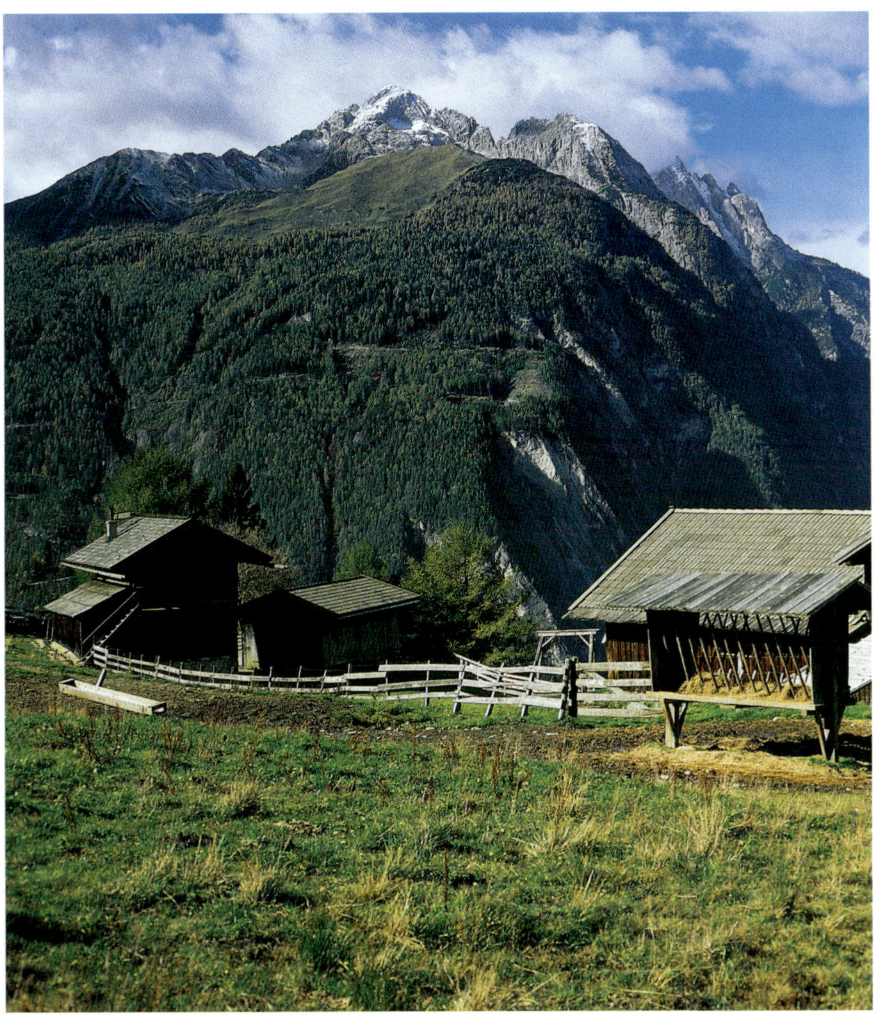

Die Rabantalm genießt die freie Sicht zu Hochstadel und Freiung.

ehemaligen Antimon-Bergbaus wahrzunehmen und sie wären auch noch sichtbar, hätte man nicht die Stollen für jeglichen Zutritt verschlossen. Wo wir eine große Bergwiese betreten, ist die **Rabantalm** bereits nahe. Frei ist der Blick zum Hochstadel, dem heimlichen König der Lienzer Dolomiten. Vom Rabantbergbau erzählt auch ein der hl. Barbara, der Patronin der Bergknappen, gewidmeter Bildstock. Von dort führt am Rabantberg (1303 m) in 15 Minuten ein Waldweg zu den einstigen **Bergbaugebäuden**. Auf gleichem Weg kehren wir zum Ausgangspunkt zurück.

DIE BERGBAUGESCHICHTE AM RABANT

Die ältesten Schürfe am Rabant stammen aus dem 15. Jahrhundert, wie es ein Ortenburgisches Berglehensprotokoll im Landesarchiv Klagenfurt verzeichnet. Aus dem Dunkel der Geschichte und nach der Zeit des Bergbaustillstandes im 18. und 19. Jahrhundert wagte sich 1936 ein Hermann Rohrer aus Oberlienz mit Hilfe des Sprengstoffs Donarit ans Erz des Rabantberges. Der ca. 400 m lange Hermannstollen erinnert an ihn. Bis zu 90 Menschen fanden damals Arbeit und hausten in Baracken, Blockhütten und in der Rabantalm, doch der Erfolg sollte nicht von langer Dauer sein.
Mit dem „Anschluss" 1938 an das Deutsche Reich wuchs die Gier nach Erz und Metallen und damit verbunden war ein wahrer Raubbau an den herrlichen Buchenbeständen am Rabant. 1942, mitten im furchtbaren Krieg, versuchte die Bleiberger Bergwerksunion mit modernen Maschinen und neuen Knappenhäusern östlich des Rabantberges ein neues „Glück Auf".
Aus der Bergbauzeit am Rabant ist nur die kleine Aufzughütte übriggeblieben, ein über Jahrzehnte dahindösender, verwahrloster Schuppen. Das sollte sich erst um 2010 ändern, als der Hirte Josef die Aufzughütte in ein schmuckes Stübchen verwandelt hatte. Was anfänglich einfach und in wenigen Tagschichten möglich schien, sollte für eine Handvoll tatkräftiger Männer in eine sich über den ganzen Sommer hinstreckende Arbeit ausarten. Da wehrte sich ein Betonblock, der das ehemalige Trag- und Zugseil der erztransportierenden Seilbahn halten musste. Ein den halben Raum ausfüllendes Ungetüm stand den Umbauplänen störrisch im Weg.
Ein Maurermeister aus Nikolsdorf führte den Kompressor und Josef, der Hirte, vergrub das tote Material im almerischen Boden, wo, wie manche behaupten, noch riesige Mengen Antimon im Dunklen liegen. Tischler aus Nörsach kamen und belebten das endlich leere Gehäuse mit frischem, hellen Holz, schufen einen komfortablen Sanitärbereich und eine gemütliche Stube. Eine über drei Seiten laufende Eckbank umfängt zwei Tische und bietet Platz für Rast und „Hoagast", der nicht selten alte Bergbaugeschichten wachruft.

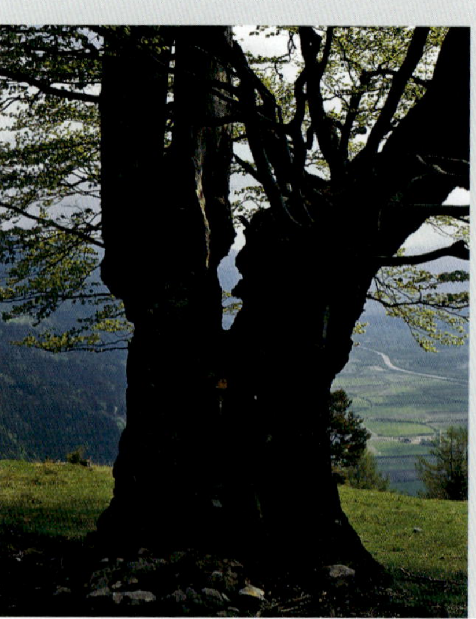

Nur wenige der riesigen Buchen haben die Bergbauzeit überlebt.

RUNDGANG IM ZEDLACHER PARADIES

Naturkundliches Vergnügen und ein Blick in die Rasselklüfte

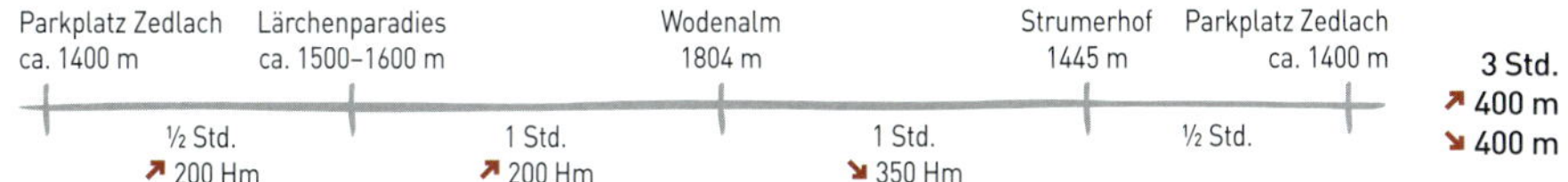

Anfahrt: Mit Pkw oder Postbus Linie 4410 bis Matrei Ort, von dort privat nach Zedlach bzw. zur höher gelegenen Parkmöglichkeit (Schranken)
Einkehrmöglichkeit: Kräutergasthof Strumerhof

Das Bergdorf **Zedlach** befindet sich an der Südflanke des Hintereggkogels und wurde bereits 1020 urkundlich erwähnt. Über dem Dorfkern breitet sich eine der seltenen Lärchenweiden aus, die heute als **„Zedlacher Paradies"** ein viel besuchtes Naturdenkmal sind. Lichtdurchflutet zeigt dieses Paradies seine Schönheit am eindrucksvollsten im herbstlich goldenen Lärchenglühen. Wegweiser mit Tierimitationen und geschichtlichen Darstellungen lenken von Zedlach ins „Paradies". Ein Weg und abkürzend ein Steig führen hinauf zur Wodenalm. Wer mag, kann von dort noch weiter in Richtung Hintereggkogel aufsteigen, bis dorthin, wo die sogenannten Rasselklüfte das hohe Flankenkleid des Berges tief zerreißen.

Der Abstieg von der **Wodenalm** ist am Brettersteig zum **Kräutergasthof Strumer** eine lohnende Rundtour, wenngleich der Rückweg zum Auto oder nach Zedlach auf der Bergstraße erfolgt.

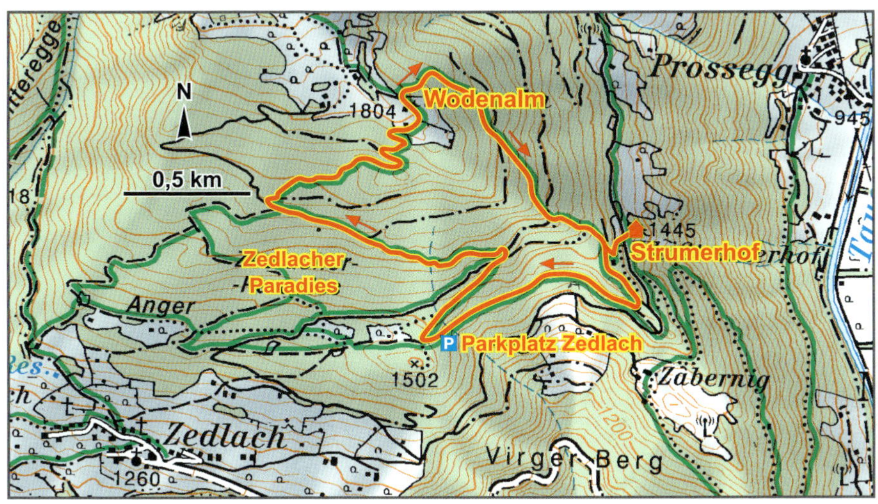

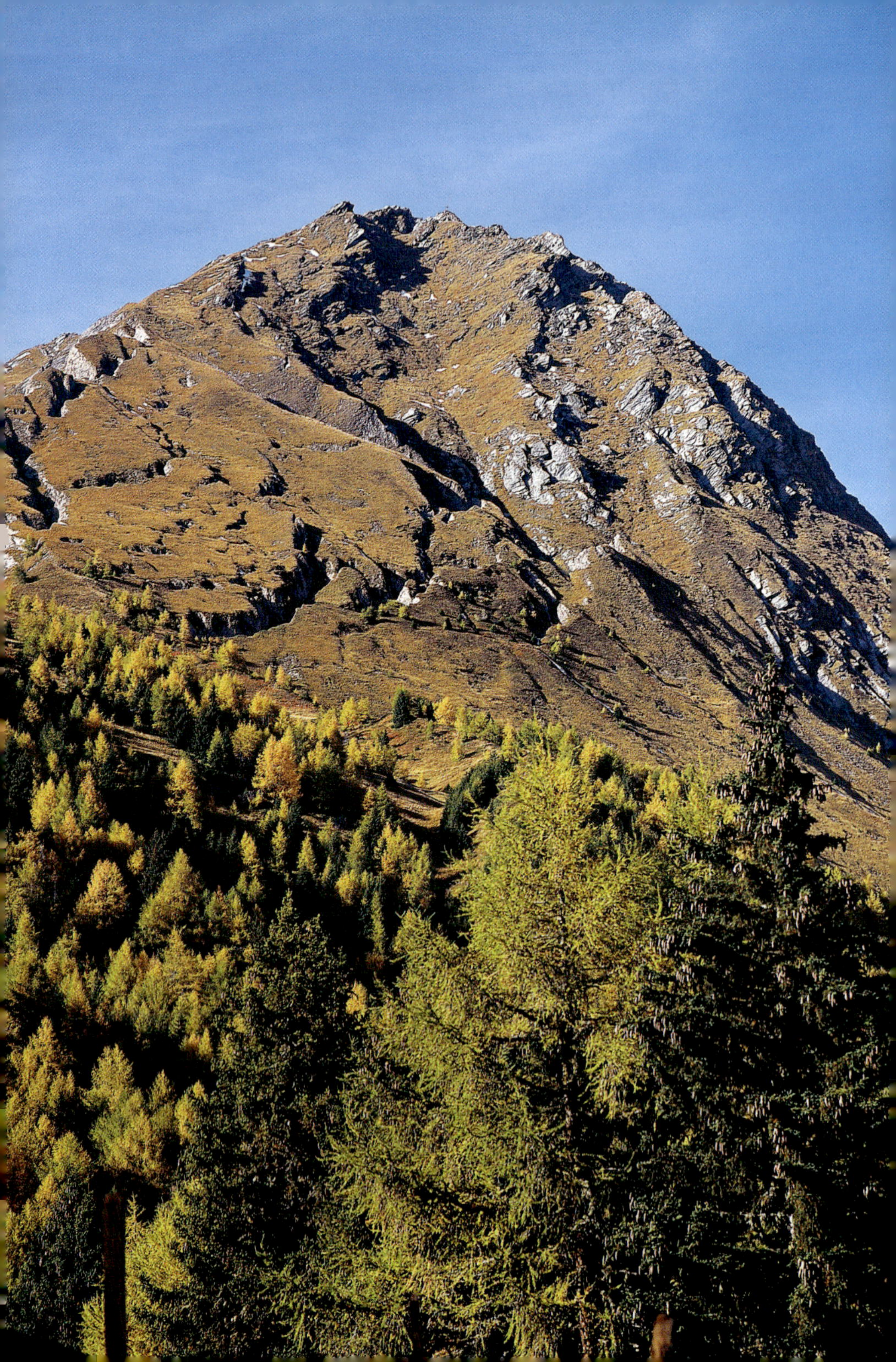

DIE BAUMSCHEIBE ERZÄHLT

Am 1. Jänner 1992, im Gründungsjahr des Tiroler Nationalpark-Anteils, war die Lärche mit 344 Jahren in der Mitte ihrer Lebenszeit. Sie entspross in der Zeit des Dreißigjährigen Krieges und erlebte 1648 den westfälischen Friedensschluss, der eine Zeit der Gewalt, des Hungers und der Seuchen beendete. 1683, als 200.000 Türken zum zweiten Mal vor den Toren Wiens standen, war sie noch ein zarter Baumjüngling. Zum zweiten Mal belagern osmanische Reiterheere die Hauptstadt. Ernst Rüdiger, Graf von Starhemberg, vermochte mit ca. 65.000 Mann der Übermacht zu trotzen und die Feinde zu verjagen. Mit dem in der türkischen Zeltstadt zurückgebliebenen Kaffee wurden Wiens erste Kaffeehäuser gegründet. 1735 führte Carl von Linné, ein schwedischer Naturforscher, die binäre Nomenklatur ein, d. h. er verlieh jeder Pflanze und Tierart einen lateinischen Doppelnamen. 1791 verstarb der österreichische Komponist Wolfgang Amadeus Mozart. Im gleichen Jahr wird das Brandenburger Tor, ein Stadttor von Berlin, fertiggestellt und die USA führen mit der Rede- und Versammlungsfreiheit die Grundrechte des Einzelnen ein. Um 1800 verändert die Elektrizitätslehre die Welt. Alessandro Volta schuf bahnbrechende Arbeiten, die Maßeinheit für elektrische Spannung wird mit Volt nach ihm benannt. 1832 verschied der deutsche Dichterfürst Johann Wolfgang von Goethe. 1853 erzeugte der in Bamberg geborene jüdische Kleinhändler Levi Strauss in Kalifornien die erste Jeans aus Zeltplanenstoff, die alsbald die Welt erobern sollte. Der deutsche Arzt und Schriftsteller Heinrich Hoffmann verfasste unter anderem den „Struwwelpeter". In England wurde die Arbeitszeit für Kinder auf maximal zehn Stunden am Tag gesetzlich limitiert. 1903 begann mit Marie Curie das Atomzeitalter. Die französische Chemikerin und Physikerin polnischer Herkunft schuf die Grundlage für die Radiochemie, wofür sie 1903 den Nobelpreis erhielt. 1967 wurde die Felbertauernstraße eröffnet. Sie verbindet den Bezirk Lienz mit der Landeshauptstadt Innsbruck. Den Bergsturz vom 14. Mai 2013, der den Bau einer provisorischen Umfahrungsstraße im Bereich des Matreier Tauernhauses erzwang, musste unsere Lärche allerdings nicht mehr erleben.

Links: Die steile Ostflanke des Hinterbergkofels zerreißen die Rasselklüfte.

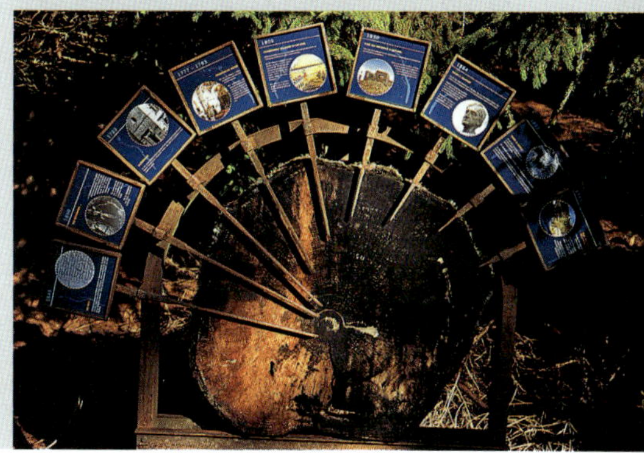

Infotafeln verraten Geschehnisse aus der Lebenszeit der Lärchen.

KALSER TALRUNDWEG

Wandern in der Sonne des Großglockners

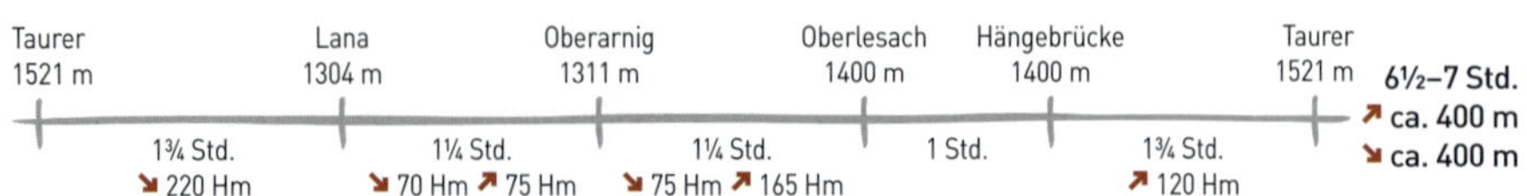

Anfahrt: Postbus Linie 4408 bis Kals Ort; der Kalser Talrundweg weist beliebige Ein- und Ausstiegsmöglichkeiten auf und kann auch in Etappen begangen werden.
Einkehrmöglichkeiten: Lesacher Hof in Unterlesach, Gasthöfe in Kals (Ködnitz), Wanderhotel Taurer, Gasthöfe in Großdorf und Glocknerblick in Oberarnig

Der hier beschriebene Talrundweg beginnt beim **Taurer**, führt zum nahen „Lauschplatz Gschlöß" (einer Hörstation), weiter zu einem Biotop und Kinderspielplatz. Vom Rauschen des Kalser Baches talwärts begleitet, kommen wir am Feriendorf **Gradonna** vorbei und genießen oberhalb von Großdorf die Einblicke in die Schobergruppe. In weiterer Folge gelangen wir zum **Tembler**, dann leicht fallend in den Ortsteil **Lana** mit der Lourdeskapelle und der Wassererlebniswelt am Talbach. Ein Aussichtsturm mit Grillplatz bereichert die gern besuchte Strecke, die bis hin zum überdachten Libenetsteg nahe der Knopfbrücke an der Landesstraße führt. Von dort kommen wir an der restaurierten **Jagglermühle** vorbei und gelangen zum Gasthof Glocknerblick in **Oberarnig**.

Die Hängebrücke über den Ködnitzbach

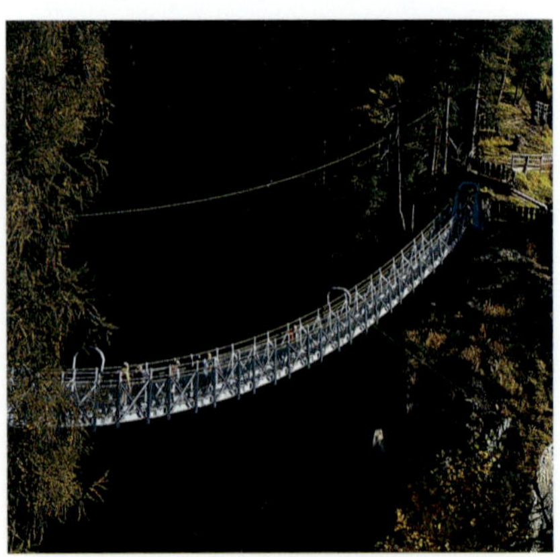

Bei der tiefer gelegenen Knopfbrücke führt der Talwanderweg hinauf in den Ortsteil **Lesach** und weiter bis zur **Sagbrücke** im Lesachtal. Auf einer Hangkanzel liegt die Bergsiedlung **Oberlesach** (1400 m). Von rustikalen Glocknersesseln mit Infotafeln blicken wir in das Pfarrdorf Ködnitz. Ein Höhepunkt ist die 55 m lange, aus Metallelementen gefertigte Hängebrücke über den Ködnitzbach, die betörende Tiefblicke in das schnellfließende Gletscherwasser ermöglicht. Eben und erholsam schängelt sich der Weg am Waldhang weiter in den Ortsteil **Burg**, wo wir bei einer vorgeschichtlichen Kultstätte, der **Felsenkapelle Gradonna**, rasten können, ehe die Wanderung beim **Wanderhotel Taurer** endet.

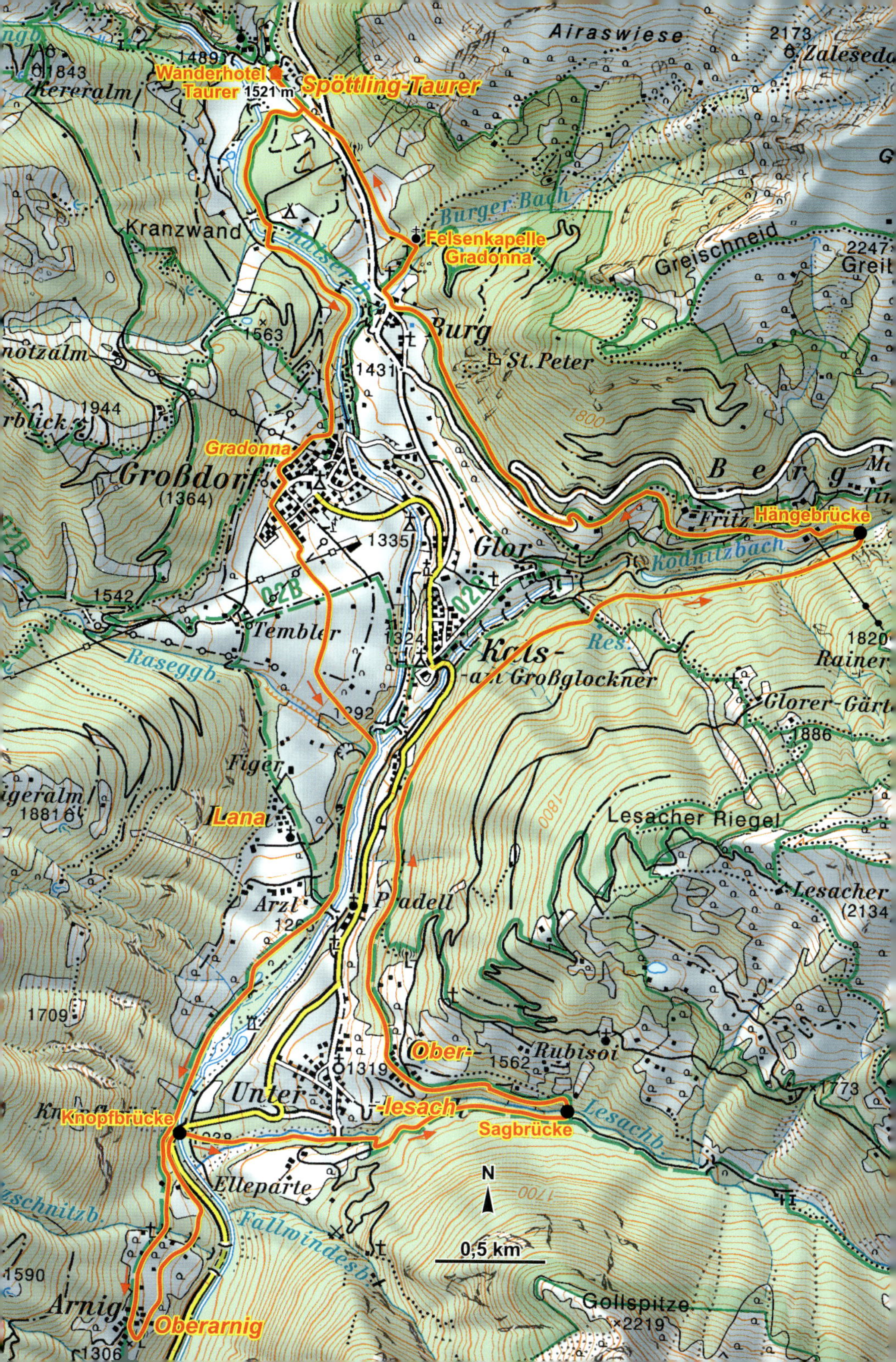

Wanderhotel Taurer
Spöttling-Taurer
Felsenkapelle Gradonna
Gradonna
Hängebrücke
Lana
Ober-
-lesach
Sagbrücke
Knopfbrücke
Oberarnig
0,5 km

GRADONNA, DIE BURGER FELSENKAPELLE

Kals ist seit 1197 als Calce urkundlich erwähnt. Ein Steinhammer aus mittelneolithischer Zeit (Jungsteinzeit) gilt als ältester Fund des Tales. Zu den geheimnisvollsten Plätzen zählt Gradonna, womit nicht das große, neue Feriendorf, vielmehr der weniger auffällige große Findling gemeint ist: ein riesiger Felsklotz, dem von seiner „Gletscherreise" eiszeitliche Spuren geblieben sind. Als Schutz und Rastplatz war er bereits steinzeitlichen Jägern vor 5000 Jahren bekannt. Ihnen folgten Säumer und Passgeher am Weg über den Kalser Tauern, für die der „Große Stein" – Gradonna – ein magischer Anziehungspunkt war. In jüngerer Vergangenheit, gegen Ende des Zweiten Weltkriegs, bot der sich etwas talwärts neigende Felsen den Einheimischen Schutz vor den Tieffliegern der Alliierten, sodass Gradonna alsbald für die sich hier dicht drängenden Talbewohner zu einem Betfelsen wurde. Eine sakrale Stätte sollte dieser Koloss erst 30 Jahre später werden, als der in Burg bei Kals lebende Josef Kerer (geb. 1927) den Felsblock für einige Jahre in den Mittelpunkt seines Lebens stellte. Kerer ist ein Nachkomme der großen Kerer-Bergführerdynastie und ein begabter Holzbildhauer, einer der besten seiner Zeit. Mechanisch, mit Hammer und Meißel, begann er den Stein auszuhöhlen, spürte den Fugen und Klüften nach, ehe dem mühseligen Schrämmen das wesentlich wirksamere Sprengen folgte. Eine Felsenkapelle wollte Josef dem widerspenstigen Stein abringen. Er und seine Helfer senkten den Erdboden bis zu einen Meter ab, wobei Schlacke und Ascheschichten neugierig machten. Zum großen Erstaunen gab der Boden eine frühgeschichtliche Kultstätte frei. In kreisförmiger Anordnung fand man gehörnte Steinbockschädel und Bärenknochen und aus einer zweiten Phase jener Zeit auch Tonscherben und Steinklingen. Nach vollendeter Tat legte Josef Kerer die schweren Steinwerkzeuge zur Seite, um alsbald mit Feilen und scharfen Klingen eine bildhübsche Madonna anzufertigen. Diese tauschte er gegen eine Glocke aus einem fernen Kloster. Eine in astfreier Zirbe geschnitzte Gämse bildete den Gegenwert für eine aus Nürnberg stammende Heiligenstatue. So erwarb Josef Kerer viele wertvolle Requisiten, die seine der Rosenkranzkönigin geweihte Felsenkapelle schmücken.

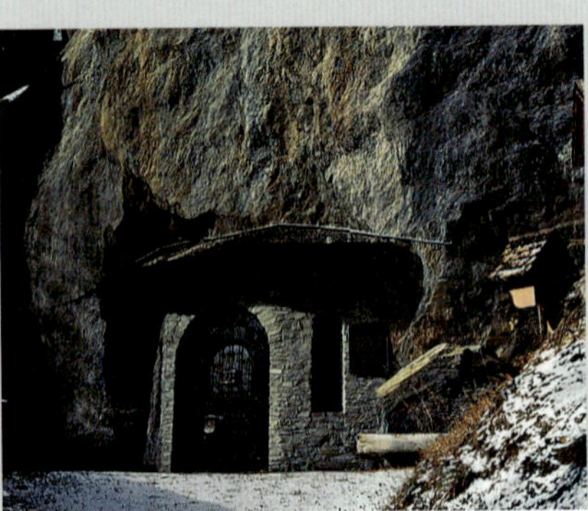

Die Gradonna-Felsenkapelle in Burg

Rechts: Glockner mit Glocknerwand wächst erhaben in den Herbsthimmel.

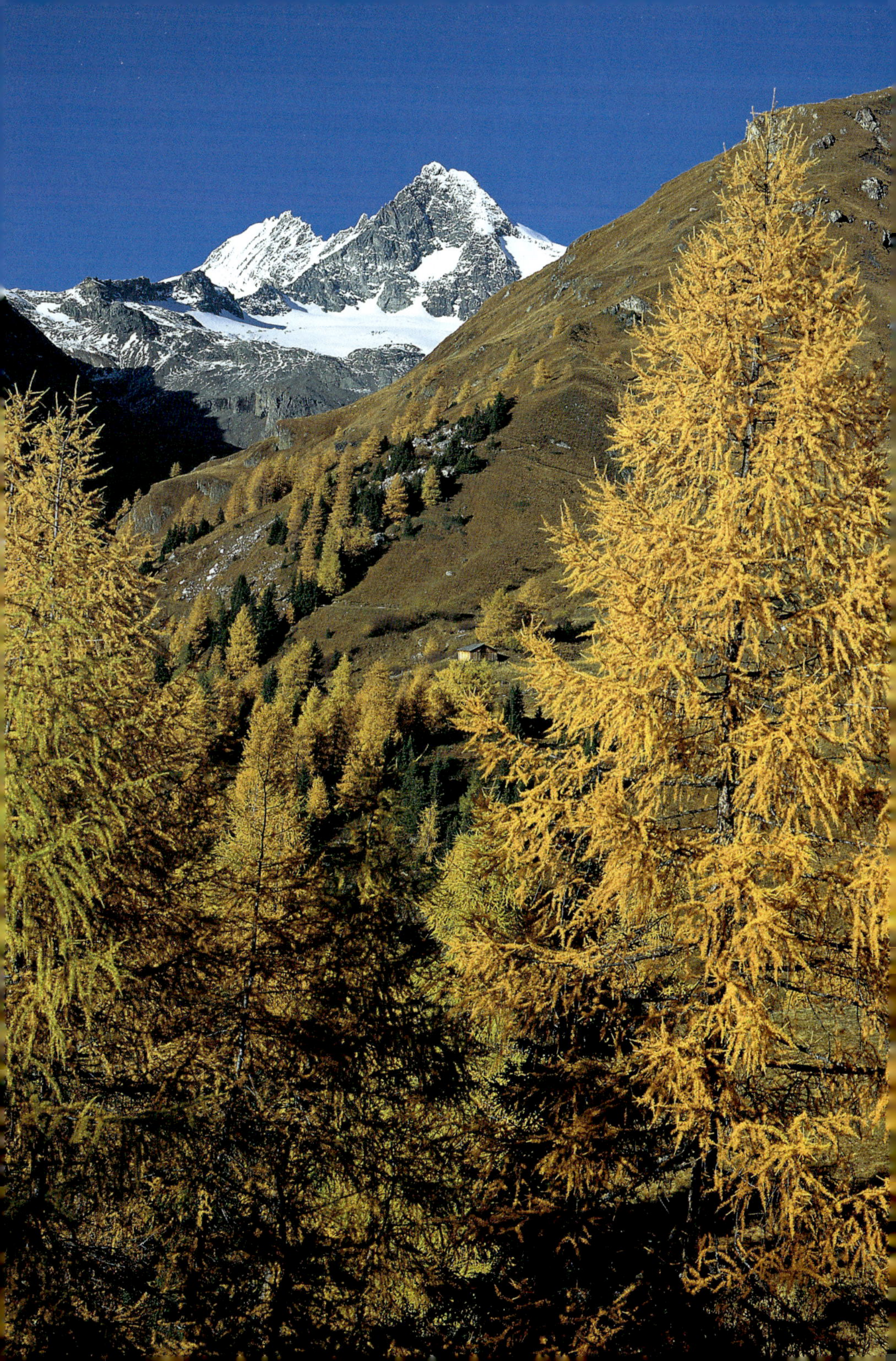

ÜBER DEN KOFEL NACH MARIA LUGGAU

Auf altem Wallfahrtsweg zur Basilika minor

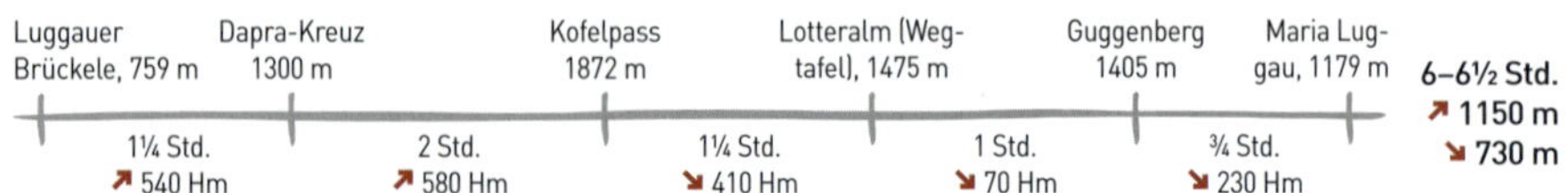

Anfahrt: Mit Pkw oder Postbus Linie 4416 von Sillian nach Maria Luggau; beim Luggauer Brückele (3,5 km südwestl. von Leisach) parken wir das Auto am schattseitigen Bergfuß, orographisch rechts der Drau.
Einkehrmöglichkeiten: in Maria Luggau, Paternwirt, Gasthof Luggau und Bäckwirt

Wir beginnen die Wanderung entweder am alten Wallfahrerweg im Bereich des Schotterwerkes und gelangen in ¾ Stunden zum Leisacher Almbach und weiter zum Dapra-Kreuz oder gehen bevorzugt vom **Schwarzbodenweg** (Schranken) aus. Dort beachten wir nach ¾ Stunden den Hinweis Maria Luggau. Wir steigen im Wald vorerst etwas steiler an und gönnen uns einen Schluck Quellwasser beim „**Schlaitner Trog**". Bald danach lenken elf Steigkehren hinauf zum **Dapra-Kreuz** (Bank) hoch über der Schlucht des Leisacher Almbaches. Zwischen Latschen und kleinen

Maria Luggau mit der Wallfahrtskirche Maria Schnee

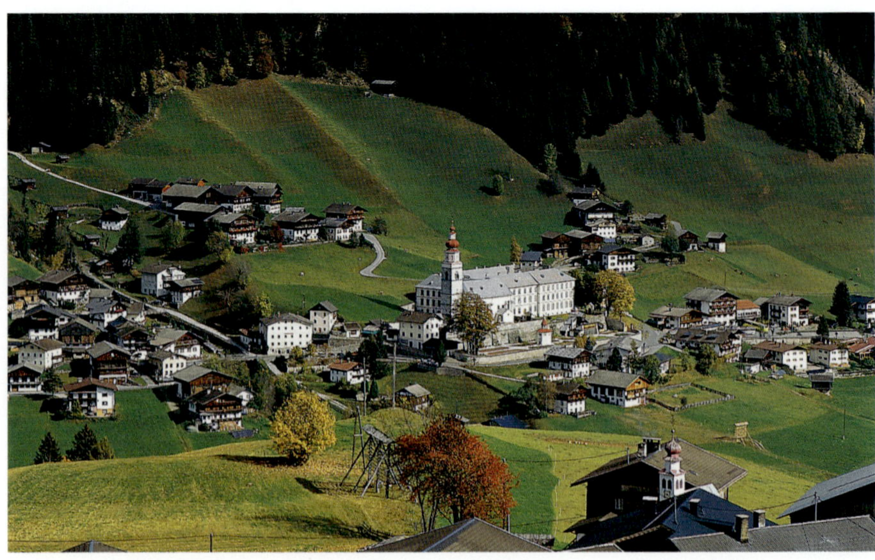

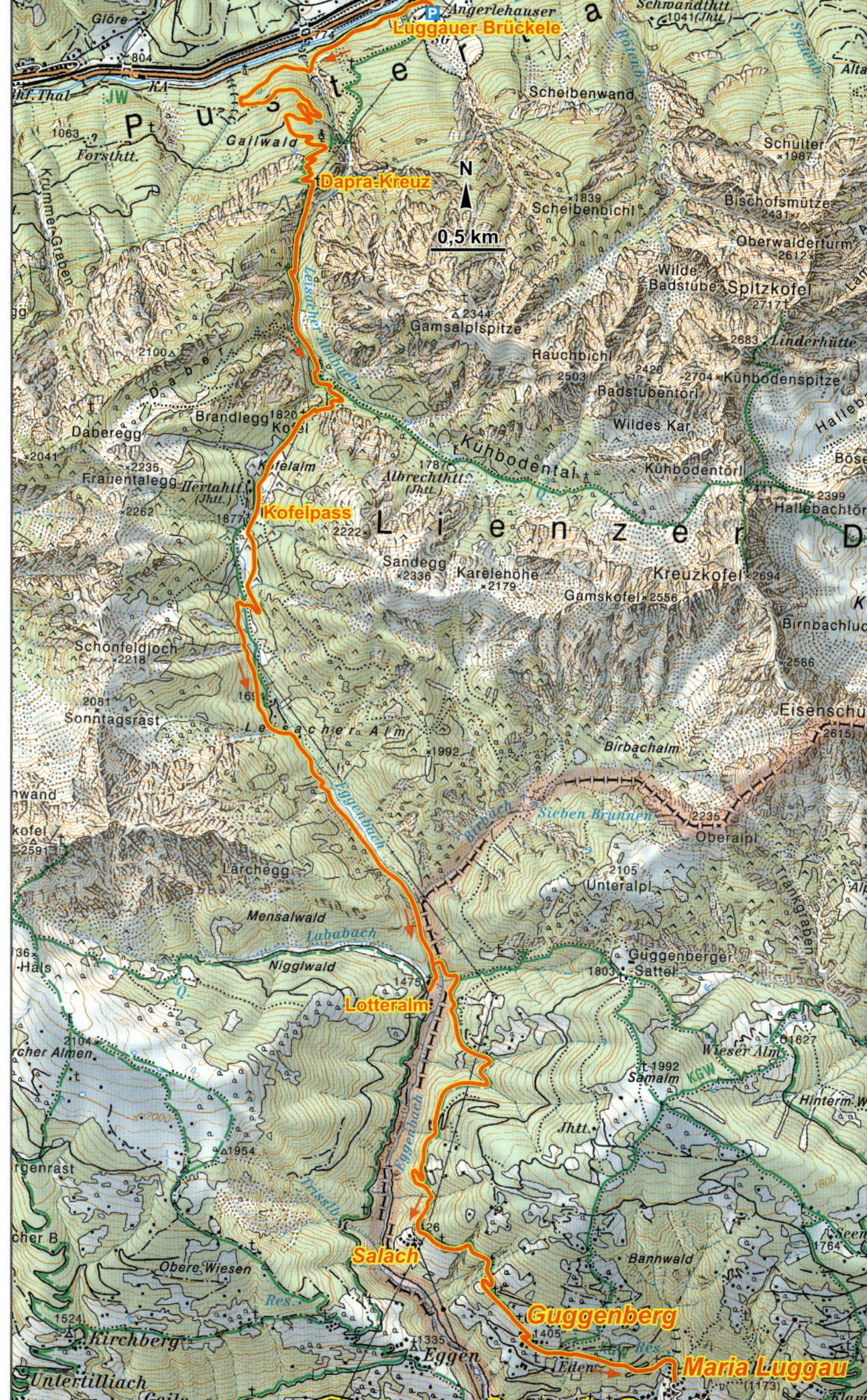

Luggauer Brückele
Dapra-Kreuz
0,5 km
Kofelpass
Lotteralm
Salach
Guggenberg
Maria Luggau
Angerlehauser
Scheibenwand
Gallwald
Scheibenbichl
Bischofsmütze
Oberwalderturm
Spitzkofel
Gamsalplspitze
Rauchbichl
Linderhütte
Kühbodenspitze
Badstubentörl
Wildes Kar
Brandlegg
Kofel
Daberegg
Frauentalegg
Kofelalm
Kühbodental
Albrechthtt.
Kühbodentörl
Hallebachtörl
Sandegg
Karelehöhe
Gamskofel
Kreuzkofel
Birnbachluck
Schönfeldjoch
Sonntagsrast
Leisacher Alm
Eisenschus
Birbachalm
Sieben Brunnen
Oberalpl
Unteralpl
Lärchegg
Mensalwald
Lababach
Nigglwald
Guggenberger Sattel
Wieser Alm
Samalm
Bannwald
Obere Wiesen
Kirchberg
Untertilliach
Eggen
Eden
Lienzer
Puster

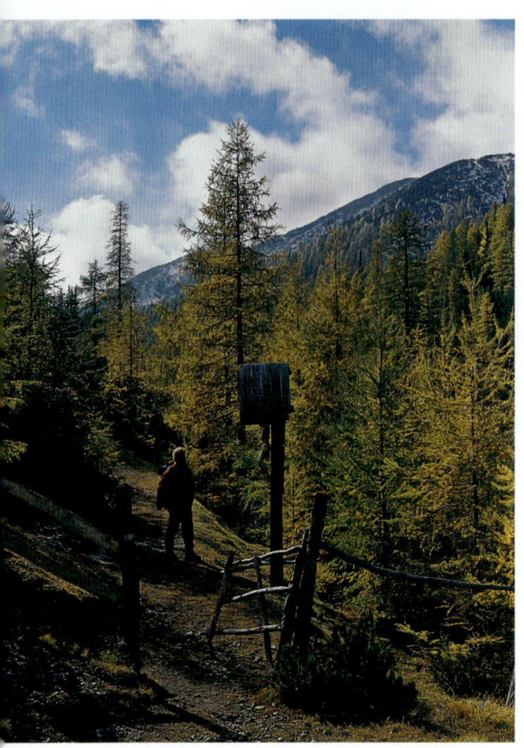

Das Kofelkreuz unweit der Passhöhe

Hangbrücken führt der Steig (bez. 212) am Talhang leicht steigend aufwärts. Er lenkt an dem vom Bach teils „angenagten" Ufer entlang und über Schotterbänke zur Steigteilung (Bank, Marienbildnis), wo wir in Richtung Kofelpass bergan steigen und nach vier Minuten einen kleinen Bach queren. Fichten, dann Latschen und einzelne Lärchen geben den Steig bald frei, der mit einigen Treppen einen Felssockel erklimmt, eine versicherte Felswand quert und anschließend eine etwa 15 m breite Schuttriese quert. Dann windet sich der seilversicherte Fels-Schuttsteig (Gedenktafeln, Mariengrotte) auf einen Felsabsatz hinauf, wo ein mächtiger Strommast und das nahe **Kofelkreuz** im Schatten von Lärchen steht. In 20 Min. gelangen wir zum **Kofelpass** mit einem hölzernen Bildstock und abgeschirmter Jagdhütte.

Der südseitige Abstieg ins Eggental kann etwas ausgreifender am Fahrweg oder kurzfristig abkürzend am alten Almsteig erfolgen. Knapp vor der **Lotteralm** beachten wir in einem Fichtenhain die zum nahen Eggenbach hinweisende Tafel (solide Brücke). Dort setzt sich ein etwas langwieriger Forstweg fort, der eine Zeitlang mäßig ansteigt, dann mit einem Abstecher zur Marienkapelle (30 Schritte) abfällt. Weiterhin bergab (Schranken), ehe abschließend eine asphaltierte Straße mit zwei Kehren nach Salach (1426 m, Kapelle), dem höchstgelegenen Berghof des Lesachtals, hinabführt.

Im weiteren Verlauf schätzen wir einen bequemen Wiesenweg und anschließend einen romantischen Steig quer durch sehr steiles Waldgehänge. Wir überschreiten drei Gräben mit kleinen Rinnsalen, die im Herbst vereist sein können. Dann streckt sich ein schmaler, etwas abschüssiger Wiesenpfad zur erneuerten Annakapelle im Weiler **Guggenberg**. Dort schreiten wir ein Stück auf asphaltierter Straße, dann auf einem Wiesenweg zum nahen Waldrand. Weniger schön ist der abschließende, zweimal vom Fahrweg unterbrochene, ziemlich steinige Waldsteig, ehe beim Wallfahrerbrunnen am Trattenbach und den Stockmühlen, einem bedeutenden Kulturgut, die abwechslungsreiche Kofelüberschreitung bei der Basilika minor in **Maria Luggau** ausklingt.

500 JAHRE WALLFAHRT INS LESACHTAL

Die Maria Luggauer Pfarr- und Kirchengeschichte, die hier nur stark gekürzt wiedergegeben werden kann, führt über ein halbes Jahrtausend in das Jahr 1513 zurück und erzählt von der Vision einer Bäuerin namens Helena, der im Traum die Gottesmutter erschien und sie aufforderte, ihr zu Ehren eine Kapelle zu bauen. Trotz vieler Widerstände und der ablehnenden Haltung der Dorfbewohner entstand 1514 ein Bildstock. Ein Jahr später wurde das Fundament gelegt, auf dem nach 20-jähriger Bauzeit eine kleine Kirche auf den Namen „Maria Schnee" geweiht wurde.

1591 übernahmen Franziskaner die seelsorgliche Betreuung der Wallfahrt und drei Jahre später wird die Pfarre Luggau aus der Taufe gehoben. Dem allmählich wachsenden Bau- und Grundbesitz widersprach das Armutsgelübde der Franziskaner, sodass sie sich schließlich gezwungen sahen, Luggau zu verlassen.

Als Nachfolger wird 1635 den Serviten die Obhut von Wallfahrt, Kirche und Kloster übertragen. Den gelungenen Einstand trübte bereits vier Jahre später ein verheerender Brand, der Kloster, Kirchen- und Turmdach zerstörte. 1661 halfen den „Dienern Mariens" die Grafen von Ortenburg sowie die Fürsten von Porcia mit hohen Geldsummen, mit denen die Schäden behoben und zudem ein Wirtshaus in der Luggau, der heutige Paternwirt, gebaut wurden.

1736 wurde das neu erbaute Kloster wiederum von einer Feuersbrunst zerstört, der Wiederaufbau erfolgte jedoch rasch und wurde von vier neuen Glocken hoch im Turm begrüßt. Die anschließenden Jahrzehnte dienten der Ausschmückung sowie der Außen- und Innengestaltung von Kirche und Kloster und hoben deren Bedeutung als Wallfahrtsort für Tausende von Pilgern und Bußgängern.

Einer der Höhepunkte im 500-jährigen Bestehen der Wallfahrtskirche datiert im Jahre 1986, als Papst Johannes Paul II. die Wallfahrtskirche zur Basilika minor erhob und der Wallfahrt seinen besonderen apostolischen Segen verlieh.

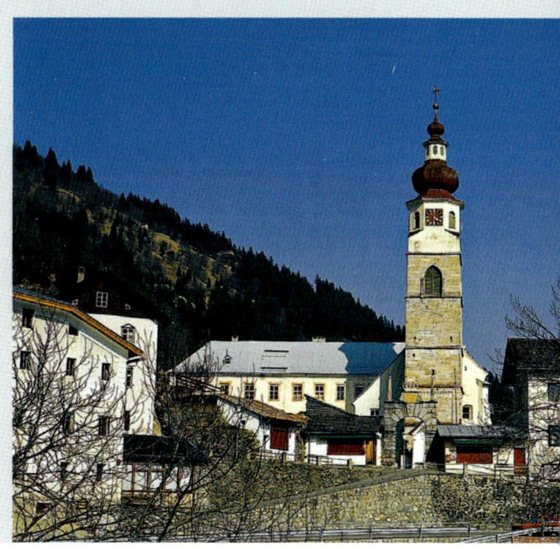

Die vielbesuchte Wallfahrtskirche und der Bäckwirt (links) als eines der ältesten Häuser in Maria Luggau

RUNDTOUR LESACHRIEGELHÜTTE – LESACHALM

Wo Bartgeier weite Kreise ziehen

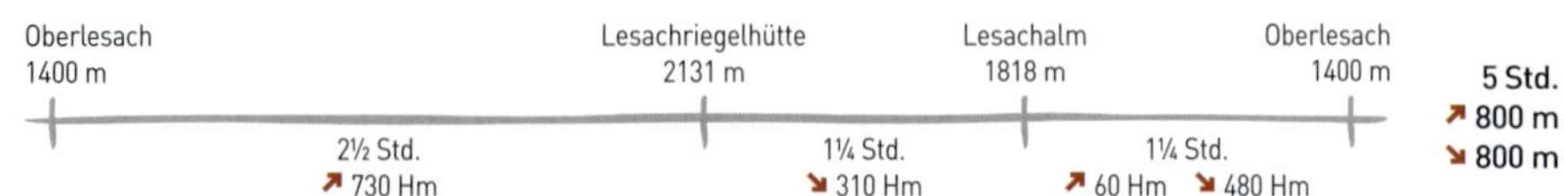

Anfahrt: Postbus Linie 4408 bis Wanderhotel Taurer; von dort mit Glocknertaxi oder direkt mit eigenem Pkw nach Unterlesach. Ein Fahrweg führt aus der erneuerten Ortsmitte (Kapelle zum hl. Kilian) nach Oberlesach. Der ins Lesachtal führende Naturweg holt nördlich aus und stoppt den privaten Pkw-Verkehr beim Schranken oberhalb des Rubisoierhofes; begrenzter Parkplatz

Einkehrmöglichkeit: Lesacher Hof in Unterlesach

Auf baumfreier Höhe der Schönleitenspitze ist der Lesachriegelhütte der Glödis nachbarlich nahe. Den Gipfel ziert das Kreuz der Kalser Bergführer.

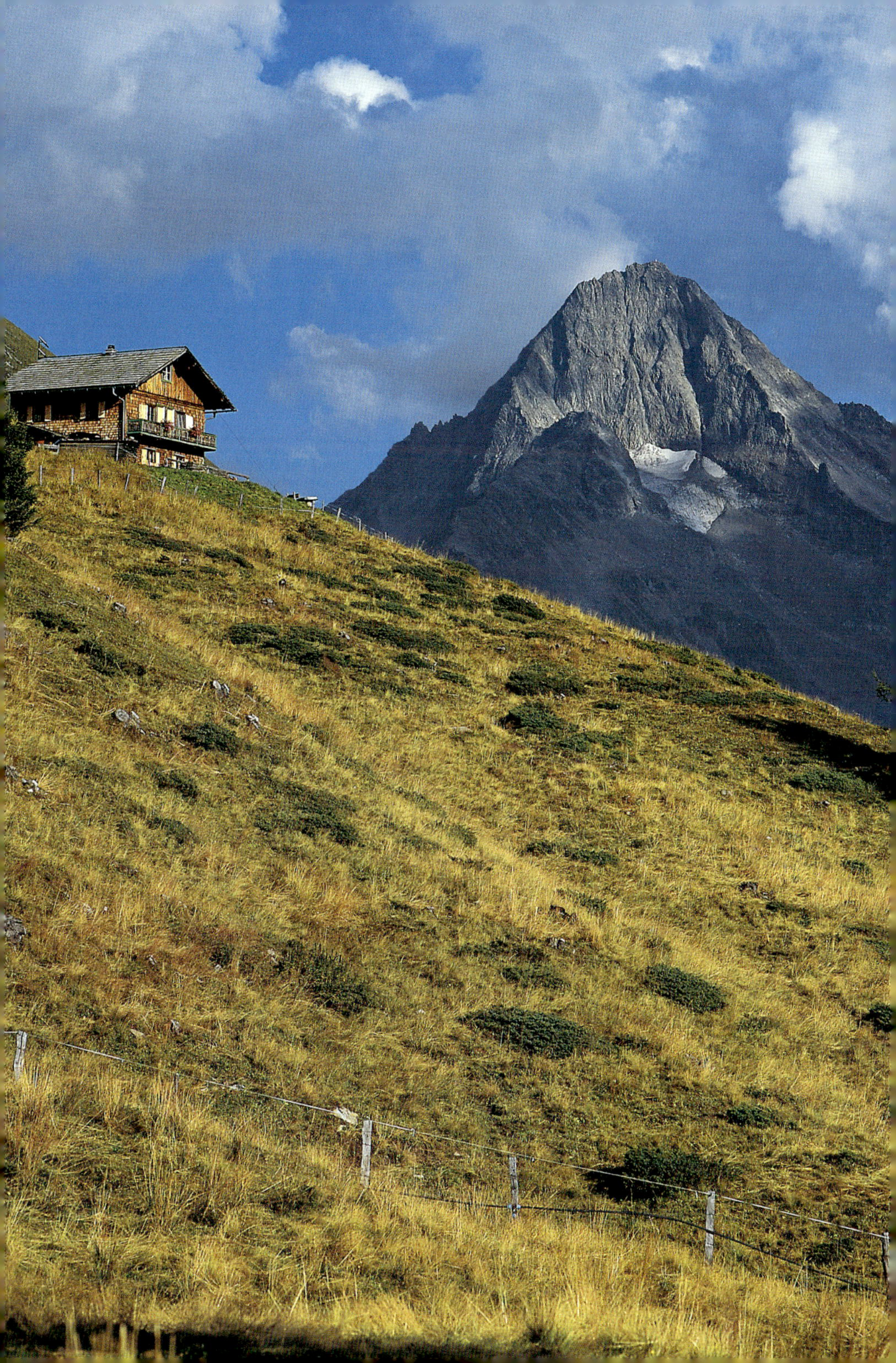

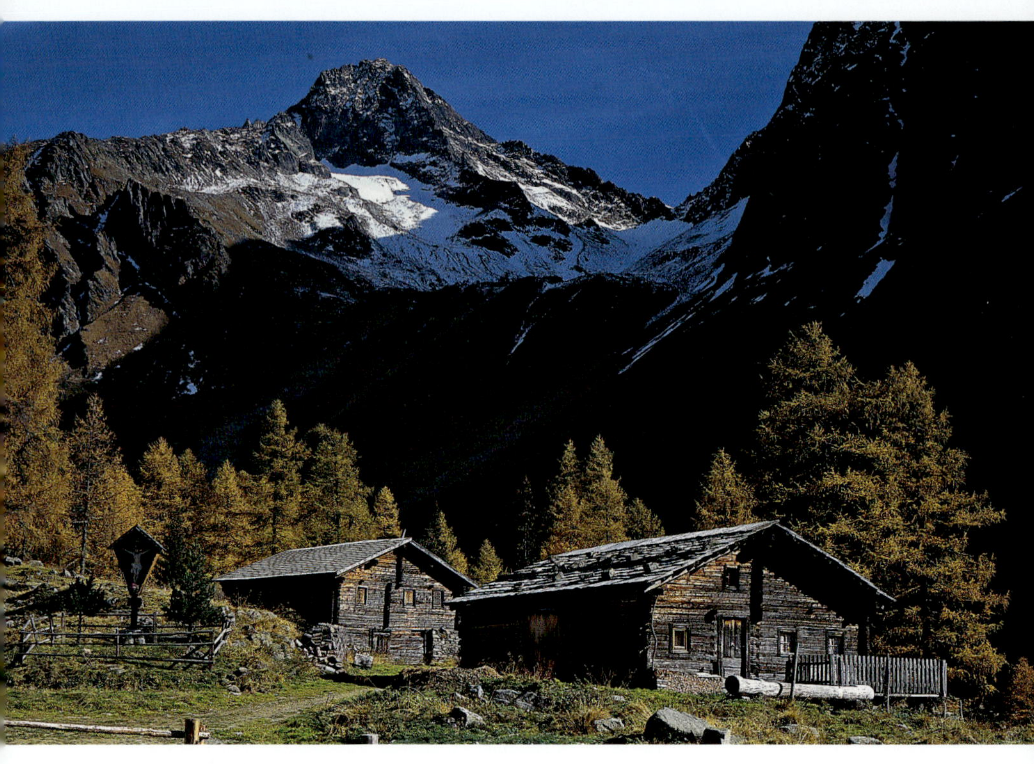

Der Glödis mit letztem Kleingletscher schaut zur herbstlich beruhigten Lesachalm.

Diese sonnseitige Wanderung verspricht eine großartige Aussicht auf die das Kalser Tal umrahmenden Berggruppen. Einige Minuten taleinwärts des Schrankens zweigt der Forstweg (bez. 61 A) links in Richtung Lesachriegel ab. Wo der aufgelockerte Lärchenwald den dichten Fichtenbestand ablöst, bleiben die Abzweigungen zur nahen Dureggeralmhütte sowie später ein Verbindungsweg rechts ins Lesachtal unbeachtet. Wir halten uns bergwärts und erreichen die **Lesachriegelhütte** (privat) auf einer aussichtsreichen Hangkanzel. Eindrucksvoll rücken Hoch- und Kleinschober, Ganot und Glödis ins Bild. Nach ausgiebiger Gipfelschau beachten wir markierte Pflöcke auf der leicht ansteigenden Bergwiese, ehe der Steig südöstlich bergab führt. Im Waldschatten gelangen wir auf einen tiefer gelegenen Wiesenhang und queren bald ein dürftiges Bächlein. Erneut im Waldschatten abwärts und an einer Jagdhütte vorbei. Ein Almweg führt zum Haltepunkt „**Bacheralm**" (1880 m) am Lesachtalalmweg. Unser Ziel, die in herrlicher Bergumrahmung gelegenen Hütten der **Lesachalm**, befinden sich taleinwärts etwa 60 Höhenmeter tiefer. Zurück zum Ausgangspunkt benützen wir den **Lesachtalalmweg**.

BARTGEIER-WIEDERANSIEDLUNG IM KALSER TAL

In einer alten Kalser Jagdchronik wird der Bartgeier als friedfertiger Aasfresser und unverzichtbarer Teil der Alpen beschrieben. Anfang des 20. Jahrhunderts galt der mit knapp drei Meter Flügelspannweite größte Vogel der Alpen aber als ausgerottet. Schuld daran war die üble Nachrede, nach der er nicht nur junge Schafe („Lämmergeier"), sondern sogar Kleinkinder geraubt haben soll, und dementsprechend zum Freiwild erklärt wurde.
Im Rahmen eines 1986 startenden übernationalen Projektes unter der Schirmherrschaft des Nationalparks ist die erfolgversprechende Wiederansiedlung in seiner ursprünglichen Heimat gelungen. Bis heute wurden im Alpenraum 189 Bartgeier aus Züchtungen freigelassen, 54 davon im Nationalpark Hohe Tauern.
Im Kalser Raum machten im Juni 2004 die beiden Männchen Toto und Hubertus den Anfang. Ihre Freilassungsnische bildete eines der Knappenlöcher im Ködnitztal. Während Toto sehr heimatverbunden blieb, verpaarte sich Hubert nach weiten Reisen in der Schweiz und Slowenien, ehe sein Revier im Gebiet um den Katschberg auch als Brutplatz ausgewählt wurde.
Mit Calce und Romaris gelangte 2007 unweit vom Kalser Tauernhaus, begleitet von den Kalser Jagdhornbläsern, ein junges Pärchen zur Freilassung. Nach längerem Osttirolaufenthalt verlor sich die Spur des männlichen Vogels Calce, dagegen konnte auf Grund einer Markierung (teils gebleichte Flügelfedern) Romaris bis 2010 in der Schweiz nachgewiesen werden.

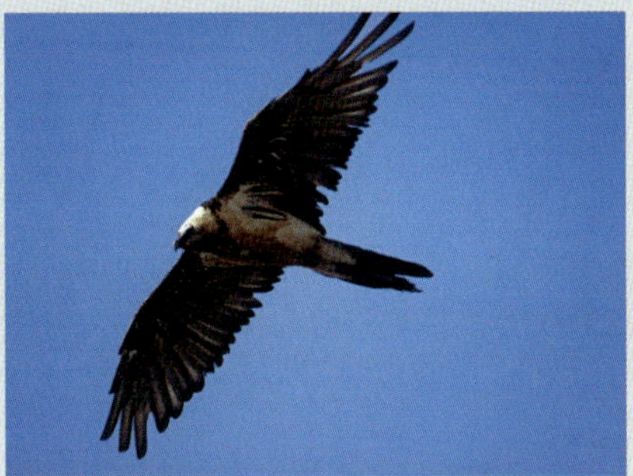

Bartgeier beleben wieder den Osttiroler Himmel.

Eine weitere Freilassung bzw. die Präsentation von Figol und Tschadin fand auf der Adlerlounge im Kalser Schigebiet statt. Die Streifgebiete der Jungtiere sind dank eines Senders, mit dem sie versehen sind, gut verfolgbar. Figol hält sich mehrheitlich in Salzburg auf, Tschadin bevorzugt das Kärntner Mölltal.
Eine vorerst letzte Freilassung erfolgte am 23. Mai 2014 auf der Hofalm im Debanttal. Die beiden männlichen Jungvögel Kilian aus Tschechien und Felix aus Spanien wurden bis zu ihrer Flugfähigkeit von Nationalparkrangern überwacht und listenreich jeden dritten Tag gefüttert. Eine persönliche Bekanntschaft war uns u. a. auf der Lesachalm gegönnt, wo einer der stolzen Vögel mit weitgespannten, leise vibrierenden Flügeln knapp über unseren Köpfen schwebte. Erst der Griff nach der Kamera ließ ihn lautlos weiterziehen.

FIRSTKOGEL

Kammtour zu Osttirols geografischer Mitte

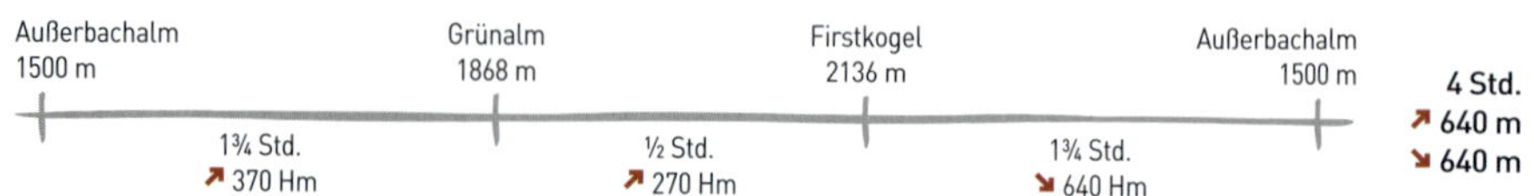

4 Std.
↗ 640 m
↘ 640 m

Anfahrt: Postbus Linie 4414 bis Döllach, Pkw-Auffahrt bis zur Außerbachalm auf eigene Gefahr möglich
Einkehrmöglichkeiten: keine

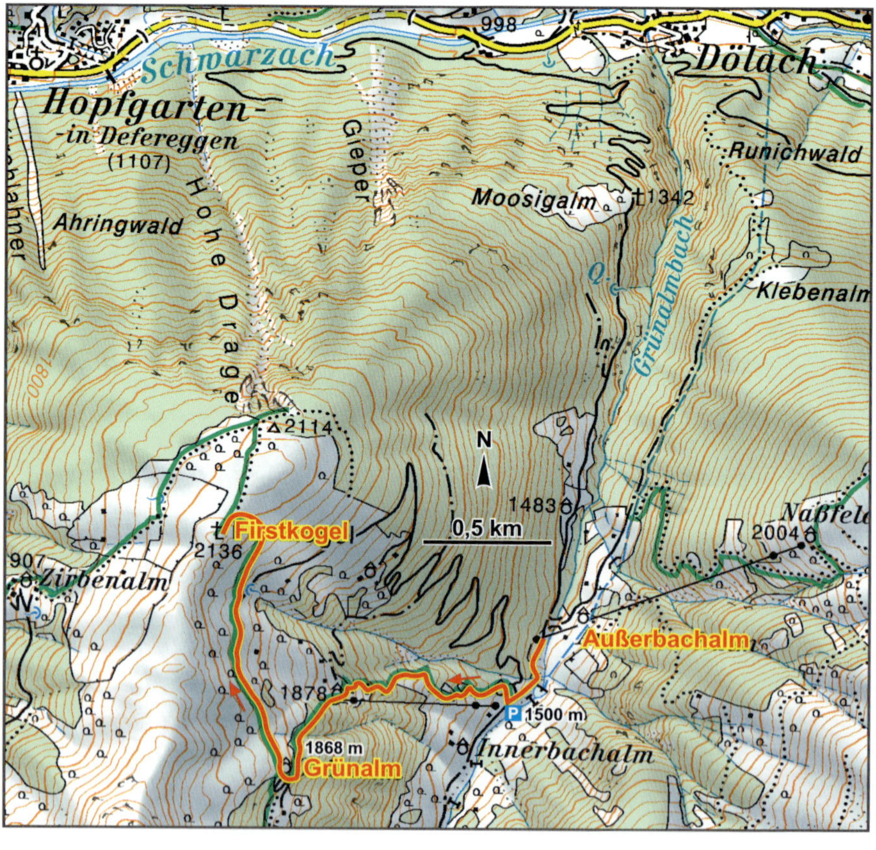

Der Großglockner – schön und berühmt. Geografischer Mittelpunkt Osttirols bleibt jedoch der Firstkogel.

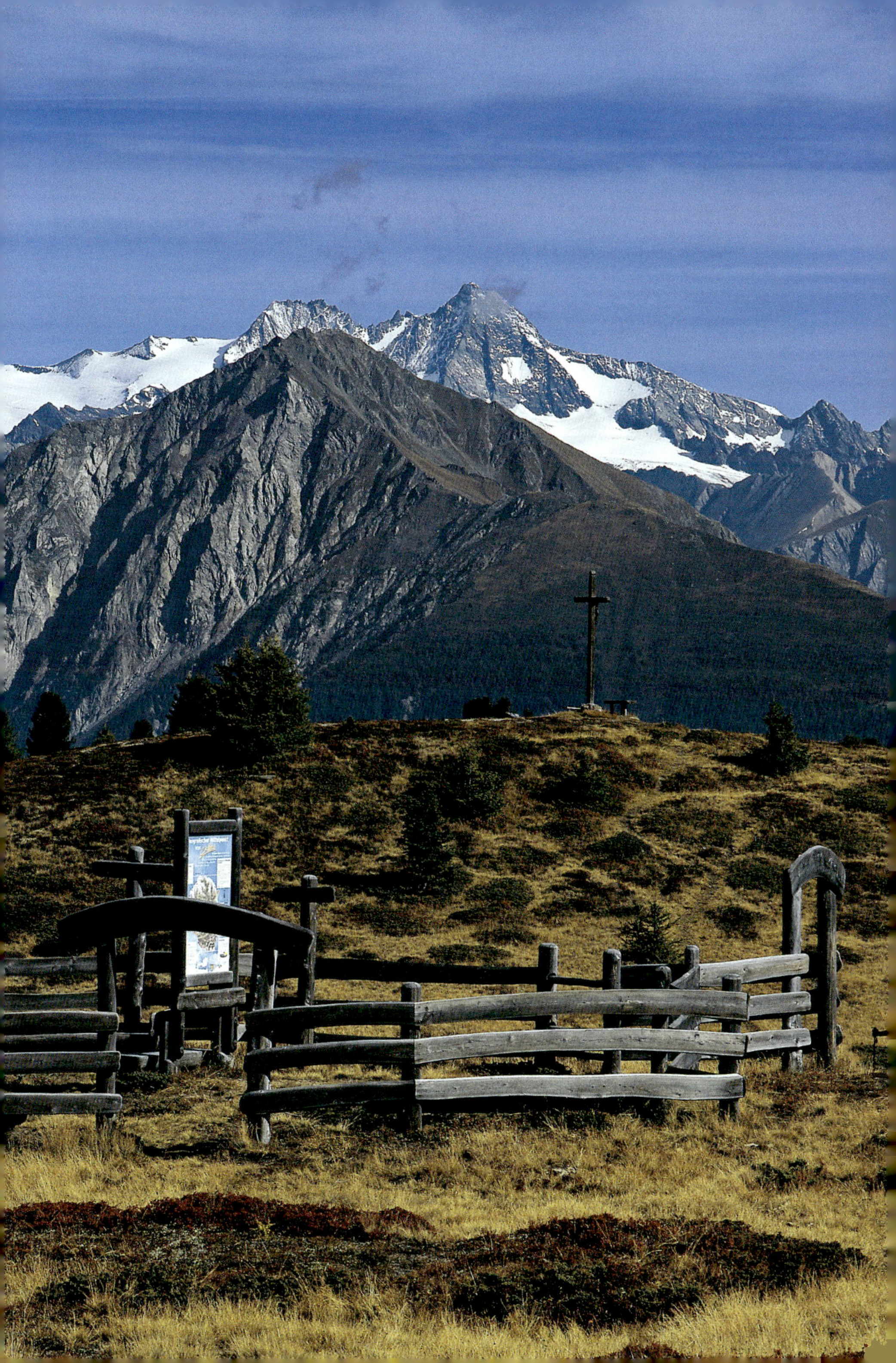

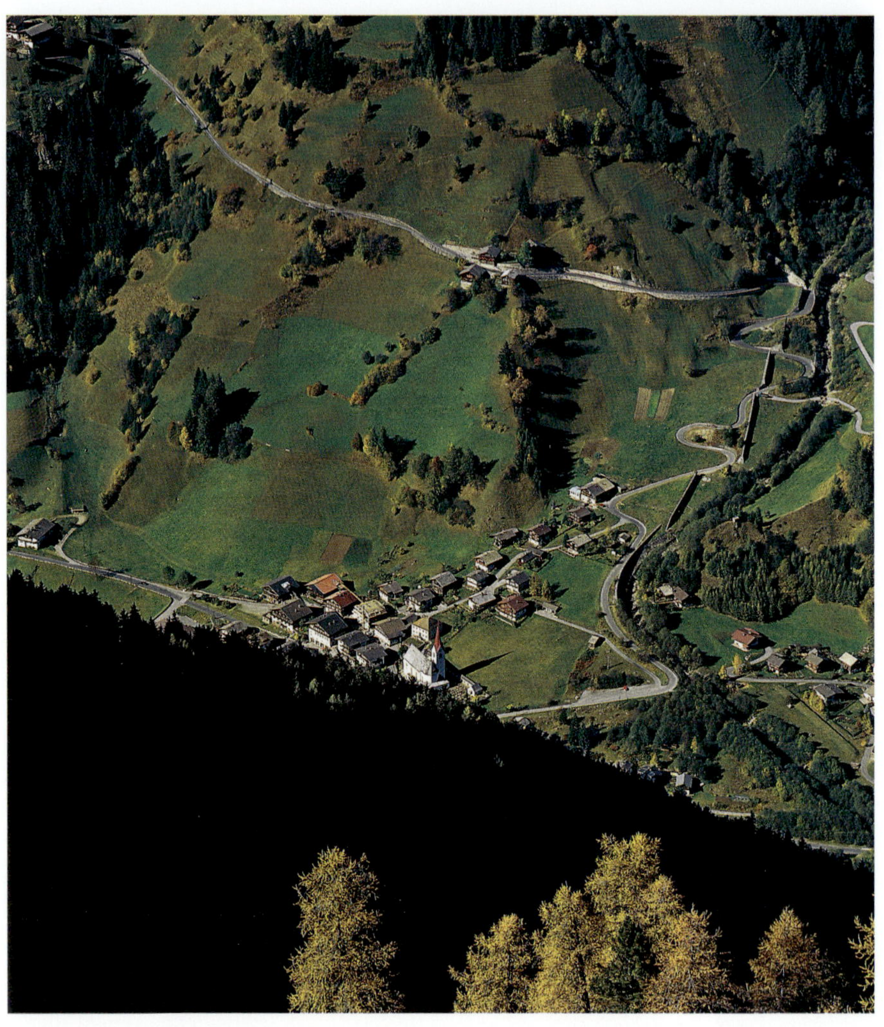

Von Hopfgarten steigt der Herbst mit uns ins Grünalmtal an.

Ziel dieser Wanderung ist der aussichtsreiche Firstkogel, in dessen unmittelbarer Nähe die geografische Mitte Osttirols vermessen wurde.
Der bei der Getränkefirma und vor der 1200 m langen Erlachgalerie in **Döllach** ansetzende Forstweg schlängelt sich kehrenreich die Bannwaldstufe empor (450 Hm) und führt am „Lärch" vorbei. Man schätzt das Alter des Baumriesen am Beginn der Hochtalsohle auf 400 Jahre. Er bot dem ersten, händisch gegrabenen Almweg Halt. Dank unfallfreier Wegbauarbeit wurde ein Kruzifix an seinen narbigen Stamm geheftet, an dem vorbei mehr

als zehn Generationen ihre Ochsen und Kälber hinauf zur Hochalm trieben. Im Bereich der **Außerbachalm** weisen Tafeln sowohl auf den befahrbaren Almweg (Schranken) als auch auf den Steig zur höher gelegenen **Grünalm** hin.

Zum **Firstkogel** mit Kreuz und phantastischer Aussicht benötigen wir von dort noch 25 Minuten. Etwas südlich davon wurde auf einem Kammhügel Osttirols Mittelpunkt vermessen, worüber heute eine Tafel informiert. Die feierliche Einweihung erfolgte am 22. August 2004 durch Pfarrer Walter Stifter. Der Bergmesse wohnten die Musikkapelle Hopfgarten und 300 Bergfreunde bei. Auf gleichem Weg zurück.

VOM FIRSTKOGEL ZUR SCHULE INS DORF

Von der großartigen Aussicht am Firstkogel schwärmte auch der auf Ratzell (1490 m, Gemeinde Hopfgarten) tätige Lehrer Hugo Graser. So führte auch der jährliche Schulausflug hinauf ins Grünalmtal und weiter auf diesen Gipfel, wo er seinen Schülern auch im übertragenen Sinn den Blick aus der Enge des Dorfes hinaus in die Ferne zu öffnen versuchte. Das Schulwesen hatte in der Geschichte des Dorfes einen nur geringen Stellenwert genossen. Kirchlich geduldete „Schulhalter" versuchten das Lesen und Schreiben den nicht übermäßig interessierten Dorfkindern in den sogenannten Schulstuben der Bauernhäuser beizubringen. Da war auch die konservative Ortsobrigkeit nicht gerade hilfreich, wehrte sie sich doch 1776 verzweifelt gegen einen Schulhausbau in Hopfgarten. Mehr noch missfiel ihr die Anstellung eines ständigen Lehrers. Laut einem Zitat aus der Schulchronik „wäre der Lehrer einen großen Teil des Jahres hindurch ohne Beschäftigung und einen Müßiggänger zu besolden, werde doch nicht die Absicht des Consistoriums sein". Ein eigenes kleines Schulhaus wurde erst 1896 erbaut, 1938 brannte es allerdings ab. Dieser schulisch wenig rühmlichen Vorgeschichte wollte der Lehrer Hugo Graser ein erfreulicheres Kapitel hinzufügen. Ihm war nach Kriegsende die „Schule" auf Ratzell zugewiesen worden, was für ihn mehr als eine Gehstunde steil hinauf in den exponiert über Döllach gelegenen Ortsteil bedeutete. Neben den Grundkenntnissen im Lesen, Schreiben und Rechnen war ihm die körperliche Ertüchtigung seiner Schüler wichtig und mit diversen Ballspielen meinte Graser die Geschicklichkeit der Kinder zu fördern. Völkerball scheiterte jedoch an der geringen Anzahl der Schüler und ihrem unterschiedlichen Alter. Ein Wermutstropfen seiner Freiluftaktivitäten waren zudem die sich häufenden Ballverluste im ringsum abschüssigen, steilen Gelände. Laut Gemeindebeschluss beschränkte sich der jährliche Ankauf auf zwei Bälle. So bestritt Graser die „Fehlwürfe" mit seinem kargen Salär. „Gespielt wurde jedoch bis zum letzten Tag", erzählte der 1950 nach Lienz übersiedelte Lehrer Graser mit hintergründigem Lächeln.

ZUR PLANKLACKE AM HIRSCHBICHL

Zu einem steinzeitlichen Kultplatz

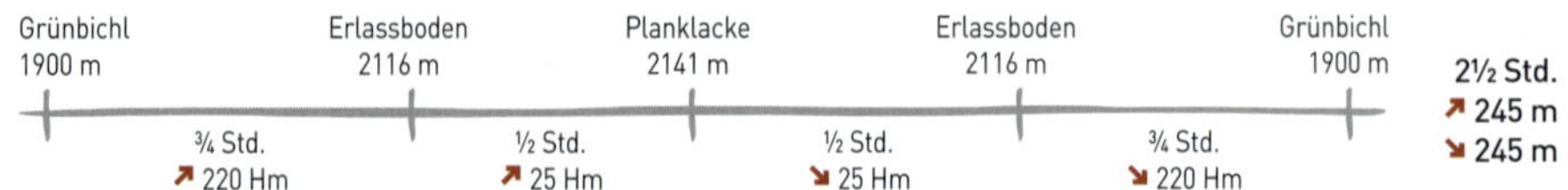

Anfahrt: Der Postbus Linie 4414 verkehrt bis Mitte September zum Staller Sattel, im Winter fährt ein Schibus. Mit dem Pkw gelangen wir von Erlsbach über die Schwarzachbrücke in das Staller Almtal in Richtung Staller Sattel. Nach langgezogenen Schleifen erreichen wir den Grünbichl im vorderen, flachen Sohlenstück des Passtales. Am orographisch linken Ufer des Staller Almbaches (Tafeln) befindet sich ein Parkplatz.
Einkehrmöglichkeiten: Gasthof Alpenrose in Erlsbach, Stalleralm (1950 m, nur im Sommer bewirtschaftet), Alpengasthaus Obersee (2016 m)

Zum Hirschbichl führt ein zunächst sanft ansteigender Steig die mit Alpenrosen und Grünerlen durchsetzte Hochweide hinauf und, nun etwas steiler, auf den mit buschigen Zirben und schlanken Lärchen bestockten **Erlassboden** (2116 m).
Ganz eigen mutet das von lautlosen Rinnsalen durchnässte Moorgelände an. Anschließend streckt sich der Steig mit geringen Höhenunterschieden zur **Planklacke** am schütter bewaldeten Hirschbichl. Wir befinden uns hier auf geschichtsträchtigem Boden, denn um den allmählich verlandenden See wurde ein jahrtausendealter Kultplatz steinzeitlicher Jäger entdeckt. Auf gleichem Weg zurück.

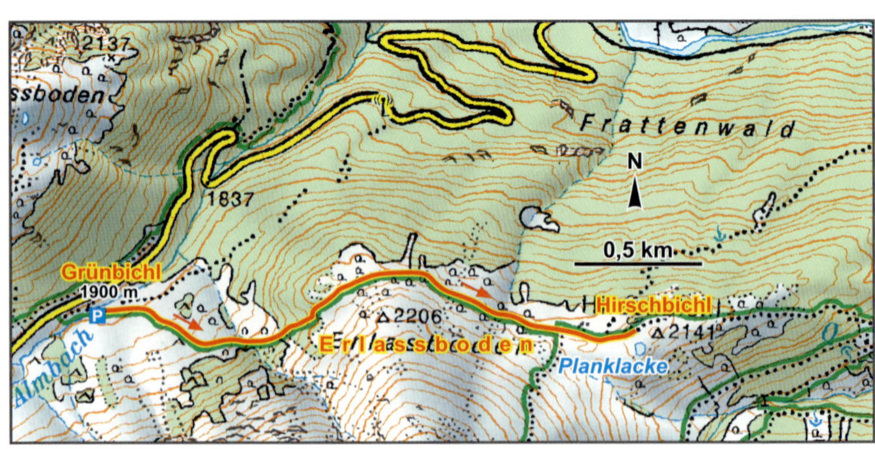

Die Planklacke gönnt dem Spiegelbild des Almerhorns (2986 m) ein kühles Bad.

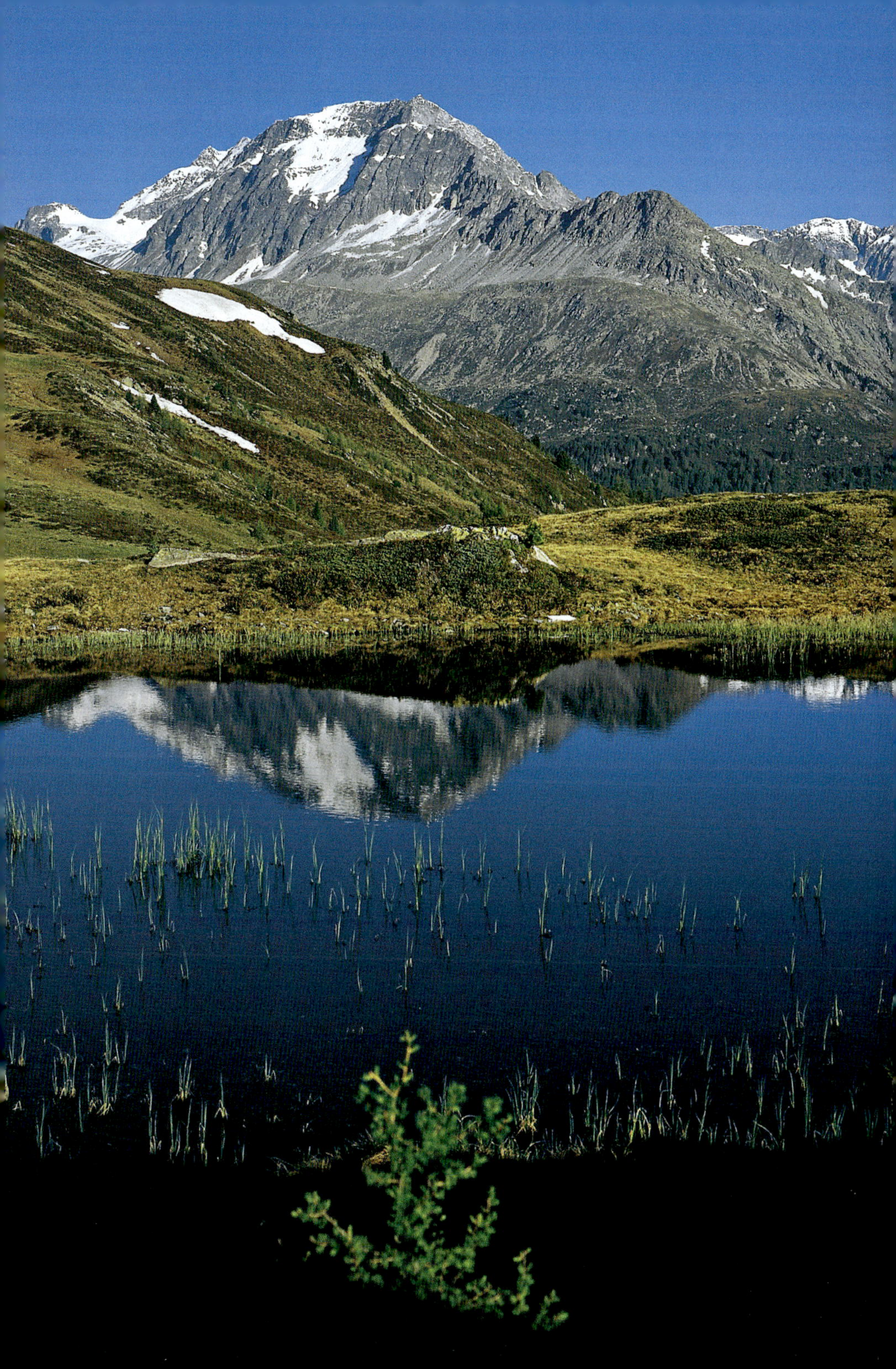

SPUREN IN DIE URGESCHICHTE

Den Menschen der frühen Mittelsteinzeit (Mesolithikum) waren Metalle noch unbekannt, sie fertigten Waffen und Werkzeuge aus Stein, Knochen oder Holz. In der Übergangszeit von der Alt- zur Jungsteinzeit herrschten bei den Steingeräten geometrisch geformte Mikrolithe vor, also für die Jagd geeignete Spitzen, Widerhaken oder Seitenschneiden von Pfeilen und Speeren. Diesen Relikten längst verschollener Zeit galten Grabungen am Hirschbichl durch das Institut für Ur- und Frühgeschichte der Universität Innsbruck unter Leitung von Prof. Dr. Harald Stadler. Bei Forschungstätigkeiten von 1989 bis 1992 konnten Kulturschichten mit Feuerstellen aus der Mittleren Steinzeit (8.–5. Jh. v. Chr.) und Kleinfunde von Ersatzklingen für Pfeil- und Wurfgeschosse steinzeitlicher Jäger nachgewiesen werden. Unter den Artefakten befanden sich eine Geschossspitze aus Bergkristall sowie Lamellen aus Feuerstein.

Die Jagd war in urgeschichtlicher Zeit und ist bei Naturvölkern noch heute eine der Haupttätigkeiten. In der Umgebung der einst dicht umwaldeten Planklacke wurden überwiegend Rehe, Hirsche, Wildschweine, aber auch Luchs, Wolf und Bär gejagt. Noch Beda Weber, der 1798 in Lienz geborene Pfarrer und Schriftsteller, bezeichnete um 1835 auch Tristach bei Lienz als Bärenjagdgebiet. Abschüsse von Bären sind 1791–1797 für Lienz und Kals überliefert. Auch im Gschlöß, dem Erzbistum Salzburg unterstellt, war Raubwild keine Seltenheit. Letztmalig wurde ein Bär 1971 am Klaunzerberg bei Matrei erlegt.

Die Menschen der Steinzeit waren auch Sammler (Beeren, Haselnüsse) und Fischer. Als „Wohnbauten" sind Hütten aus Schilf und Astwerk nachgewiesen, in denen sie in kleinen Gruppen lebten und nicht selten entbehrungsreich überlebten. Die rasche Veränderung der Pflanzen- und Tierwelt nach der letzten Eiszeit verlangte von den damaligen Menschen eine hohe Anpassungsfähigkeit.

Von der allmählich verlandenden Planklacke am Hirschbichl schauen wir in das innere Defereggental.

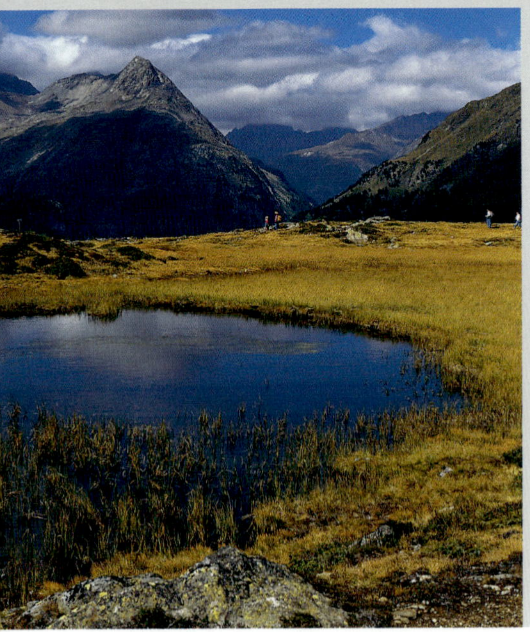

ÜBERS LEGERLE ZUR ZUPALSEEHÜTTE

Der sanfte Teil des Lasörling-Höhenwegs

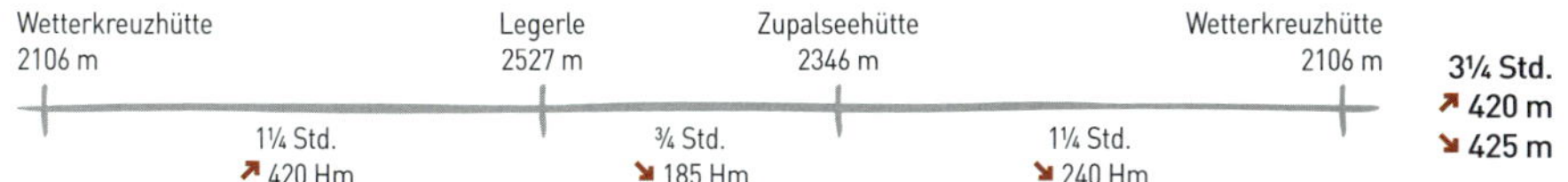

3¼ Std.
↗ 420 m
↘ 425 m

Anfahrt: Postbus Linie 4412 bis Virgen Ort, Wetterkreuztaxi bis zur Wetterkreuzhütte, vorbestellen unter Tel. 04874/5227 oder 0650/5457402
Einkehrmöglichkeiten: Wetterkreuzhütte, Zupalseehütte

Diese familienfreundliche Wanderung führt auf einem schönen Teilstück des Lasörling-Höhenweges von der Wetterkreuz- zur Zupalseehütte und bietet zahlreiche Möglichkeiten zur Wildtierbeobachtung. Kinder werden sich vor allem am possierlichen Spiel der Murmeltiere erfreuen.

Von der Zupalseehütte schauen wir zum weißgekleideten Großvenediger.

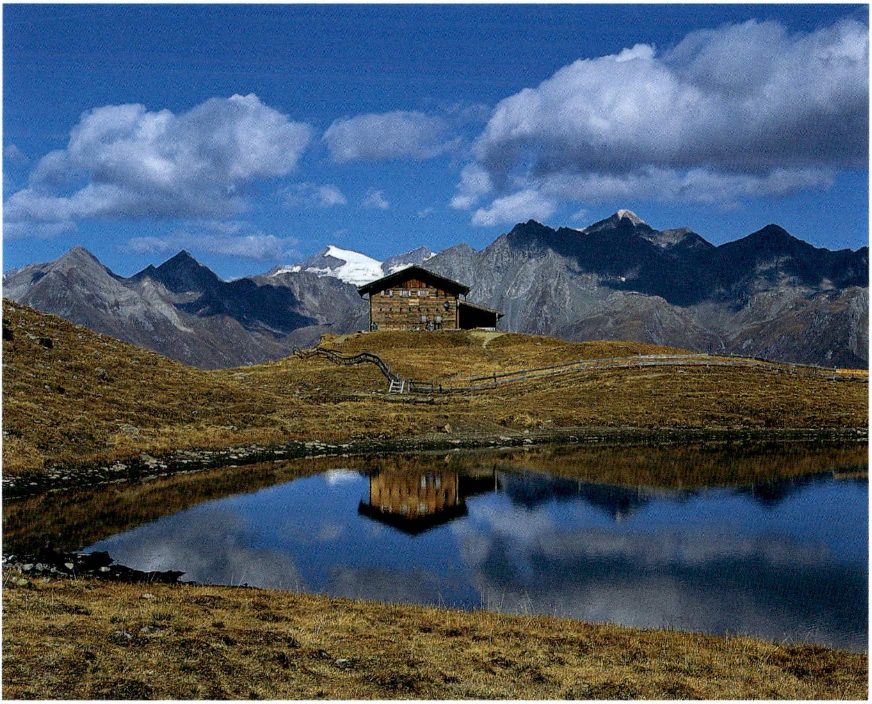

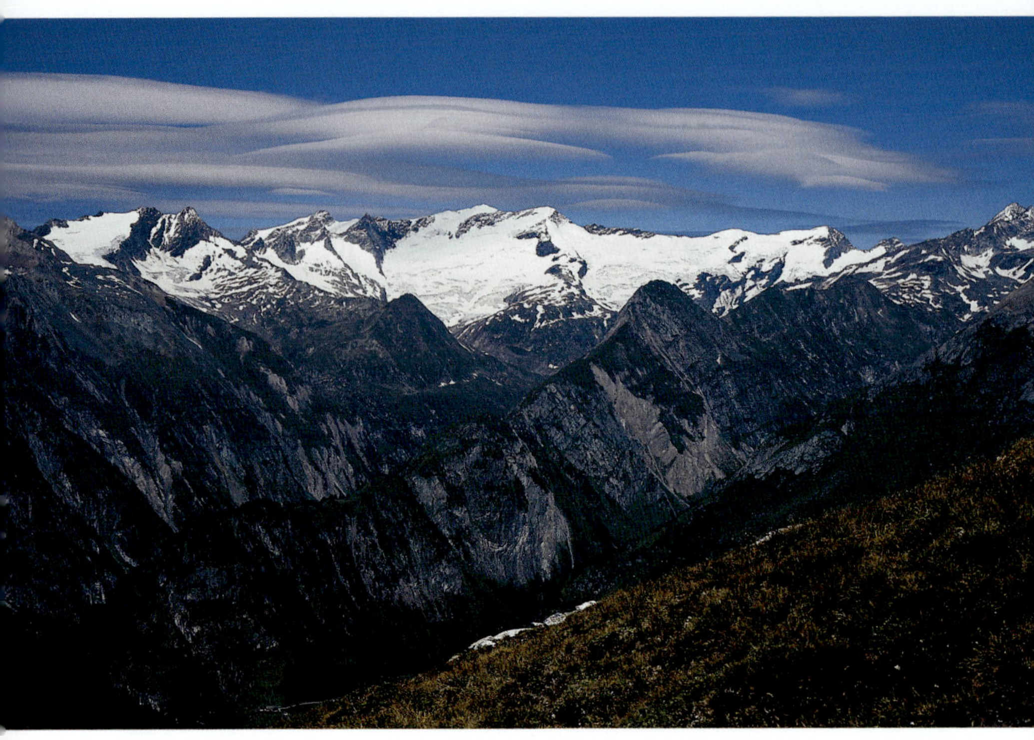

Nordwestlich des Lasörling-Höhenweges reihen sich die eisigen Häupter der Venedigergruppe: Malham (links), Simonyspitzen (Mitte) und Maurerkeesköpfe (rechts).

Aus der Virgener Ortsmitte (Gasthof Resinger) neigt sich die Straße hinab zum Iselfluss (Parkplatz). Mit dem vorbestellten Wetterkreuztaxi geht es über 1000 Hm am dicht bewaldeten Berghang empor zur Politzenalm und schließlich zur **Wetterkreuzhütte.**

Ein gutartiger Kammsteig lenkt in südwestlicher Richtung der „Hellen Höhe" entlang, ehe ein „Tor" symbolisch in den Nationalpark Hohe Tauern Einlass gewährt. Da empfiehlt sich der Kehrensteig hinauf zum **Legerle**, um von dieser aussichtsreichen Höhe den Eisgipfeln gegenüber dem Virgental in die geheimsten Winkel zu schauen.

Wir verlassen den Gipfel in fast südliche Richtung und erreichen nach 20 Minuten eine Kammscharte (Tafeln), wo wir südwestlich zur längst sichtbaren **Zupalseehütte** absteigen.

Der Rückweg führt bequem und landschaftlich nicht minder schön mit geringen Höhenunterschieden nördlich um das **Legerle** herum. Auf bekanntem Weg geht es über die „Helle Höhe" zurück zur **Wetterkreuzhütte**, von wo uns das vereinbarte Taxi zurück ins Tal bringt.

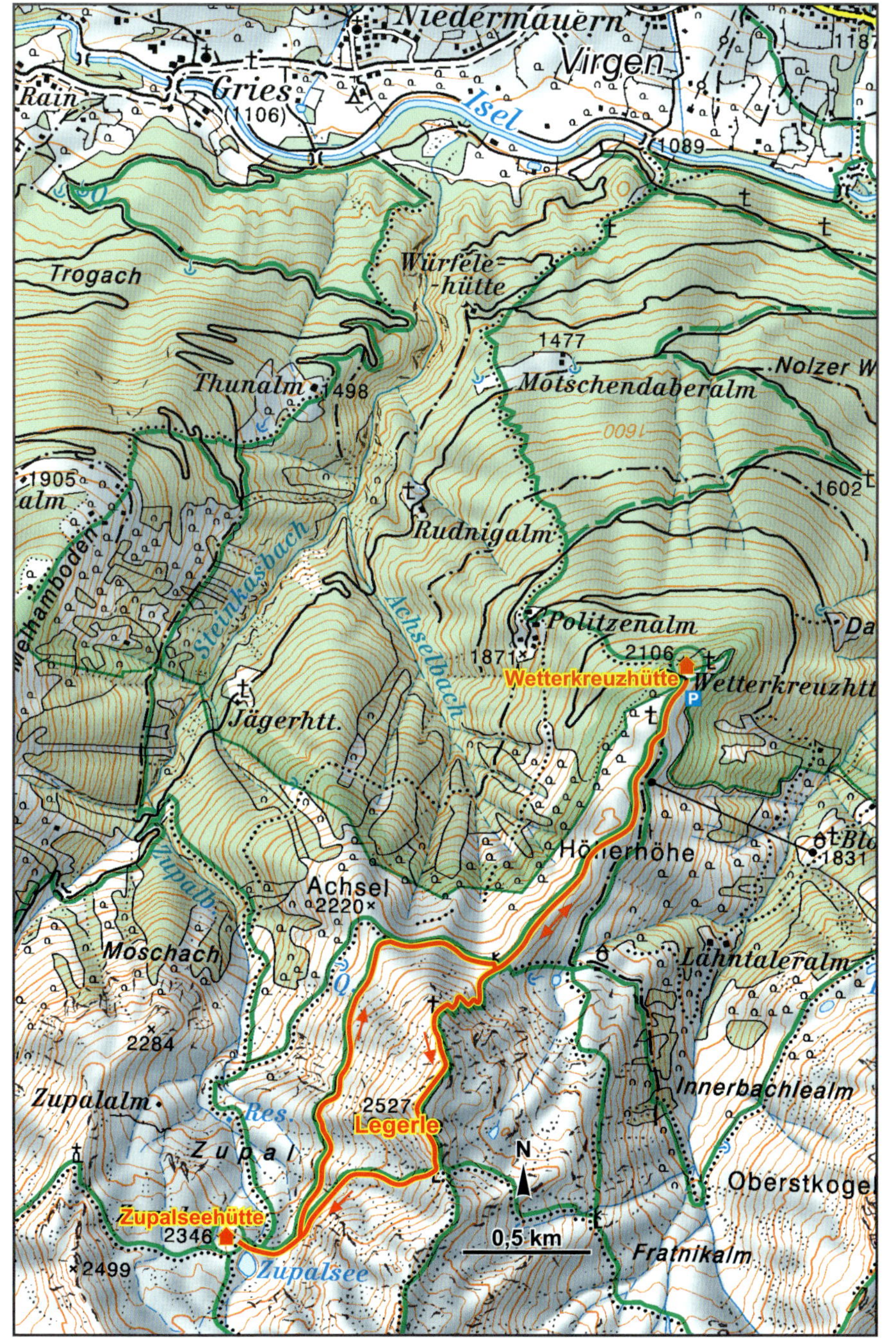
Niedermauern
Virgen
Gries
Rain
(1106)
Isel
1089
Trogach
Würfele-hütte
1477
Thunalm
1498
Motschendaberalm
Nolzer W
1905
alm
1602
Rudnigalm
Steinkasbach
Achselbach
Politzenalm
2106
1871
Wetterkreuzhütte
Jägerhtt.
Höllerhöhe
1831
Achsel
2220
Moschach
Lahntaleralm
2284
Innerbachlealm
2527
Legerle
Zupalalm
Zupal
Oberstkogel
Zupalseehütte
2346
0,5 km
Fratnikalm
2499
Zupalsee

„SCHAUKÄMPFE" DER ALPENMURMELTIERE

Den Murmeltieren galt die ganze freudige Erwartung der siebenjährigen Christine und ihrer beiden Freundinnen. Vorerst ist noch kein einziges dieser possierlichen Tiere zu sehen, so überbrücke ich ihre Abwesenheit mit der Geschichte von den armen Savoyardenknaben, die mit zahmen „Marmotta" auf ihren Rücken in die Dörfer und Städte Mitteleuropas zogen und die dort unbekannten Murmeltiere mit einfachen Kunststücken gegen einen geringen Obolus zur Schau stellten. Doch dann gewahrt uns eine Alpenmaus – so nannten die Römer das Murmeltier – auf der nächstfolgenden Wegstrecke und warnt, hoch zum Männchen aufgerichtet, seine Artgenossen, die ihr munteres Spiel oder auch nur ihr Faulenzen in der Sonne kurz unterbrechen und nun vorsichtig spähen und horchen. Die Freude der Kinder ist groß, sodass wir den Ausflug nach der versprochenen Stärkung in der Hütte noch ein Stück in Richtung Steinkaassee verlängern, wohin der Steig zwischen Blöcken und Rinnsalen sanft verläuft. Etwas abseits vom Steig ruht der See und auch eine mehrköpfige Jagdgesellschaft mit wachhabendem, uns scharf musternden, aber nicht unfreundlichem Jagdhund. Im Gras liegen die Rucksäcke und dazwischen langgestreckt, flach und leblos zwei Murmeltiere. Die Kinder schauen gebannt, dann mit fragenden Blicken, denen die Jäger entgegnen, dass sie nur regulierend zur Gesunderhaltung der Bestände eingreifen und nur schwache und alte Tiere erlegen. Knappe Erklärungen, die nur halb gelingen. Am Rückweg, wie zum Trost, tollen Murmeltiere in der wärmenden Nachmittagssonne und pfeifen tief und laut durch die Nase. Sie weiden hektisch, fressen Blätter, Kräuter, Wurzeln und lassen uns manchmal ganz nahe heran. Auch im nächsten Sommer werden sie wieder da sein, das versichere ich meinen jungen Begleiterinnen, nach einem langen tiefen Schlaf in ihren Winterhöhlen.

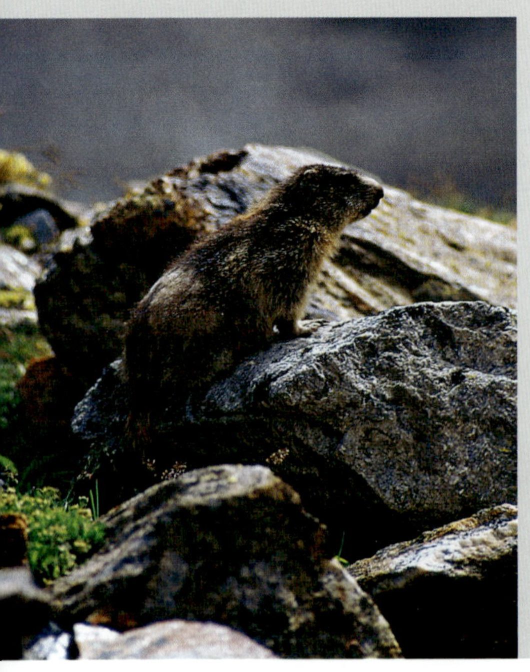

Murmeltiere beziehen im Sommer hochgelegene Fels- und Erdhöhlen.

WANDERWEG CELAR IM KRISTEINER TAL

Stille Wasser und weite Bergtröge

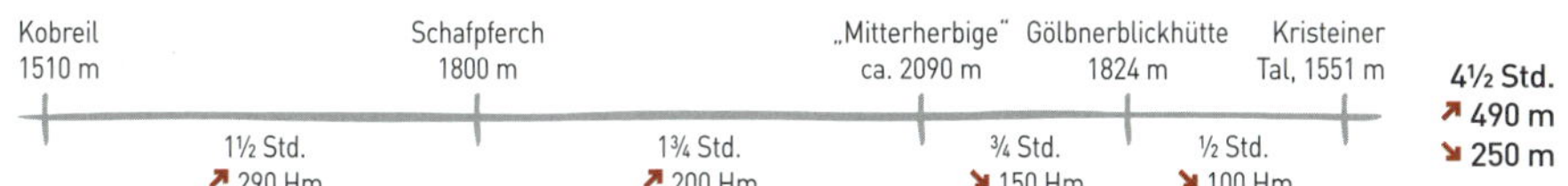

4½ Std.
↗ 490 m
↘ 250 m

Anfahrt: Postbus Linie 4421 Bhf. Lienz – Pustertaler Höhenstraße bis Anras
Einkehrmöglichkeit: Gölbnerblickhütte

Rätischer Herkunft dürfte das sonnig gelegene Dorf Anras auf der Pustertaler Höhenstraße sein. Bei der Pfarrkirche zum hl. Stephanus und dem Pfleghaus im Dorfzentrum führt die asphaltierte Bergstraße hinauf nach **Kobreil**, einem in Extremlage befindlichen Berghof (Schranken). Die im

Die Antoniuskapelle bei der Gölbnerblickhütte im Celar

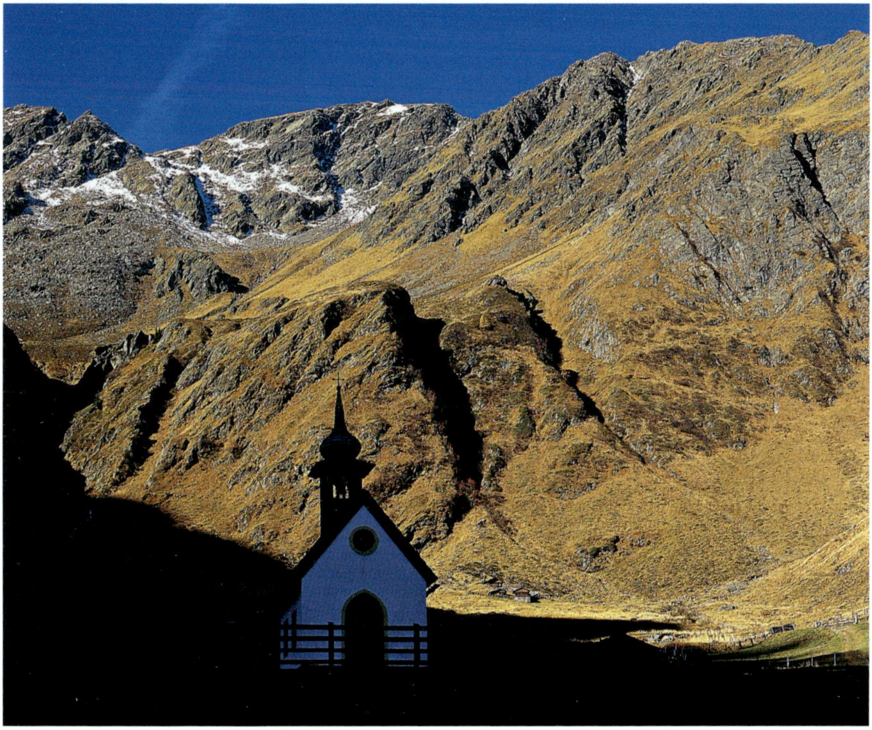

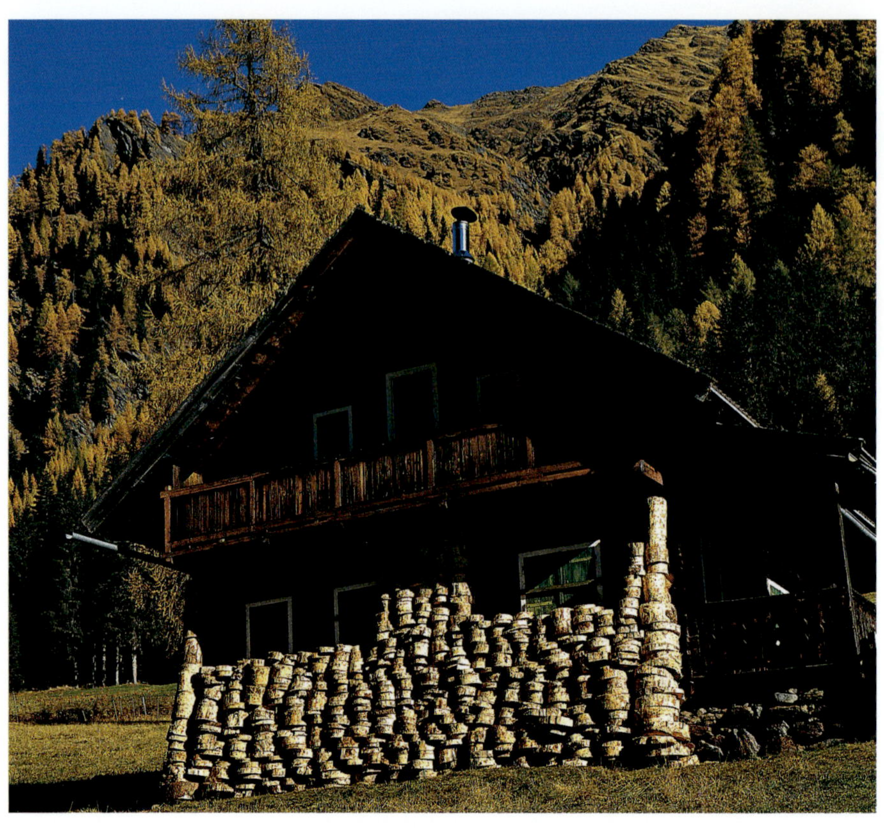

Eine Almhütte im herbstlichen Kristeiner Tal

Herbst bei Rückfrage benützbare Forststraße endet bei einem Schafpferch an der oberen Waldgrenze. Den weiterführenden Almweg verlassen wir nach 20 Minuten nach rechts (bez. 13 c) und folgen dem Steig hoch über dem Kristeiner Tal. Der in ca. 1950 m Seehöhe verlaufende uralte Hirtensteig (Gietl-Alois-Gedächtnissteig) führt am baufälligen Ochsenstall vorbei und erreicht etwas später den **Glantrog**. In weiterer Folge durchschreiten wir ein halbes Dutzend Hangbuchten bis hin zum einsamen Hüttl „**Mitterherbige**" auf einem Felsrücken. In der Mundart der einheimischen Jäger ist damit eine Herberge in der Mitte des Weges gemeint. Weiterhin taleinwärts senkt sich die auch als Riedergampensteig bekannte Route im Lärchenwald zur **Ochsenwiese** ab. Quellwasser füllt die Holztröge beim „Wiesl". Nach einem Gatter trennen uns fünf Minuten von der **Gölbnerblickhütte** mit Antoniuskapelle.
Von dort senkt sich der Weg 15 Minuten ins **Kristeiner Tal** ab. Ab der 30 Minuten talauswärts gelegenen **Fabrücke** (Parkplatz) wäre ein „Abholdienst" möglich.

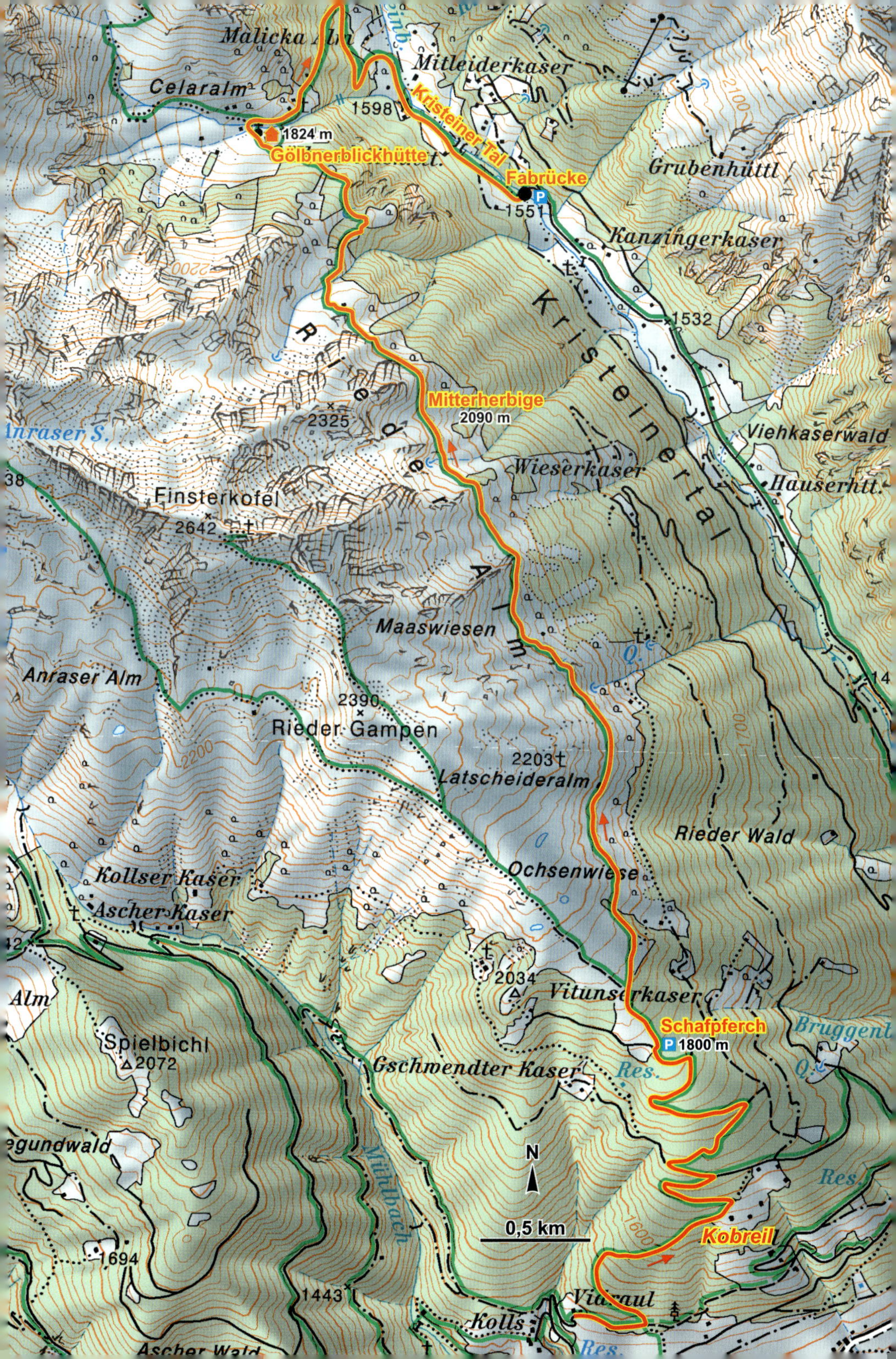

Malicka Alm
Celaralm
1824 m
Gölbnerblickhütte
1598
Mitleiderkaser
Kristeiner Tal
Fabrücke
1551
Grubenhüttl
Kanzingerkaser
1532
Kristeinertal
Rieder Alm
Mitterherbige
2090 m
2325
Anraser S.
Wieserkaser
Viehkaserwald
Hauserhtt.
Finsterkofel
2642
Maaswiesen
Anraser Alm
2390
Rieder Gampen
2203
Latscheideralm
Rieder Wald
Ochsenwiese
Kollser Kaser
Ascher Kaser
2034
Vitunserkaser
Schafpferch
1800 m
Bruggen
Alm
Spielbichl
2072
Gschwendter Kaser
Res.
Q.
egundwald
Mühlbach
N
0,5 km
Kobreil
1694
1443
Kolls
Ascher Wald

DIE ARNHÖRNER – RUNDUM STEIL UND PLATZNOT AM GIPFEL

In unmittelbarer Nachbarschaft der Jägerrast „Mitterherbige" ragen die schroffen Arnhörner auf, die lange Zeit als unersteigbar galten. Noch heute gelten sie als schwierig. Da blieb jener Tag in guter Erinnerung, wo wir anlässlich einer Bergwoche der Lienzer AV-Jugend auf der damaligen Sillianer Hütte (der heutigen Volkzeiner Hütte) weilten. Obwohl schon einige erlebnisreiche Touren hinter uns lagen, war das Hohe bzw. Mittlere Arnhorn ein nicht gerade bescheidenes Ziel für die elf zu allem entschlossenen Buben zwischen 13 und 15 Jahren. Verstärkt von den beiden Bergführern Peter und Toni Ponholzer erfolgte der mehrstündige Anmarsch unter inzwischen eingetrübtem Himmel. Aus tiefhängendem Nebel troff es feucht und kühl und wenig verheißungsvoll. Erst im stillen Hochkar der Oberen Arnalpe öffnete sich ein Sonnenfenster, in dem die regennassen Felsen irisierend leuchteten. In sanftem Schweben wichen die Nebel von den frischgebadeten Arnhörnern. Licht und Wärme kehrten zurück. Beschwingt und schattenlos ging es die rasenverankerte Geröllhalde empor zum Vorbau, den das Hohe Arnhorn steil überragt. Wir standen alle vierzehn in einer schmalen Scharte am Nordgrat, der Fels glänzte immer noch nass und beidseitig eröffnete sich steil der Abgrund. Peter erwog, nur eine „Auslese" für den Gipfelgang zu wählen, doch sein wohlmeinender Rat stieß auf taube Ohren. Der Aufstieg erfolgte dennoch reibungslos, selten sind so viele fast gleichzeitig auf einem der abweisendsten Gipfel der Villgrater Berge unterwegs gewesen. Viel Platz ist am Gipfel nicht. Bei unserer kurzen Gipfelrast umstanden wir eng den Steinmann, während am seidig blassblauen Himmel sich neuerlich Cumuluswolken drängten. Die fluggewandten Bergdohlen wurden immer mehr, weil Martin sein Brot und etwas sparsamer seine Wurst mit ihnen teilte. Auch beim Abstieg ging alles klaglos, nur der Rückweg zog sich in die Länge, sodass bei der Sillianer Hütte bereits das Stubenlicht gegen die unnachgiebige Dämmerung ankämpfte.

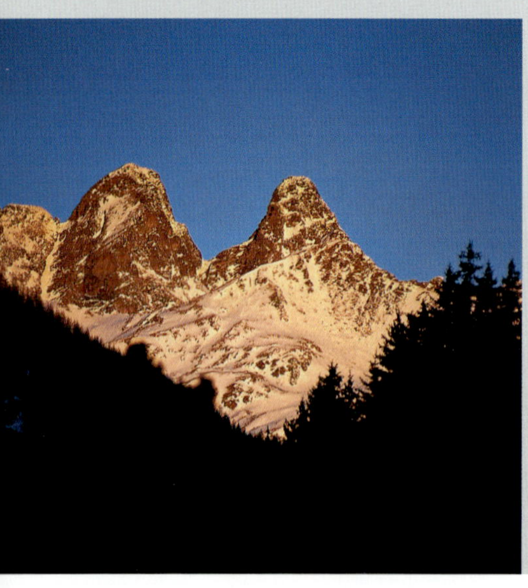

Die morgendlich sonnbeschienenen Arnhörner beherrschen das Kristeiner Tal.

Rechts: Die Arnhörner schauen zur Jägerrast Mitterherbige.

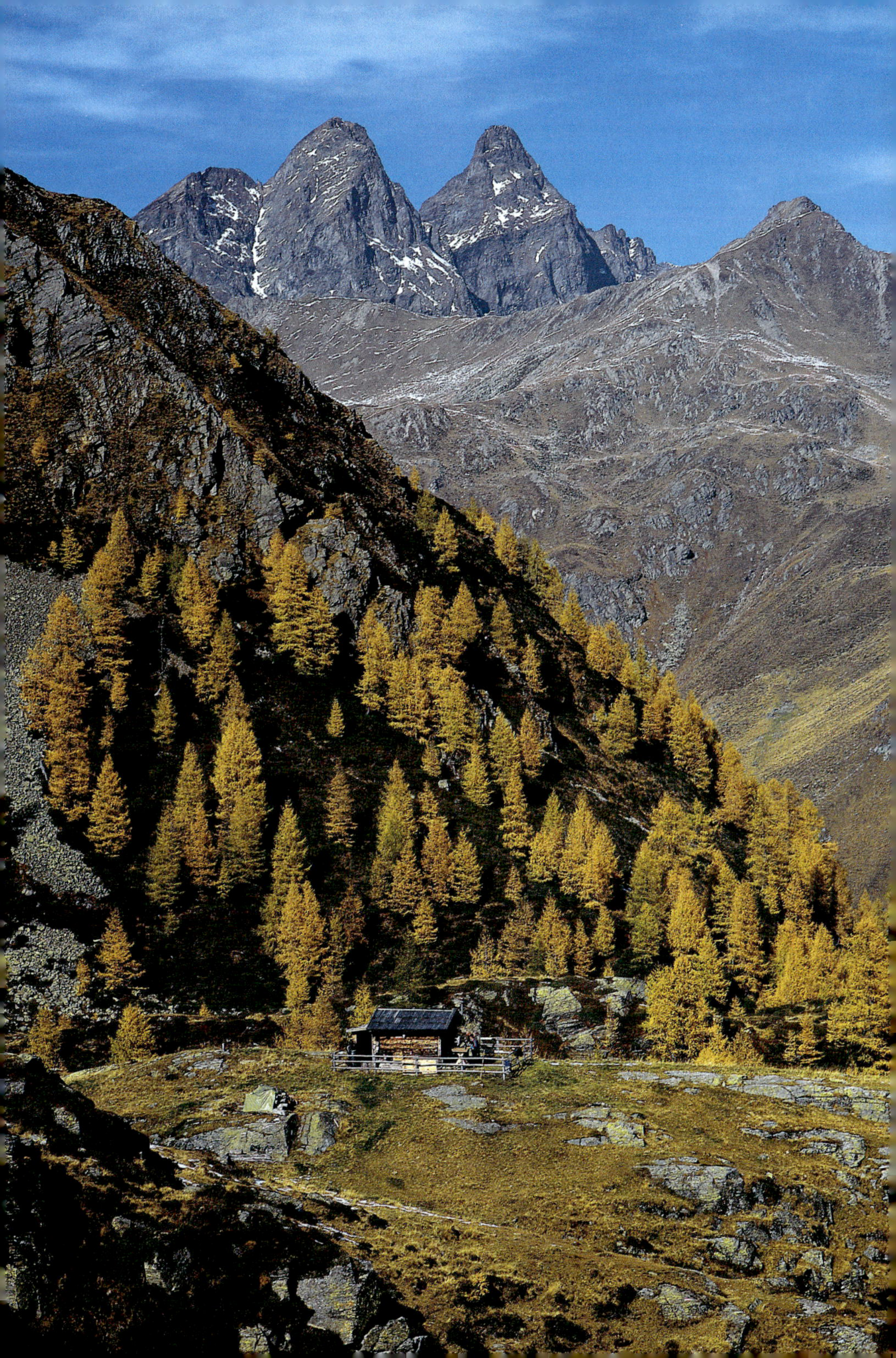

TESSENBERGER SEEN – FRONSTADELALM

Thymianduft und Wacholderbeeren

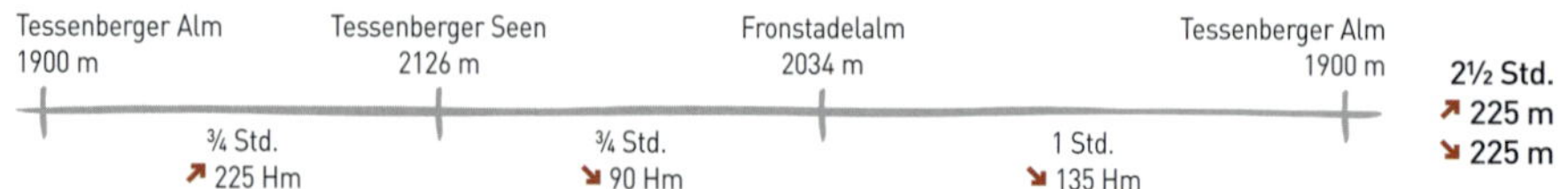

Anfahrt: Mit Pkw oder Postbus Linie 4421 Bhf. Lienz – Pustertaler Höhenstraße bis Tassenbach-Tessenberg; von dort führt am bergseitigen Dorfrand ein 7 km langer Naturweg entlang der Bergwiesen, im Wald und auf Lichtungen zum Parkplatz an der (nicht bewirtschafteten) Tessenberger Alm.
Einkehrmöglichkeiten: keine

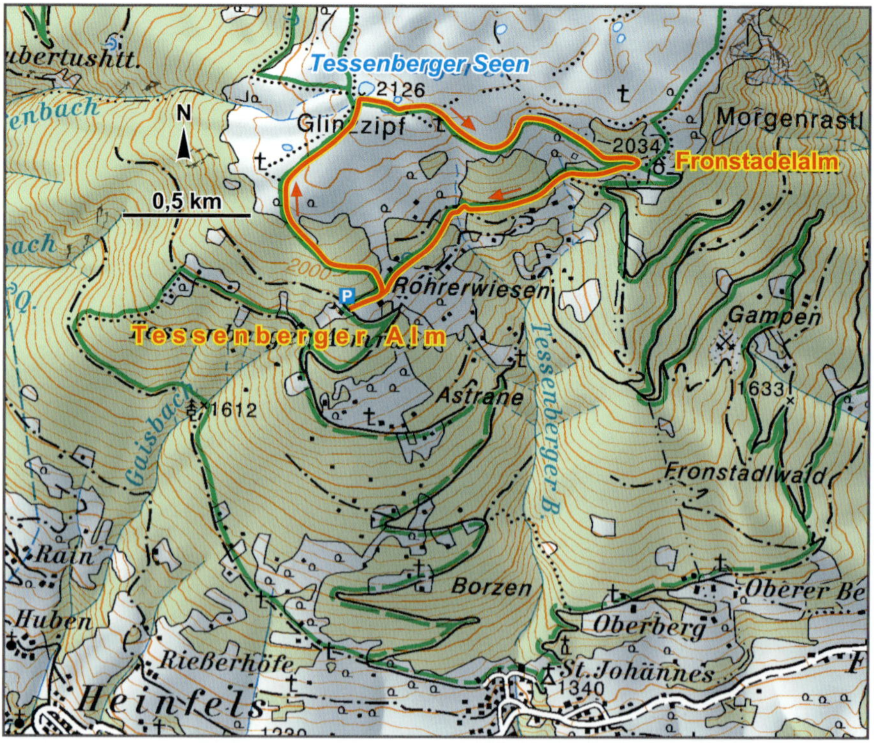

Die bei der **Tessenberger Alm** beginnende Wanderung lenkt durch einen schütteren Lärchen- und Fichtenwald hinauf auf freie, leicht kupierte Hochalmweiden, wo zur Linken das Heinfelser Kreuz steht und fern im Süden die scharf profilierte Dreischusterspitze aus dem bleifarbenen Ernst eng gereihter Dolomitentürme herausragt. Dunkle, buschige Wacholdertuffs sitzen versprengt auf flachen Hügeln und drängen bis nahe an die **Tessenberger Seen** heran, die wir in einer ¾ Stunde fast mühelos erreichen. Lohnend ist der Rundgang zum nahen **Tessenberger Kreuz** und weiter zum **Fronstadelkreuz** oder etwas direkter zur **Fronstadelalm**, die auf erzträchtigem Boden bereits im Gemeindegebiet Strassen liegt. Auf gleichem Weg zurück.

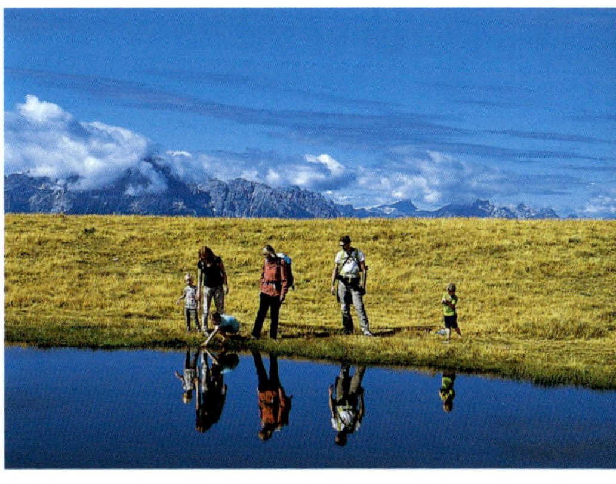

Erholungslandschaft im Bereich der stahlblauen Tessenberger Seen

DIE STADT MESSA UND DAS „GERICHT"

Die Wanderung berührt die Gemeindegebiete Heinfels und Strassen. Im Bereich Strassen soll sich einst die reiche römische Siedlung „Messa" befunden haben. Ein beim Straßenbau freigelegter römischer Meilenstein sowie Gold- und Kupfermünzen bekräftigen diese Annahme. Das heutige Strassen war einst eine wohlhabende Bergwerkssiedlung, die den Nährboden für zahlreiche Legenden und Sagen schuf. Urkundlich belegt ist der Bergbau am „Tessenberge" bereits um 1599, und noch bis 1930 waren bis zu 300 Kumpel in den Kupfer- und Schwefelminen tätig.
Von der Entstehung des fahlgrauen, kahlgeschundenen Bergsturzgeländes östlich der Tessenberger und Fronstadelalm, des sogenannten Gerichts, erzählt eine Sage. Dieser grob durchsteinte, bloße Hang mag durch ein Erdbeben im 12. Jahrhundert entstanden sein, wo gewaltige Schuttmassen in das Hinterburger Tal stürzten. Dort soll sich einst ein See befunden haben, der infolge dieses vermuteten Bebens sich mit einer zerstörerischen Flut von Gestein und Schlamm über den Talboden ergoss und die heutige Heisinger Höhe aufwölbte. Die Schuldtragenden dieses Unglücks seien der Sage zufolge die einstigen Bewohner der Hinterburg gewesen, die ein liederliches Leben im Überfluss führten, an dem verarmte Talmenschen nicht teilhaben durften, sondern wie Bettler dahinvegetierten. Darüber gerieten sie so in Zorn, dass sie die Habgierigen verwünschten und Rache schworen, wenn nicht gleich, dann spätestens beim „Jüngsten Gericht". Ob davon die Bezeichnung „Gericht" herrührt, darüber gibt die Sage keine Auskunft.

KAMELISENALM – ROTES KINKELE

Wandern im Villgratner „Extrastüberl"

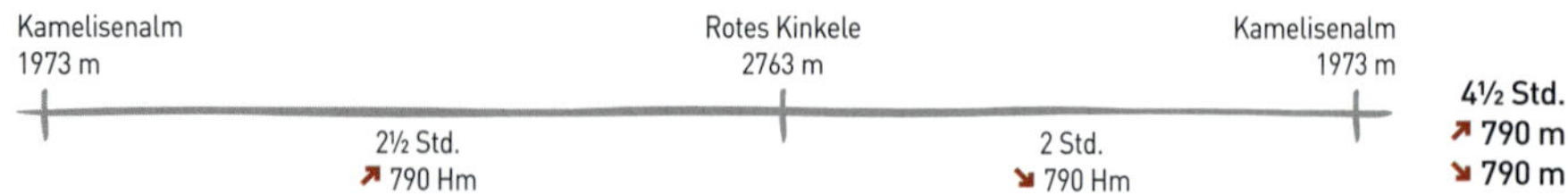

4½ Std.
↗ 790 m
↘ 790 m

Anfahrt: Mit Pkw oder Bus (Schmidhofer Reisen 8513) über Sillian nach Außer- und Innervillgraten; etwa 1,6 km westlich vom Dorfzentrum Innervillgraten zweigt vor der Maurerbrücke (Tafel) die Bergstraße auf den Lahn- und Hochberg ab. Wegtafeln lenken zu den Bachlet- und Schettlethöfen (1709 m). Zur Kamelisenalm führt ein Forstweg – zu Fuß 1 Std. –, wohin der Pkw-Verkehr auf eigene Gefahr gestattet ist.
Einkehrmöglichkeiten: keine

Villgratens Almdörfer genießen ihrer Lage und Schönheit wegen einen wohlbegründet guten Ruf und sind auch als Urlaubsdomizil begehrt. Geschichtlich erinnert die **Kamelisenalm** an die beiden Weltkriege: Ein Bauer gelobte einen Bildstock zu bauen, wenn seine Söhne, es waren acht, von der Dolomitenfront wieder heimkehren sollten, was letztlich wie ein Wunder geschah. Die Maria-Fatima-Kapelle wurde 1949 von einem Villgratner Kriegsheimkehrer erbaut. Die beiden Weltkriege forderten einen hohen Blutzoll: 100 Gefallene oder Vermisste waren für das kleine Bergdorf ein maßloser Preis.

Die Steinmispel an der Vegetationsgrenze

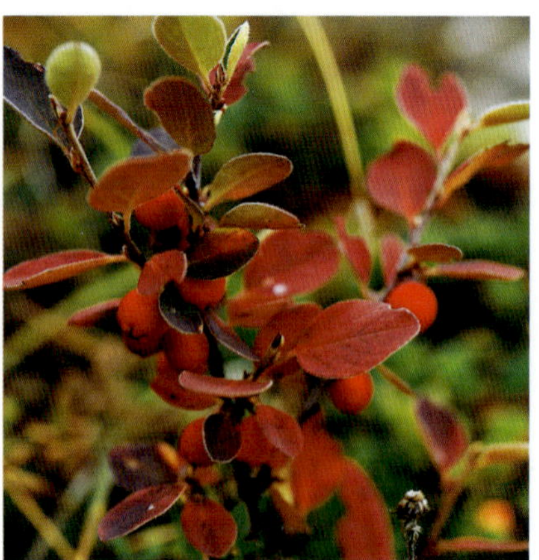

Zum **Roten Kinkele** ist der Anstieg weitergehend unschwierig. Achtsamkeit erfordern hauchdünn vereiste Blöcke zur Herbstzeit. Bei der schmalen Bachbrücke ca. 400 m östlich der Alm verengt der Weg zum Steig und führt links des Baches auf Bergwiesen bergan (Aufzugsseil, Heuschupfen). Nach etwa 1 Stunde und abseits einer bedeutenden Zirbenaufforstung gelangen wir in einen leicht geneigten Rasenkessel mit vereinzelten Quellaustritten. Vor der querlaufenden Kaschaswand (ein vom Roten Kinkele auslaufender Grat) lenkt der Steig halbrechts auf einen zierlichen Rasenkegel (Steinmann) und in der Folge auf den Nordgrat. Dort über Blöcke unschwierig in 20 Minuten zum **Gipfelkreuz**. Auf gleichem Weg zurück.

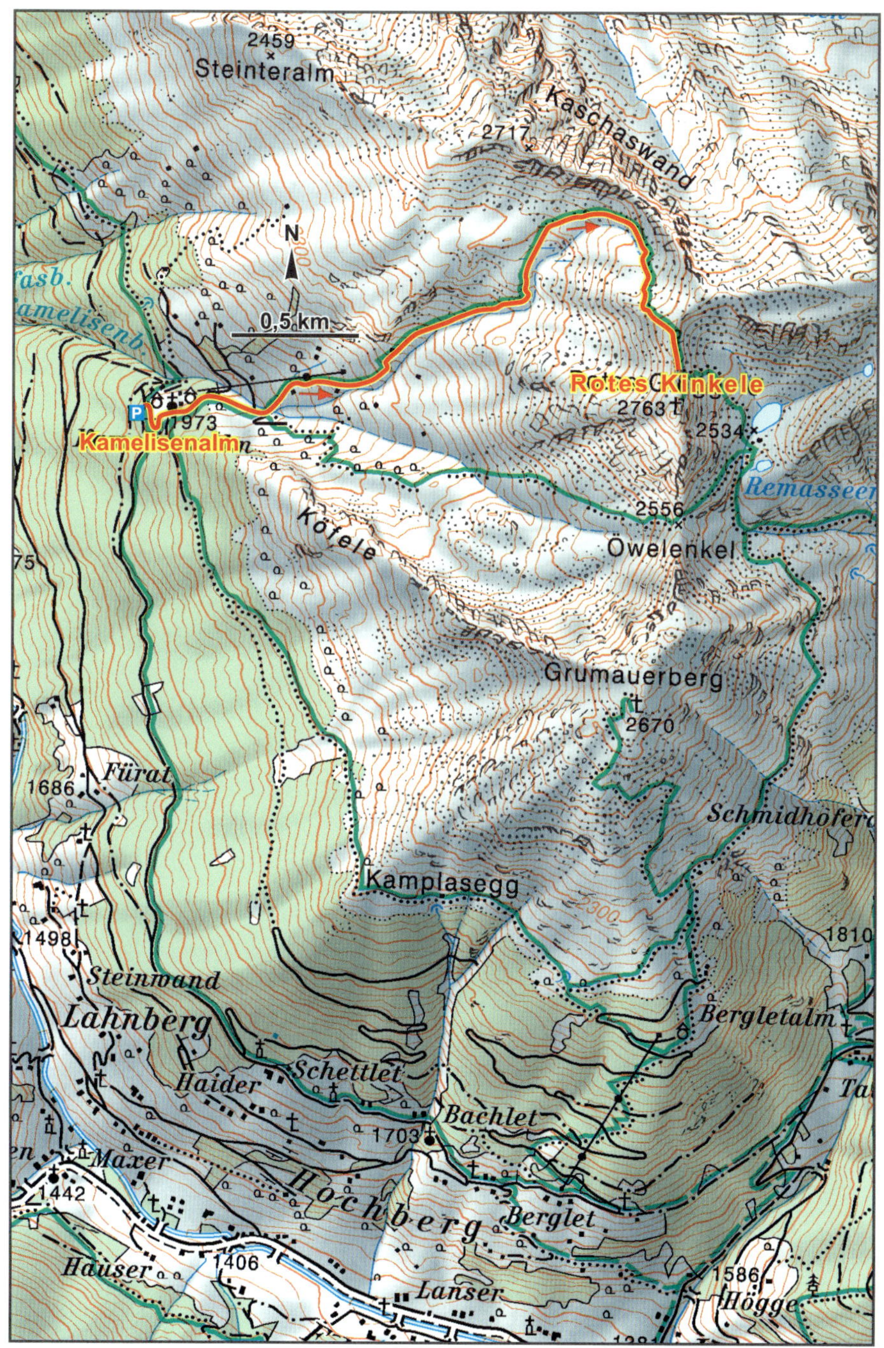
Steinteralm
Kaschaswand
0,5 km
Rotes Kinkele
Kamelisenalm
Köfele
Öwelenkel
Grumauerberg
Remasseen
Schmidhöfer
Kamplasegg
Fürat
Steinwand
Lahnberg
Bergletalm
Schettlet
Haider
Bachlet
Maxer
Hochberg
Berglet
Hauser
Lanser
Högge

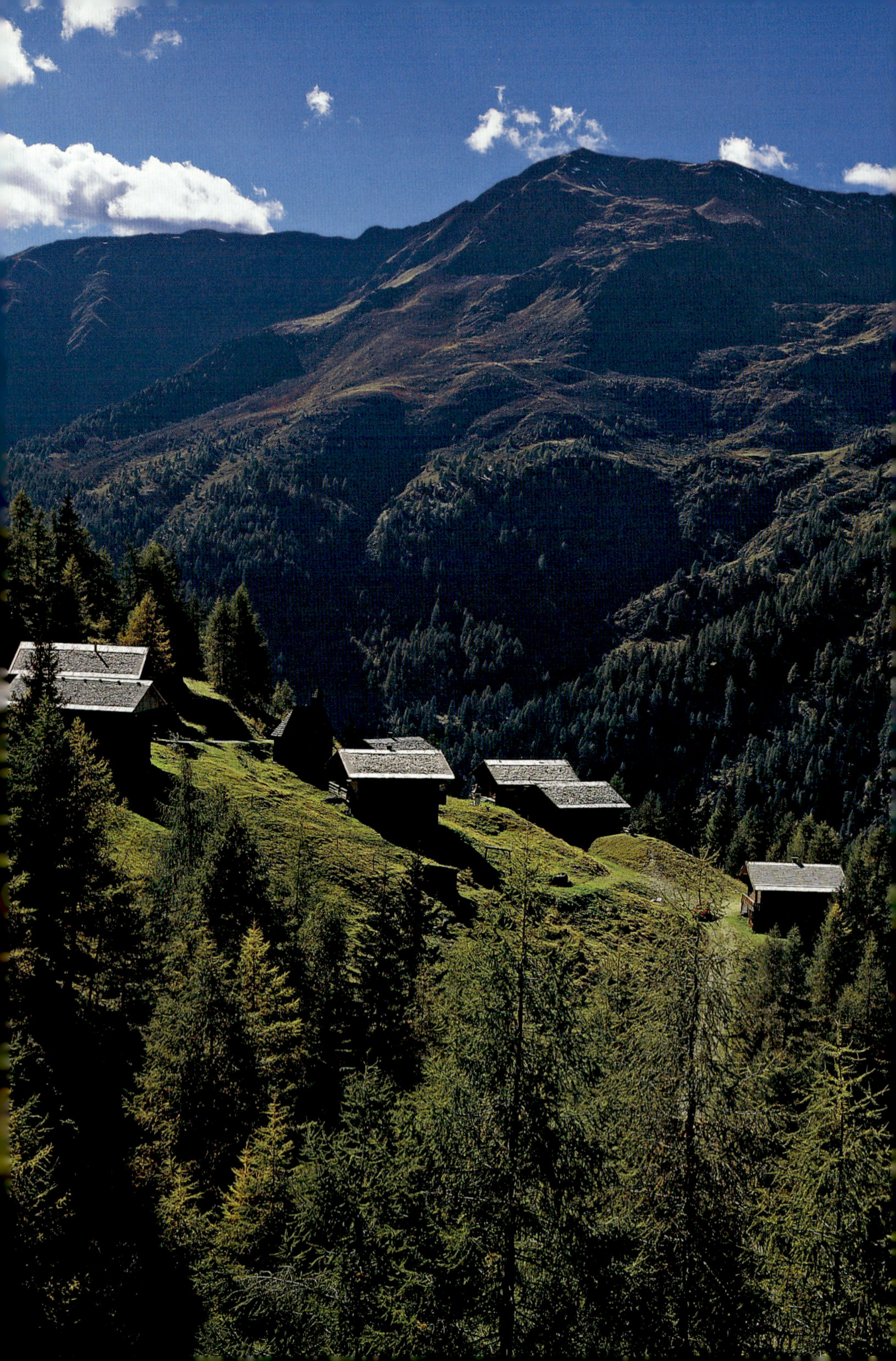

DIE KAMELISENALM IN FRÜHERER ZEIT

Jeden Abend, so erzählt die heute 77-jährige Notburga vom Hochberg, wurde früher in der Fatima-Kapelle auf der Kamelisenalm ein Rosenkranz gebetet und längst nicht alle fanden im kleinen Gotteshaus Platz. Da waren über sechs Sommerwochen bis zu 50 Menschen, junge und alte, auf der Alm, wo alles einfach und bescheiden war und alle zufrieden.

Doch nichts ist mehr, wie es früher war. Die Hütten sind entweder leer oder werden an Gäste vermietet. Nur noch Galtvieh weidet zwischen elektrischen Zäunen, die ein Hirte sporadisch beaufsichtigt. Damals wurden unter der riesigen Herde auch 26 Melkkühe versorgt, und es war Brauch, das Vieh vor dem Auftrieb zur Alm zu segnen. Der Pfarrer ging die Höfe ab und ließ keinen Stall aus. Er bekam dafür das sogenannte „Sögnknölle", einen Butterknollen. Als Auftriebstag wählte der Bauer nie den Freitag, und die Bäuerin sprengte dem wegziehenden Vieh Weihwasser nach, um es im Herbst heil und wohlbehalten wiederzusehen.

Der Gefahren gab es tatsächlich viele. Schnee und Kälte im Juli oder der Hagel, der im Sommer locker in den Wolken sitzt. Ging alles gut, dann kamen die Viehhändler aus weiten Teilen Österreichs und Südtirols, um sich das schönste Jungvieh vorzumerken. Der Kauf erfolgte erst nach dem Abtrieb nach Sillian, wo die Tiere gewogen und schließlich bezahlt wurden. Ein, zwei Stück waren es pro Hof und gerade so viel Geld, dass man damit ein ganzes Jahr lang sparsam wirtschaften konnte. Was den schmalen Erlös stets gefährden und den Hof wirtschaftlich ruinieren konnte, war der Verlust eines der Rinder auf der Alm oder schlimmer noch eine Erkrankung arbeitsfähiger Menschen.

Nur in dringendsten Fällen konnte man den Sillianer Arzt zu Rate ziehen. Mit einem weißen Rössl kutschierte er nach Innervillgraten, stieg zu Fuß zu den Berghöfen hinauf und inspizierte zuvor den Stall. Gemessen am Viehstand schätzte er ab, ob man seine Visite auch bezahlen konnte.

Links: Die Kamelisenalm hoch im Arntal

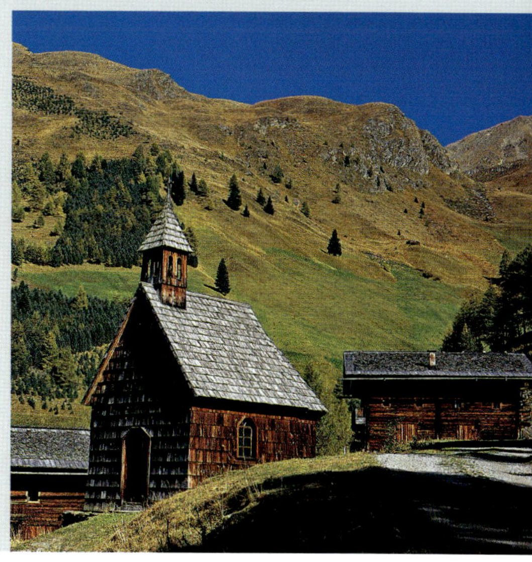

Die Kapelle steht im Mittelpunkt des Almdörfls.

Winter breitet sich übers Land

Mit Schnee aus dem Genuatief

Sechs namhafte Schigebiete weist der Bezirk Lienz bzw. Osttirol auf. Eine Reihe kleinerer Anlagen ergänzen das Angebot. Vorreiter der Wintertourismuswerbung in Osttirol war Matrei, worüber das Gemeindebuch berichtet. Demzufolge begann der Wintertourismus zögernd um 1920 „mit organisierten Schiabfahrten von Bergen in der näheren Umgebung". Als Attraktion wurden Touristenschikurse und Schibesteigungen des Großvenedigers angeboten (erstmals 1901); welchen Zuspruch dieses Angebot fand, ist nicht näher bekannt. Erste „Fremdenmeldungen" im Jahre 1935 verzeichneten 501 Nächtigungen aus zwölf Nationen und „zwei Gästen aus Afrika". Prospekte aus den späten 1940er-Jahren werben mit halbem Preis bei Schlechtwetter.
Schließlich ließ eine Meldung aufhorchen: Im Gletschergebiet des Großvenedigers seien Schiflugsprünge möglich, „mit einem Flugapparat, der den alten Ikarustraum verwirklichen wird". Nicht ganz eindeutig ist die Darstellung des einem Faltboot ähnlichen Fluggerätes. Der „Pilot" hatte sich, gleich einem eng anliegenden Sackkleid, in ein Ledermieder hineinzuzwängen, mit dem er fix mit dem Flugapparat verbunden war. Nach anfänglichen Schwierigkeiten gelang dem Wiener Flugpionier Krupka mit erheblichem Anlauf über eine acht Meter hohe Schneeschanze ein Gleitflug von 120 Metern. Wagemut bewies auch ein Fräulein Trude Steinbach, die, nach einem Sturz kopfüber in einer Spalte hängend, mit bloßem Schrecken davonkam.

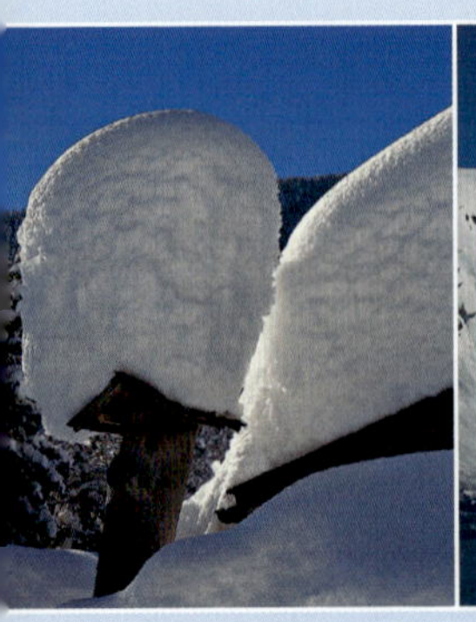

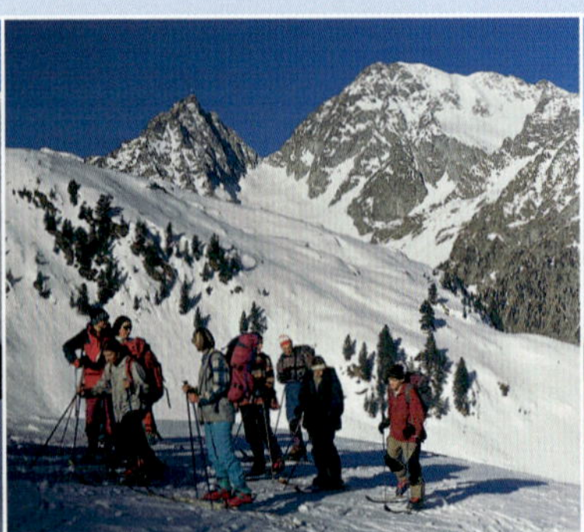

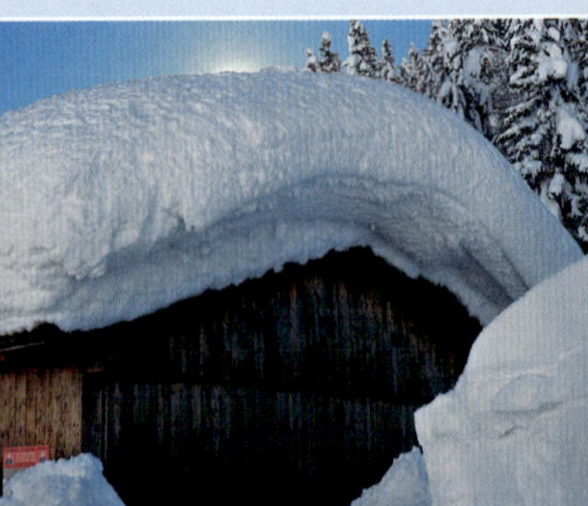

Brunnalm – eines der ersten Osttiroler Schigebiete

Die Vorgeschichte des Schilaufs in Osttirol klingt fast wie eine Legende und führt in ein Gebiet, wo der Winter bisher sich jeglicher Nutzung widersetzte: dort hinauf, wo die Große Eiszeit auch die Brunnalm überfahren und modelliert hat und eine gipfelnahe Stirnmoräne als kleines Denkmal blieb. Der Große Leppleskofel überbaut die Brunnalm mit dickem Wintermantel. Im Hintergrund ragen Rote und Weiße Spitze auf mit starren, blau glänzenden eisigen Kaskaden und von Schnee und Wind überkämmten Graten.
Dort sollte also ein Schigebiet entstehen, wenn es nach den Plänen des St. Jakober Tourismuspioniers Erich Heinzle ging. Er – einer mitten im Dorf – war es, der energiegeladen das bucklige Relief der Almböden mit den Füßen studierte, unterstützt vom Generalsekretär der Olympischen Spiele 1964 in Innsbruck, Prof. Wolfgang Friedl, der von einem Sportflugzeug aus das Brunnalmgebiet als erschließungswürdig erkannte. Nur wenige nahmen vorerst die Sache ernst, andere sträubten sich, dem unternehmerisch aufgeschlossenen, tief motivierten Vorkämpfer Heinzle zu folgen. Der erste Liftbau 1965 und der schneereiche Winter beflügelten seinen Ehrgeiz und Eigensinn, um an einer guten Sache wie auch am weiteren Ausbau festzuhalten. Neue Liftanlagen entstanden und Abfahrtspisten bis ins Tal, die bald zum Dorfbild gehörten.
Das Brunnalmgebiet umgrenzen der Große Leppleskofel sowie Rote und Weiße Spitze, die auch in das benachbarte Villgratental schauen.

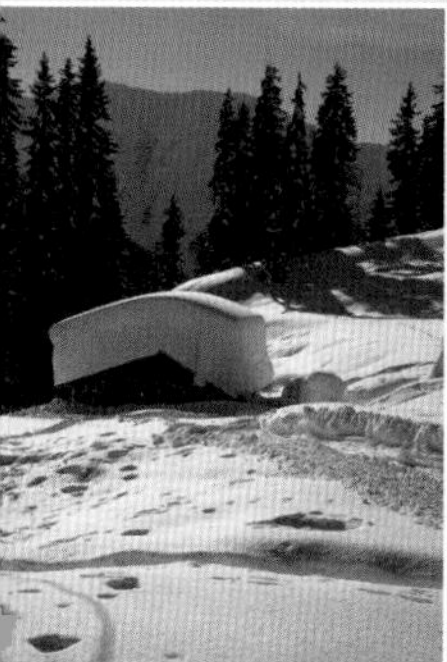

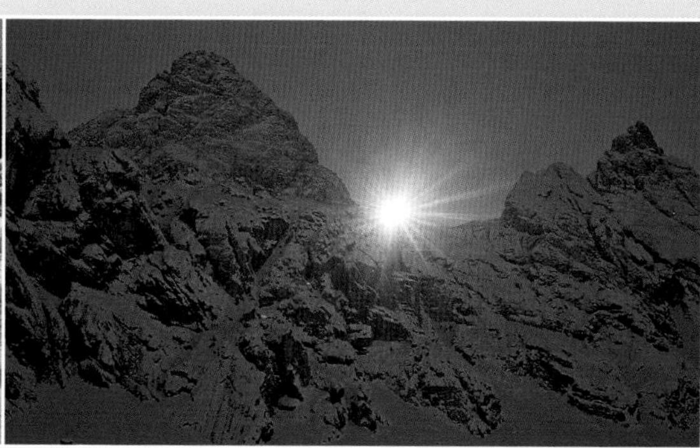

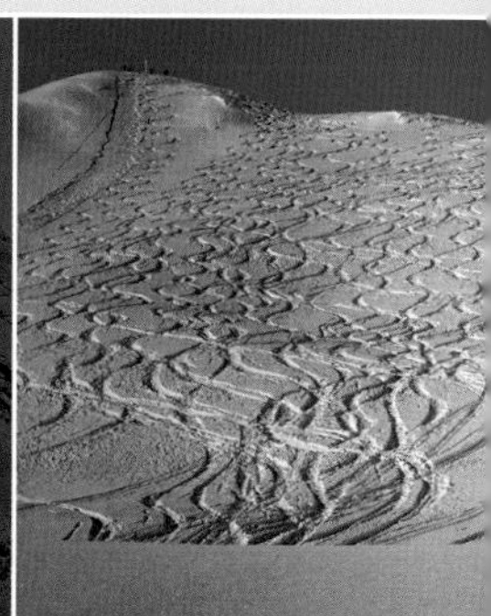

DER HOCHSTEIN, EIN LIENZER SCHIBERG

Schitour mit Abfahrt auf der Piste H-2000 bis an das „Stadttor"

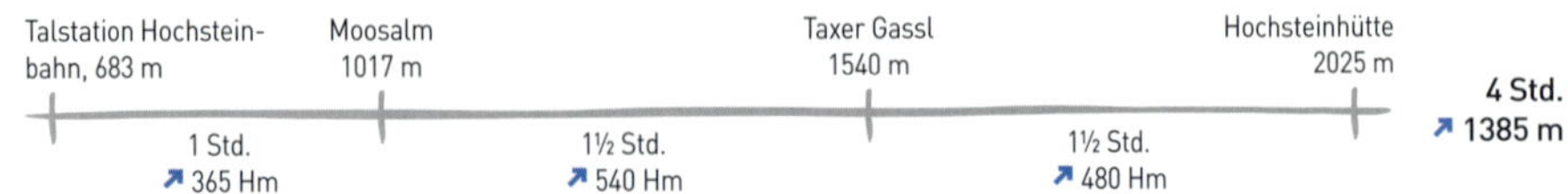

Anfahrt: Von Lienz mit dem Schibus zur Talstation der Hochstein-Bergbahnen
Einkehrmöglichkeiten: Moosalm, Matthiasstub'n, Venedigerwarte, Sternalm, Hochsteinhütte

Der Winteraufstieg zur Hochsteinhütte erfolgt bevorzugt am Russenweg, und dies nicht selten erst ab der Bergstation der Hochsteinbahn Sektion I auf der Moosalm. Mit der Morgensonne auf der **Moosalm** steigen wir vorerst auf der Piste, den kleinen Schlepplift zur Seite, an und folgen der in den Wald eintauchenden Schispur. Nach Neuschnee steht der Wald wie verzaubert und das einzige Geräusch ist der im Schnee verhalten schleifende Schi. Wir queren einen Graben, wo sich der Silberstollen ver-

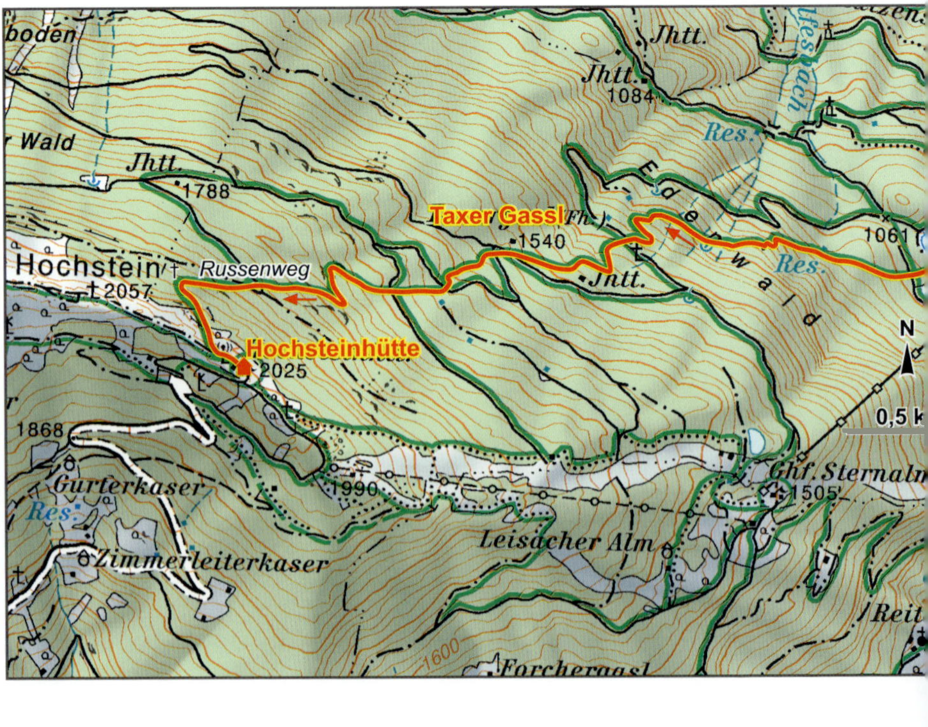

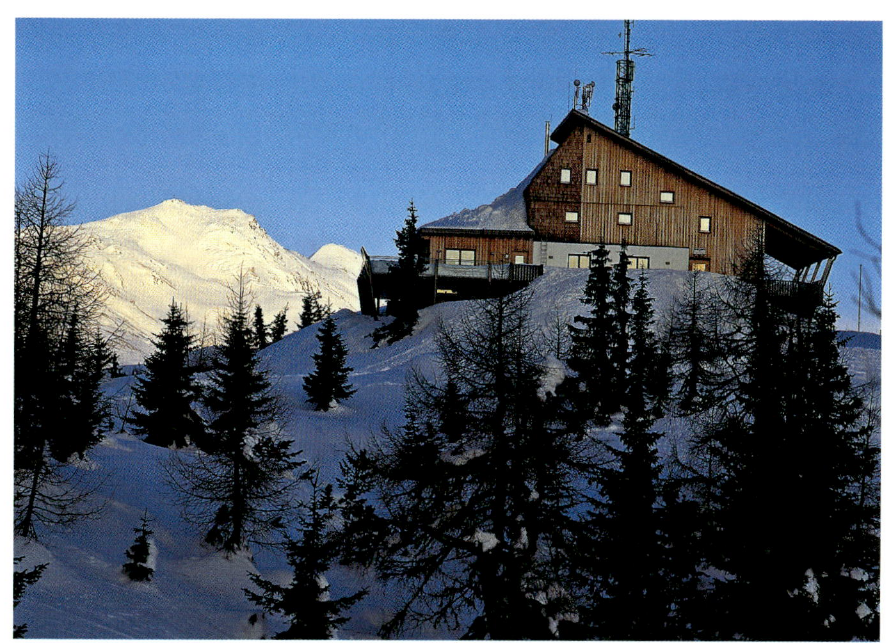

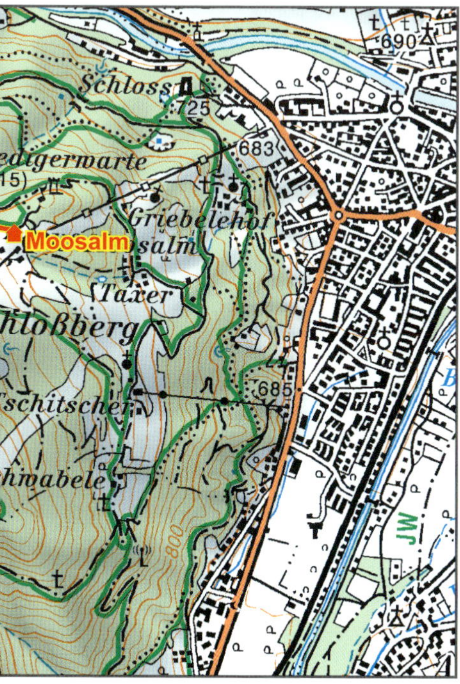

Vom Bösen Weibele schreitet die Sonne der Hochsteinhütte entgegen. Von dort führt eine 7 km lange Piste bis an die Tore der Stadt Lienz.

birgt, während etwas später das Kupferbründl erzträchtige Stellen verrät. Bei unterschiedlicher Steigung überschreiten wir unter Schnee verborgene Quellaustritte und leise rieselnde Rinnsale. Wir queren den Rodelweg und gönnen uns eine Rast im Bereich der Stadthütte im **Taxer Gassl**.

Die noch etwas Ausdauer erfordernde Schlussetappe quert mehrmals einen Forstweg, ehe wir nach einem längeren und mäßig steigenden Verlauf in der letzten Kehre das Gottlieb-Stotter-Gedenkkreuz passieren, wo wir der **Hochsteinhütte** bereits nahe sind.

AM RUSSENWEG ZUR HOCHSTEINHÜTTE – KLEINE ZEITGESCHICHTE

Mit der Kriegserklärung Italiens an Österreich am 23. 5. 1915 geriet auch unsere unmittelbare Heimat in große Gefahr. Der Karnische Kamm wurde zur Frontlinie in einem unbarmherzig verlustreichen Stellungskrieg. Es folgte die Einberufung der Standschützen an die 90 km lange Pustertaler Front, überwiegend Mitglieder der Schützenvereine, vorerst alte Männer und Burschen ab dem 15. Lebensjahr. Als „Ordonanzbuben" besorgten sie den Nachschub von Verpflegung bis zu den vordersten Stellungen. Als im Laufe des Krieges die österreichisch-ungarische Armee das verlorene Galizien mit dem Einsatz deutscher Entlastungstruppen zunächst wieder zurückerobern konnte, wurde die Dolomitenfront mit dem Bayerischen Alpencorps und mit aus Russland abgezogenen Truppen verstärkt. Von diesen Brandherden brachten die Truppen Kriegsgefangene mit, die zu unterschiedlichsten Arbeitsdiensten eingeteilt wurden.
Dazu zählte auch der Bau eines ausschließlich militärischen Zwecken dienenden Wegs auf den Hochstein: der heute bekannte Russenweg. Am Hochstein sollten Artilleriegeschütze in Stellung gebracht werden, die auch entlang eines Schützengrabens vom Mordbühel östlich von Thal, über Bannberg bis auf den Hochstein abwehrbereit standen.
Von den beim Wegbau am Hochstein schuftenden Gefangenen weiß man, dass sie in den Scheunen beim Taxer und Tschitscherbauer am Schlossberg nächtigten, mangelhaft verpflegt und unter Aufsicht frontuntauglicher k.u.k. Soldaten wie Sklaven behandelt wurden. Arbeitsunwillige bzw. -unfähige wurden stundenlang an Bäume gefesselt oder in anderer Weise gedemütigt. Auch in Bannberg waren Kriegsgefangene stationiert, die bei der Bevölkerung auf wenig Gegenliebe stießen. Dies umso mehr, als am 7. November 1916 ein möglicherweise mutwillig gelegter Großbrand 17 Objekte und damit nahezu das ganze Dorf einäscherte. Ab 1916 wurden die großteils sehr jungen Kriegsgefangenen an andere Frontabschnitte verlegt. Der Russenweg erinnert noch heute an sie.

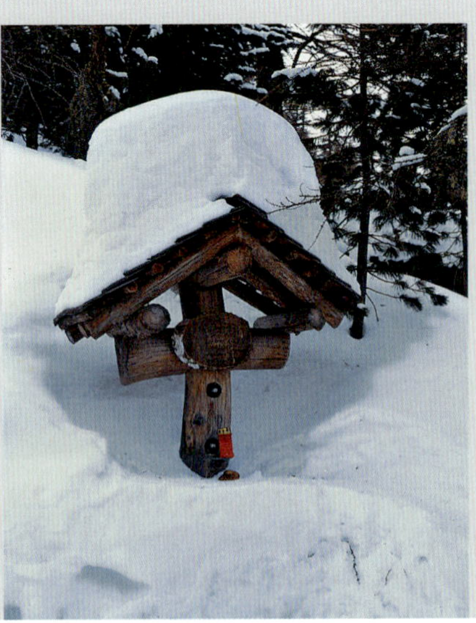

Das Gottlieb-Stotter-Kreuz am Russenweg

ZETTERSFELD – STEINERMANDL UND GOISELE

Sonnentouren im Schigebiet Hochlienz

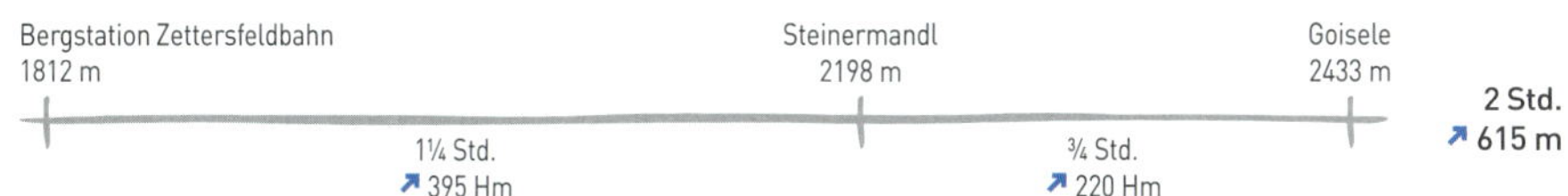

Anfahrt: Schibus von Lienz zum Zettersfeld, mit der Gondelbahn zur Bergstation. Alternativ mit dem Pkw über Grafendorf zur Faschingalm (Parkplatz) und von dort starten.
Einkehrmöglichkeiten: Gastbetriebe am Zettersfeld und Faschingalm, Panoramaresraurant am Steinermandl

Dem Touren- und Schneeschuhgeher stehen ab der Bergstation der Zettersfeld-Gondelbahn und der Faschingalm Steinermandl und Goisele in sonnenreicher Schneelandschaft als Tourenziele zur Verfügung. Ab der **Zettersfeld-Bergstation** führt die Schispur teils auf der Piste, teils über die „Märchenwiese" aufwärts zum Speichersee am **Lackenboden**. Der

Die Neualplschneid mit der Höhenpiste am Zettersfeld, vom Goisele gesehen

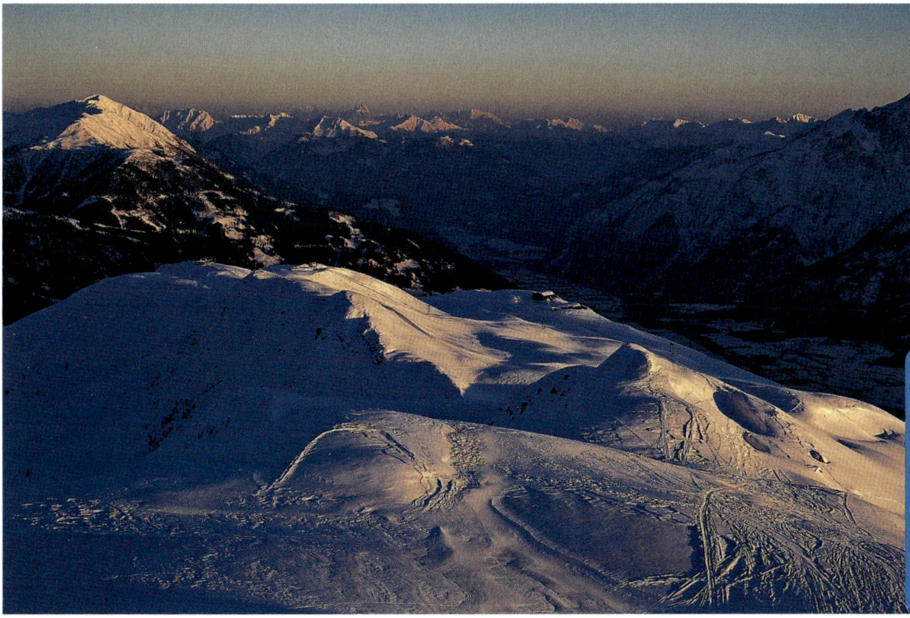

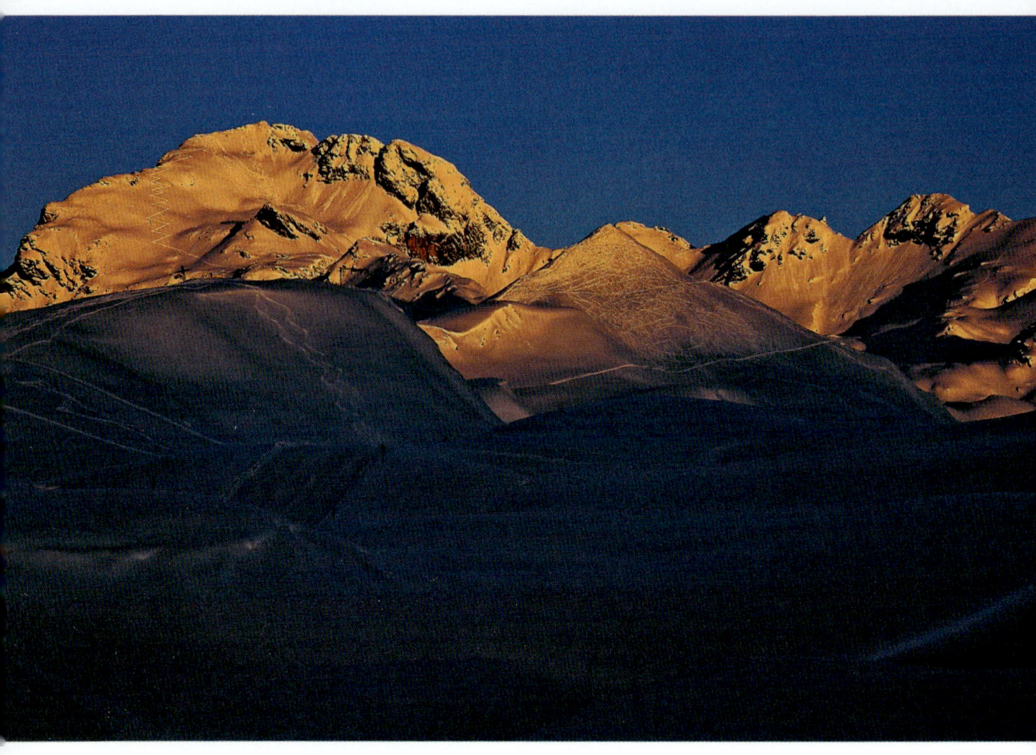

Schleinitz (2908 m), Goisele (2433 m) und Sattelköpfe (2651–2697 m) künden einen sonnigen Wintertag am vielbesuchten Zettersfeld.

„Goldene Pflug", eine Baum- und Felsgruppe, befindet sich östlich vom See. Dort teilen sich die Spuren. Halbrechts ist über sonnige Hänge in 30 Minuten das Steinermandl (Kreuz) mit Panoramarestaurant erreichbar. In nördliche Richtung führen Spuren zum Neualplkamm, 20 Minuten westlich vom Steinermandl, und Schoberköpfl. Dort wenden wir uns dem pyramidal aufragenden **Goisele** zu. Auch von der Faschingalm kann mit etwas mehr an Zeit und im Wesentlichen am Kamm entlang das Goisele erreicht werden. Der abschließende Anstieg zum Gipfel (25 Min.) weist südöstlich etwas weniger Steilheit auf und wird großteils mit Schiern begangen. Das Gipfelkreuz ziert seit 2010 die Inschrift „Mit der Kraft der Jugend, mit der Weisheit der Alten die Heimat erhalten".

Die Abfahrt ab dem Schoberköpfl erfolgt größtenteils auf gepflegten Pisten. Eine davon ist durch die einstigen Schirennen um den „Goldenen Pflug" als „Goldene-Pflug-Abfahrt" bekannt. Mehrmaliger Sieger war der Lienzer Pepi Stiegler, der 1960 Silber in Squaw Valley und 1964 Bronze und olympisches Slalomgold in Innsbruck gewann.

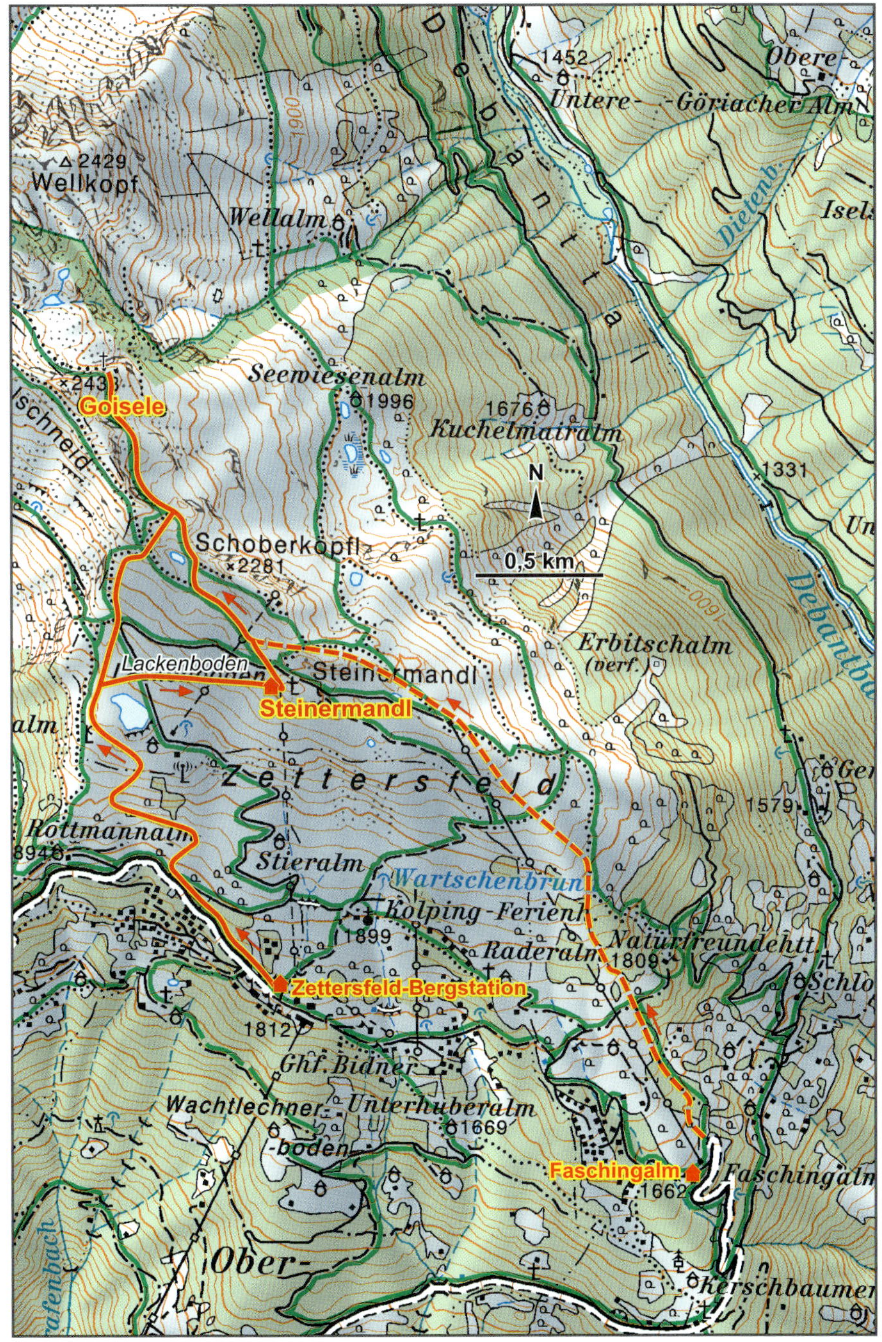
Wellkopf
2429
Wellalm
Untere-
-Göriacher Alm
Obere
1452
Debanttal
Dietenb.
Isels
Seewiesenalm
1996
1676
Kuchelmairalm
1331
Goisele
Schoberköpfl
2281
N
0,5 km
Lackenboden
Steinermandl
Erbitschalm
(verf.)
Zettersfeld
1579
Rottmannalm
Stieralm
Wartschenbrun
Kolping-Ferienh
1899
Raderalm
Naturfreundehtt
1809
Zettersfeld-Bergstation
1812
Ghf. Bidner
Wachtlechner-
-boden
Unterhuberalm
1669
Faschingalm
1662
Ober-
Debantbach

DAS SCHIRENNEN UND EINE SAGE VOM GOLDENEN PFLUG

Die Sage vom Goldenen Pflug, womit heute eine von Zirben und Fichten umschattete Block- und Felsgruppe am Zettersfeld gemeint ist, erzählt von einem „Wilden Grafen", der, riesenhaft und stark, mit Vorliebe als Husar auftrat, auf einem schwarzen Rappen ritt und sein Gesicht hinter einem silbernen Visier verbarg. Eine angstvoll ergebene Schar von Knechten hütete seine Herde wilder Pferde und zottiger Büffel am Zettersfeld. Keiner der Dorfbewohner wagte sich ins Almengebiet und noch ängstlicher mieden sie die Nacht, wenn Pferde mit ratternden Karren auf hölzernen Rädern an der Felsenhalde vorfuhren und schwere Bündel entladen wurden. Dann jagte der ungarische Graf auch seine Knechte gebieterisch fort, denn es galt die geheimnisvolle Fracht zu verstecken und vor unbefugtem Zugriff zu wahren. Mit roher Kraft stieß er einen wuchtigen Felsblock zur Seite, hinter dem ein tiefgehender Felsengang in eine dunkel versiegende Grotte führte. Hier verbarg er seine Schätze, die ihm eine treu gebliebene Dienerschaft durch die ungarische Tiefebene und über Bergpässe herbeischaffte.

Nur einmal versuchte der Verwegenste im Dorf, sich in das seltsame Treiben einzuschleichen und das Geheimnis zu ergründen. Als wiederum Knechte vollbepackt mit Ross und Wagen zur Felsenhalde kamen, erfuhr der still hinter Felsblöcken dem Geschehen Auflauernde einiges aus dem Leben des ungarischen Grafen. Er sei vor den nach ihm fahndenden Gerichten aus seiner Heimat geflohen und verbarg hier heroben seine Familienschätze. Das Kostbarste war der Pflug aus purem Gold, den sein ungarisches Adelsgeschlecht seit Generationen im Wappen führte.

Dem Geheimnis nahe, versuchte der Bursche aus dem Dorf sich bald darauf den Schätzen mit Hacke und Brecheisen zu nähern. Doch er konnte nichts finden außer ein verfallenes Knappenloch mit rostfarbenen Pfützen und einem stumpf behauenen Block mit Inschrift und Wappen aus dem Jahr 1532, der Zeit des Bergbaus in Osttirol.

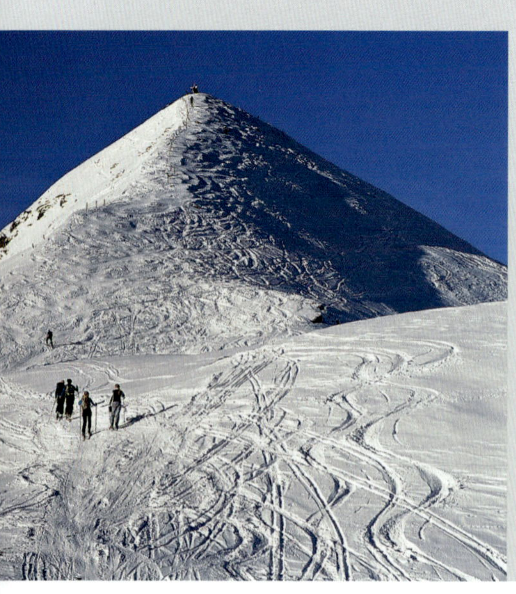

Das Sagenreich des Goldenen Pfluges wird vom pyramidalen Goisele überbaut.

ZUR DOLOMITENHÜTTE „HINTERM KOFEL“

Das erste Lienzer Schigebiet

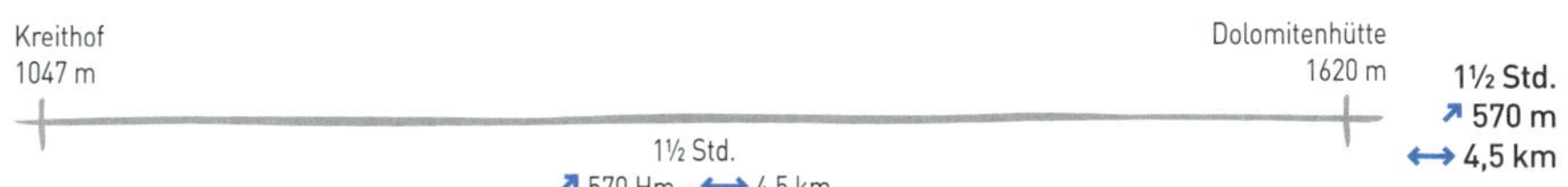

1½ Std.
↗ 570 m
⟷ 4,5 km

Anfahrt: 1 km östlich vom Ortszentrum Tristach führt die Dolomitenstraße zum Kreithof, gebührenpflichtiger Parkplatz. Im Winter ist die private Auffahrt zur Dolomitenhütte nicht erlaubt (Rodelbahn), wohl aber durch Ampeln zeitlich geregelter Taxiverkehr. Die Rodelbahn Kreithof – Tristacher Sportplatz (3,5 km) ist präpariert und beleuchtet.
Einkehrmöglichkeiten: Gasthof Kreithof, Dolomitenhütte

Das kleine Winterparadies „hinterm Kofel“ teilen sich Rodler, Schneeschuh- und Schitourengeher. Den Rodlern steht die festgewalzte Dolomitenstraße zur Verfügung, den Tourengehern die teilweise parallel zur Straße ansteigende Piste, die um 1960 ausgebaut bzw. verbreitert wurde. Die meist präparierte Piste führt vom Gasthof Kreithof bei unterschiedlicher Steigung hinauf zur Tristacher Alm und mit einer zweiten Stufe über den sogenannten Buchenbichl zur Hinteralm knapp vor der Dolomitenhütte.

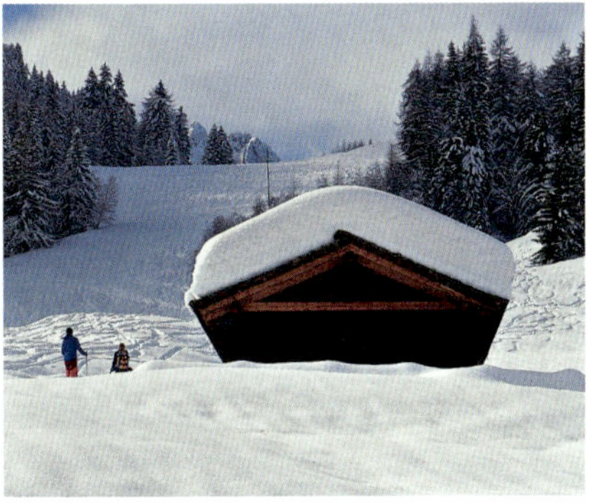

Die Tristacher Alm vor dem Anstieg über den Buchenbichl

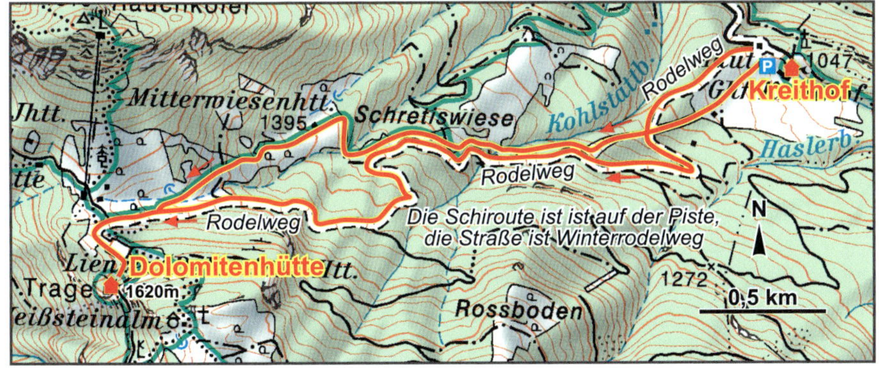

EIN BLICK IN DIE GESCHICHTE DER DOLOMITENHÜTTE

Laut der Familienchronik plante Josef Amort vom Laserzhof in Amlach 1935 den Bau einer Unterkunftshütte am Weißensteinsattel, wo heute die Talstation der ORF-Rauchkofel-Seilbahn steht. Diesem Ansuchen erteilte die Bezirkshauptmannschaft Lienz nach Anhörung der Gemeinde Amlach und der Gastwirte-Genossenschaft eine Absage, war aber geneigt, die Konzession für den Betrieb einer Schihütte in der Zeit vom 15. November bis 15. April zu erteilen. Für alles Weitere beharrte die Bezirkshauptmannschaft auf dem Standpunkt, „dass für den Sommer kein Bedarf gegeben ist, weil schließlich nicht notwendig, dass Bergsteiger am Weg zu den Schutzhütten alle zwei Stunden ein Gasthaus benötigen. Sowohl die Karlsbader Hütte wie auch das Kerschbaumeralm-Schutzhaus wären davon wirtschaftlich ungünstig beeinflusst." Schließlich lehnte auch die Gemeinde Tristach als Grundbesitzer eine Schihütte nach übereinstimmender Beratung ab.

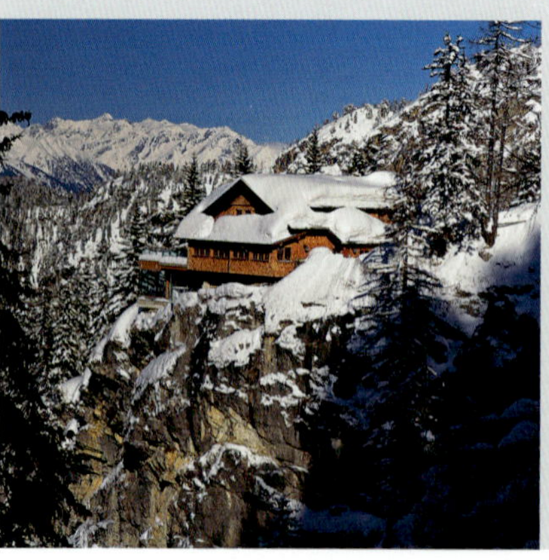

Doch die Entscheidungsträger hatten nicht mit der Zielstrebigkeit und Ausdauer von Louise Amort gerechnet. Sie prangerte den Entscheid als Fehlurteil an, legte Berufung gegen den ablehnenden Bescheid der Bezirkshauptmannschaft ein und pochte auf das Recht für eine ganzjährige Konzession. Im Sog der beherzt kämpfenden Frau unterstützten daraufhin verschiedene Vereine sowie das örtliche Fremdenverkehrsamt das Projekt. Schließlich stimmte auch der Tiroler Landesverkehrsrat einer ganzjährig geöffneten Hütte zu. So kam es, dass die Bezirkshauptmannschaft den angefochtenen Bescheid aufhob und dennoch ihr Gesicht wahrte, weil die Familie Amort den Bauplatz für die erste Dolomitenhütte auf städtischen Grund verlegte und dafür jährlich 50 Schilling Pachtzins zahlte. Nach Jahrzehnten einer ruhig verlaufenden Hüttengeschichte kaufte 1989 die Familie Johann Wibmer die kühn über dem Fels gebaute Dolomitenhütte, ehe 2007 Eva Renkhoff einen Neustart unternahm. Ihre Tochter Scarlet Oles baute mit Bruder Juraj die Dolomitenhütte weitgehend um, sechs komfortable Suiten mit betörendem Spitzkofelblick und weitere Schlafplätze ergänzen eine vorerst letztmalige, gut gelungene Erneuerung.

Von der Lienzer Dolomitenhütte schweift der Blick bis in die Venedigergruppe.

Rechts: Die Hinteralm erwacht mit erstem Sonnenlicht am Spitzkofel.

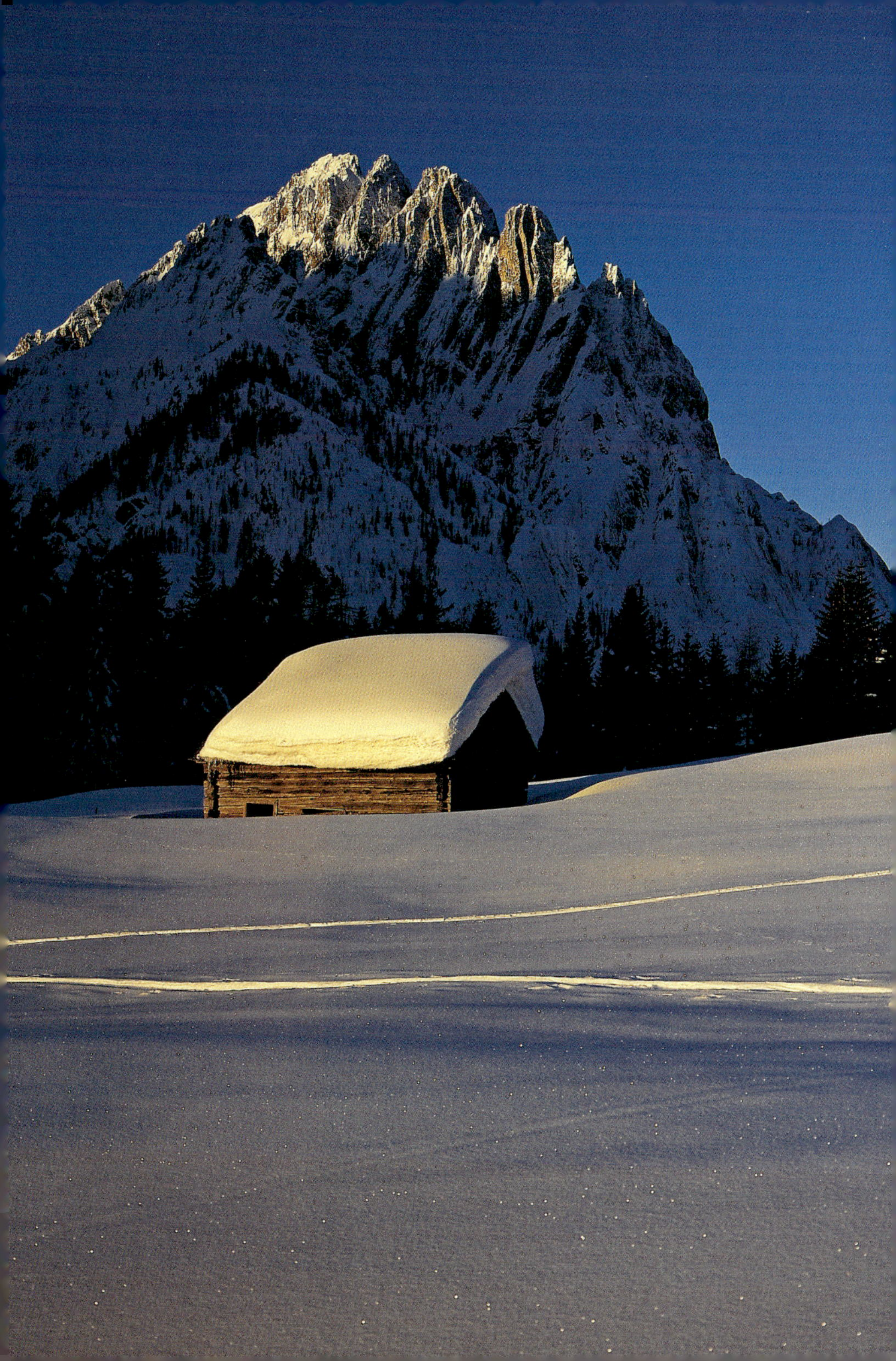

52 ZUR KARLSBADER HÜTTE IM WINTERLICHEN LASERZ

Pulverschnee im Tiefwinter, Firn und Sonne ab Lichtmess

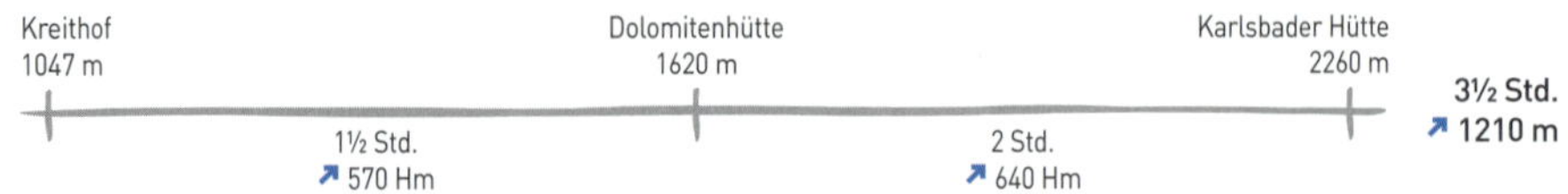

Anfahrt: 1 km östlich vom Ortszentrum Tristach führt die Straße zum Kreithof, gebührenpflichtiger Parkplatz. Im Winter ist die private Auffahrt zur Dolomitenhütte nicht erlaubt (Rodelbahn), Taxi-Auffahrt möglich
Einkehrmöglichkeiten: Gasthof Kreithof, Dolomitenhütte

Bei der **Dolomitenhütte** am „Eingang" ins Laserz spuren wir mit den Tourenschi entlang der Hohen Trage und später an der **Insteinalm** (1681 m) vorbei. Begleitet von Lärchen und Latschen führt die Spur zum **Marcher-Stein**, der an den Erschließer und Bergführer Mathias Marcher (1853–1926) erinnert. Über einen letzten Aufschwung erreichen wir die **Karlsbader Hütte**.

Insteinhütte und Gedächtniskapelle liegen tief im Schnee versunken.

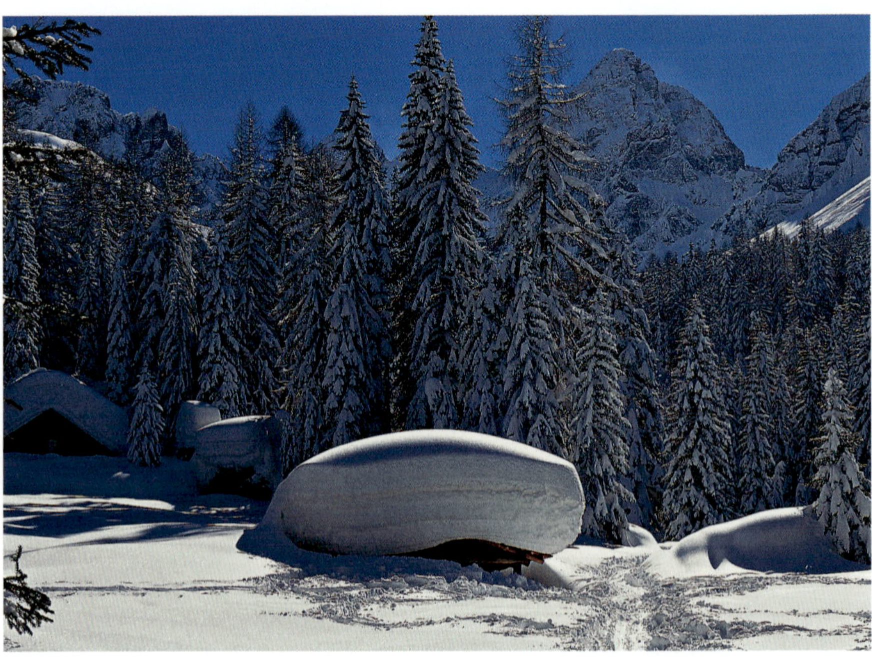

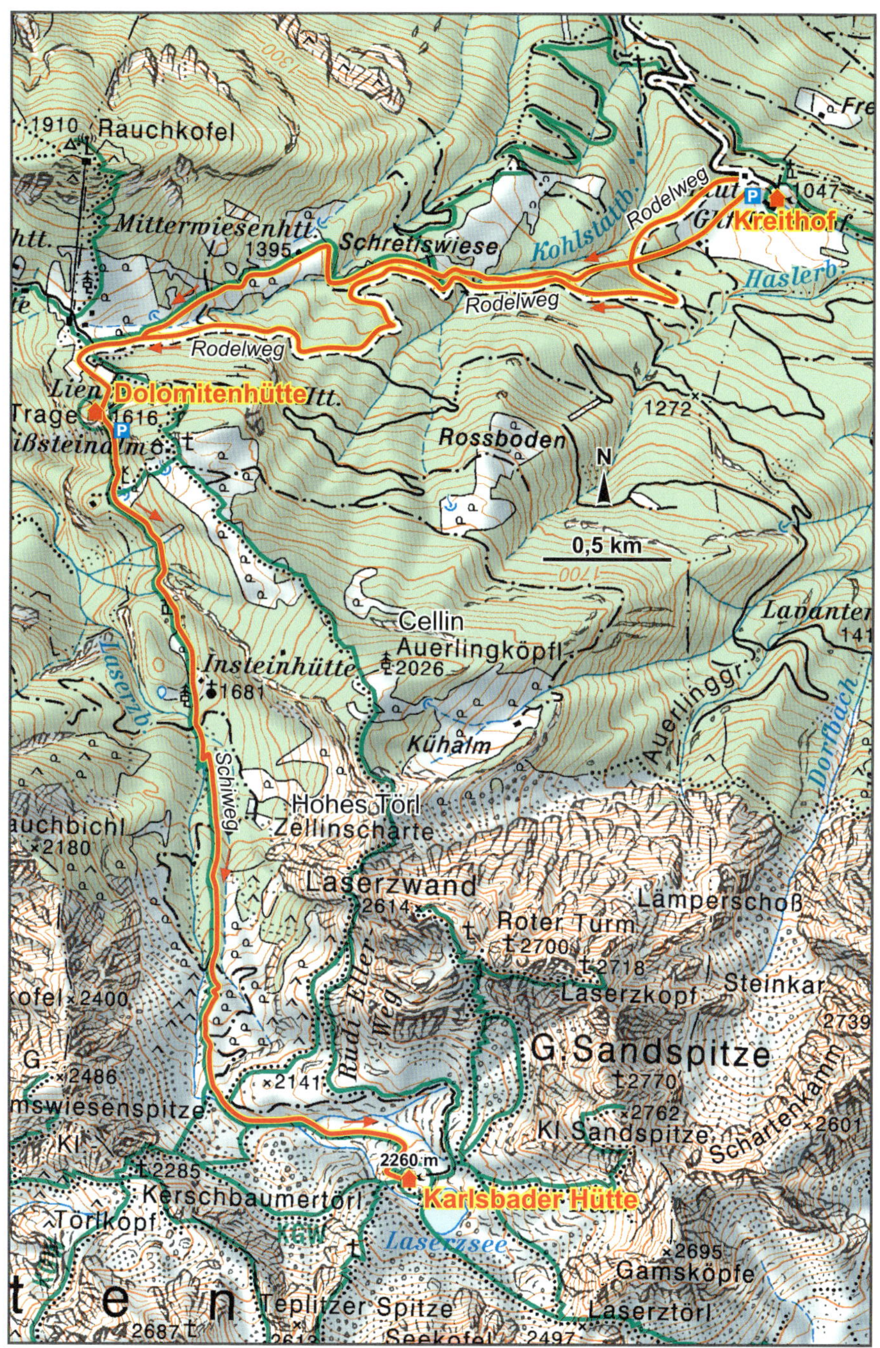

1910 Rauchkofel
Mitterwiesenhtt.
1395
Schretiswiese
Kohlstattb.
Rodelweg
1047
Kreithof
Haslerb.
Rodelweg
Rodelweg
Dolomitenhütte
1616
1272
Rossboden
N
0,5 km
Cellin
Auerlingköpfl
Insteinhütte
2026
1681
Laserzb.
Kühalm
Auerlinggr.
Dorfbach
Schiweg
Hohes Törl
Zellinscharte
2180
Laserzwand
2614
Lämperschoß
Roter Turm
2700
2718
Laserzkopf
Steinkar
2400
2739
Rudi Eller Weg
G. Sandspitze
2486
2770
2141
2762
Kl. Sandspitze
Schartenkamm
2601
2285
2260 m
Kerschbaumertörl
Karlsbader Hütte
Torlkopf
KGW
Laserzsee
2695
Gamsköpfe
Teplitzer Spitze
Laserztörl
2687
Seekofel
2497

ODE AN DIE BERGWEIHNACHT

Es war einer der schneereichen Winter mit ergiebigem Nachschub bis in die stille Weihnachtszeit. Ungeachtet der über das weite Land gebreiteten dicken Schneedecke trafen wir uns am Christtag um 10 Uhr bei der Draubrücke am Lienzer Stadtrand. Nur die wichtigsten Straßen waren schmal geräumt, so schnallten wir bereits am Lienzer Talboden die Felle auf und spurten bei noch anhaltendem Schneegestöber quer über die weiße Ebene. Wir waren zu neunt, eine kleine Schar der AV-Jugend, die wusste, dass das Ziel, die Karlsbader Hütte, im winterlichen Herz der Lienzer Dolomiten etwa 8 Stunden fern liegt. Die Weihnacht im Gebirge, im Winterraum der damals noch ursprünglichen alten Hütte würde für alle Mühe entschädigen. Im Tristacher Wald ging es empor, zwischen Bäumen mit kraftlos hängenden Armen in dicke Schneemäntel gehüllt. Ein kleines, etwas verwachsenes Fichtenbäumchen war als Weihnachtsschmuck auf der Hütte gedacht. Nach 4 Stunden: Halbzeit bei der verschlossenen Dolomitenhütte. Entlang der Hohen Trage zogen wir unter dem milchtrüben Himmel und bereits lauerndem Dezemberdunkel weiter hinauf ins Laserz. Dick geblähte Wolken hatten ihre Anker um die Berggipfel geworfen und an vorspringenden Felszacken hefteten sich die Nebel. Immer tiefer gruben sich die Schier im grundlosen Schnee ein, immer öfter wechselten wir uns beim Spuren ab. Gespenstisch erschienen die Felsblöcke unter spitzgetürmten Schneehauben. Auf Peters Rucksack wippte das kleine Fichtenbäumchen mit frostig gespreizten Ästchen und noch schmucklosem Wipfel.
Stille umfing die wortlos ziehende und ermüdete Schar beim Marcher-Stein und allmählich erstarb der kurze Dezembertag im weitgebreiteten Mantel der Nacht. Die Stirnlampen streuten ein zaghaftes Licht, den dunklen Raum fahrig abtastend. Noch stand der Hüttenhang bevor, ein letzter steiler Aufschwung, wo wir die Abstände untereinander vergrößerten. Trotzdem: Beim voranspurenden Jörg erfolgte das gefürchtete dumpfe Wumm, ein Riss lief sekundenschnell quer den Hang entlang. Dann ein trockenes, kaltes Rieseln, ineinander zischende Schneekristalle, still fließender Schnee, der uns, die wir wie erstarrt standen, nur am Rande und dennoch fast hüfthoch zuschüttete.
Nach Schock und Schreck endlich die nahe Hütte. Ein Stern leuchtete über dem Giebel und schemenhaft standen rundum die Berge wie Kathedralen. Ein Hauch von Betlehem, wo wir nach einer Herberge verlangten, einem kleinen Winterraum, diesem eisig durchkalteten Geviert. Charly, der beim Spuren ziemlich unauffällig war, hantierte mit schneegefüllten Töpfen am Herd. Ein Feuer flammte auf, dünner, leicht beißender Rauch schwebte im Raum und bald der Duft von Tee. Die zögernd auch unter die Bänke kriechende Wärme und weihnachtliches Gebäck auf dem Tisch hob die Stimmung und

ließ den kraftzehrenden Aufstieg und die hektische Nachbesprechung der Lawine vergessen. Franzl stimmte ein Lied an. Ein abschließendes „Pulverschnee und Gipfelwind" begleitete uns die steile Treppe hinauf ins Obergeschoß, wo der Triebschnee Zutritt durch eine Dachluke hatte und sich über Lager und Decken breitete. Durch verschobene Schindel an der Wetterseite drang der Wind. Sein Lied hielt die ganze Christnacht an.

Die Karlsbader Hütte in einer schneevermummten stillen Landschaft

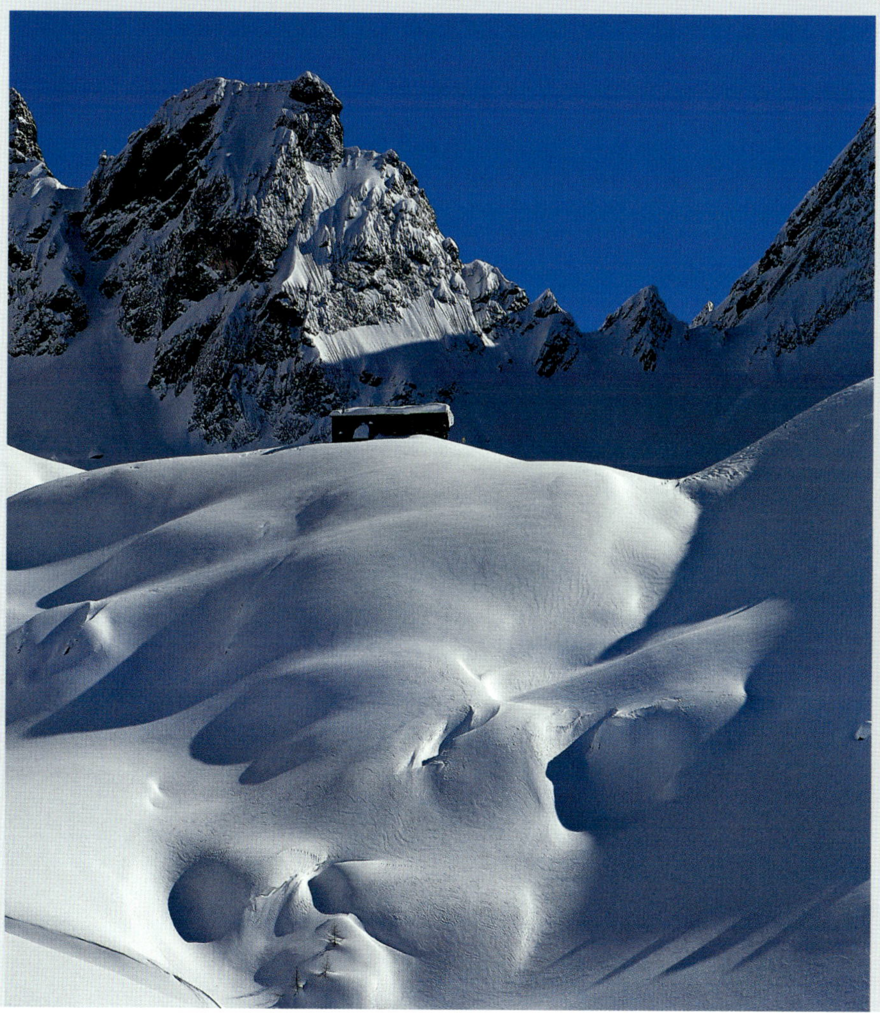

53

DIE WINKLERNER HÜTTE AM STRASSKOPF

Beliebtes Ausflugsziel entlang der Kärntner Berggrenze

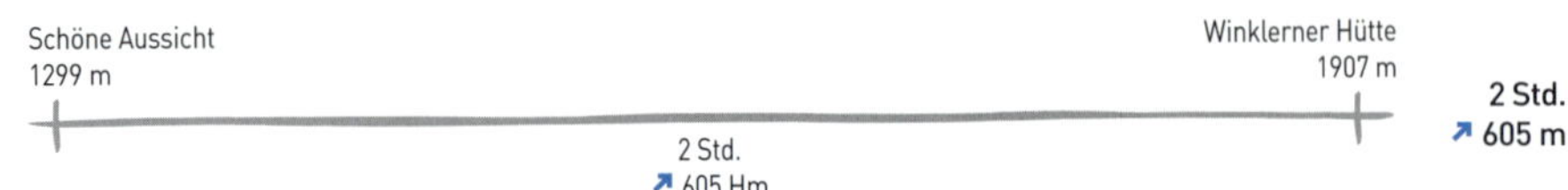

2 Std.
605 m

Anfahrt: Sowohl von Lienz als auch von Winklern im Kärntner Mölltal erreichen wir auf der Bundesstraße den Iselsberg. Wir beachten 1 km südlich der Passhöhe (1204 m) die bergseitig abzweigende asphaltierte Bergstraße zur „Schönen Aussicht". Bis Iselsberg verkehrt auch die Postbus-Linie 5002.
Einkehrmöglichkeiten: Gasthaus „Schöne Aussicht", Winklerner Hütte, Raneralmhütte

Die vorgeschlagene Winterwanderung ist sowohl als Rodel- wie als Schitour beliebt. Rodler benützen den 9 km langen, mäßig steilen und in langen Kehren gewalzten Weg. Schitourengeher steigen im freien Gelände auf und schätzen den Weg als Abfahrtspiste.

Von der **„Schönen Aussicht"** wählen wir den Fahrweg (Winterrodelbahn) oder ca. 120 m nach dem Wegschranken die Schispur zu unserem Ziel. In

Schnee und Winter breiten sich über die Winklerner Alm aus.

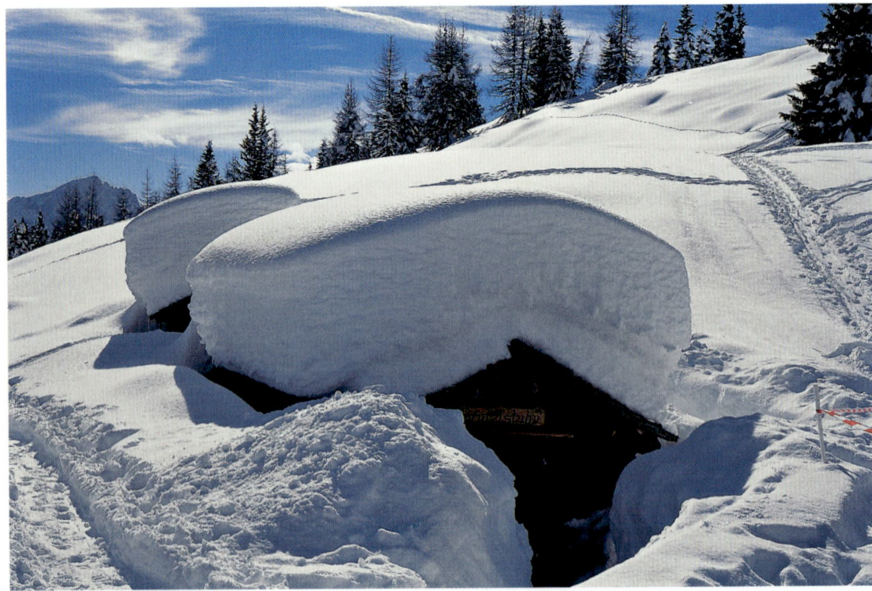

ISELSBERG

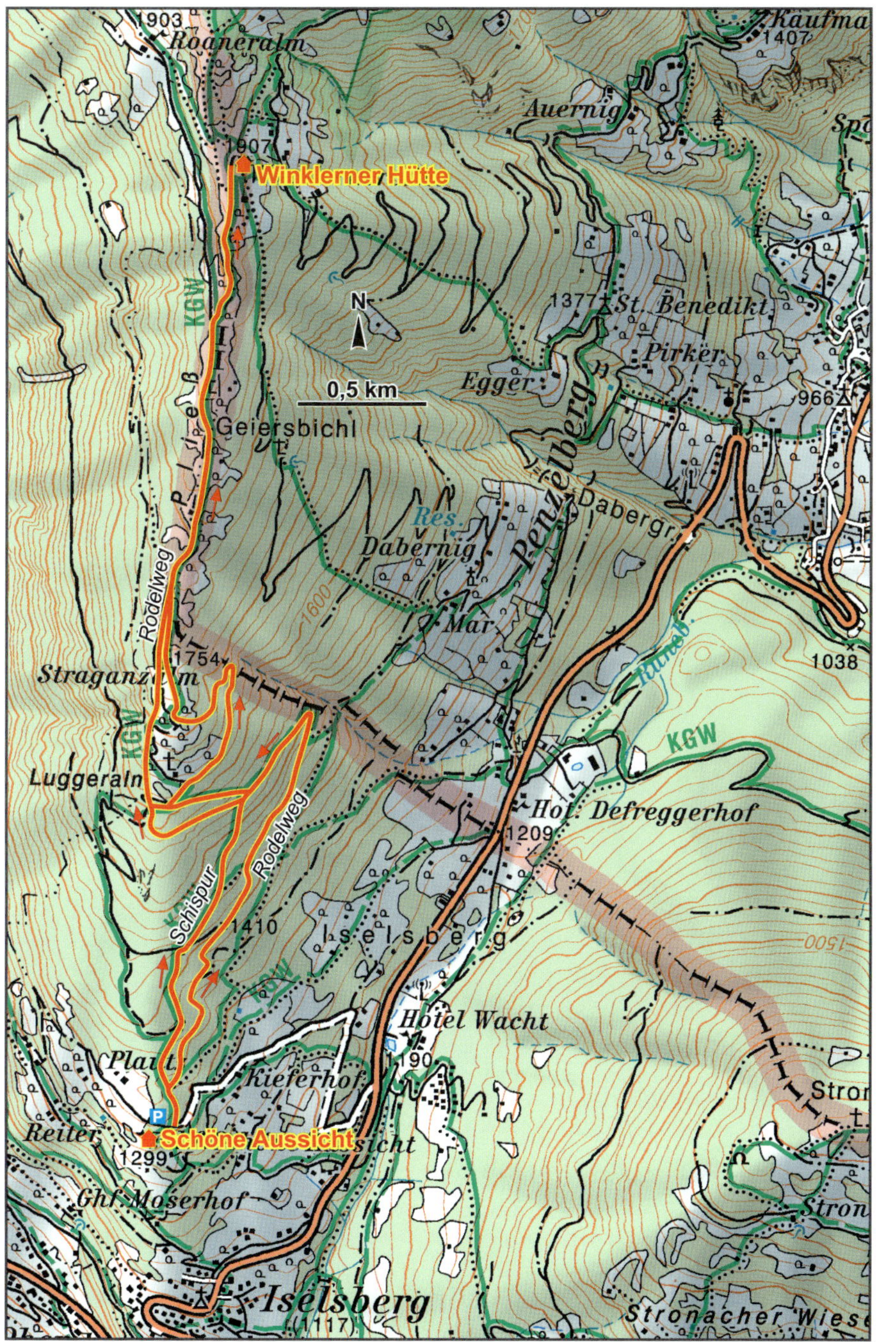

Winklerner Hütte
Schöne Aussicht
Roaneralm
Geiersbichl
Straganzalm
Luggeralm
Rodelweg
Schispur
St. Benedikt
Pirker
Egger
Auernig
Penzelberg
Dabernig
Dabergr.
Hot. Defreggerhof
Hotel Wacht
Kieferhof
Ghf Moserhof
Reiter
Isselsberg
Iselsberg
Stronacher Wiese
KGW
0,5 km
N
1903
1907
1377
966
1754
1209
1410
1038
1299
1117

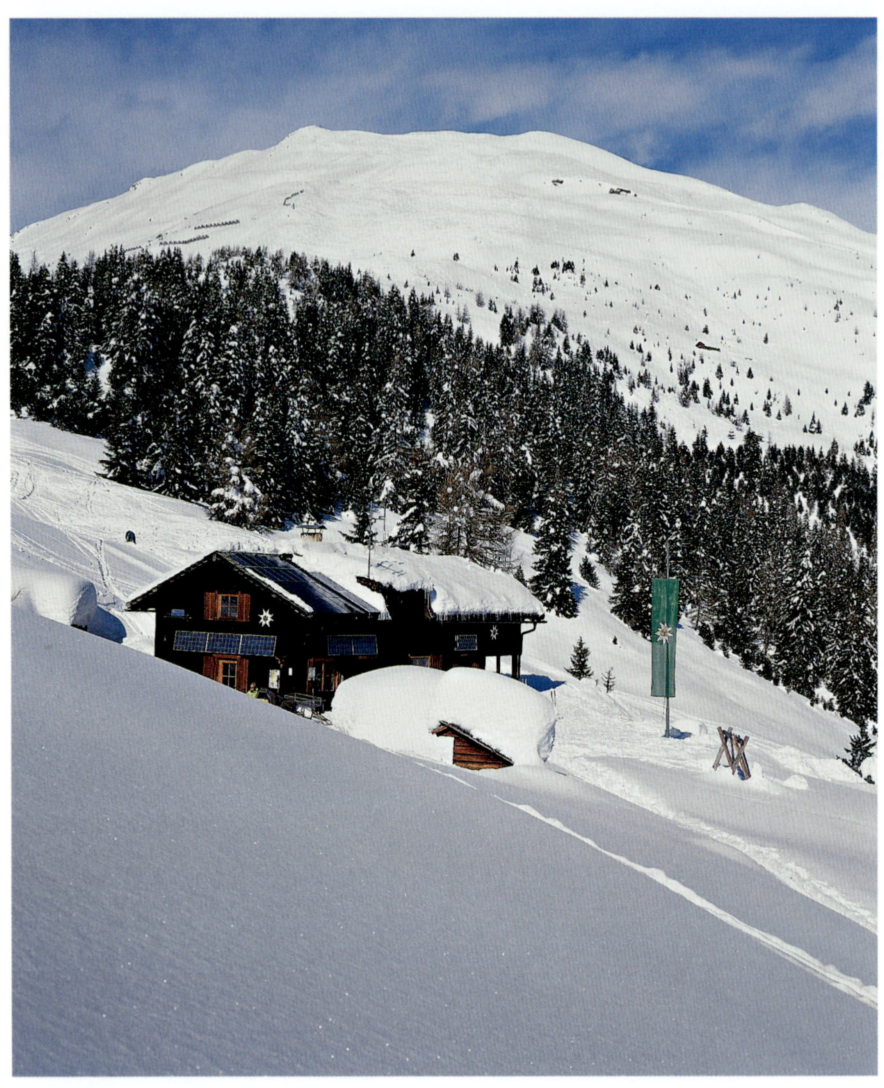

Die Winklerner Hütte überbaut der Strasskopf als vielgewählte Schitour.

beiden Fällen führt der Anstieg waldgesäumt hinauf und an der **Luggeralm** (1631 m, Almkreuz) und später **Straganzalm** (1754 m) vorbei. Am sogenannten **Geiersbühel** (1834 m) verflacht der Weg und Sicht auf die Gipfelparade im inneren Debanttal wird frei. Beim vor der Alm gelegenen Parkplatz (Bildstock) zweigt der Zugang zur **Winklerner Hütte** rechts ab, während der Fahrweg linker Hand zur Raneralmhütte (1903 m) führt.

WINKLERNER HÜTTE: VOM STADEL ZUR MUSTERHÜTTE

„Am Möllknick, in der Gegend um Winklern befindet sich ein beliebtes Schigebiet. Für Geübte bietet die Ersteigung des Strasskopfes eine vortreffliche Aussicht." So warb 1934 die im Jahre 1909 gegründete AV-Sektion Winklern, mit dem Ziel, das winterliche Strasskopfgebiet zu beleben. Wo heute die Winklerner Viehalm steht, stand damals nur eine kleine, aus Holzstämmen erbaute Hütte. Neben einer Küche befand sich ein mit Stroh ausgelegter Schlafplatz für ein Dutzend der Kälte trotzenden Personen. Das einzige Schmuckstück war das in ein breites Lärchenbrett geschnitzte Schild „Winklerner Schihütte" mit Edelweiß über der Eingangstür; übrigens das einzige, das man während der Kriegswirren in Sicherheit brachte.
Der Hüttenbesuch wies für den Winter 1935 48 Besucher aus, was die Sektionsverantwortlichen nicht sonderlich befriedigte. Um die Besucherzahl zu steigern, wurde der gelernte Buchhalter und Hüttenwart Oskar Eder zum Schilehrer ausgebildet, was sich allerdings auf Grund zwischenzeitlichen Schneemangels über Jahre hinzog. Für eine zusätzliche Belebung des Winterbetriebes auf der Schihütte wurde die Anschaffung von einem Paar Steigfellen als Leihgabe von der Sektion ohne Gegenstimme beschlossen. Damit war es Unentwegten möglich, zum Strasskopf aufzusteigen, während anderen auf einem gebrettelten Hang mit Treppenschritt, Spitzkehren und Stemmschwung die hohe Kunst des Schifahrens vermittelt wurde.
All diesen Bemühungen gegenüber stand der lange Anstiegsweg und mehr noch die anbrandenden Kriegswirren, die auch die Winklerner Sektion hart trafen. Ein der Sektion verbliebenes dreiköpfiges Altherrenteam beschloss aus Kostengründen das Pachtverhältnis auf Dauer des Krieges aufzulassen. Auch fürchtete man um das Inventar „durch hütteneinbrechende Kriegsgefangene oder zum Straßenbau herangezogene Banditen".
Diese drastisch protokollierten Bedenken hätten jedoch eher auf die einheimische Bevölkerung im Oberen Mölltal gepasst, wie dies einige Beispiele bestätigten.
Endlich, 1946, wurde mit einem vagen Blick in die Zukunft und mit den vom Krieg Heimgekehrten die Sektion zaghaft wiederbelebt und startete ein Zweisitzer-Preisrodeln, das zum Dorffest auswuchs. Der Winklerner Hausberg rückte wieder in den Mittelpunkt und der Strasskopf-Tourenlauf zog „Tiefschneekünstler" auch aus ferner Nachbarschaft an.
Der Wunsch nach einer eigenen Hütte erfüllte sich unter dem Obmann Hans Zwittnig. Nach fünfjähriger Bauzeit wurde sie 1969 feierlich eingeweiht und bis in unsere Zeit mehrmals gediegen erweitert und bildet so, um es mit Albert Eggers Worten zu sagen, „endlich ein Winterheim, ein zweites Zuhause in den heimischen Bergen".

COMPEDAL-SCHIHÜTTE

Mit Schi oder Rodel unterwegs

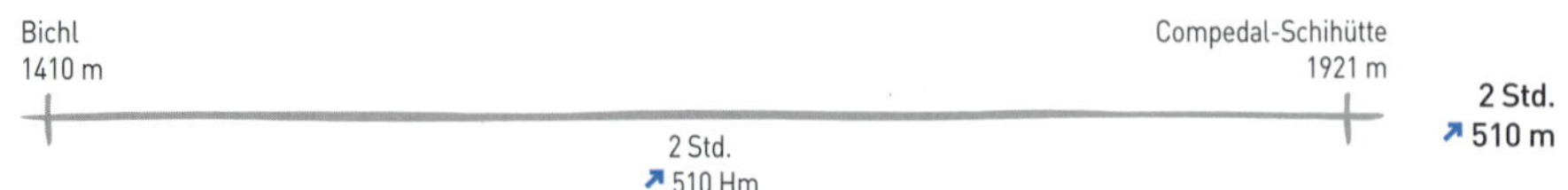

2 Std.
↗ 510 m

Anfahrt: Postbus Linie 2421 bis Oberassling/Wildpark Assling, nach Bichl Privatverkehr.
Einkehrmöglichkeiten: Bärenwirt beim Wildpark, Compedal-Schihütte, Tel. 0664/3753 805 (sporadische Öffnungszeiten)

Der Großteil der 18 Asslinger Siedlungen liegt verstreut an der Pustertaler Höhenstraße und Sonnenterrasse. Das Hauptdorf ist Unterassling, dort befinden sich Gemeindeamt und Hauptpfarre. Der gesamte Landschaftsraum steht seit Jahrhunderten in bäuerlicher Nutzung. Aus der ehemaligen Kornkammer Osttirols ist eine vielfältige Kulturlandschaft entstanden. Der Tourismus und Ausflugsverkehr konzentriert sich im

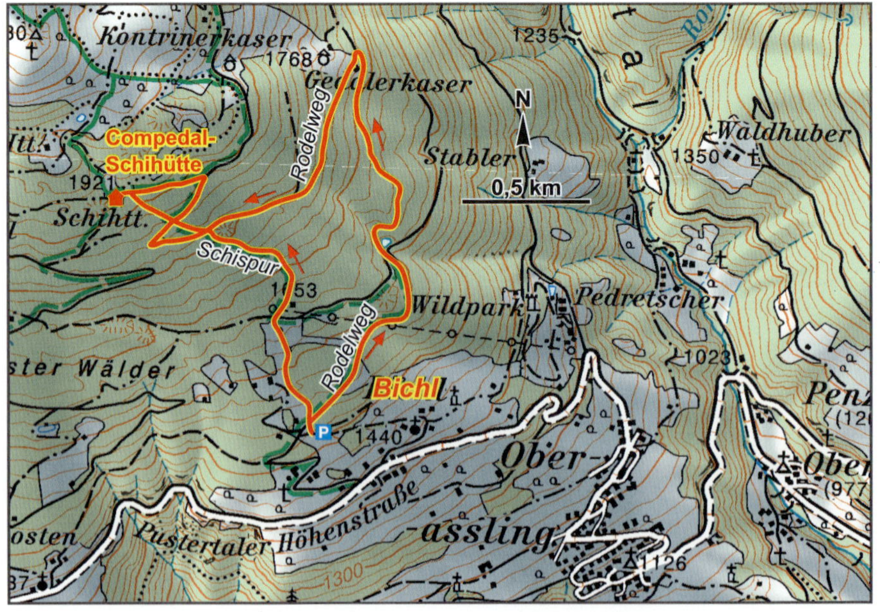

Die Compedal-Schihütte wird vom Feierabendbichl im westlichen Lienzer Dolomitenkamm überragt.

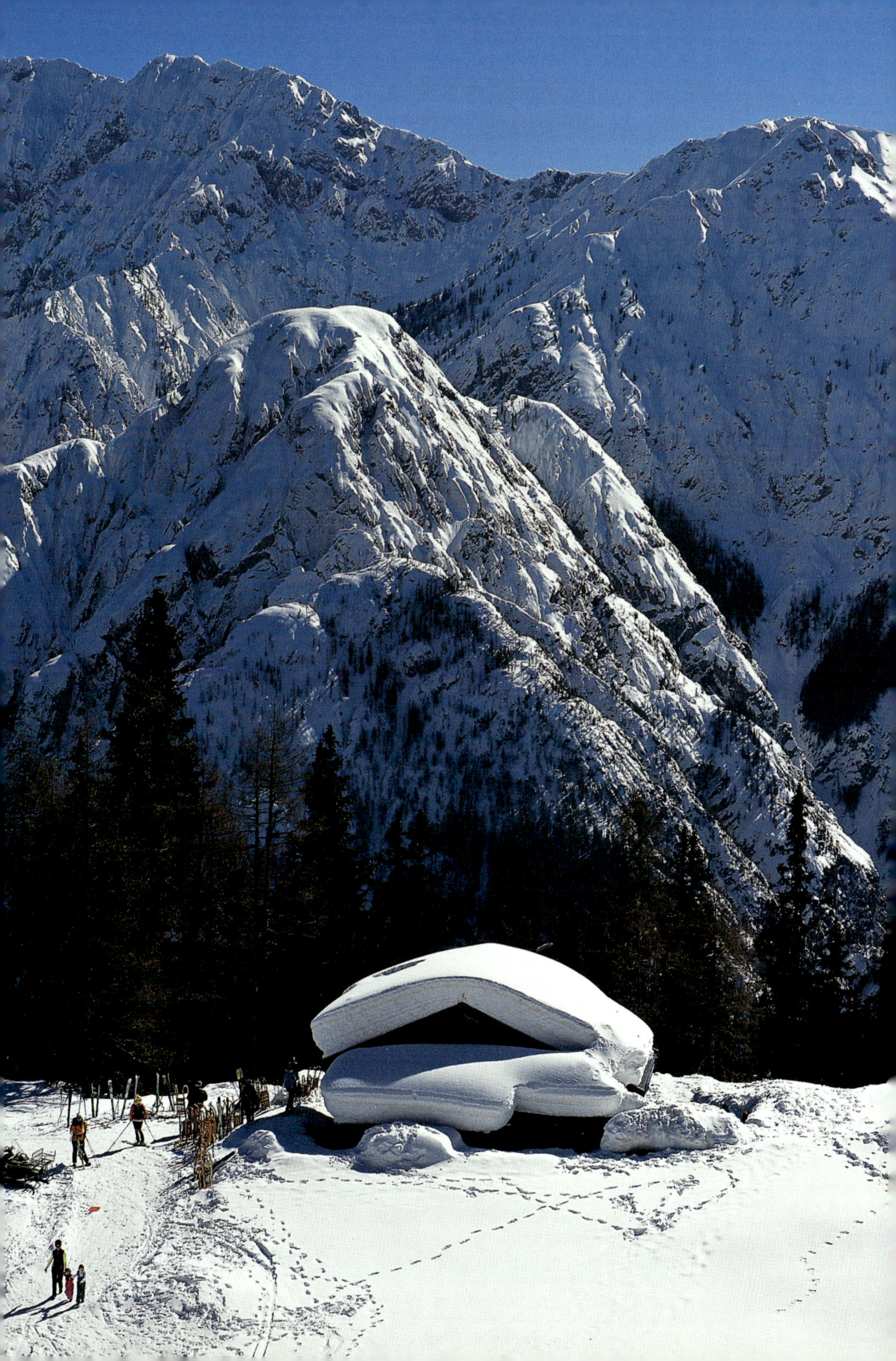

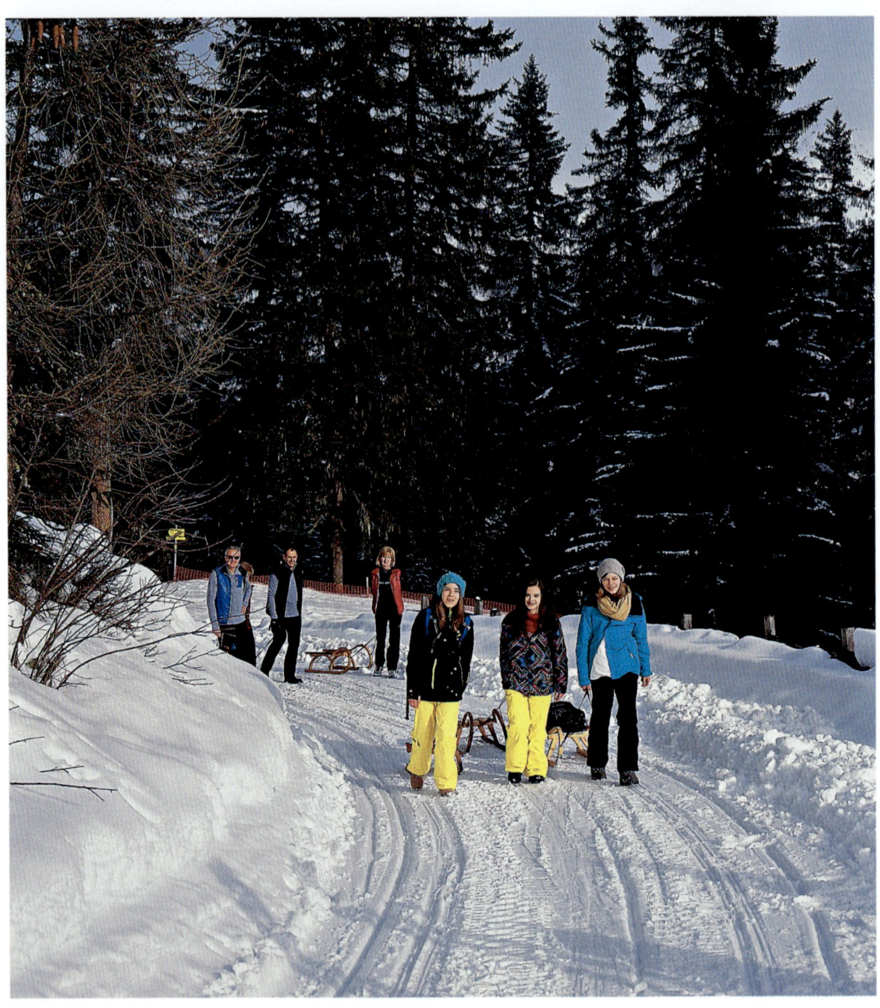

Ein gepflegter Rodelweg führt zur Compedal-Schihütte.

Sommer vor allem auf den einzigen Wildpark Osttirols in Oberassling, im Winter auf das voll in der Sonne gelegene Schigebiet um den Compedal, wo ein Schlepplift und präparierte Pisten sowie die Naturrodelbahn auf viele Besucher warten.

In **Oberassling** (Bärenwirt) kann der Tourengeher die Aufstiegshilfe nützen oder aber erst beim Parkplatz Tschicker in **Bichl** die Compedaltour starten. Der dort beginnende Rodelweg verläuft mit einigen Kehren im Wald und über eingestreute Lichtungen bei angenehmer Steigung bis zur **Compedal-Schihütte**.

Die Schispur zweigt 200 m nach dem Parkplatz Tschicker vom Rodelweg

bergwärts ab und führt nach 20 Minuten an der Bergstation des Schleppliftes vorbei. Die im Wald emporführende Spur ist teilweise steil. Wenn wir den Rodelweg zum dritten Mal queren, sind wir am Ziel. Um das Wild zu schonen, erfolgt die Abfahrt ausnahmslos am Rodelweg.
Für Höhen- und Sonnenhungrige bietet sich bei sicherer Schneelage weiters die Schitour zum Gabeluregge, zum Nazhüttl und schließlich zum Tulnkogel an.

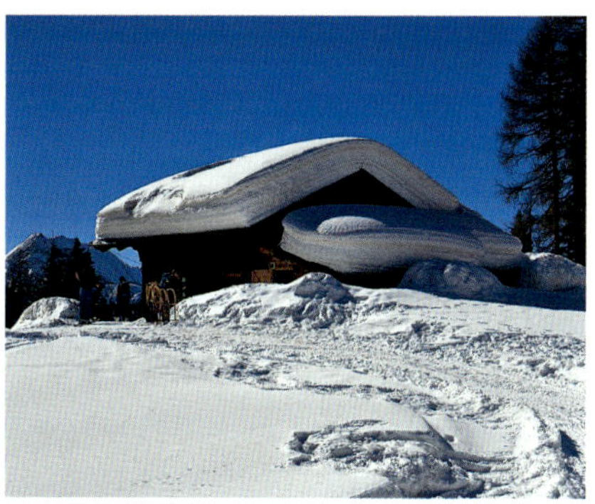

Herrliche Wintertage am Compedal

WILDPARK ASSLING UND BÄRENSPUREN IM SCHNEE

Mit einigen Rehen, Hirschen und Wildschweinen wurde der Wildpark 1975 eröffnet, ein Unterfangen, das dem Parkgründer Vinzenz Lukasser viel Mut und Naturbegeisterung abverlangte. Heute werden die 85.000 m^2 Wald- und Wiesenfläche von mehr als 30 Tierarten bevölkert, darunter viele, die wir in freier Natur nicht oder nur selten beobachten können. Der Wildpark mit seinem 20 m hohen Aussichtsturm ist von April bis Oktober geöffnet.
Ein besonderes Interesse galt zwei Bären, die bis 1986 in einem hochmaschigen Gehege gehalten und als sehr zutraulich, ja nahezu menschenfreundlich gelobt wurden. Die Namen Schnuffi und Mausi verstärkten noch den Anschein ihrer Gutmütigkeit und schürten den weit verbreiteten Glauben, man könnte die zwei Bären frei laufen lassen oder zumindest als Attraktion durch das Dorf spazieren führen.
Bei so viel vertraulichem Entgegenkommen entschlossen sich die beiden Mitglieder aus der Familie der Sohlengänger, ihren „Hochsicherheitstrakt" zu verlassen, wobei eine über Nacht gefallene, hohe Schneedecke den Ausstieg erleichterte. Dies sollte die Stimmung im Dorf und die Verharmlosung der beiden Ausreißer schlagartig ändern. Rapide sank die Lust, der Attraktion zu begegnen. Die Jägerschaft warnte vor den unberechenbaren Raubtieren, den nimmersatten Gemischtköstlern, die keineswegs nur Gräser und Wurzeln suchten, sondern auch – man sprach es nicht aus –, und so rückte man unverzüglich zum Ernstfall aus. Es kam, wie es kommen musste. Die umherirrenden Bären wurden erlegt. In die spürbare Erleichterung und wiedergewonnene Sicherheit träufelte tiefes Bedauern um den Verlust der beiden hochstilisierten Hauptfiguren.

DIE LECKFELDALM AM KARNISCHEN KAMM

Am Rodelweg zur Leckfeldalm, mit Tourenschi zur Kammhöhe

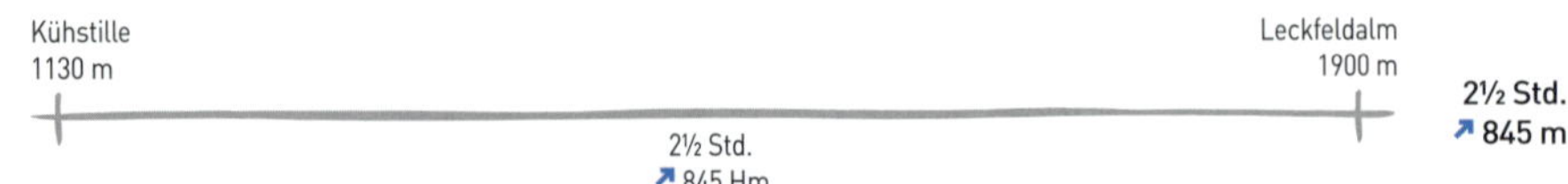

2½ Std.
↗ 845 m

Anfahrt: Postbus Linie 4420 Sillian Ort; bei der Kapelle zum Herrn im Elend am Westrand von Sillian führt die Straße über die Drau und Bahn zum schattseitigen Waldrand „Kühstille".

Einkehrmöglichkeit: Leckfeldalmhütte (geöffnet in den Weihnachts- und Semesterferien)

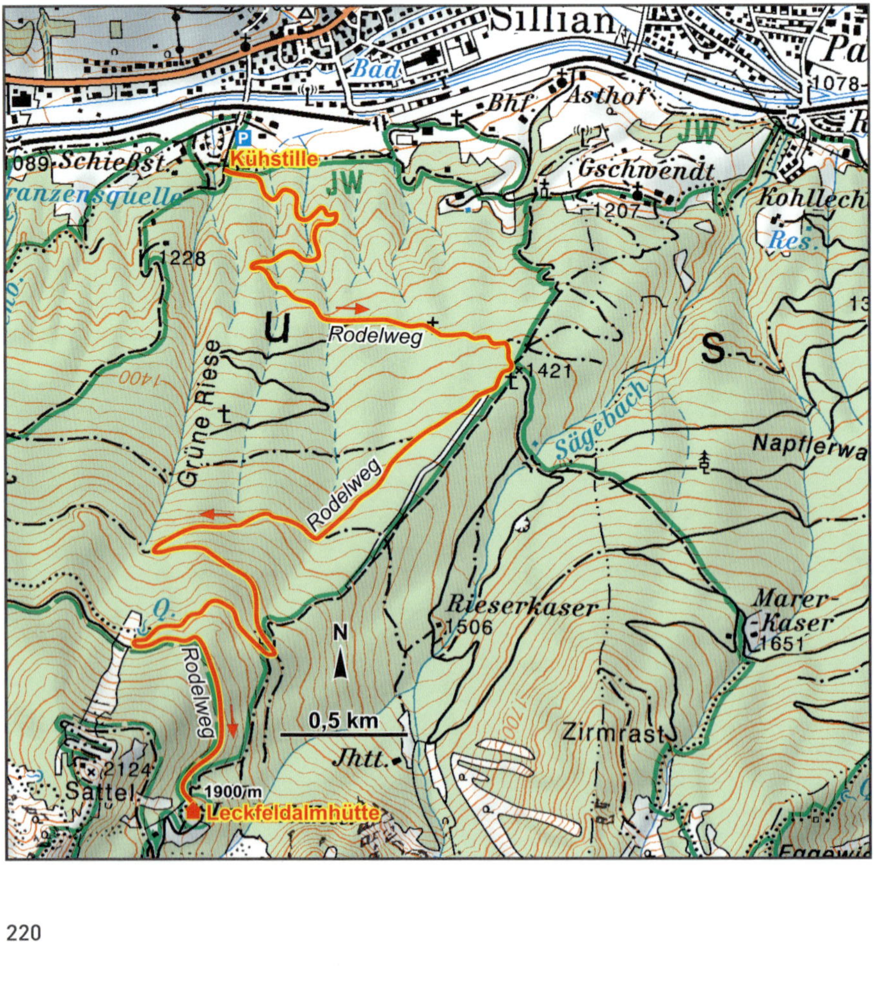

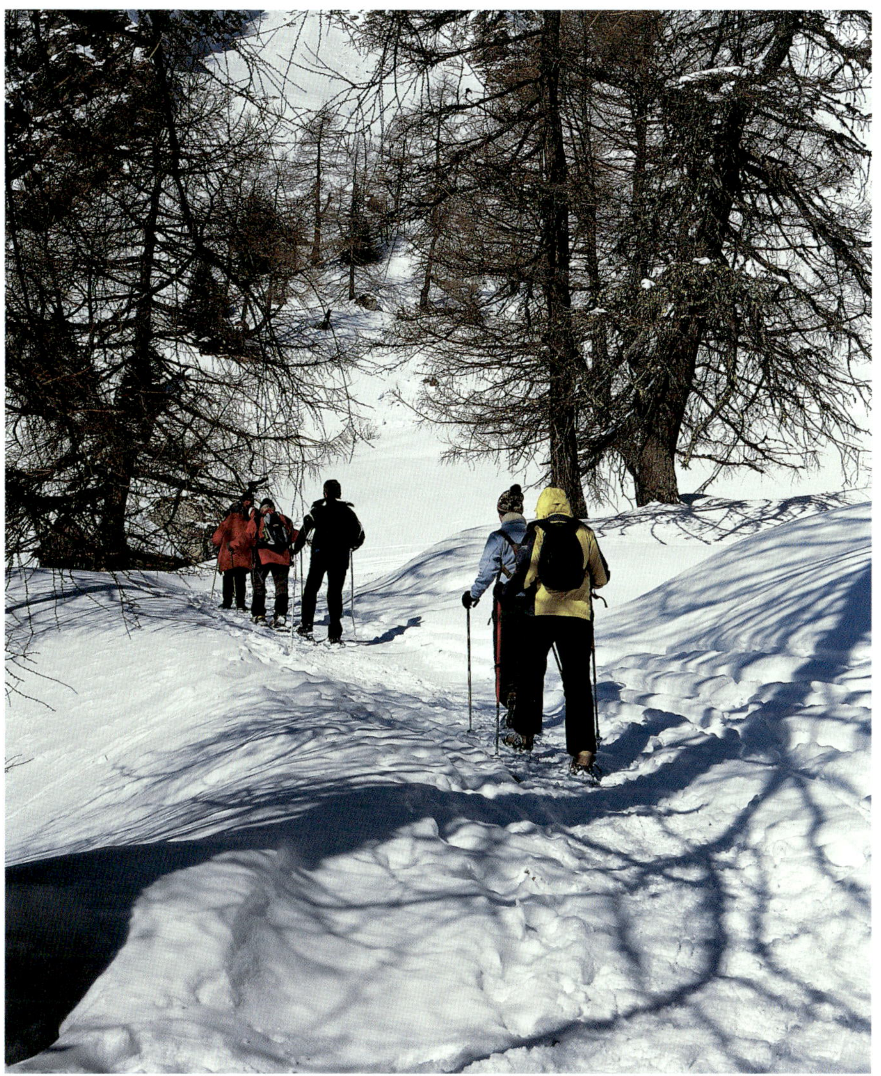

Die Spur führt über Lichtungen und tiefverschneiten Wald in helle Höhen empor.

Der südwestlich vom Markt Sillian ansteigende Rodelweg zur **Leckfeldalmhütte** und die Schispuren zur Sillianer Hütte oder zum Helmhaus berühren den westlichen Bereich des Karnischen Kammes. Vom Waldrand „Kühstille" steigt die 7 km lange Rodelbahn leicht an, versehen mit Tafeln, die zum Heimatsteig in Richtung Helmhaus hinweisen. Eine Schispur zweigt am Beginn des Rodelweges bergseitig ab und führt durch Wald

DAS HELMHAUS UND DER HEIMATSTEIG

Der Karnische Kamm, während des Ersten Weltkriegs Schauplatz eines erbitterten und verlustreichen Stellungskrieges, wurde nach Kriegsende zur italienischen Staatsgrenze. Diese dramatische Veränderung ging auch am Helmhaus nicht spurlos vorbei. Das Helmhaus befindet sich an aussichtsreicher Stelle hoch oben am Karnischen Kamm. Es wurde nach zweijähriger Bauzeit am 25. 7. 1891 eröffnet. Als architektonische Besonderheit galt die große, den Giebelreiter überragende hölzerne Dachterrasse, auf der im letzten Friedensjahr 1913 gezählte 518 Besucher das grandiose Bergpanorama bewunderten. Unter den sechs Hüttenpächtern bis Kriegsbeginn bleibt besonders der Sextener Bergführer Sepp Innerkofler im Gedächtnis, der als Standschütze 1915 am Paternkofel fiel. Mit der willkürlich festgelegten Grenzziehung entlang der nördlichen Helmhausmauer ging das von der AV-Sektion Sillian erbaute Helmhaus verloren und diente bis 1970 italienischen Zöllnern als Unterkunft. Danach stand es leer und war dem Verfall preisgegeben. Seit 1999 befindet es sich im Besitz des Landes Südtirol. Geht es nach den Plänen der Sektion Sillian und Drei Zinnen, dann soll eine Aussichtsplattform die Ruine ersetzen.
Der 2012 initiierte Heimatsteig, der von Sillian hinauf zum Helmhaus am Karnischen Kamm und hinab nach Sexten führt, versucht wieder zu verbinden, was der Krieg einst trennte.

und schmale Lichtgassen zum selben Ziel. Bei sicheren Verhältnissen bieten sich dem Schitourengeher im weiteren Verlauf Anstiege zum **Leckfeldsattel** (2381 m) und zur **Sillianer Hütte** (2447 m; ½ Std.) am Karnischen Kamm an. Nordwestlich der Sillianer Hütte befindet sich auf einem ebenmäßigen Kammhügel das **Helmhaus** (2433 m), das entlang des Bergkammes in 1 Stunde unschwierig zu erreichen ist.

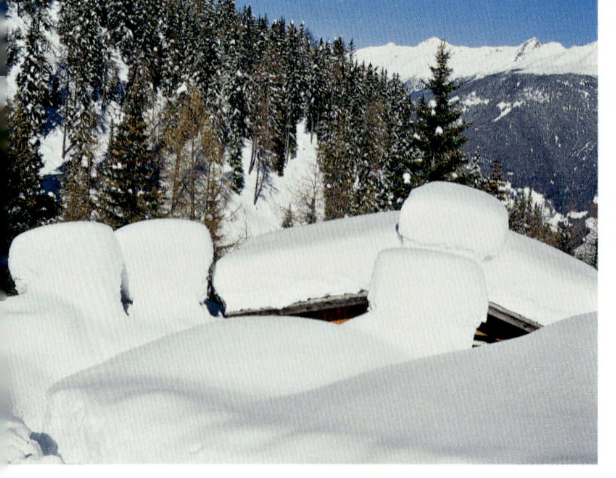

Selbst ein wahres Schneegebirge vermochte den winterlichen Betrieb der Leckfeldalm nicht zu stören.

Rechts: Das geschichtsträchtige Helmhaus thront am westlichsten Punkt des Karnischen Kammes.

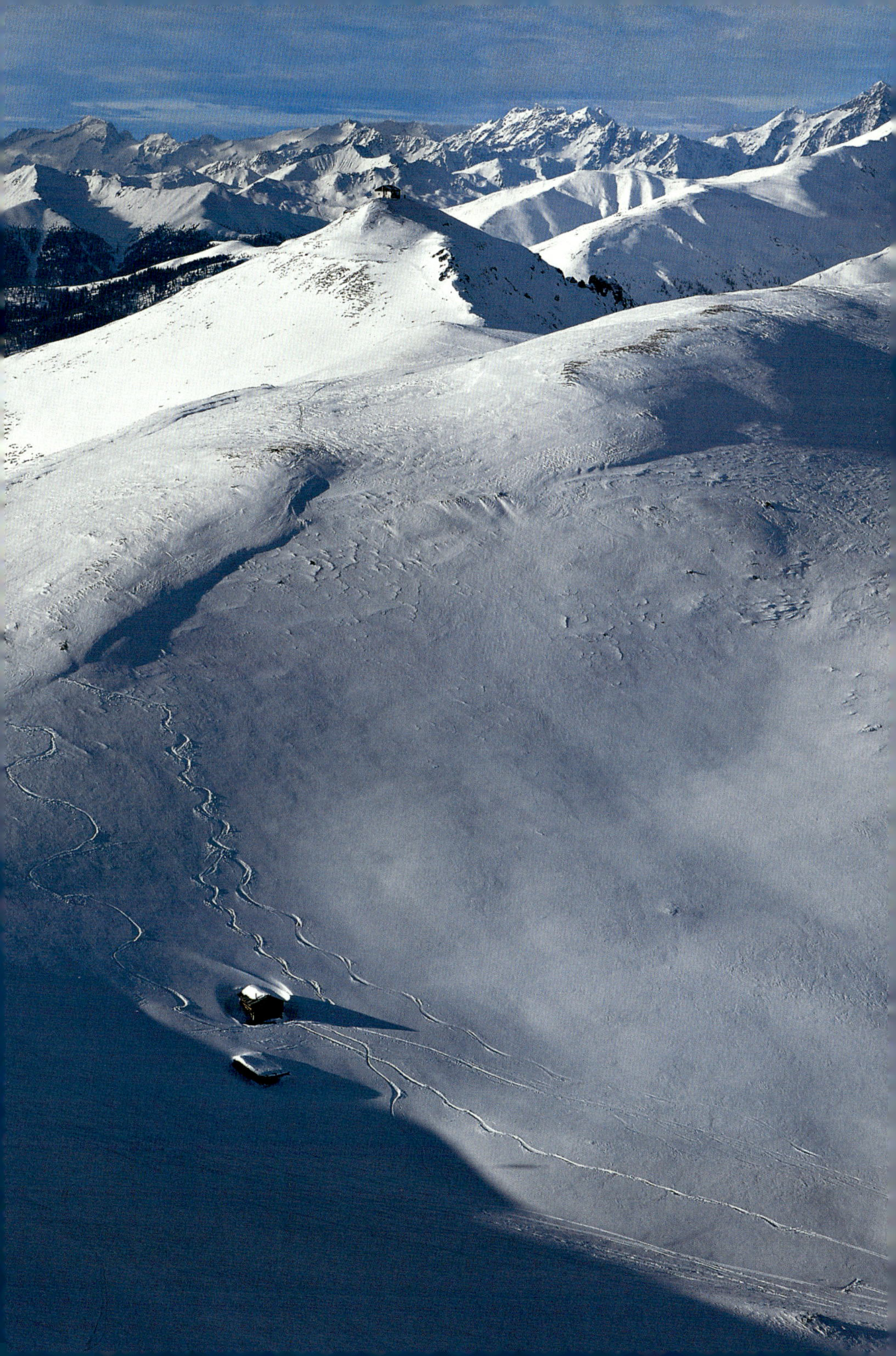

SONNE UND SCHNEE – SANFTE WINTERTAGE IM WINKELTAL

Eine zünftige Rodelbahn, Reitwege und Loipen im Winkeltal

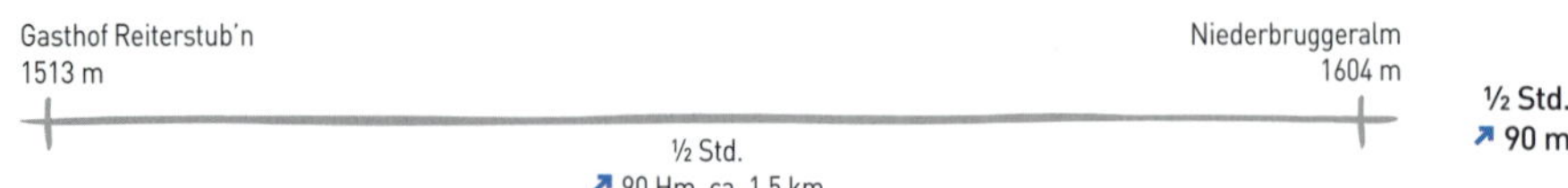

½ Std.
↗ 90 m

Anfahrt: Schmidhofer Reisen Linie 8513 Sillian – Außer- und Innervillgraten. Von Außervillgraten führt eine asphaltierte Straße 5 km zur Reiterstub'n, Parkplatz.
Einkehrmöglichkeiten: Gasthöfe im Dorf und Reiterstub'n im Winkeltal

Das Winkeltal bietet attraktive winterliche Aktivitäten für Schneeschuhgeher und Langläufer. Eine 3 km lange beleuchtete Rodelbahn überwindet 210 Höhenmeter und wird auch für Rodelrennen benützt. Haflinger- und Ponyreiten sowie ein mehrere Kilometer langer Rundkurs mit der Pferdekutsche ergänzen das Angebot.

Bis zur Niederbruggeralm sind Loipen präpariert, nicht selten sogar noch weiter das Tal einwärts.
Wer mit den Tourenschi bis zur Volkzeiner Alm (1886 m) im Talschluss aufsteigen will (2 Std., 6 km von der Reiterstub'n) sollte sich unbedingt über die aktuelle Lawinensituation informieren.

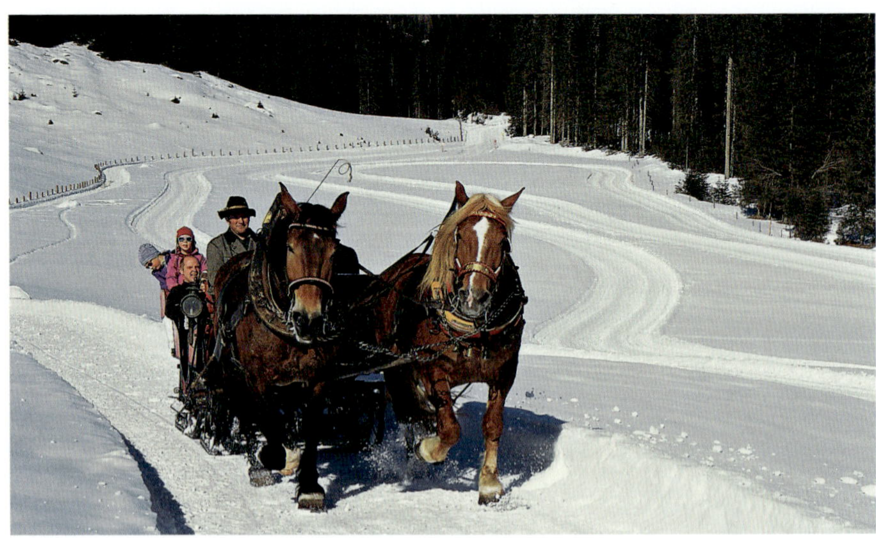

Loipen und Reitwege schlängeln sich durch den Wald im Winkeltal.
Rechts: Der für viele Wintersportarten geeignete Talweg führt zur Niederbruggeralm.

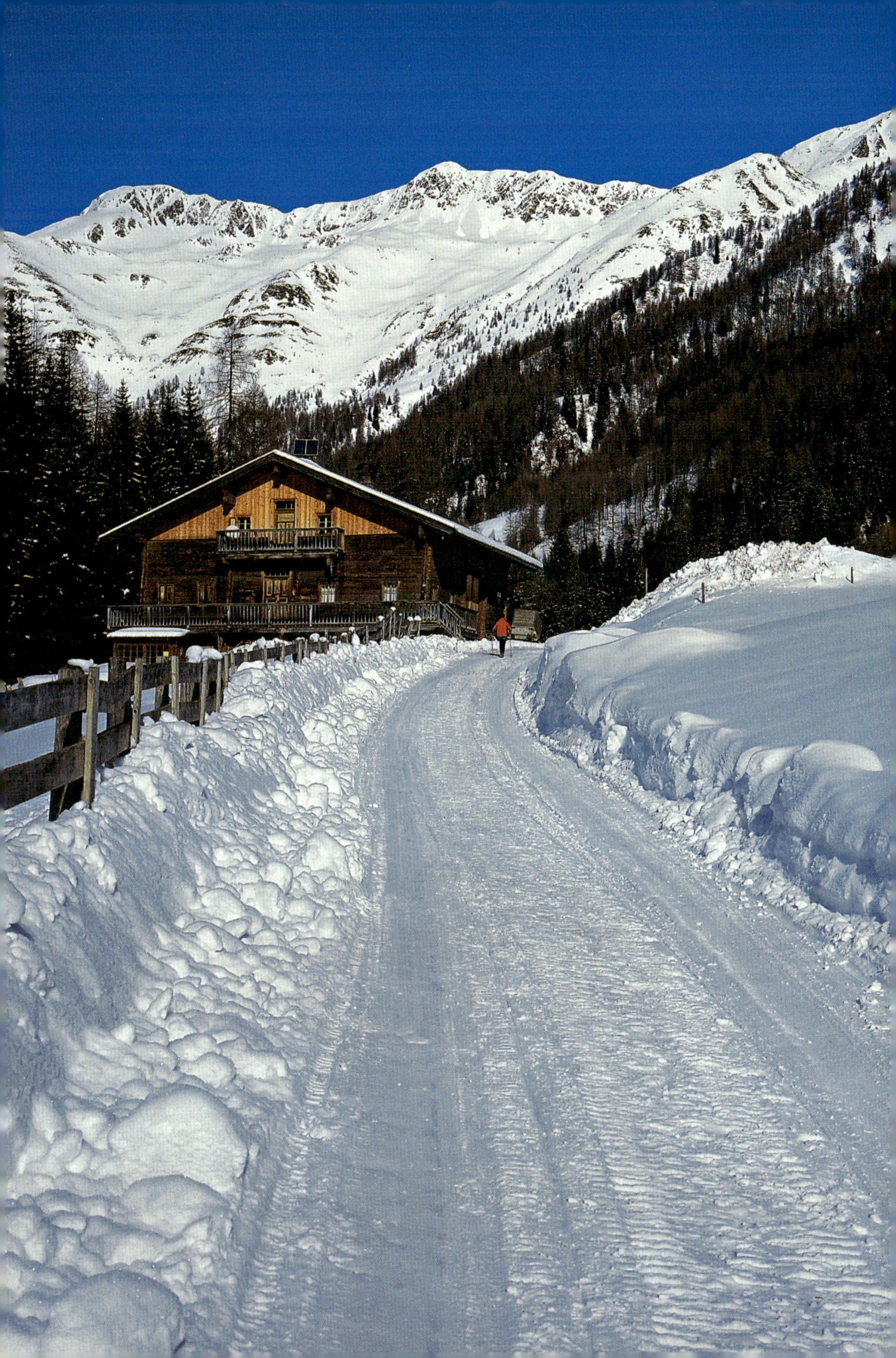

MIT EINER WALLFAHRT DIE WILDBÄCHE EINSCHÜCHTERN

Die Pfarrchronik Außervillgraten gibt Einblick in das Dorfleben und erinnert an weit zurückreichende friedvolle und auch schreckhafte Jahre. Gefahr verbreitete immer wieder der Winkeltalbach, die Sille, welche Hab und Gut der Menschen bedrohte, Häuser, Mühlen und Brücken zerstörte.

Diese von der Natur dem Winkeltal zugefügten „Grobheiten" sollte eine im 18. Jahrhundert begonnene und jeweils auf den 23. Juli festgelegte Wallfahrt nach Obermauern vereiteln. Ungeachtet der Witterung führte sie drei Tage und über drei Bergkämme im großteils weglosen Gelände. Nach der Morgenandacht in der Pfarrkirche zog die Pilgerschar – für alle Gehfähigen des Dorfes eine eherne Pflicht – das Winkeltal einwärts. Sonne und Regen wechselten nahe den Lackenkammern, ehe sie die Volkzeiner Alm im Talschluss erreichten. Mit der Hochsommersonne im Rücken und der vom Boden aufsteigenden Wärme ging es in drei Stunden hinauf zum Gsaritzer Törl (2561 m), wo sie der Jochwind kühlte und vom Regenstein heranflutendes Gewölk umschattete. Ein Gewitter war nahe und der Abstieg in das Defereggental weit und mühsam.

Vom Schwarzachfluss in der Talsohle lenkt der Kirchsteig empor nach St. Veit (1495 m), wo den erschöpften Bittgängern ein bescheidenes Nachtlager im Pfarrhaus zugewiesen wurde. Nach der Morgenmesse stand mit dem Mullitztörl (2600 m) die nächste Gebirgsüberschreitung bevor. Da zog sich der Pilgertross schon deutlich in die Länge und auch die Gebete verstummten. Steil und steinig ist der Abstieg im Steinkaastal nach Virgen, wo zwischenzeitlich ein Hirte einen Eimer Milch zur Labung bot – und älteren Teilnehmern auch einen Schnaps, der die Sicht auf Weg und Zeit ein wenig trübte. Nach

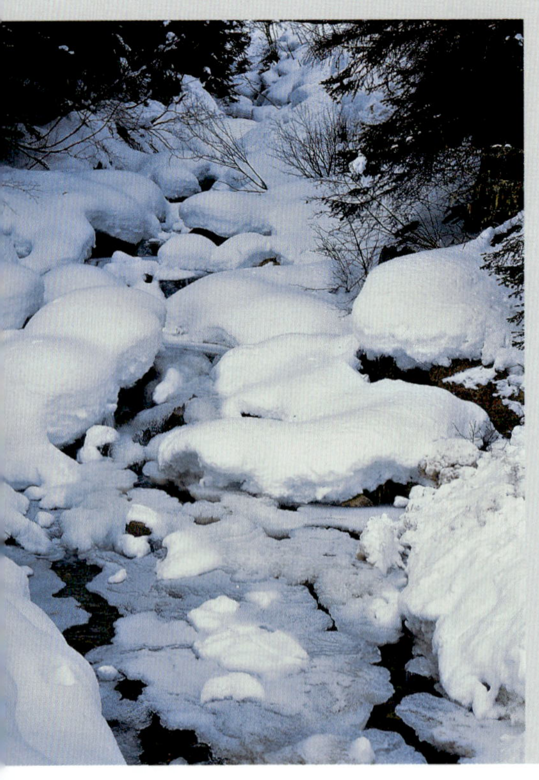

Bäche, mit der Stimme im Sommer weithin laut, im Winter ein zahmes Rieseln

einem feierlichen Hochamt in der Wallfahrtskirche Maria Schnee in Obermauern sollte der dritte Tag der anstrengendste werden. Mit gebotener Andacht ging es das Tal auswärts nach Matrei und weiter nach Huben, wo nach der steilen Talmündung der staubige Weg nach Hopfgarten im Defereggental ansteigt. Wie zum Trotz schwenkte dort der Kreuzträger in das Zwenewaldtal ein und mit ihm, gleich einem geschlagenen Heer, die Bußgänger.
1700 Höhenmeter sind es von Huben hinauf nach Döllach und weiter empor zur Bloßhütte im Zwenewaldtal. Dann folgte der Anstieg zum Villgrater Törl (2585 m), das früher Kreuztörl hieß und wo man überzeugt war, alle für Wassernöte zuständigen Schutzheiligen längst gnädig gestimmt zu haben. Es blieb noch der Abstieg mit heiklen Abschnitten zurück ins Winkeltal und die Rückkehr hinaus nach Außervillgraten. Die den Bittgang abschließende Abendmesse soll nur spärlich besucht gewesen sein, was Anlass bot, die Wallfahrt angesichts der Erschwernisse in Hinkunft zu erleichtern. Begüterte oder Fußmarode konnten sich um 1841 mit einem Taler freikaufen, worauf sich die Teilnahme an weiteren Kreuzgängen erheblich reduzierte. Um 1880 wurde mit überwiegender Mehrheit der christlichen Gemeinde und mit Zustimmung des bischöflichen Ordinariats beschlossen, die Wallfahrt aufzulassen und dafür das dreitägige Gebet zu Pfingsten einzuführen. Im Weiteren begnügte man sich bei Hochwassergefahr mit Bachsegnungen.

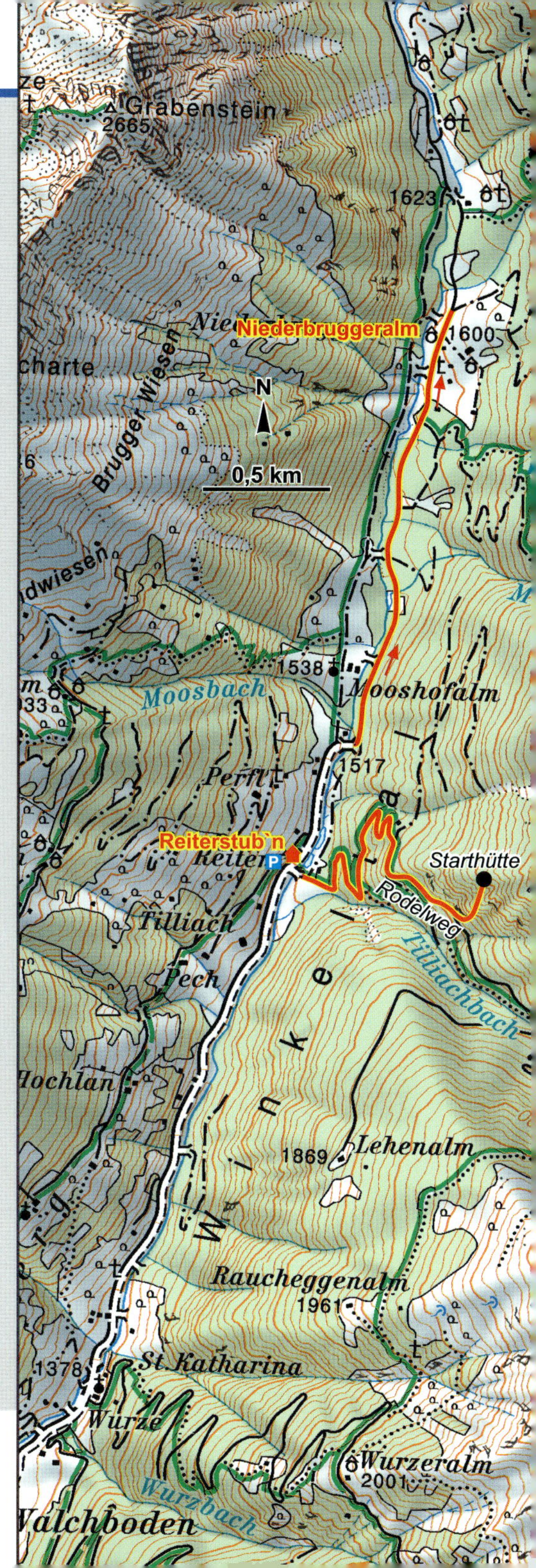

57

GRENZLANDLOIPE KARTITSCH – OBERTILLIACH

Wo der nordische Sport zu Hause ist

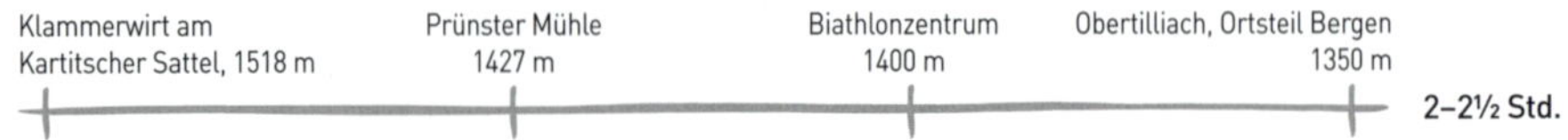

Anfahrt: Postbus Linie 4416 Sillian – Kötschach
Einkehrmöglichkeiten: Gastbetriebe in den Dörfern

Ein Treffpunkt für Langlauffreunde ist das 2003 gegründete Biathlonzentrum westlich von Obertilliach, mit Loipen, Schießplatz und Mehrzweckgebäude. Eine 4 km lange, ganzjährig benützbare „Rollerstrecke" ist nach dem vielfachen Olympiasieger und Weltmeister Ole Einar Bjoerndalen benannt. Der aus Norwegen stammende Athlet hat seit vielen Jahren Obertilliach zu seiner Wahlheimat erkoren. Als Initiator und treibende Kraft des Langlaufzentrums wirkte Ulrich Goller aus Obertilliach. Die hier sichere Schneelage bietet vielen Langlaufnationen bereits im Vorwinter ideale Trainingsbedingungen in einer herrlichen Natur- und Kulturlandschaft. 1975 wurde der bekannte Dolomitenlauf von Lienz erstmals nach Obertilliach verlegt, wo die 42 km lange Loipe auch die Nachbargemeinden Kar-

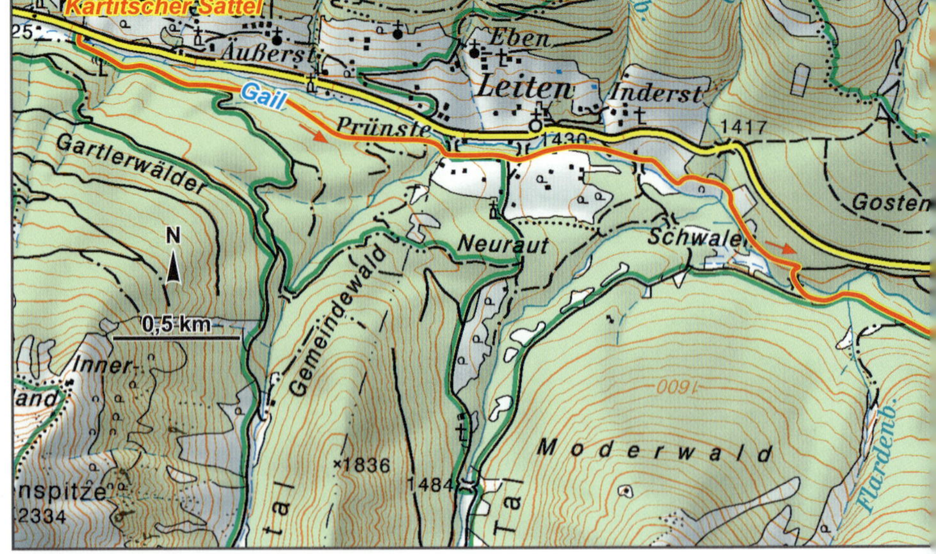

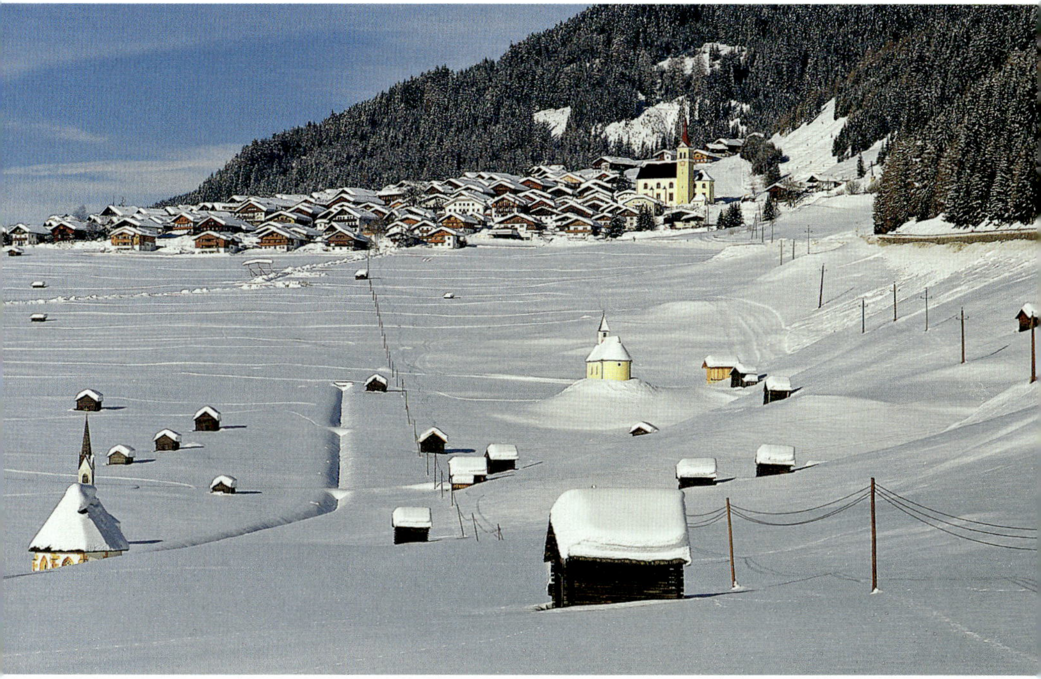

Tief verschneit präsentiert sich Obertilliach im Tiroler Gailtal.

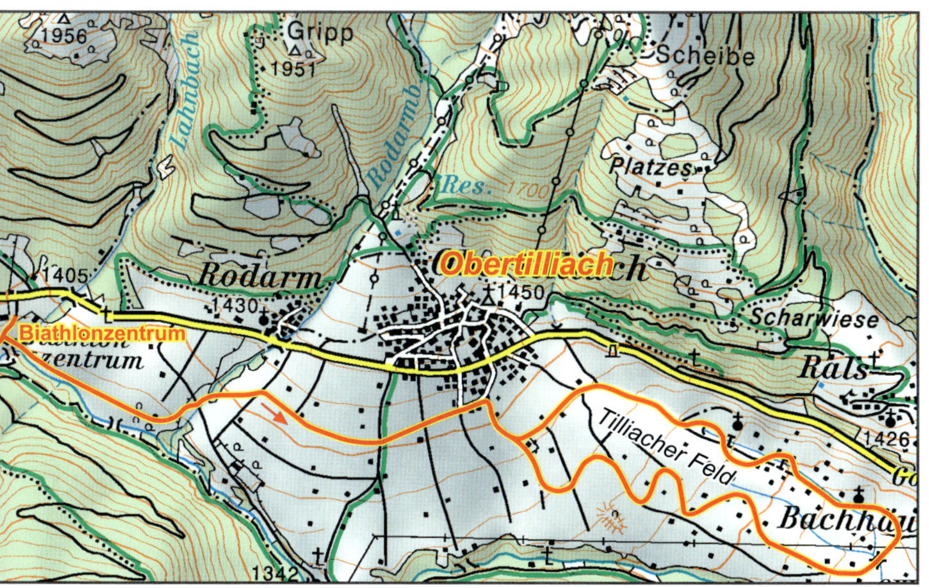

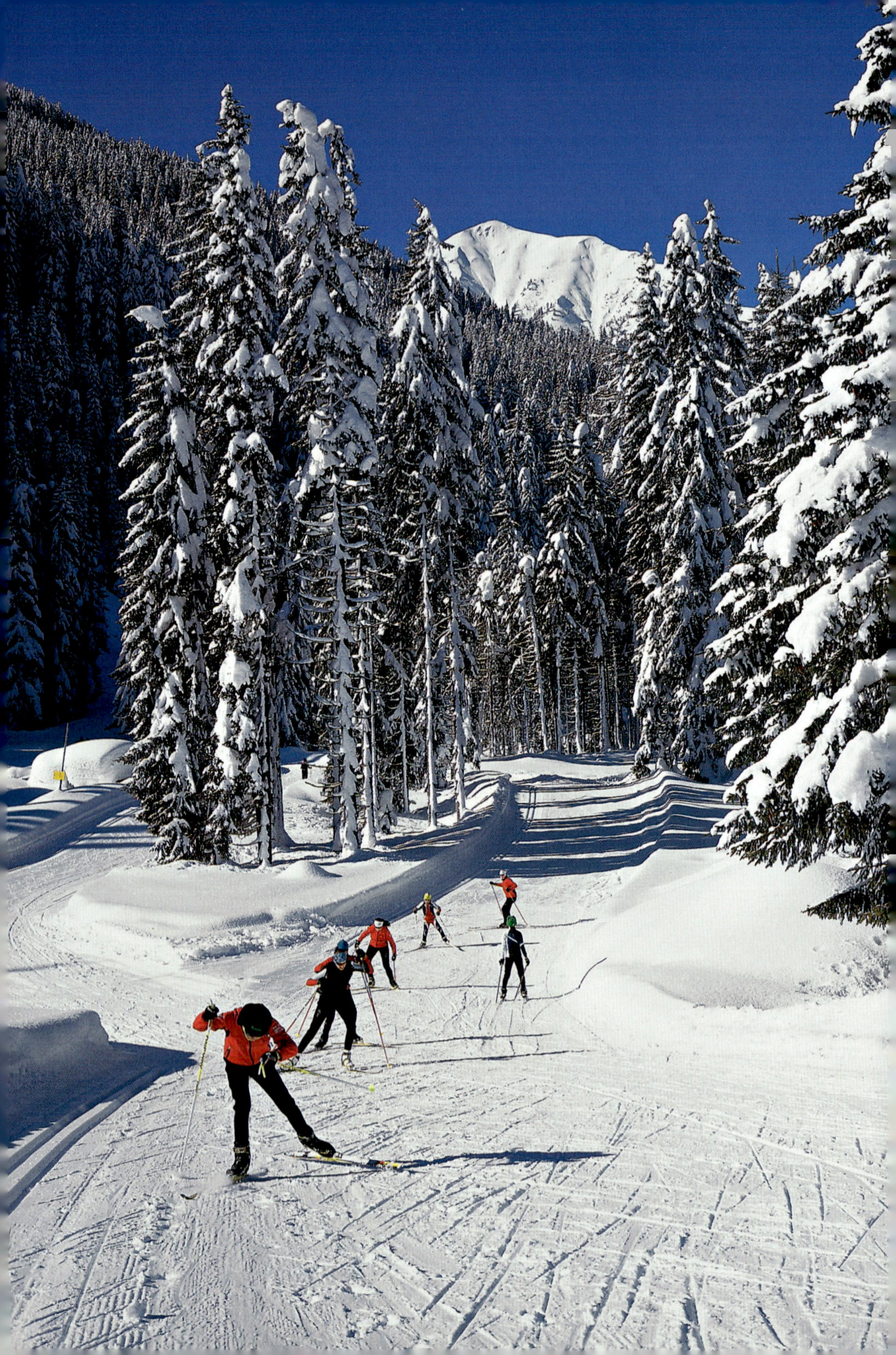

WENN IN OBERTILLIACH WINTER UND SCHNEE REGIEREN

Der Schneereichtum war den Menschen in den einst stillen und einsamen Bergdörfern des Tiroler Gailtales seit Generationen vertraut. Darüber berichtet das Pfarrbuch von Obertilliach mit der Rückschau in das Jahr 1794, wo am Christtag bei einem Schneefall 11 Wiener Fuß (3,5 m) gemessen wurden. 1888 waren die Bewohner tagelang in ihren Häusern eingeschlossen und dem Pfarrer im Gotteshaus blieb nur das Turmfenster in schwindelnder Höhe als wenig einladender Ausweg ins Freie.

Bitter beklagen die Annalen das Jahr 1917, als der Erste Weltkrieg auch am Karnischen Kamm entflammte. Wochenlang und viele Kilometer weit schaufelten die k.u.k. Soldaten einen Verbindungsweg im Tilliacher Tal zur Frontlinie, wo ungeheure Schneemassen die Kampfhandlungen stoppten und Lawinen viele Opfer forderten. Unvergessen bleibt auch der Winter 1951 mit insgesamt 13 m Schnee. Fast alle Hausdächer mussten entlastet werden und nachbarliche Begegnungen erfolgten in eigens gegrabenen Schneetunnels, wahre Katakomben, die teils noch im Mai begehbar waren. Alle Wege zur Außenwelt waren für mehrere Wochen abgeschnitten. Nur mit Schiern konnte man nach Tassenbach ins Pustertal gelangen. Möglicherweise war dies hier die eigentliche „Geburtsstunde" des Langlaufes. Das erste Langlaufrennen 1967 und der Osttiroler Volkslauf 1970 verströmten in Obertilliach einen Hauch jener Atmosphäre, der in Skandinavien, im Mutterland des Langlaufes, gleich einem Sturm entlang der Loipen weht.

titsch und Untertilliach in das Langlaufgeschehen einbindet. Inzwischen hat sich die internationale Großveranstaltung in Obertilliach fix etabliert.

Wir starten nahe der Gemeinschaftskapelle „Zur Schwarzen Madonna" im Bereich des **Klammerwirtes** und folgen der Loipe über das einst vom Drautalgletscher abgehobelte Passtälchen am **Kartitscher Sattel** (Tannwiese). Sanft fallend gleiten wir auf der Loipe in den Obertilliacher Ortsteil Leiten, direkt an der **Prünster Mühle** vorbei. Die vom Wald gesäumte, gelegentlich auch von ihm umschlossene, meist frisch gespurte Loipe mündet in das weitum bekannte Biathlonzentrum. Entlang der Gail mit herrlichen Raureifstimmungen oder mit weitbogigen Schleifen durch das große **Tilliacher Feld** südlich von **Obertilliach**, passieren wir die zwei Kapellen St. Helena und St. Nikolaus. Mit ihnen und den vielen im munteren Verbande stehenden Schupfen bietet sich die viel fotografierte, historisch gewachsene Obertilliacher Ansicht.

Hobbysportler und Profiläufer aus vielen Nationen tummeln sich im Obertilliacher Loipenparadies.

58

SCHIROUTE GRIPP ZUM GOLZENTIPP

Schitourenaufstieg und Pistenabfahrt

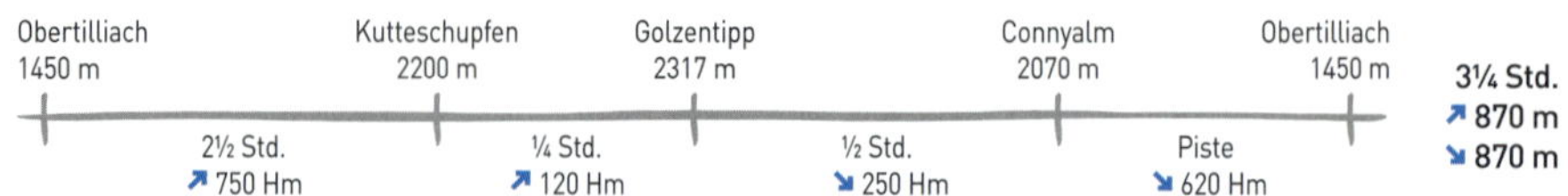

3¼ Std.
↗ 870 m
↘ 870 m

Anfahrt: Postbus Linie 4416 Sillian – Kötschach bis Obertilliach
Einkehrmöglichkeiten: Gastbetriebe in Obertilliach, Connyalm am Golzentipp

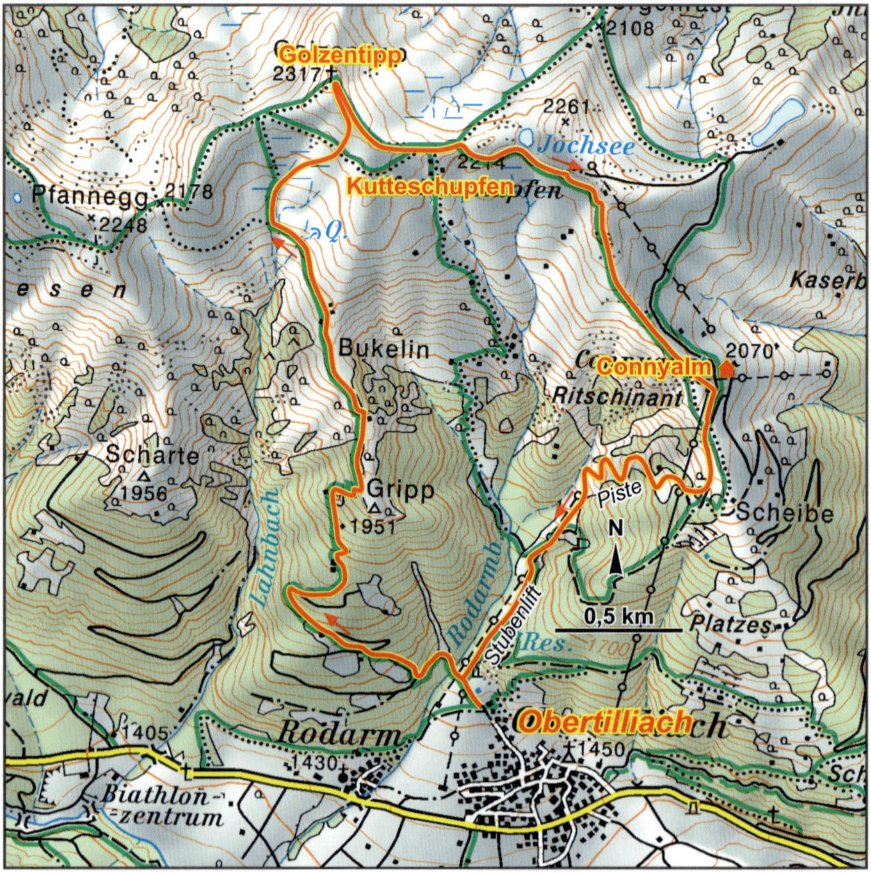

Die landschaftlich schöne und sportliche Route „Gripp" führt an der verschneiten Jagdhütte am oberen Waldsaum vorbei.

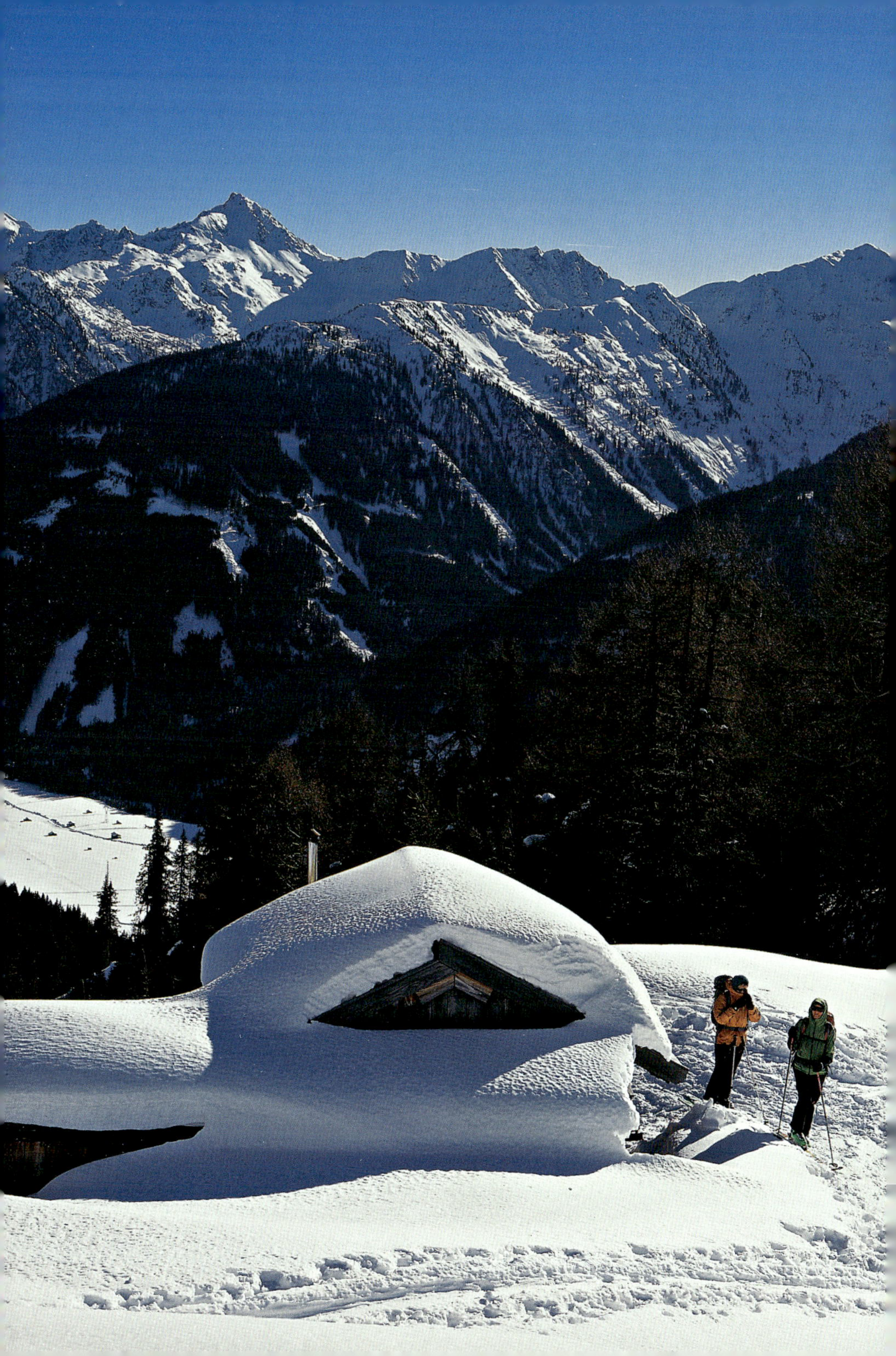

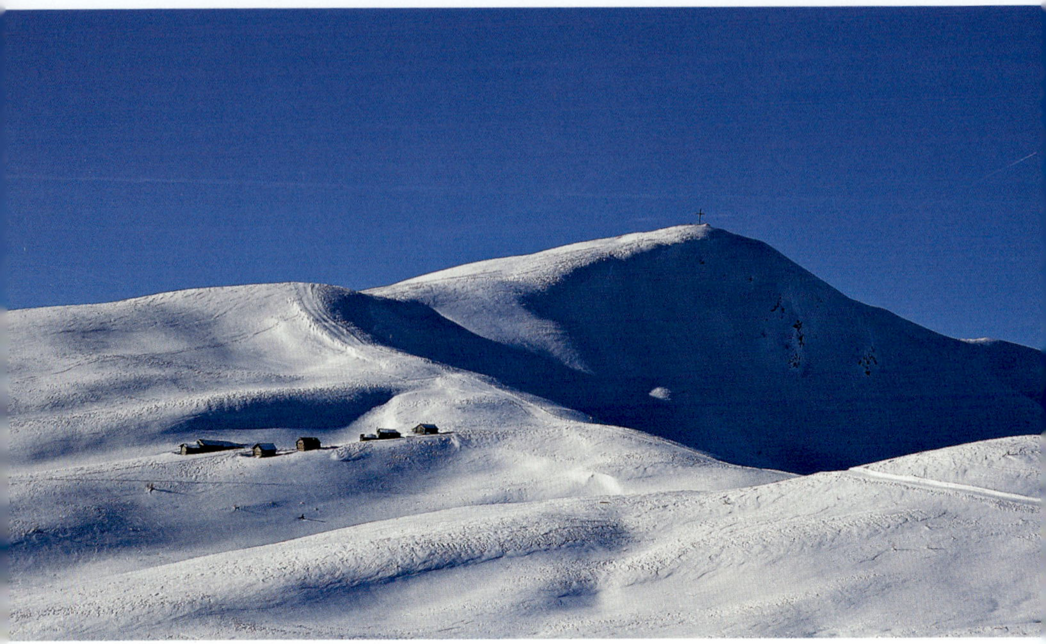

Die Kutteschupfen am Golzentipp im winterlichen Tiefschlaf

Die sportliche Tour auf der Schiroute Gripp beginnt beim **Stubenlift** in Obertilliach und führt unterschiedlich steil im Wald empor. Auf dem höher gelegenen, auflichtenden Kamm erreichen wir in 1½ Stunden eine kleine Jagdhütte (2057 m). Dieser Bereich wird von den Einheimischen **„Buckelin“** genannt und belohnt mit schönen Fernblicken bis zum Karnischen Kamm. Es folgen schmale, baumfreie Rücken, ehe in einer weiteren Stunde auf sonnigen, leicht geneigten Hängen der sichtbare **Golzentipp** mit dem geschichtsträchtigen Heimkehrerkreuz und Panoramatafeln erreicht wird. Die Abfahrt führt am Schiweg zu den Liftanlagen und auf präparierten Pisten zur **Connyalm**. Weiter talwärts über Rals oder direkter zum Ausgangspunkt in **Obertilliach**.

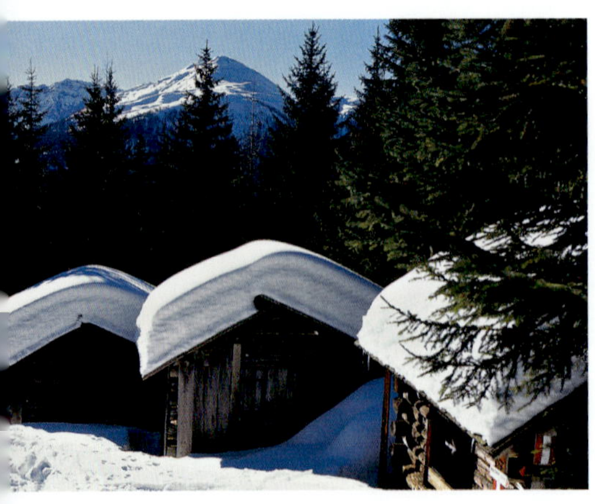

Schupfen an der Aufstiegsroute „Gripp“

KUTTESCHUPFEN – EIN ZERBRECHLICHES KULTURGUT

Um die Geschichte der sich im Winterschlaf befindlichen Kutteschupfen wachzurufen, muss man die hohe Zeit im Jahr bemühen, wo sie im Mittelpunkt der Bergmahd standen. Nur vage ist das Alter des Schupfenensembles – ein Kulturdenkmal ohne öffentliche Anerkennung – feststellbar. Als „Kutte" wurde eine Viehherde bezeichnet, womit wir der Benennung Kutteschupfen etwas näherkommen.
Elf Besitzer teilten sich die weit ausladende Almfläche. Die einzelnen Parzellen konnte man an den offenen, steinumgrenzten Feuerstellen zählen, wenn sich der Abend über den Golzentipp breitete und die Mäher sich ein bescheidenes Abendmahl zubereiteten. Polentamehl, hartes Roggenbrot, etwas Speck und Käse waren der Hauptbestandteil. Milch lieferten die mitgebrachten Ziegen. Gelegentlich scharten sich alle um ein Feuer, redeten über das Tagwerk und das Wetter, ehe auch ein Lied Feierabendstimmung fühlbar machte. Dann gingen Geschichten die Runde, wie jene von den feurigen Mähern am Golzentipp.
Da soll einst der alte Rodamerbauer mit seinem Sohn Peterle in mondheller Nacht hinauf zum Golzentipp gegangen sein, wo das Gras schnittreif stand. Da sahen sie im Halbdunkel einige Männer, die in Doppelreihe mähten, mit Sensen, die wie Feuer glühten. Wenn sie die Sensen wetzten, sprühten Funken und schaurig hallten die Schläge vom eisernen Sensenblatt wider. Von diesem furchteinflößenden Anblick erlöste die beiden die aufgehende Sonne. Sie beendete den Spuk, der die Geschichte von jenen armen Seelen nährte, die getanes Unrecht büßen müssen, weil sie über das „March" gemäht haben. Mit „March" gemeint ist die Grasnarbe, die Grenze zwischen den einzelnen Parzellen. Dort unerlaubt hinwegzumähen galt als Frevel und schürte den Unfrieden im Dorf.
Dem Mähen folgte das Heuziehen, das meist gemeinsam geschah, denn allein wäre niemand dazu imstande gewesen. Dies galt auch für die über 800 Höhenmeter auszutretende bzw. auszuschaufelnde Riese. Man empfand es als Ehre, beim Heuziehen dabei zu sein, und es bedeutete für Knechte und Mägde eine befristete Befreiung von der täglich gleichbleibenden Arbeit am Hof. Alles geschah unentgeltlich. Naturalien galten als Dienstbotenlohn, ein paar Schuhe oder deren Reparatur, ein „rupfenes" (grobes) Lodengewand, ein „harbenes" Pfoad oder etwas Leinen zum Selbstnähen.
Schönwettertage bedeuteten, ob am Berg oder im Tal, lange Arbeitstage – nicht selten ohne Mittagspause. Am Hof wurde beim Zudunkeln eine „Lichtstunde" eingeschaltet, eine Petroleumlampe, „dank" der man auf 13 Arbeitsstunden kam. Wechselten Knechte und Mägde ihren Dienstplatz, dann gebot es die Pflicht, beim bisherigen Dienstherrn noch einen Tag zusätzlich zu arbeiten, um die Zeit, die durch das Verrichten der Notdurft „vertan" wurde, einzubringen.

SCHLAFENDE SEEN IM LEITENTAL

Mit Schneeschuh in der Heuriese

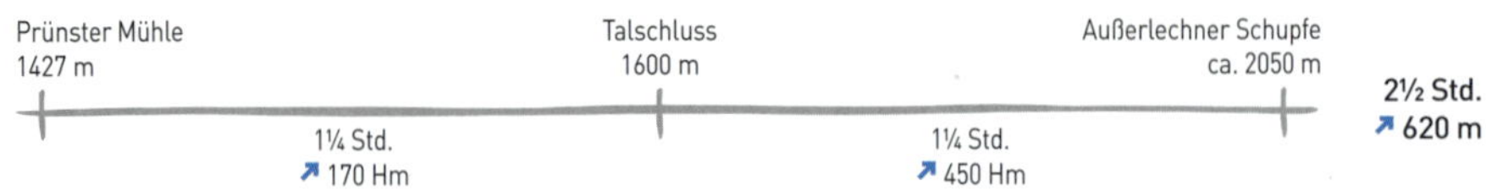

Anfahrt: Postbus Linie 4416 Sillian – Kötschach bis Leiten
Einkehrmöglichkeiten: keine

Aus dem Tiefwinter des Gailtales schwenken wir mit Schneeschuhen gerüstet bei der **Prünster Mühle** (1 km östlich vom Kartitscher Sattel) in das Leitental ein. Der Weg führt durch dichten Fichtenwald und übersetzt beim „Alessandra-Gedenkkreuz" den Leitenbach auf dessen orographisch rechte Seite. Bei immer noch geringer Steigung gelangen wir zum Talschluss.

Die Außerlechner Schupfe im Leitental und nah dem Karnischen Kamm

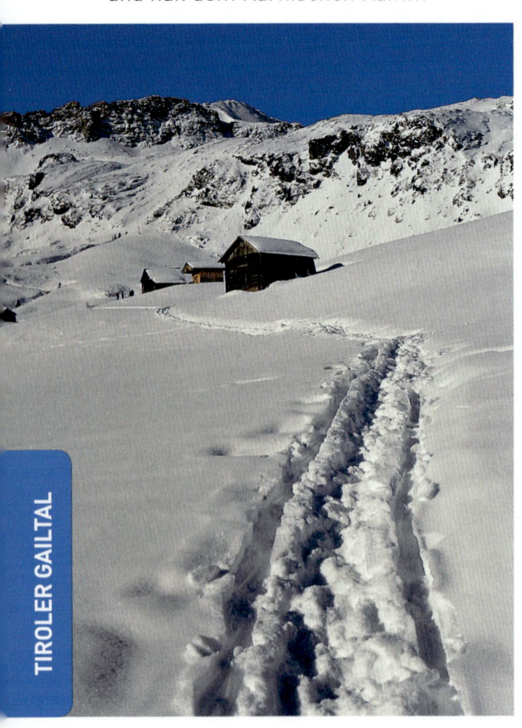

Wenn die Bauern und Söhne von Erschbaum (Gemeinde Kartitsch) nach dem Heuziehen eine bequem gangbare Riese ausgetreten haben, dann nützen wir den Anstieg über die Trogstufe, wo abseitig gelegene, vereiste Wasserfälle hochalpin stimmen. Im Vorfeld formschöner Gipfel am Karnischen Kamm gelangen wir zur **Außerlechner Schupfe** zwischen Unterem und Oberem Stuckensee, die zu einer Rast und mitgebrachter Jause einlädt. Die Schupfe dient während der Bergmahd im August als almerisches Quartier. Das Mähen der Bergwiesen geschieht in zweijähriger Folge und gewährt somit den vielen Kräutern und Alpenblumen ein gedeihliches Wachsen und Blühen. Das Leitental zählt zu den fruchtbarsten Tälern der Karnischen Region. Dieser „Reichtum" sollte jedoch Folgen haben und in den Geschichtsbüchern festgeschrieben bleiben.

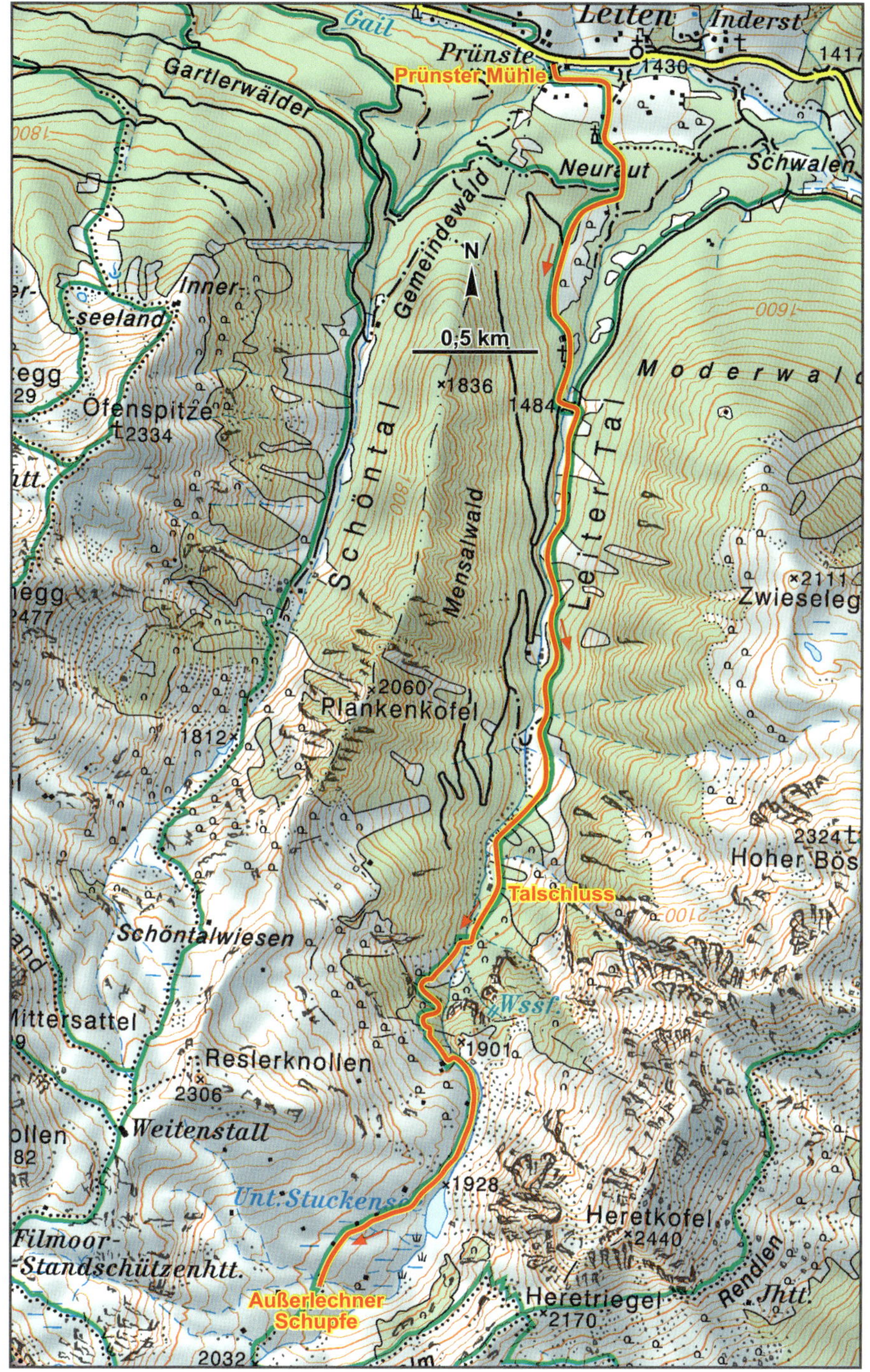
Prünster Mühle
Talschluss
Außerlechner Schupfe
Leiten
Inderst
Prünste
Gail
Gartlerwälder
Neuraut
Schwalen
Gemeindewald
Innerseeland
Ofenspitze
2334
Schöntal
Mensalwald
Leiter Tal
Moderwald
0,5 km
1836
1484
2060
Plankenkofel
1812
2111
Zwieseleg
2324
Hoher Bös
Schöntalwiesen
Wsst.
1901
Mittersattel
Reslerknollen
2306
Weitenstall
Unt. Stuckensee
1928
Heretkofel
2440
Filmoor-Standschützenhtt.
Heretriegel
2170
Rendlen
Jhtt.
2032
1430
1417

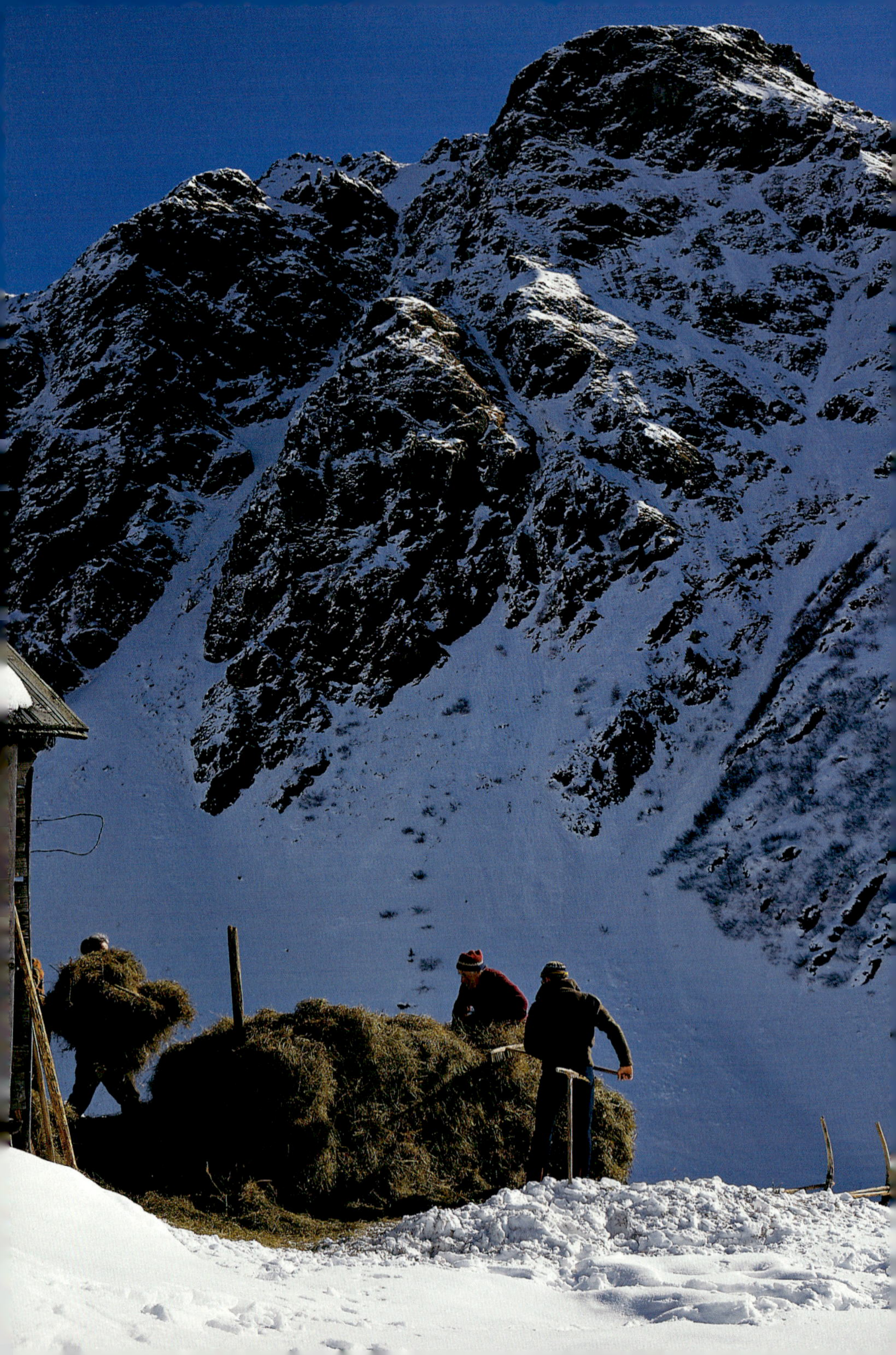

DIE STUCKENWIESEN – DAS PFAND IN BITTERER NOT

Es war um 1816, in einer glücklosen Zeit mit zuvor kaum erlebten Wetterkapriolen. Die Natur bestimmte zu allen Zeiten das Leben der Bauern. Man bebaute die Äcker in der Sorge um die Ernte, die Gewitter, Hagel, Muren oder Frost bedrohte oder der Schnee, der im oben erwähnten Jahr noch im Mai alle Zäune zudeckte, wie die Chronik von Obertilliach festhält.

Die kargen Vorräte an Lebensmitteln waren bald aufgezehrt, bevölkerten doch Großfamilien die meisten Häuser des Tilliacher Tales. Da war damals ein notleidender Bauer gezwungen, in das angrenzende Pustertal zu gehen, um Getreide einzukaufen. Er bot seinen ganzen Geldvorrat auf – 20 Gulden, davon etwas in Gold, das meiste in Silbermünzen –, doch nirgends herrschte Überfluss, sodass er genötigt war, den Weg zu Fuß, selbst den Wagen ziehend, bis nach Innsbruck zu nehmen. Überall abgewiesen, machte sich der völlig Entmutigte wieder auf den Heimweg. Dann aber, gänzlich unerwartet, war ihm das Glück doch hold, in Matrei am Brenner, wo er sein Geld endlich gegen Getreide einzutauschen vermochte. Wie vermag man sich heute die damaligen Wegverhältnisse vorzustellen, hügelauf, hügelab, Schlamm und Morast über viele Tage hinweg.

Links: Über die steile Riese und auf Waldwegen gelangt das Bergheu zum Hof in Erschbaum.

Winter in der Talsohle nahe Kartitsch

Unter Aufbietung seiner letzten Kräfte, mit stechendem Schmerz in der geschundenen Brust und sich des Schicksals seiner Familie bewusst, erreichte er Obertilliach, wo er der Not für einige Zeit die Türe wies.

Der Volksmund erzählt von immer wiederkehrenden Hungersnöten und auch von jenen Bauern in der Ortschaft Leiten, die Wetterungunst und Missernten regelrecht zu Bettlern machten. Unter dem Würgegriff unnachgiebiger Not waren sie 1816 gezwungen, ihre schönen und wuchsfreudigen Bergwiesen im Bereich der Stuckenseen für einige Körbe Haferbrot an Kartitscher Bauern abzutreten. An diesen Besitzverhältnissen hat sich bis heute nichts geändert.

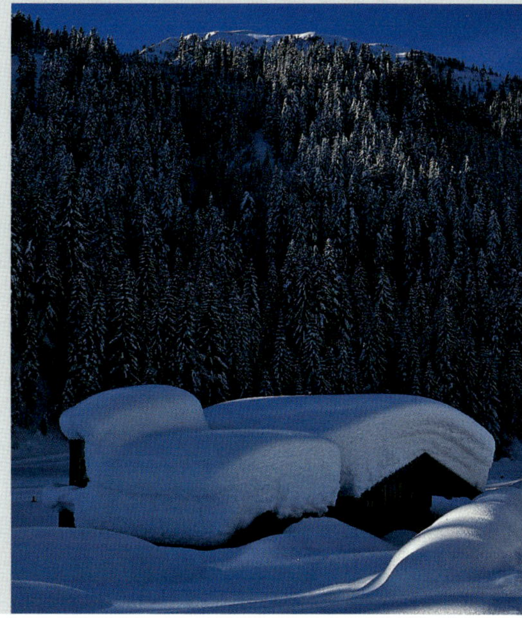

FAMILIENRODELBAHN HOCHKREUZHÜTTE

Spuren im Schnee führen ins Hochgebirge

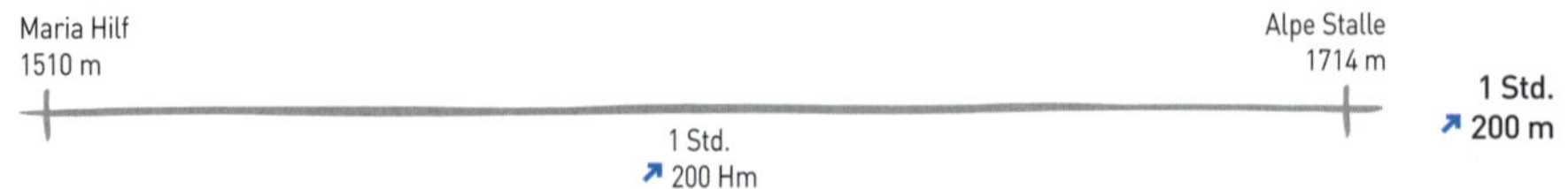

1 Std.
↗ 200 m

Anfahrt: Postbus Linie 4414 bis Maria Hilf Ort, Rodeltransport zur Alpe Stalle, Personentransport bei Anfrage
Einkehrmöglichkeiten: Alpe Stalle (Hochkreuzhütte), Jausenstation Hafeles Wildererstüberl

Wenn der Staller Wasserfall im Eis verstummt und leise klirrende Schneekristalle sich über Weg und Wald ausbreiten, dann kehrt der Winter in das Defereggental und dessen Seitentäler ein. Ab **Maria Hilf** (Ortsteil Patsch) wandern wir auf der geglätteten und beleuchtbaren Rodelbahn (2,4 km) oder abkürzend am Steig (wenn ausgetreten) zur **Alpe Stalle**. Im Tiefwinter ist die Bahn schattig und bis April schneesicher.

Im Spätwinter weicht der Schnee in größere Höhen zurück, wo Schitourengeher den Firnschnee am Kahorn (2692 m) oder an der Hochkreuzspitze (2740 m) bis ins Frühjahr hinein für Hochtouren nützen.

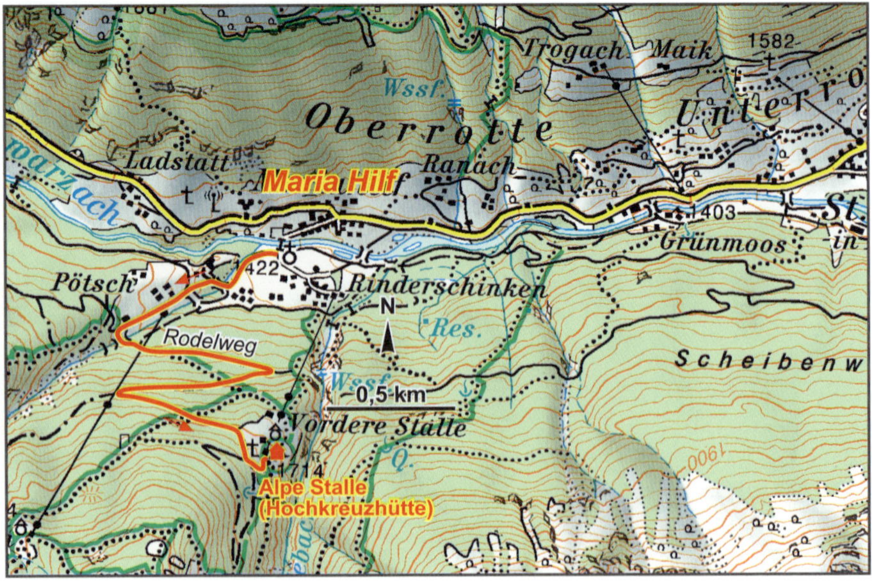

ALPE STALLE: LEBENSRAUM DER BIRKHÜHNER

Mit dem Abklingen der Rodelzeit im April und dem Rückzug des Winters hinauf zur Waldgrenze beginnt die Jagd auf Birk- und Auerhahn. Der Jäger kennt den Lebensraum dieser Tiere, die sich bevorzugt zwischen niederen Sträuchern und versprengten Bauminseln aufhalten. Dort wartet er, hinter Fichtengeäst gut abgeschirmt, mit der aufgehenden Sonne auf das grandiose Balz- und Tanzspiel des Birkhahnes. Er zählt zu den zweitgrößten unter den heimischen Raufußhühnern und ist an seinem dunkelblauen bis violett-schwarzen Federkleid erkennbar. Aus den hellen Schulterflecken wippt der metallisch glänzende Hals empor. Was ihn besonders auszeichnet, sind seine dekorativen, rot aufgeschwollenen Balzrosen auf dem kleinen Kopf.
Birkhühner leben sehr zurückgezogen, sind äußerst vorsichtig, besonders heute, da der stattlichste unter ihnen zum Abschuss freigegeben wurde.
Eine Zeitlang wird sich der Jäger lustvoll und lautlos an der Balz des Hahnes ergötzen, der mit gefächertem Stoß über den Schnee rodelt und sich mit heiserem Kullern und scharfen Zischlaufen hoch aufrichtet, dann erst wird er ihn aufs Korn nehmen. Der Jäger, der in diesem Augenblick seine doppelläufige Flinte fest umklammert, im Fadenkreuz der Hahn, schon krümmt sich sein Finger am Abzug, doch was ist das?
Drei Tourengeher nähern sich knirschend im Schnee, treffen mit lauten Stimmen in der Balzarena ein, wo gerade ein Hahn mit wirbelnden Flügelschlägen über die Lichtung flieht.

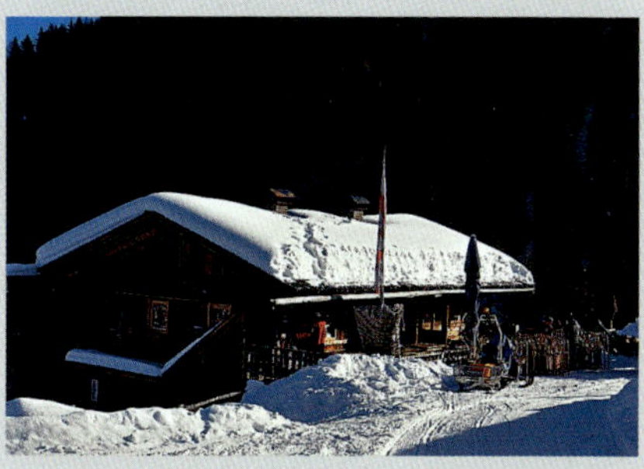

Alpe Stalle – ein beliebtes Winterziel

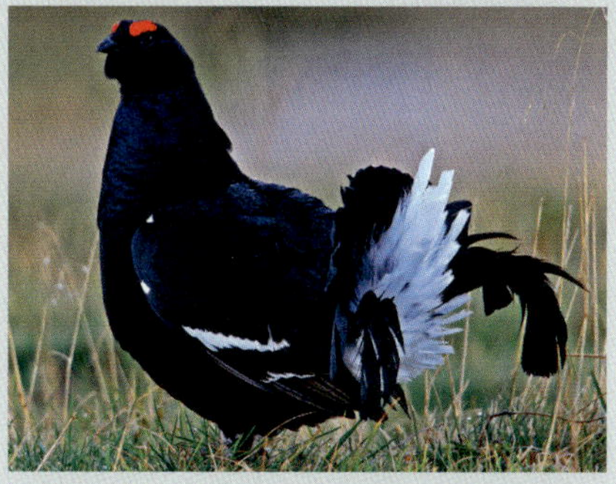

Das Birkhuhn auf Hochwaldlichtungen

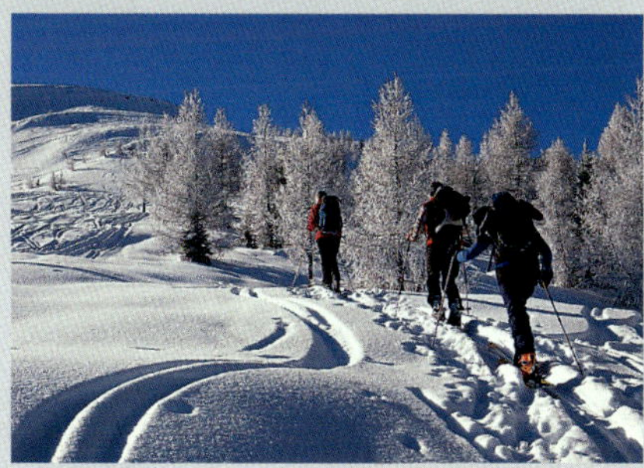

Die Schispur zum Karnischen Kamm

GRITZER ALM

Vom Sonnendorf St. Veit in den Halbstock der Lasörlingberge

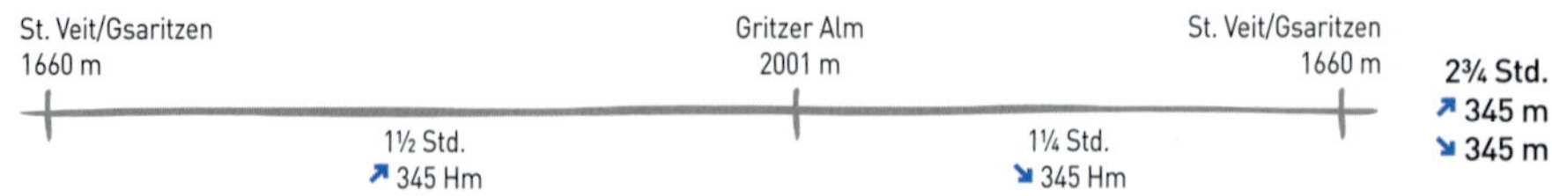

Anfahrt: Postbus Linie 4414 Innerstandsbrücke – St. Veit Ort
Einkehrmöglichkeit: Gasthof Pichler in St. Veit

Mit 1495 m Seehöhe ist das sonnig gelegene St. Veit in Defereggen die höchstgelegene Gemeinde Osttirols. Durch die Abschirmung des bis 3098 m hohen Lasörlingkammes befindet sie sich in klimatisch günstiger Lage. Speikboden (2653 m) und Donnerstein (2725 m) zählen zu den bedeutenden Erhebungen im St. Veiter Bereich des Nationalparks Hohe Tauern. Als älteste Seelsorgstelle des Defereggentales wurde **St. Veit** durch den Volksschriftsteller Monsignore Sebastian Rieger unter dem Dichternamen „Reimmichl" weitum bekannt. Trotz der großen Streulage der Gemeinde sind alle Fraktionen und Weiler mit Güter- und Zufahrtswegen erschlossen. Forstwege zur Speikbodenhütte und Gritzer Alm sind für den privaten Pkw-Verkehr zugelassen. Die im Winter zur **Gritzer Alm** (nicht bewirtschaftet) führende Forststraße wird als Sonnseitrodelbahn präpa-

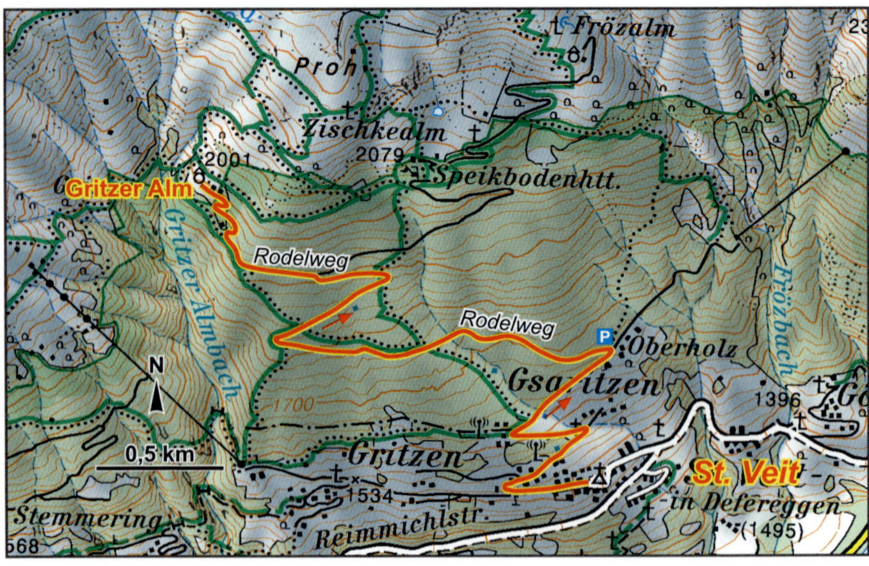

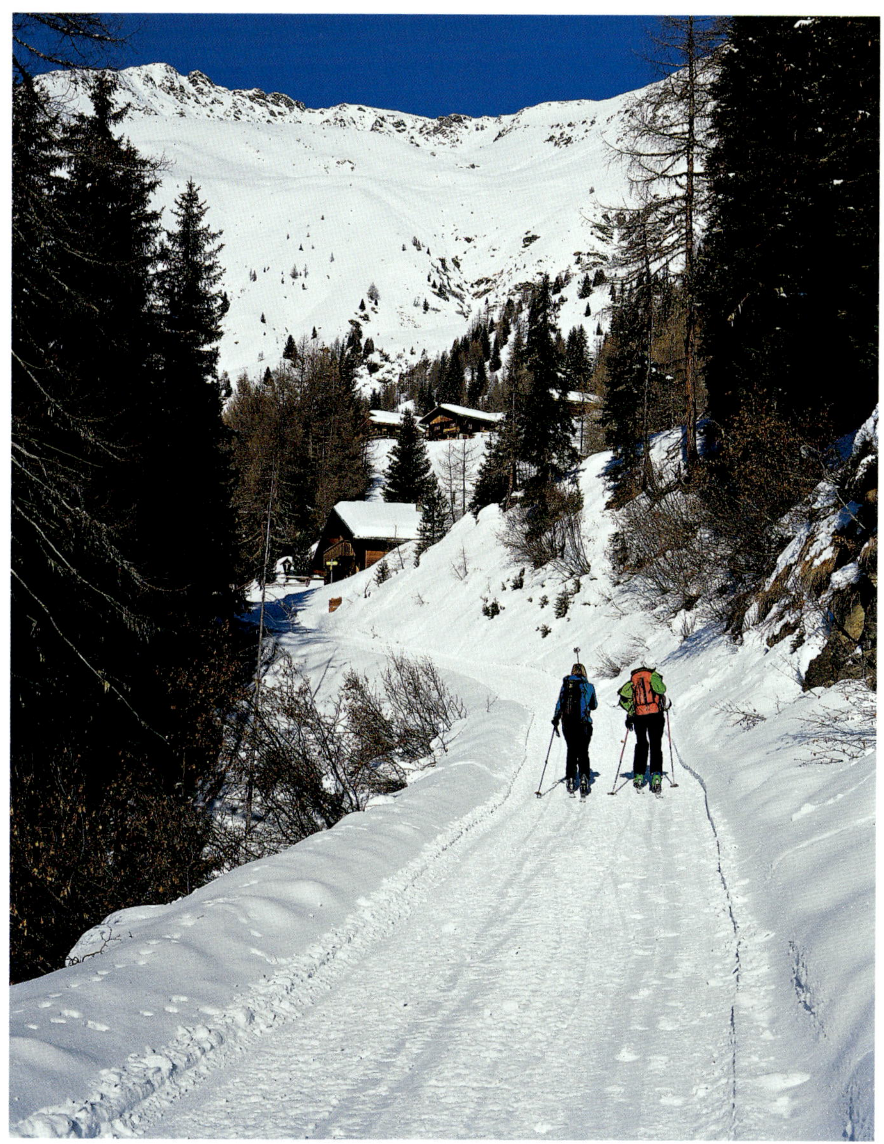

Verträumt versteckt sich die Gritzer Alm am Sonnenhang der Lasörlingberge.

riert und weist ein angenehmes Gefälle auf. Schon beim beschaulichen Aufwärtswandern betrachten wir das Bergpanorama, das sich über den Gebirgszug der Villgrater Berge mit Weißer und Roter Spitze unter anderem bis zum Hochgall in der Rieserfernergruppe weitet.

DIE ANNAHÜTTE AUF DER GRITZER ALM

Auf einem der höchstgelegenen Höfe auf Gritzen (Ortsteil von St. Veit) wohnt Anna. Einen guten Teil ihres Lebens verbrachte sie auf der Gritzer Alm, wo sich einst elf Hütten zum kleinen Gritzer Almdorf gruppierten, ehe die Windlahn 1962 fast alles zerstörte. Nur zwei Almhütten blieben verschont, eine davon wurde wieder aufgebaut. Allen voran war Johann Grimm, der mit zügigem Baufortschritt Staunen weckte und auch Neid schürte, denn man vermutete Schwarzarbeiter unerlaubt am Werk. Die alarmierte Behörde konnte jedoch nur Familienangehörige ausfindig machen. In der neuen Hütte betreute Anna die Sommerfrischler, wie es damals hieß. Die feste Mitte in der Stube war der Tisch mit Bank und Stühlen, wo man aufrecht sitzen und viel erzählen konnte. Die Gäste öffneten mit ihrem Wissen von fernen Städten und fremden Ländern ein kleines Fenster zur Welt, Anna und ihr Sohn Ander wiederum kennen die Gesteine, die Blumen und andere kleine Wunder am Berg. Nach einer schönen Speikbodentour umlagerte eine bunte Gesellschaft zufrieden und vergnügt den Tisch, sie hoben das Glas und kürten im Überschwang der Gefühle ihr Feriendomizil zur Annahütte (1982).

Für Ander, der im Winter die Rodelbahn zur Gritzer Alm instand hält, wäre es ein Herzenswunsch, in der Annahütte eine Jausenstation einzurichten. Sein Bemühen scheitert jedoch an den strengen behördlichen Auflagen und an den hohen Kosten vorgeschriebener Umbauten.

St. Veit im Defereggental – Osttirols höchstgelegene Gemeinde

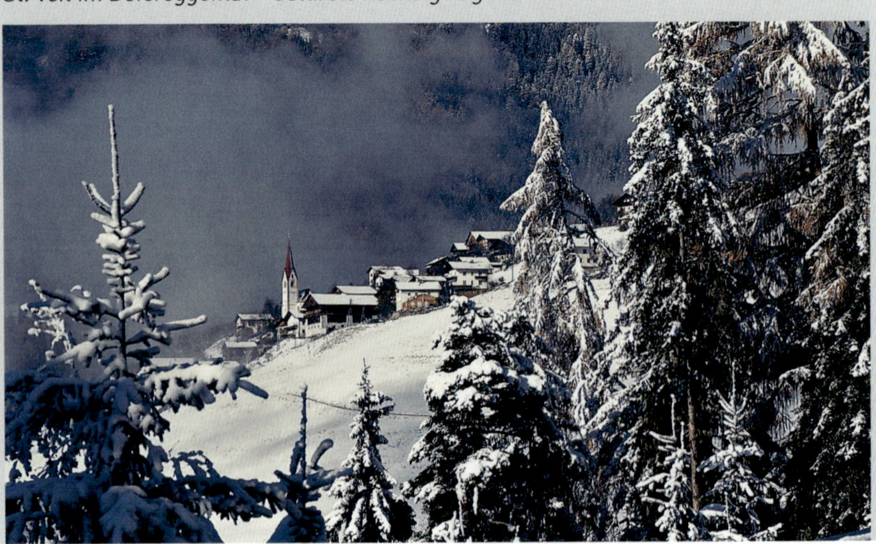

WALLHORN – BODENALM

Ein beliebter Winterwanderweg

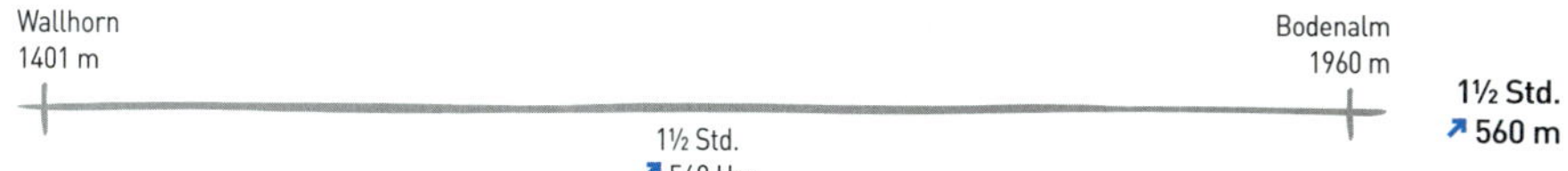

1½ Std.
↗ 560 m

Anfahrt: Postauto Linie 4412 Bhf. Lienz – Prägraten-Hinterbichl. Noch vor Prägraten beachten wir die Auffahrt in den Ortsteil Wallhorn. Bei Straßenabzweigungen helfen Tafeln weiter. Nach dem höchstgelegenen Osemahof beginnt der Winterwanderweg. **Einkehrmöglichkeiten:** Gasthöfe in Prägraten, Bodenalm (geöffnet in der Weihnachtszeit vom 23. 12. bis 6. 1.)

Im Tagesbogen der Sonne führt der Winterwanderweg von Wallhorn zur Bodenalm. In prachtvoller Postkartenschönheit rahmt das Gipfelpanorama das Virgental.
Der Rodelsport genießt im inneren Virgental einen hohen Stellenwert, dafür sprechen Dorfrodeltage für Jung und Alt oder der Rodelmarathon vom Wetterkreuz: wahrscheinlich die längste Rodelbahn des Bezirkes Lienz bzw. in Osttirol. Voll in der Sonne, schätzen wir den glattgewalzten Weg vom Prägratener Ortsteil Wallhorn zur Bodenalm am „Eingang" in das von Wunwand und Sajatkopf bewachte Timmeltal.
Über **Wallhorn**, auf sonnig gelegener Berglehne, wandern wir gemächlich aufwärts, vorbei an Paarhöfen, wo

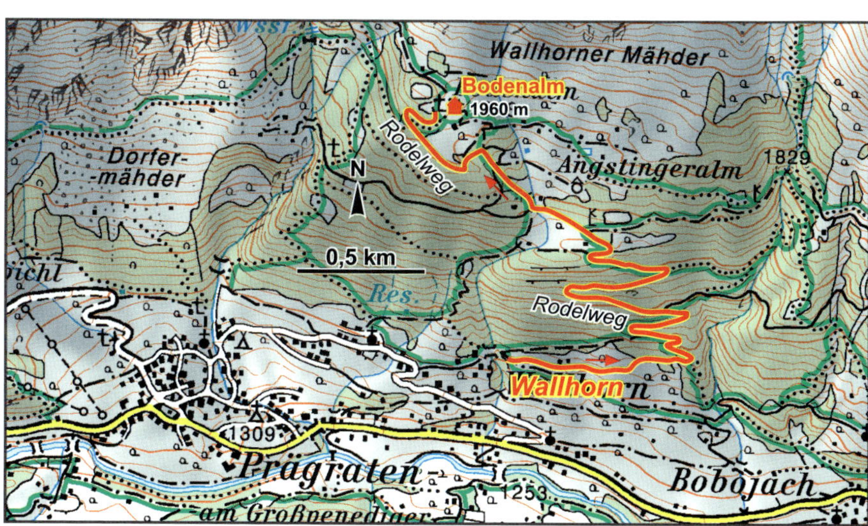

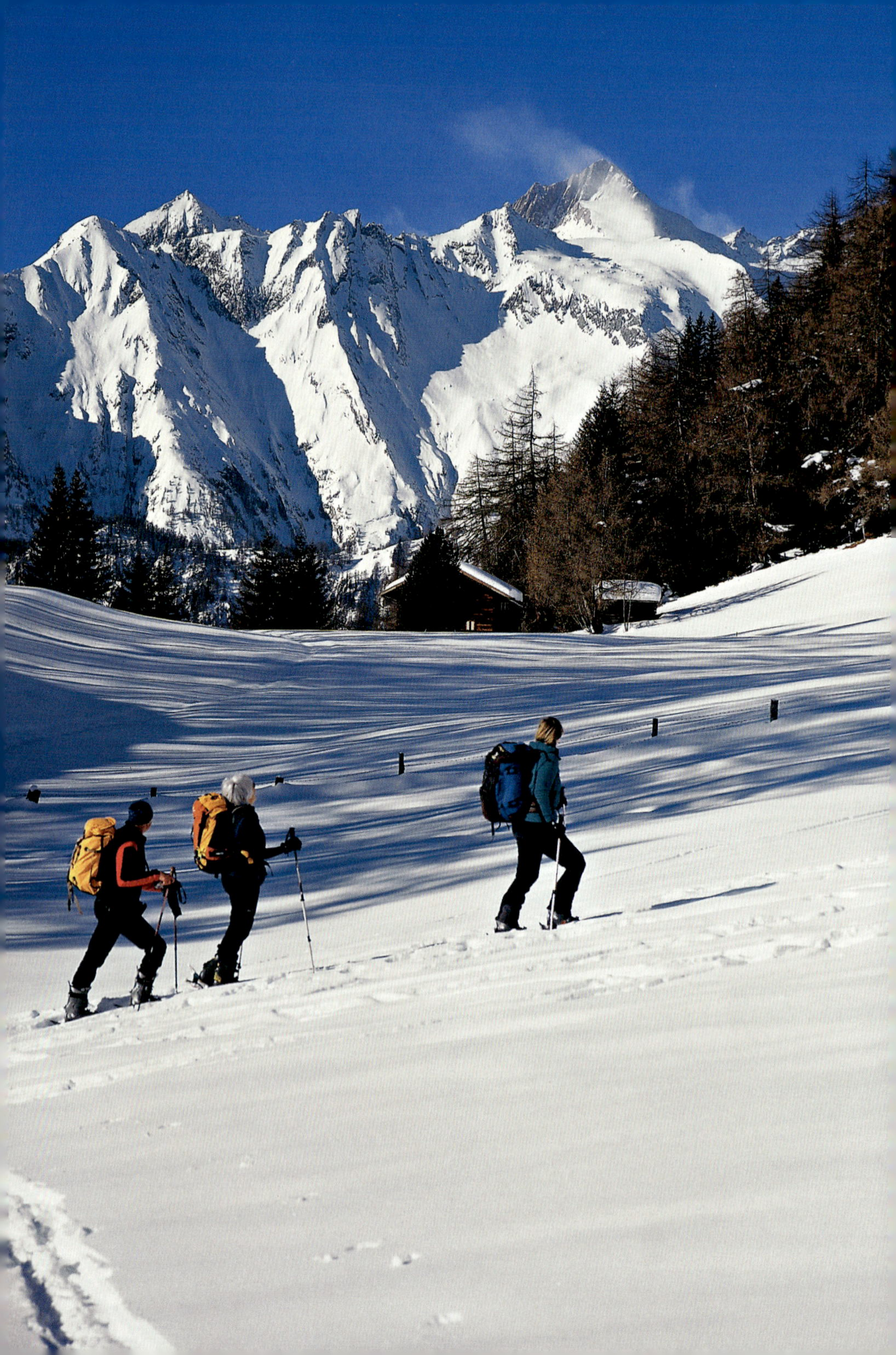

Wohn- und Futterhaus mit räumlicher Größe und Weite getrennt nebeneinanderstehen, dazwischen Neubauten, bis zum Giebel gemauert oder das Obergeschoß mit hellem Holz gezimmert.
An Jännertagen spürt man am Rodelweg dünn verstreute Trockenhalme, wenn Anton Hatzer und sein junges Team das Bergheu von der Wunalm herab zum Oberstoanerhof ziehen. Rehe wechseln mit ihren kleinen, spitzen Hufen über den Weg auf ihren Streifzügen aus lichtem Lärchenwald ins schutzbietende Dickicht.
Die genussvolle, viel Aussicht bietende Winterwanderung endet mit der Rast bei der **Bodenalm**, etwas abseits vom Timmelbach. Randnahe Schneepölster dämpfen seine aufbrausende Stimme, wie man sie vom Sommer her kennt. Tiefer im Tal wurde er kostspielig und hochwirksam verbaut, um den Siedlungsraum zu schützen.
Schneeschuhgeher verlängern bei günstigen Verhältnissen die Tour zur **Wallhornalm** (2128 m) im Timmeltal, während Schibergsteiger im Firn der Spätwinterzeit die Eisseehütte (2521 m), das Wallhorntörl (3045 m) oder die Weißspitze (3300 m), ebenso im Timmeltal, aufsuchen können.
Im südseitigen Timmeltal steht hoch im Morgenlicht des Vorderen Sajatkopfes die sogenannte Fensterhütte, eine private Zuflucht auch für das erwähnte Prägratner Heuzieherteam. Die gediegen gezimmerte Hütte lässt die weniger komfortablen Nachtquartiere während der Heumahd in längst vergangener Zeit vergessen. Damals schirmte nicht überall das Nachtlager ein solides Dach. Da gruben sich die Mäher manchmal auch nur unter vorspringenden Felsplatten ein und stützten diese mit Steinen ab, damit mit der Unbequemlichkeit nicht auch die Angst in das Erdloch kroch.

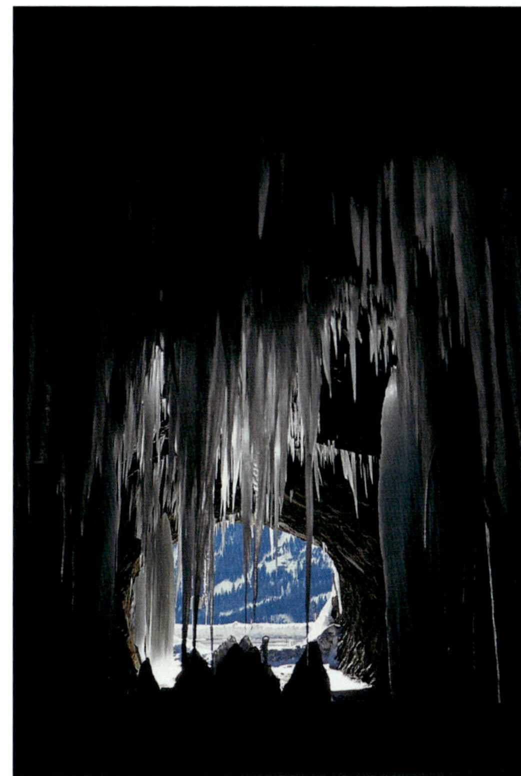

Blick in den alten Stegachtunnel bei Prägraten

Links: Mullwitzkogel (Wiesbauerspitze, 2767 m), Ogasil (3032 m) und Quirl (3251 m) schauen zur Bodenalm und schließen das Virgental ab.

63

ZUM LUCKNERHAUS IM KÖDNITZTAL

Schneeschuhwanderung mit Wildtierbeobachtung

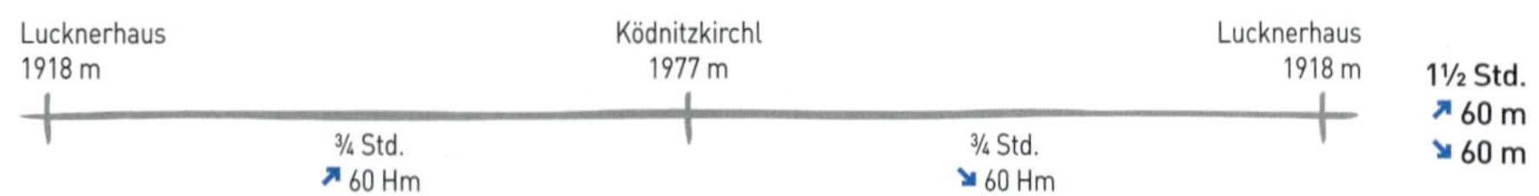

1½ Std.
↗ 60 m
↘ 60 m

Anfahrt: Postbus Linie 4408 bis Kals, zum Lucknerhaus bis Mitte Sept., Glocknertaxi oder Privat-Pkw
Einkehrmöglichkeit: Alpengasthaus Lucknerhaus, 1918 m

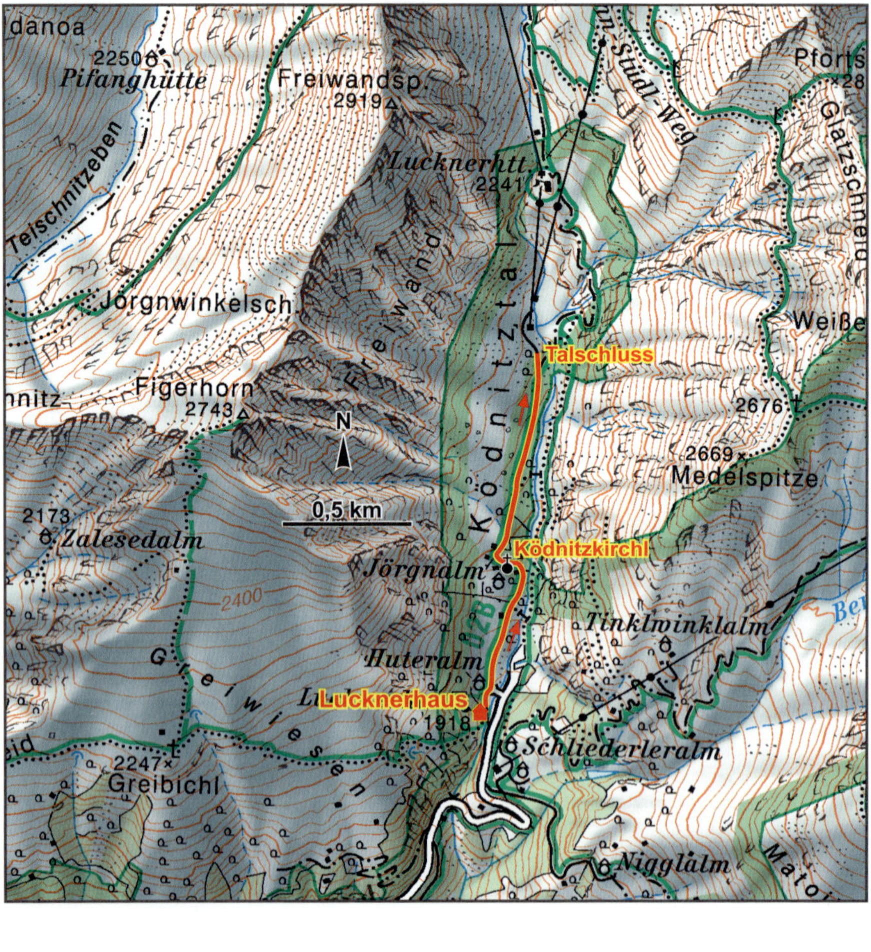

KALSER TAL

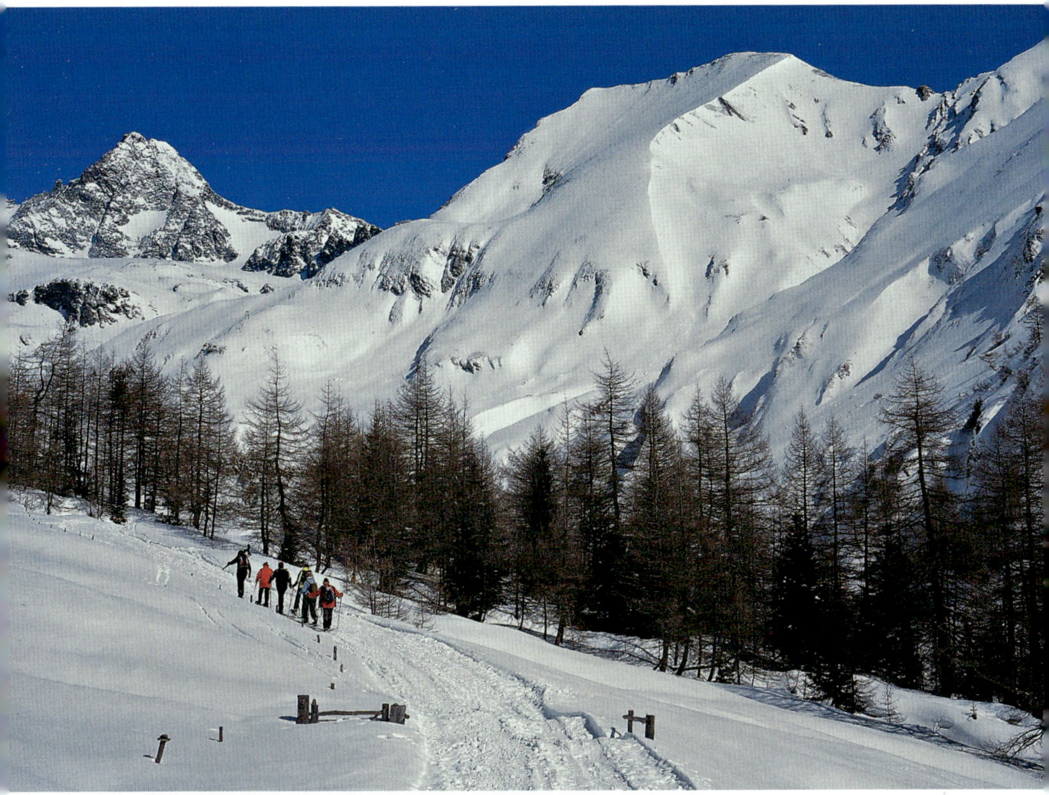

Diese Schneeschuhwanderung mit Wildtierbeobachtung im Bereich des oberen Ködnitztales ist für Interessierte individuell möglich, wird aber auch von Martin Gratz (Wanderhotel Taurer in Kals) kenntnisreich geführt. Ausgangspunkt ist der geräumte Parkplatz beim **Lucknerhaus**. Die Wanderung erstreckt sich bis zum **Ködnitzkirchl** und bei sicherer Schneelage noch weiter bis in den vorderen **Talschluss**. Mit etwas Glück sind Gämsen und Steinböcke nahe. Im Jahre 2011 wurden in den gesamten Alpen 40.000 Steinwildtiere gezählt, wovon in Österreich etwa 4500 wieder heimisch sind.

Großglockner (3798 m) und Lange Wand (3088 m) vermitteln den Schneeschuhgehern am Weg zum Ködnitzkirchl (unten) hochalpine Stimmung.

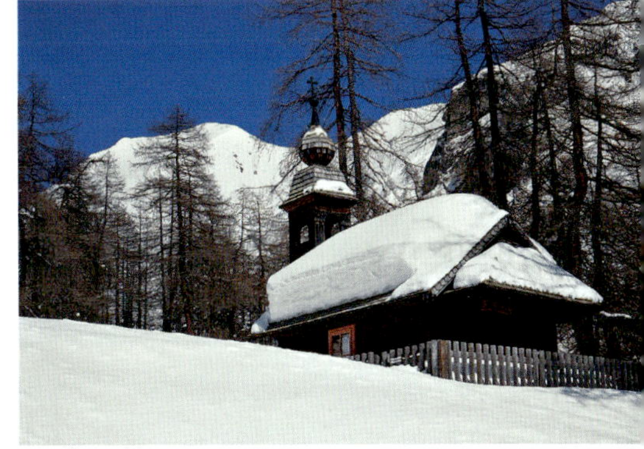

STEINBÖCKE IM NATIONALPARK HOHE TAUERN

Der Alpensteinbock oder Gemeine Steinbock (Capra ibex) teilt sich als Wildziege des Hochgebirges mit dem Steinadler den Titel „König der Alpen". Der Steinbock, übrigens ein reiner Vegetarier, wurde bereits 1612 in der Schweiz unter Schutz gestellt und trotzdem bis 1891 fast gänzlich ausgerottet. In alter Zeit wurden die Kletterkünstler stark mystifiziert und alles Verwertbare als Medizin verwendet. Als lebende Apotheke wurde der Steinbock als übernatürliches Wesen betrachtet. Der Leibarzt des Fürsterzbischofs Guidobald Graf Thun gab 1657 ein Werk „Über die Heilkraft des Blutes und anderer Teile des Steinwildes" heraus. Demnach versprach man sich Kraft und Mut vom Verzehr der Gehirnmasse. Dies reduzierte den schonungslos gejagten Steinwildbestand auf kleine, versprengte Reste. 1820 vermochten der valdostanische Förster Josef Zumstein und der Naturkundler Albert Girtanner die Behörden dazu zu bewegen, die letzten 100 Tiere im Gran Paradiso zu schützen. Alle heute in den Alpen lebenden Steinbockbestände stammen von diesen Tieren ab. 1922 schuf der italienische König Viktor Emanuel III. den „Parco Nationale", ein rund 60.000 Hektar umfassendes Gebirgsmassiv südlich vom Aostatal. Dieses Schutzgebiet bot denkbar günstige Lebensbedingungen für Steinböcke, Steingeißen und ihre im Frühsommer geborenen Jungtiere. Trotz Verbot durch den König wurden Steinböcke aus dem Gran Paradiso in den Wildpark St. Gallen geschmuggelt, gefolgt von anderen Aussetzaktionen in den Schweizer Alpen.

Völlig legal hingegen erfolgte um 1960 mit heimischen Jägern das Ansiedeln des Steinwildes in Kals am Großglockner. Heute wird dort ein Bestand von 480 Stück gezählt. Das Raumverhalten der Tiere wird von der Nationalpark-Verwaltung Hohe Tauern mittels GPS auf Schritt und Tritt verfolgt.

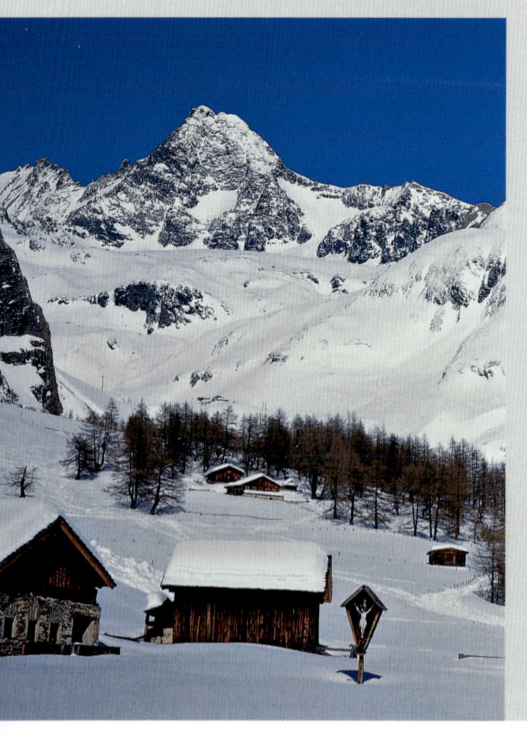

Der Großglockner überbaut mächtig das Huteralpl und die Jörgnalm mit Ködnitzkirchl.

STALLER SATTEL

Wo sich Menschen dies- und jenseits des Passes begegnen

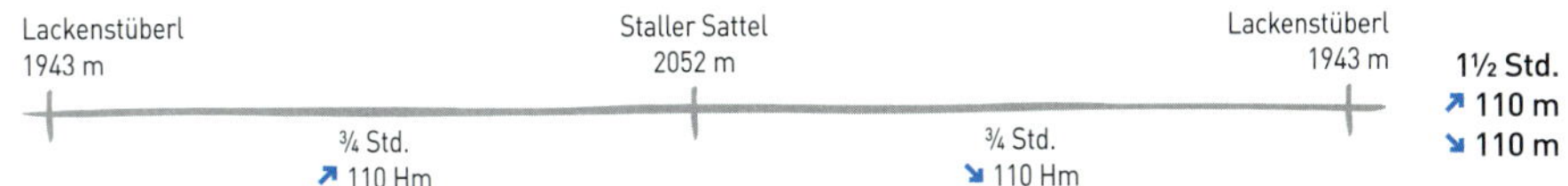

Anfahrt: Von St. Jakob, dem Hauptort des Defereggentales, über Erlsbach führt die im Winter geräumte Passstraße bis zum Lackenstüberl im Staller Almtal (Parkplatz). Postbus Linie 4414, Schibus im Winter bis Lackenstüberl; seit 1974 ist der Staller Sattel in schneefreier Jahreszeit auch aus dem Antholzer Tal erreichbar.
Einkehrmöglichkeiten: Lackenstüberl, Alpengasthaus Obersee

Vom **Lackenstüberl** im Staller Almtal lädt der auch für Fußgänger präparierte Winterwanderweg (1,5 km) bei sanfter Steigung bis auf die Passhöhe ein, wo das von Toni Wieser mit hilfsbereiten Almleuten 1971 erneuerte

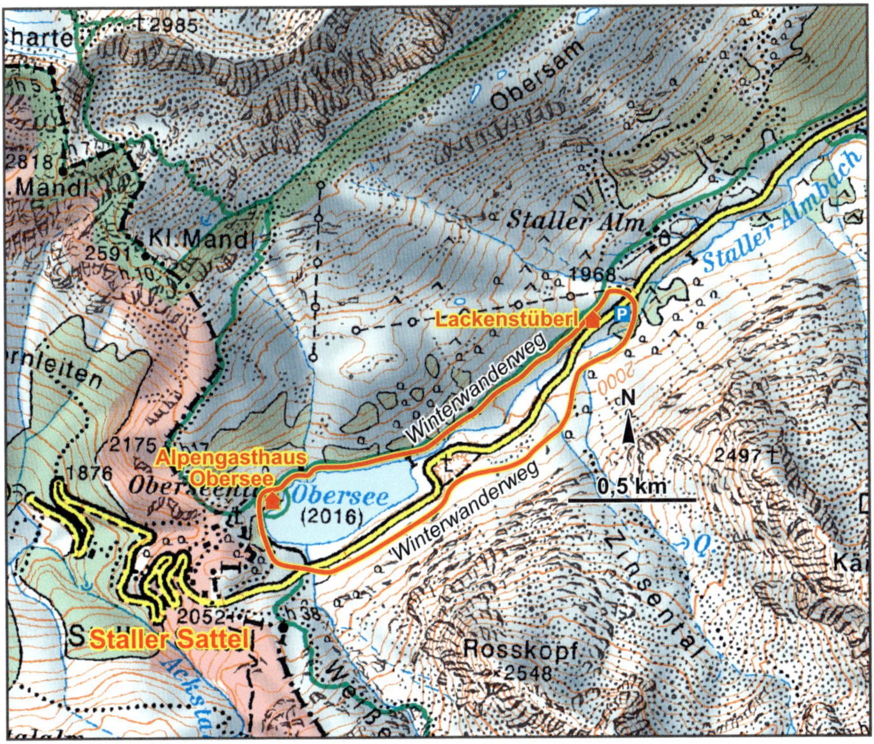

HÖHENSONNE AUF GESCHICHTSTRÄCHTIGEM PASS

Mit einer Million Kubikmeter gilt der Obersee als der wasserreichste im Bunde der rund 160 Osttiroler Bergseen. Als archäologische Sensation galt die im Jahre 2000 überaus komplizierte Bergung eines urzeitlichen Bootes unter Leitung von Prof. Dr. Harald Stadler von der Universität Innsbruck. Das einmalige Bergestück, ein Einbaum, der 8 m tief im Seegrund eingeschlammt war, dürfte ein Fischer in karolingisch-ottonischer Zeit um 1000 v. Chr. verwendet haben.
Vor 1200 Jahren stand ein Viehhof am Pass. Dieser strategisch bedeutende Bereich führte nicht selten zum Streit zwischen dem Brixner Gericht Antholz und den Grafen von Görz. Um die Nutzungsrechte am Obersee zu sichern, beanspruchte 1501 der Bergrichter der Wolkensteiner eine Grenzziehung an

Das Alpengasthaus Obersee am geschichtsträchtigen Staller Sattel

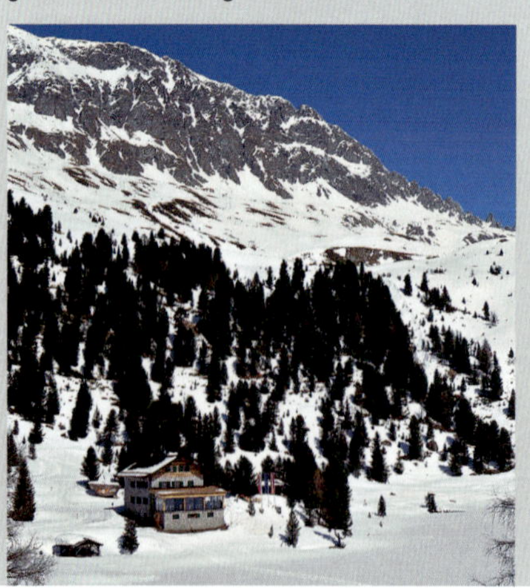

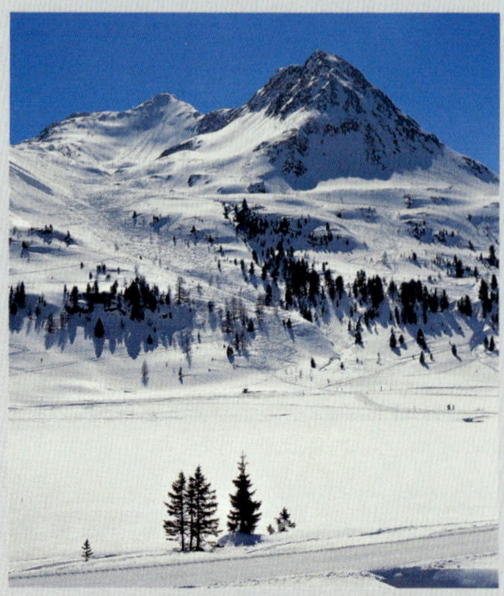

Die Innerrodelgungge (2729 m) erhebt sich östlich vom Obersee.

der Wasserscheide. Dazu kam es erst 1810 unter der französischen Besatzungsmacht. Seit damals ist der Staller Sattel Staatsgrenze zwischen Österreich und Italien.
Die „Vischwaid“, der ergiebige Fischbestand im Obersee, war übrigens auch vom königlichen Damenstift zu Hall in Tirol, das von 1629 bis zur Aufhebung 1783 durch Kaiser Joseph II. hier herrschte, wohl geschätzt. Die köstlichen Forellen aus den hochalpinen Gewässern mussten, eingesalzt und in Fässern gelagert, von Trägern nach Hall gebracht werden. Dabei ging im unwegsamen Gelände dann und wann ein Fassl verloren; es könnte aber auch gegen ein Fass Wein eingetauscht worden sein ...

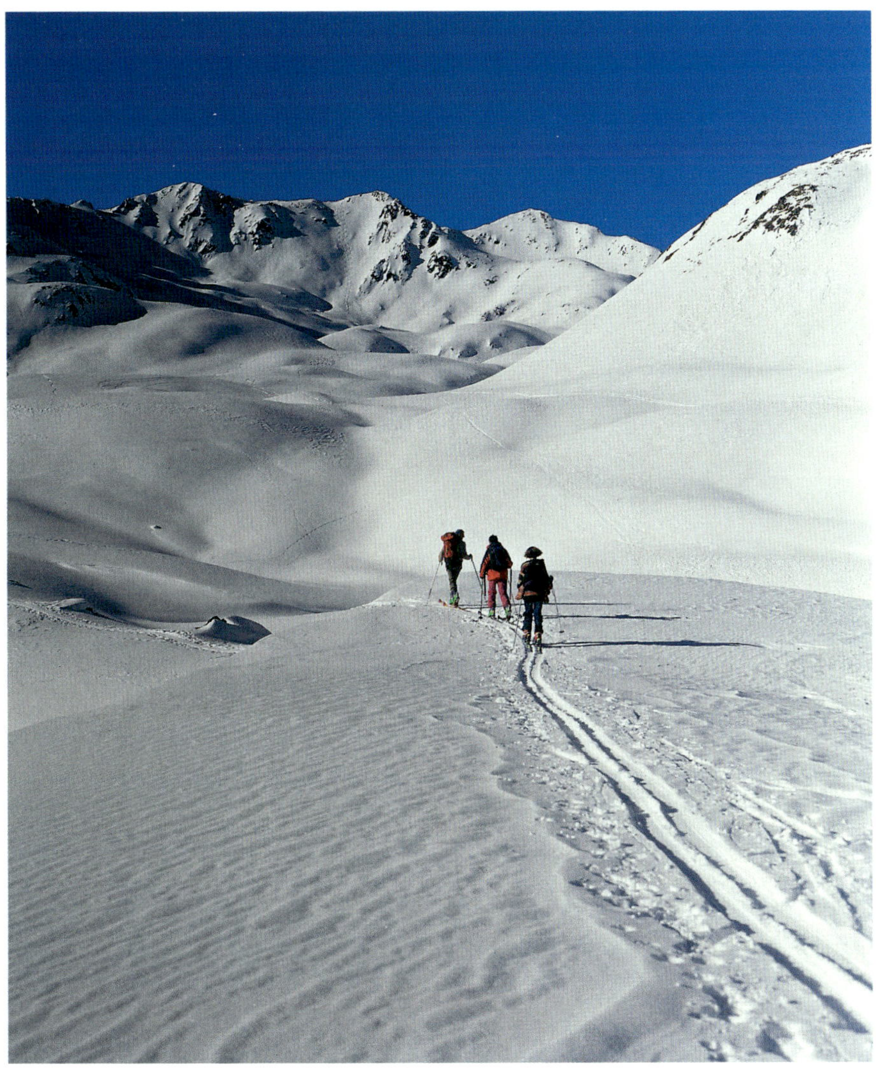

Die Schispur zur Roten Wand (2813 m) im schneereichen Ackstalltal

Heldenkreuz steht und einen herrlichen Blick hinab zum großen Antholzer See erlaubt.
Eine Höhenloipe für Fußgänger und Langläufer umrundet mit kurzen Passagen durch Zirbenbestände den **Obersee** bis hin zur aussichtsreichen **Passhöhe**.
Schitourengehern bietet bei sicheren Verhältnissen der den Staller Sattel rundum überragende Gipfelreigen lohnende Ziele.

ORTSREGISTER

LITERATUR UND QUELLEN

Archiv Gemeinde Winklern, ÖAV-Sektion Winklern

Bezirkskunde Osttirol, hrsg. v. Katholischen Tiroler Lehrerverein, Innsbruck 2001

Gemeindebuch Matrei in Osttirol, 1980

Gemeindebuch Thurn, hrsg. v. Dr. Wilfried Beimrohr, Tiroler Landesarchiv 1984

Hanser, Georg: Ansichten von Kals 1906, Selbstverlag 1971

Heimat Assling – Chronik, hrsg. v. Walter Annewandter, Brixen 2008

Heinricher, Alois: Tassenbach-Speicher, 1993

Innervillgraten-Chronik, 1967

Kalser Jagdchronik, hrsg. v. Jagdverein Kals am Großglockner, 2011

Köll, Theresia: Geschichten aus den Hohen Tauern, Eigenverlag 1994

Kröll, Heinz: Defereggen, eine Landschaft in Tirol, Wien 1985

Maria Luggau, Verlag Kärntner Landesarchiv, 500 Jahre Wallfahrt Maria Luggau, 2014

Obertilliach-Chronik, Urfassung 1960 von Josef Weiler, Selbstverlag, 1997

Oberwalder, Louis: Virgen im Nationalpark Hohe Tauern, Innsbruck 1999

Pfarrchronik Außervillgraten, hrsg. v. Josef Told und Pfarrer Anton Kofler, 2010

Pizzinini, Meinrad: Osttiroler Kunstführer, Salzburg 1974

Privatchronik Hotel Laserz, Amlach

Privatchronik Friedl Kalser, Leisach

Privatchronik Erika Oberlaner (Unterhecher), Bannberg

Tiefenbacher, Thomas: Obertilliach und Maria Luggau

Wissenschaftliche Schriftenreihe des Nationalparks Hohe Tauern: Band Geschichte (Innsbruck 2013); Band Pflanzen (Innsbruck 2014[6]), Band Gewässer (Innsbruck 2007), Band Schmetterlinge (Innsbruck 2008), Band Tierwelt (Innsbruck 2007[4])

Wurzer, Sepp und Lois: Pustertaler Höhenstraße, 1996

Weitere Quellen sind namentlich im jeweiligen Text angeführt.